BETRIEBSWIRTSCHAFTSLEHRE UND WIRTSCHAFTSPRAXIS

BETRIEBSWIRTSCHAFTSLEHRE UND WIRTSCHAFTSPRAXIS

Festschrift für Konrad Mellerowicz

Herausgegeben

von Horst Schwarz und Karl Heinz Berger

Walter de Gruyter & Co

vormals G. J. Göschensche Verlagshandlung · J. Guttentag · Verlagsbuchhandlung · Georg Reimer · Karl J. Trübner · Veit & Co.

Berlin 1961

KONRAD MELLEROWICZ

zum siebzigsten Geburtstag

am 24. Dezember 1961 gewidmet

von Freunden, Kollegen und Schülern

Vorwort

Am 24. Dezember 1961 vollendet Konrad Mellerowicz sein siebzigstes Lebensjahr. Er begeht diesen Tag in voller Aktivität als Lehrer, Forscher und Berater der Wirtschaftspraxis.

Der Jubilar ist Schüler und Nachfolger von Leitner, dessen Lehrstuhl an der Wirtschaftshochschule Berlin er 1938 übernahm. Er behielt ihn auch nach 1945 an der aus der Fusion von Wirtschaftshochschule und Friedrich-Wilhelm-Universität hervorgegangenen Ostberliner Humboldt-Universität, bis ihn die politischen Gegebenheiten Anfang 1950 veranlaßten, den Ostsektor der Stadt zu verlassen. Seitdem wirkt er als Ordinarius für Allgemeine Betriebswirtschaftslehre und Betriebswirtschaftslehre der Industrie an der Technischen Universität Berlin, gegenwärtig als Emeritus noch vertretungsweise.

Als Mellerowicz zur TU Berlin kam, war dort das wirtschaftswissenschaftliche Studium noch auf die für die frühere TH Charlottenburg traditionelle Ausbildung von Wirtschafts-Ingenieuren im Rahmen einer Fachschaft beschränkt. Inzwischen wurde dieser Studiengang nicht nur ausgebaut und verbessert, sondern es werden seit 1950 auch Diplom-Kaufleute ausgebildet. Auf Grund der Initiative und Tatkraft von Mellerowicz wurde 1952 eine besondere Fakultät für Wirtschaftswissenschaften gegründet. Sie ist heute die drittstärkste der zehn TU-Fakultäten.

Sein bisheriges, noch längst nicht abgeschlossenes Schaffen war außerordentlich umfang- und erfolgreich. Die Ursachen hierfür liegen nicht nur in seiner starken, ausstrahlenden Persönlichkeit, sondern auch in seiner Grundauffassung der Betriebswirtschaftslehre. Diese ist gekennzeichnet durch Universalität und Realität. Der Betrieb ist für Mellerowicz zugleich ein Organ der Gesamtwirtschaft und ein in sich vollständiger Organismus, dessen sämtliche Funktionen ein Forscher und Lehrer beherrschen und zu beurteilen in der Lage sein sollte. Daraus ergeben sich in gleicher Weise die umfassende und die funktionale Maxime sowie der große Wirkungsbereich des Jubilars. Seine Vielseitigkeit zeigt sich deutlich in seinen Veröffentlichungen, aber auch in der Tatsache, daß er früher Lehrstühle für Verkehrs-, Bank- und Treuhandwesen teils innehatte, teils vertretungsweise betreute. Er ist Kenner der *gesamten* Disziplin.

Der Name Mellerowicz ist unlösbar verbunden mit der Idee und Durchführung einer möglichst praxisnahen Gestaltung des Studiums, überhaupt einer besonders engen Verbindung von Theorie und Realität. Hierin wurde er zweifellos stark von Schmalenbach beeinflußt, den er heute noch als Vorbild des Forschers und Lehrers ansieht. In seinem — außerordentlich produktiven — Drang zur Weiterentwicklung der Disziplin ist der Jubilar aber selbst schulebildend geworden. In diesem Zusammenhang muß wiederum seine Praxisnähe als typische Komponente seiner Lehr- und Forschungstätigkeit erwähnt werden, die sich in allen Veröffentlichungen und Vorlesungen bemerkbar macht. Ohne ihre Berücksichtigung ist sein wissenschaftliches Werk nicht zureichend zu würdigen. Seine enge Verbindung zur Praxis hat den Jubilar geradezu zwangsläufig davon abgehalten, bei seiner wissenschaftlichen Arbeit in der Abstraktion von der wirtschaftlichen Wirklichkeit *zu* weit zu gehen. Daraus erklärt sich, daß er einerseits tatsächlich weiterbringende Gedanken immer aufgeschlossen und jeweils als einer der ersten Betriebswirte vertreten hat. Dies zeigen z. B. seine Veröffentlichungen und Vorlesungen auf den Gebieten der Betriebspolitik und -planung (und damit einer wirklichkeitsorientierten Entscheidungstheorie) sowie des Marketing-Gedankens, ferner die Förderung der Ausbildung auf den Gebieten der mathematischen Statistik und der elektronischen Datenverarbeitung. Andererseits ist er modischen *Überspitzungen* von *an sich* keineswegs negativ zu beurteilenden Entwicklungen entgegen getreten. Dies wurde besonders deutlich, als er sich gegen eine *zu* weitgehende Anwendung des mathematischen Instrumentariums bei der *theoretischen* Analyse wandte. Nicht zuletzt auch dadurch ist er zum führenden Vertreter einer der Richtungen der gegenwärtigen Betriebswirtschaftslehre geworden.

Das *Werten* als zentrales Wesensmerkmal und Problem allen Wirtschaftens hat Mellerowicz nicht zufällig zum Ausgangspunkt seiner wissenschaftlichen Arbeit gewählt. Den Höhepunkt seiner Forschungen auf diesem Gebiet stellt die Veröffentlichung des Werkes „Der Wert der Unternehmung als Ganzes" (1952) dar, das als Grundkonzept auch heute noch die in Theorie und Praxis wichtigste Alternative zu Schmalenbachs Verfahren bildet.

Es wäre abwegig, für die einzelnen Forschungsleistungen des Jubilars eine Rangfolge zu suchen. Wollte man es tun, so müßte man wohl dem Sachgebiet *Kostentheorie und Kostenrechnung* die Krone zusprechen. Mellerowicz gilt hier als einer der im Inland und Ausland führenden Gelehrten, und sein mehrbändiges Werk hat in bezug auf die Vollständigkeit der Aussage einen bisher nicht wieder erreichten Standard gesetzt. Auch in den letzten Jahren hat der Jubilar die Forschung auf dem Gebiet der Kostenrechnung weiter gefördert, und zwar durch seine Lehre von der Kalkulation mit variablen Fixkostenzuschlägen, die den gelungenen Versuch darstellt, neuere kostenrechnerische Gesichtspunkte (Grenzprinzip und Prinzip der Ausgabenwirksamkeit) zu berücksichtigen, ohne deswegen die positiven Seiten der traditionellen Vollkostenrechnung aufzugeben. Kostentheorie und Kostenrechnung wurden in Deutschland nach dem letzten Krieg wegen des Nachholbedarfs an markt- und managementorientierten Schriften zu Unrecht etwas in den Hintergrund geschoben. Auch Mellerowicz hat in seinen Vorlesungen und Veröffentlichungen die besondere Bedeutung von z. B. Finanzierung und Vertrieb herausgestellt. Es sollen als Beleg hierfür seine zahlreichen, Absatzprobleme behandelnden Veröffentlichungen in den Jahren 1955—1961 erwähnt werden. Dennoch hat er aber immer wieder auf die zentrale Stellung des kostenorientierten Denkens und Entscheidens hingewiesen.

Bei aller Universalität ist der Jubilar als Forscher, Lehrer und Berater ein besonderer Kenner der *Industrie*. Er ist Direktor von Forschungsinstituten für Industriewirtschaft, Handwerkswirtschaft und seit einigen Jahren auch eines besonderen Instituts zur Erforschung des Markenartikelwesens. Seine Verbindung zu vielen bekannten Unternehmern und Industrieführern ist eng. Sein Wort hat in der Praxis Gewicht, sein Rat wird oft und gern eingeholt. Von seinen Schülern, zu denen auch nach Abschluß ihres Studiums ein enges und herzliches Verhältnis besteht, werden in der Praxis besondere Leistungen erwartet. Viele von ihnen haben heute hohe und höchste Positionen in der Wirtschaft inne.

Daß sich Mellerowicz als akademischer *Lehrer* einen herausragenden Namen erworben hat, bedarf eigentlich keiner besonderen Erwähnung. Er hat die Gabe, ein Auditorium nachhaltig zu fesseln und zu begeistern. Sein Lehrerfolg resultiert aus der Synthese von theoretischem Fachwissen, Wirklichkeitsnähe, pädagogischer Perfektion und vollem Einsatz der Persönlichkeit. Abgerundet wird das Bild des Lehrers Mellerowicz durch sein immer wieder gezeigtes großherziges Verständnis für die Sorgen und Nöte der Studenten.

Bei einer Würdigung der Schwerpunkte des bisherigen Lebenswerkes des Jubilars dürfen seine vielfältigen Leistungen in Ausschüssen für die Weiterentwicklung des Rechnungswesens in früheren Jahrzehnten nicht unerwähnt bleiben. Hinzu kommt die Mitarbeit in zahlreichen wissenschaftlichen und Verwaltungsgremien in den letzten Jahren. Gegenwärtig steht seine Mitwirkung bei der Führungsausbildung der Wirtschaft (z. B. Baden-Badener Gespräche, Technische Akademie Wuppertal usw.) mehr im Vordergrund.

Mellerowicz hat als Forscher und Lehrer im europäischen und außereuropäischen Ausland große Resonanz und höchste Anerkennung gefunden. Seine „Allgemeine Betriebswirtschaftslehre", die zur Zeit in 11. Auflage erscheint, seine „Betriebswirtschaftslehre der Industrie" und sein Werk „Kosten und Kostenrechnung" gehören im deutschsprachigen Raum zu den Standardwerken. Eine besondere Auszeichnung für einen Wissenschaftler sind jedoch Übersetzungen seiner Bücher in andere Sprachen. Die „Allgemeine Betriebswirtschaftslehre" und die „Betriebswirtschaftslehre der Industrie" wurden in Spanien, Japan sowie Südamerika übersetzt und herausgegeben. Selbst russische Wissenschaftler haben ihm — über die Grenze grundlegender wissenschaftlicher und vor allem politischer Ansichtsunterschiede hinweg — die fachliche Anerkennung letztlich nicht versagt. Vielmehr haben sie in einer Buchbesprechung zu erkennen gegeben, daß sie ihn als *die* führende Persönlichkeit auf dem Gebiet der Kostenrechnung ansehen. In diesem Zusammenhang wurde die Übersetzung seines Werkes „Kosten und Kostenrechnung" ins Russische empfohlen. Da der Jubilar sich schon 1949 mit der für seine Vortragsweise kennzeichnenden Deutlichkeit von der im Ostblock vertretenen „Politökonomie" distanziert hat, muß hierin eine *besondere* Auszeichnung erblickt werden. Deshalb wird die Besprechung des Werkes „Kosten und Kostenrechnung" im Jahrgang 1959 der in Moskau erscheinenden „Nowie Knigi" — in deutscher Übersetzung — im Anschluß an die Bibliographie dieser Festschrift wiedergegeben.

Die Festschrift, die ihm Kollegen, Freunde und Schüler zu seinem siebzigsten Geburtstag widmen, mußte den Besonderheiten des Werkes von Mellerowicz Rechnung tragen. Sie bestehen, wie angedeutet, vor allem in etwas Doppeltem: Einmal in der Universalität in bezug auf Lehre und Forschung, zum anderen in der engen Verbindung zur Praxis. Diesen Gegebenheiten kann wohl das gewählte Generalthema „Betriebswirtschaftslehre und Wirtschaftspraxis" — und vielleicht nur dieses — Rechnung tragen.

Mit ihrer Festgabe verbinden Autoren und Herausgeber der Festschrift ihre herzlichen Wünsche für die Zukunft des Jubilars. Sie wünschen ihm vor allem eine noch recht lange Zeit fruchtbarer Tätigkeit im Dienste der Betriebswirtschaftslehre und der betrieblichen Praxis.

Dem Verlag, der die Herausgabe der Festschrift ermöglichte, sei an dieser Stelle bestens gedankt.

Berlin, am 24. Dezember 1961

Horst Schwarz
Karl-Heinz Berger

Inhaltsverzeichnis

Produktgestaltung

von

Prof. Dr. *Günter Abromeit*, Aachen

I. Das Produkt in Wirtschaft und Betrieb

Die *traditionelle Wirtschaftswissenschaft* behandelt mit äußerstem Scharfsinn Kosten, Wert, Preis, Angebot und Nachfrage von *Gütern*. Alle diese Problemkreise werden unter der stillschweigenden Voraussetzung bearbeitet, daß die Unternehmungen *Güter im echten Sinne* produzieren, daß es solche Güter überhaupt gibt und daß stets neue derartige Güter oder Produkte geschaffen und gestaltet werden. Das *Produkt selbst* gilt weithin in der Wirtschaftswissenschaft als etwas Selbstverständliches, Gegebenes, Unproblematisches, in der wissenschaftlichen Analyse Unrelevantes. Darum ist es auch nicht verwunderlich, daß die Funktion der *Produktgestaltung* ebenfalls bis vor kurzem nicht genügend bearbeitet und gewürdigt wurde.

Im *Betrieb* finden wir dagegen eine ganz andere Auffassung. Hier, von der Betriebsatmosphäre aus gesehen, ist das Produkt überhaupt *das Problem schlechthin* und es erscheint als eine gewisse Sophistikation, wenn andere Funktionen wie Verkauf, Finanzen, Organisation usw. neben der zentralen Güterherstellung auch als wichtig geachtet werden wollen. Diese Haltung drückt sich z. B. in dem bekannten *Tonnen-, Stück-* und *Mengendenken* aus. Schon rein kräfteaufwandmäßig steht die Funktion des Güterherstellens so stark im Vordergrund, daß die anderen betrieblichen Funktionen als bloße Randerscheinungen zu verblassen drohen. Merkwürdigerweise findet aber auch im Betrieb, wo die Produktion sonst im Mittelpunkt des Interesses steht, das Problem der *Produktgestaltung* bei weitem nicht die verdiente Beachtung. So wird man es z. B. selten finden, daß sich die Belegschaftsmitglieder eines Industriebetriebes darüber im klaren sind, wie maßgeblich die Existenz ihrer Arbeitsplätze von neuen Produktideen und Produktgestaltungen abhängig ist.

Alle diese Ausführungen zeigen, *wie sehr wir dazu neigen, schöpferische wirtschaftliche Leistungen gar nicht oder zu niedrig zu bewerten. Wirtschaftswissenschaftlich* findet diese Unterbewertung ihren Ausdruck z. B. in der Marxschen Lehre, die — in rein *quantitativem* Denken befangen — die Existenz der Unternehmung weitgehend davon abhängig macht, welchen Erfolg die Unternehmung im Kapitalakkumulationsprozeß erzielt (die Gewinnfähigkeit hängt von der Menge des Mehrwert heckenden Kapitals ab). Das gleiche gilt für die Epigonen der Klassiker, die sich in ihren Untersuchungen nicht von so sterilen Fragen wie dem Preis von Stapelwaren (Getreide, einfache Tuche usw.) lösen konnten. Solange die Wirtschaftswissenschaft überhaupt nicht wahrnahm, daß die Entwicklung neuer, differenzierter, hochgezüchteter Produkte eine besondere geistige Leistung darstellt, mußte sie u. a. auch gegenüber *produktbegründeten* Monopolen verständnislos bleiben und ihnen mit einem moralischen Dünkel gegenübertreten, wo Anerkennung am Platze gewesen wäre. *Betrieblich* zeigt sich die Unterbewertung der schöpferischen Produktidee darin, daß das einzelne Belegschaftsmitglied *die Relativität* seiner eigenen Bemühungen nicht richtig einschätzt. Der Mann im Betrieb hält sein *Mengen*schaffen für *absolut* sinnvoll, während doch nur die Produktion von *marktgerecht gestalteten* Produkten Sinn hat.' Dies führt letztlich dazu, daß die Masse der Belegschaftsmitglieder ihre *gesellschaftspolitische* Position weit überschätzt: Ohne schöpferische Produktidee zielt ihre gesamte Produktionskraft ins Leere.

Die Ansatzpunkte einer realistischen Beurteilung der Produktgestaltung finden wir bei Schumpeter. Bereits Ende des 19. Jahrhunderts legte Schumpeter dar, daß die Konjunktur von der Produktentwicklung lebt, und wies nach, daß die Krisen des 19. Jahrhunderts weitgehend durch die *Entwicklung neuer Produkte* überwunden wurden (Eisenbahnen, Elektrizität, Telefon, Chemie usw.).

Ihm folgten die Männer der modernen Monopoltheorie (Chamberlin), die im neuen Produkt einen legitimen Monopolgrund sahen. Denn die Entwicklung eines neuen Produkts stellt eine Leistung dar, die mit Recht einen Konkurrenzvorteil begründet. Daraus ergab sich die Lehre vom *Leistungsmonopol* und die Erkenntnis, daß das Monopol üblicherweise nicht auf das hemmungslose Ruinieren der anderen Marktteilnehmer zurückzuführen ist (Machtmonopol). Weiterentwickelt wurde die Schumpetersche Lehre von der *dynamischen Wirtschaftstheorie* (u. a. Ayres, Brinkmann). Im Mittelpunkt der Überlegungen dieser Theoretiker steht nicht das Preisbildungsproblem in der statischen Wirtschaft, sondern sie befassen sich vor allem mit den *Bedingungen des wirtschaftlichen Wachstums,* das die Voraussetzung für die Steigerung des Volkswohlstandes ist. Für diese Theoretiker ist die Produktentwicklung und -gestaltung einer der entscheidenden dynamischen Faktoren in der Wirtschaft. Sie stellt neben dem *Kapitaleinsatz* eine rein *geistige Investition* im Unternehmen dar, die dessen Gewinn und Existenz nachhaltig beeinflußt. Die Konjunktur hängt heute weitgehend davon ab, ob man den Verbraucher dazu bringen kann, eine lebhafte Nachfrage zu zeigen, den Verbrauch kontinuierlich zu steigern und Änderungen des Konsumstiles mitzumachen. Verbrauchswachstum und Änderung des Konsumstiles stellen sich nicht von allein ein, sondern setzen *aktives betriebliches Handeln* voraus. Dazu gehört vor allem die dauernde Entwicklung neuer Produkte, die die Bedürfnisse erweitern und alte Produkte verbessern. Appley, der Präsident der American Management Association, prägte hierzu das Wort: *„Die Konjunktur sind wir selbst"*; sie ist u. a. *unsere Erzeugnispolitik!* Erzeugnispolitische Maßnahmen geben dem Unternehmer weitreichende Möglichkeiten, den allein mit absatzpolitischen Maßnahmen oft nicht zu meisternden Abschwüngen der von ihm bearbeiteten Märkte zu begegnen und immer die Märkte aufzusuchen, auf denen gegenwärtig am besten verdient wird, d. h. stets im vollen Wind der Konjunktur zu segeln. Es lohnt sich daher, die Gesichtspunkte rationeller Erzeugnispolitik zu durchdenken. Denn der Kaufmann soll nicht nur das *Wie* der Produktion rationalisieren, sondern auch das *Was* der Produktion sinnvoll gestalten, d. h. Produkte, die in die Bedarfstruktur des Marktes passen und von dem Markt gewollt werden, in sein Programm aufnehmen und deren nachhaltig rationelle Fertigung organisieren. Dabei kommt es auf folgendes an:

1. Die *Richtung* für die Produktentwicklung anzugeben.
2. Aus neu entwickelten Produktideen die *richtige Auswahl* zu treffen und den neuen Produkten eine *reale, marktgerechte Gestaltung* zu geben.
3. Die *alten Produkte* ständig auf ihre *weitere* Brauchbarkeit zu überprüfen.

Diese Überlegungen gelten nicht nur für Unternehmungen, die *Sachgüter* herstellen, sondern ebenso für das gesamte *Dienstleistungsgewerbe.* In diesem Zusammenhang ist z. B. die ständige Anpassung der Versicherungswirtschaft an die sich ändernden Bestimmungen des Einkommensteuergesetzes als vorzügliche „produktgestaltende" Maßnahme erwähnenswert.

II. Systematik der bei der Produktgestaltung zu berücksichtigenden Faktoren

Bei der Produktgestaltung müssen die verschiedensten Gesichtspunkte berücksichtigt werden, die — um einen Überblick zu gewinnen — am besten in Form einer katalogmäßigen Aufzählung dargestellt werden. Bei einer optimalen Produktgestaltung geht es darum, Erzeugnisse zu schaffen, deren Merkmale sowohl Vorteile für den Betrieb des Herstellers als auch für den Betrieb bzw. Haushalt des Produktverwenders erwarten lassen. Die methodischen Ansatzpunkte für die Produktgestaltung sind also in zwei Bereichen zu suchen:

1. In der Sphäre des Produktverwenders.
   Hier handelt es sich
   a) um rationale Gesichtspunkte und
   b) um irrationale Faktoren.

2. In der Sphäre des Produktherstellers.
   In diesem Bereich erfolgt die Wertung eines neuen Produktes
   a) zunächst *isoliert* hinsichtlich seiner besonderen betrieblichen Vor- und Nachteile, so als ob es allein hergestellt würde;
   b) darüber hinaus bleibt aber zu untersuchen, inwieweit sich das zu gestaltende Produkt in das Fabrikations- und Verkaufs*programm* des Unternehmens einfügt.

Von der Geschicklichkeit, mit der sich das produktgestaltende Unternehmen an die Gesichtspunkte des Produktverwenders anpaßt, hängen die *Absatzfähigkeit* und der *Erlös* des neuen Produktes ab. Von der optimalen Einpassung des neuen Produktes in die betrieblichen Gegebenheiten werden seine *rationelle Herstellbarkeit* und die *Kosten* beeinflußt. Die nachstehende Systematik behandelt also die *Gewinn oder Verlust* eines neuen Produktes bestimmenden Einflußfaktoren.

(1.) *Die Sphäre des Produktverwenders*

a) *Unterschiedliche Freizügigkeit des Produktgestalters*

Die bekannte Voraussetzung einer erfolgreichen Absatzpolitik, daß der Verkäufer den Kunden bzw. den Kundenbetrieb besser kennen müsse als dieser sich selbst, gilt auch für die Produktgestaltung. Die *individuellen* Wünsche und Bedürfnisse des einzelnen potentiellen Kunden haben jedoch für die Entscheidungen des Produktgestalters eine ganz unterschiedliche Bedeutung, je nachdem, ob das Produkt in Einzelfertigung oder in Serien- bzw. Massenfertigung hergestellt werden soll.

Der Typ der *Einzelfertigung* tritt bei den Herstellern großer industrieller Produktionsanlagen (Investitionsgüterindustrie) besonders deutlich in Erscheinung. Hier besteht die wesentliche produktgestaltende Tätigkeit des Herstellers darin, daß er für die vom Kunden geäußerten Ausbaupläne eine technische *Konzeption* der Gesamtlage und das *know-how* der *Ausführung* liefert. Die Festlegung der *Einzelheiten* erfolgt jedoch in ständiger Abstimmung mit dem Kunden weitgehend nach dessen Anregungen und Wünschen, wobei der Hersteller nur darauf bedacht ist, daß die Gesamtkonzeption erhalten und die Ausführung möglich bleibt. Die Gesichtspunkte des *einzelnen* Produktverwenders können sich also bei Einzelfertigung weitgehend durchsetzen. Das Risiko einer dem Verwender nicht adäquaten Produktgestaltung ist relativ gering. Es handelt sich eben um „Maßarbeit".

Ganz anders sieht es bei den *Serien- und Massenherstellern* aus. Hier soll ein einheitliches Produkt gestaltet werden, das trotzdem den unterschiedlichen individuellen Wünschen einer Vielzahl von Verbrauchern gerecht wird. Es kommt darauf an, das *Wesentliche* und *Gleiche* dieser Kundenwünsche zu erfassen und im Produkt zu verwirklichen. Eine hundertprozentige Berücksichtigung jeder Verbraucheridee ist nicht möglich. Die Entscheidung darüber, was wesentlich und was unwesentlich ist, welche Verbraucherwünsche berücksichtigt werden müssen und welche nicht, liegt allein beim Hersteller. Der bei der Einzelfertigung gegebene enge Kontakt zwischen dem Hersteller und dem einzelnen Verwender ist nicht vorhanden und darf auch für die Produktgestaltung nicht entscheidend sein, um Einseitigkeiten zu vermeiden. Der Massenhersteller ist also in seinen Produktentscheidungen *souveräner* als der Einzelhersteller. Dies hat jedoch zur Folge, daß auch das *Risiko* falscher, dem Kunden nicht adäquater Produktgestaltung *größer* ist, ein Umstand, der zu entsprechend breit angelegter Vorbereitung zwingt, wenn neue Serien- oder Massenprodukte auf den Markt gebracht werden sollen.

b) *Rationale Gesichtspunkte des Produktverwenders*

b_1) *Der Gebrauchswert*

Von allen Anforderungen, die der Verwender an ein Produkt stellt, ist die bedeutsamste die Forderung nach einem ausreichenden Gebrauchswert des Produktes. Der Gebrauchswert muß also zuerst geschaffen und durch Versuche und Tests nachgewiesen werden. Erst dann hat es Zweck, die anderen Gesichtspunkte der Produktgestaltung in die Überlegung einzubeziehen und ihnen Rechnung zu tragen.

Der Gebrauchswert ist eine *komplexe* Größe. Er ergibt sich im wesentlichen als Summe folgender Faktoren:

1. Leistung im Sinne von Zweckerfüllung.
2. Einfachheit der Verwendung (einfache Bedienung bei Maschinen, einfache Zubereitung bei Nahrungsmitteln).
3. Robustheit der Ausführung (Verhalten von Maschinen im Dauerbetrieb und bei zeitweiser Überlastung, Strapazierfähigkeit von Textilien) und Störanfälligkeit.
4. Kompliziertheit und Kosten von Pflege und Reparatur.
5. Sicherheit und Schnelligkeit des Kundendienstes (schnelle Wiederherstellung im Bedarfsfall und Einsparen eines eigenen Reserveteillagers).
6. Abgestimmtsein mit Komplementärgütern, die vom Verwender gemeinsam mit dem infrage stehenden Produkt benutzt werden (Übereinstimmung mit Normen, vor allem Anschlußnormen; Abstimmung zwischen Möbelgrößen und den Maßen von neuzeitlichen Treppenaufgängen und Wohnungsgrößen).

Die notwendige Überzeugung des Kunden, daß das Produkt einen echten Gebrauchswert repräsentiert, wird um so leichter gewonnen, je besser es dem Unternehmen gelingt, einen allgemeinen *Qualitätsgoodwill* aufzubauen, wie er z. B. in Werbeslogans wie „Man vertraut auf Mannesmann" zum Ausdruck kommt. Abgestützt wird ein solcher allgemeiner Qualitätsgoodwill durch die Gewährung von *Garantien* (Leistungsgarantie, Reinheitsgarantie, Echtheitsgarantie, Haltbarkeitsgarantie) sowie durch extern verliehene *Gütezeichen.*

b_2) *Einzweck- und Mehrzweckprodukte*

Der normale Produktverwender neigt gewöhnlich dazu, *Mehrzweck*ausführungen zu verlangen und zu bevorzugen. Hierbei ist an verschiedene Möglichkeiten zu denken:

1. Variationsmöglichkeiten im Verwendungszweck, z. B.
   Combi-Wagen,
   Bett-Couch,
   Taschenmesser mit eingebauten Werkzeugen oder Manikürgeräten,
   kombinierte Küchenmaschinen,
   Universalwerkzeugmaschinen.
   Besonders deutlich wird der Hang des Konsumenten zur Zweckkombination u. a. auch im Hausbau. Hier stellen die Bauherren die Forderung, daß ein Haus bzw. eine Wohnung ebenso gut geeignet sein soll für die Unterbringung einer Familie mit kleinen Kindern wie für die Bewirtschaftung durch ein älteres Ehepaar, dessen Kinder inzwischen den Haushalt verlassen haben. Weiter wird verlangt, daß die Wohnung für gute Zeiten mit allem Komfort ausgestattet ist, aber auch in Mangelzeiten mit einem Minimum an Hilfsmitteln benutzbar bleiben soll. Dies leitet über zu einem anderen Gebiet:
2. *Variationsmöglichkeiten im Betrieb der Anlage,* z. B.
   Anschlußmöglichkeit eines Rasierapparates an Strom verschiedener Spannungen;
   Umstellbarkeit eines Heizofens auf Kohle-, Öl- und Gasbetrieb.

Als allgemeine Regel kann festgehalten werden, daß die Eignung von Mehrzweckprodukten für jeden einzelnen der mit ihnen erreichbaren Verwendungszwecke *geringer* ist als die Eignung eines entsprechenden Einzweckproduktes. Bei Mehrzweckausführung sinkt die Leistung, die Bedienung wird unpraktischer, meist auch arbeitsaufwendiger.

Trotzdem ist die Mehrzweckausführung nur schwer zu vermeiden. Und zwar grundsätzlich dann nicht, wenn der Kunde etwa für eine Einzweckmaschine keine volle *Verwendungsmöglichkeit* hat, sie mithin nur ungenügend genutzt würde. Dies ist z. B. der Fall bei Haushaltsküchenmaschinen; weder für Rührwerk, noch für Fleischwolf, Saftpresse usw. gibt es im Haushalt kontinuierliche Einsatzmöglichkeiten, womit entsprechende Einzweckmaschinen gerechtfertigt werden könnten. Deshalb ist die Mehrzweckmaschine trotz ihrer komplizierten Bedienung berechtigt. Ein weiterer beachtenswerter Grund für Mehrzweckausführungen liegt darin, daß sie der *Finanzierung* des Kunden entgegenkommen. Mehrzweckprodukte sind zwar teurer als jedes einzelne Einzweckgut, das sie ersetzen, *sie sind aber billiger als alle entsprechenden Einzweckprodukte zusammen.* Soweit die in frage kommenden Produktverwender eine Ausstattung mit Einzweckgütern nicht bezahlen können, hat das Mehrzweckprodukt also eine Existenzberechtigung.
Der Produktgestalter sollte aber stets *sehr* ernsthaft prüfen, ob die genannten, für eine Mehrzweckausführung sprechenden Gründe im einzelnen Fall wirklich so gravierend sind, daß man ihnen nachgeben muß. Mehrzweckausführungen sind zwar im Verkauf sehr beliebt, weil sie es ermöglichen, einen *relativ großen Markt anzusprechen*, und weil sie günstige *Verkaufs- und Werbeargumente* beinhalten. Dies gilt aber nur auf kurze Sicht. Der Schaden ist erheblich, wenn die Kundschaft *auf lange Sicht* den Behelfscharakter des Mehrzweckproduktes einsieht und dann zu anderen Herstellern mit Einzweckprodukten abwandert. Langfristig erfolgversprechender dürfte es daher sein, den Kunden zu beeinflussen, von seinen Kombinationsideen abzugehen, und ihn dann nach und nach mit dem entsprechenden *Sortiment* von Einzelprodukten auszustatten.

b$_3$) *Haltbarkeit und Lebensdauer*

Bis in die jüngste Vergangenheit hinein war die Gewißheit möglichst unbegrenzter Haltbarkeit ein ganz entscheidender Gesichtspunkt für die Produktwahl des Konsumenten. Dies mußte bei der Produktgestaltung entsprechend berücksichtigt werden. Neuerdings hat sich aber auch auf diesem Gebiet die Haltung des Produktverwenders gewandelt. Es geht nicht mehr darum, maximale Haltbarkeit zu gewährleisten. Vielmehr wird nur noch eine dem *jeweiligen Verwendungszweck adäquate Haltbarkeit* verlangt. Natürlich verlangt der Kunde bei verminderter Lebensdauer auch entsprechende Preiszugeständnisse und verfolgt diesen Komplex in zunehmendem Maße systematisch im Rahmen der sogenannten „Wertanalyse des Einkaufs". Je mehr sich diese Wertanalyse durchsetzt, um so mehr muß sich die Produktgestaltung aber auch darauf einstellen. Dann wird es zu einem *Konkurrenzvorteil,* wenn man dem Verwender Produkte mit sinnvoller Lebensdauer und korrespondierendem Preisabschlag anbieten kann. Wer diesem Weg nicht folgt, macht seine Produkte unverkäuflich.

Verkürzte Lebensdauern gelten vor allem auf folgenden Gebieten:

1. Modische Produkte.
2. Produkte, die schneller technischer Entwicklung unterliegen.
3. Produkte, die bei der Gestaltung von Provisorien verwendet werden, z. B. im Industriebau. Im Rahmen von Werksausbauplänen sind Übergangslösungen oft unvermeidlich. Ihre Gestaltung braucht nur die eingeschränkte Lebensdauer zu berücksichtigen.
4. Abstimmung der Lebensdauer von gemeinsam zu montierenden Teilen. So sollten z. B. bei einem ideal gestalteten Auto alle Einzelteile möglichst gleichmäßig altern und bei Erreichen der festgelegten Lebensdauer von x Kilometern gleichzeitig Schrott werden. Es hat keinen Sinn, wenn die elektrische Anlage doppelt so haltbar ist wie der mechanische Teil und wenn der Scheibenwischer dreimal so lange lebt wie die Karosserie.

b_4) *Preiswürdigkeit*

Für den Verwender ist das Produkt nicht nur eine Bedürfnisbefriedigungsmöglichkeit, sondern auch eine Ausgabe in seinem Budget. Damit wird der Preis zu einem wesentlichen Beurteilungskriterium durch den Verwender, dem der Produktgestalter Rechnung tragen muß.

Grundsätzlich muß in diesem Zusammenhang sichergestellt sein, daß der Verwender überzeugt werden kann, daß zwischen *Produktsubstanz* und *Preis* ein *angemessenes Verhältnis* besteht. Dabei ist der Ausdruck „Produktsubstanz" im weitesten Sinne des Wortes zu verstehen; er umfaßt nicht nur den Stoffinhalt des Produktes, sondern auch die in ihm konkretisierte Gestaltungsleistung durch Konstrukteur und Chemiker, Formgestalter, Bearbeitungspersonal und Verpackungstechniker sowie den gleichsam mit dem Produkt automatisch mitgekauften Kundendienst.

Nun führt jedoch eine solche „substanzgesicherte" Preiswürdigkeit noch keineswegs zum Kaufentschluß. Die Preiswürdigkeit hat vielmehr noch einen anderen Aspekt. Der Preis muß nicht nur in angemessenem Verhältnis zur Produktsubstanz stehen, sondern muß auch *der Kaufkraft des Verwenders adäquat sein.* Hieraus ergibt sich für die Produktgestaltung die Aufgabe, das Produkt nach der *finanziellen Tragfähigkeit* des Konsumenten zu gestalten. Diese Seite des Preiswürdigkeitsproblems kann nur durch Quantitäts- und Qualitätsanpassung gelöst werden.

1. *Quantitätsanpassung*

   In den kaufkraftstarken Industrieländern hat es sich eingebürgert, daß Medikamente grundsätzlich in Packungen zwischen 10 und 50 Stück verkauft werden, obwohl der Kranke oft nur 1 oder 2 Stück des Medikamentes unmittelbar benötigt. Der Rest bleibt für spätere Fälle und verliert sich meist in unübersichtlichen Hausapotheken. In kaufkraftschwachen Ländern dagegen, wie etwa in Indien, können Arzneien nur im unmittelbar benötigten Umfang verkauft werden, d. h. stückweise. Weitere Beispiele sind: Größe von Autos, gemessen am Hubraum des Motors; Packungsgrößen in der Süßwarenindustrie usw.

2. *Qualitätsanpassung*

   Sinkende Kaufkraft der Produktverwender bzw. steigende Preise von Einsatzstoffen beim Hersteller können auch über die Qualität berücksichtigt werden. So kann z. B. die Süßwarenindustrie den Kakao-Inhalt von Schokolade und Konfekt herabsetzen. Die Hersteller von Gebrauchsgütern können die Ausstattung einfacher gestalten. Ebenfalls in diesen Bereich gehört die Herstellung von standardisierten Massenprodukten anstelle von differenzierten Serienprodukten. Die „Qualitätseinbuße" besteht hierbei lediglich darin, daß Sonderwünschen des Konsumenten nicht entsprochen werden kann; die kostensenkende Rationalisierung ermöglicht jedoch die verlangte Anpassung an die geringere Kaufkraft.

b_5) *Wertbeständigkeit*

Die Frage der Wertbeständigkeit spielt nur bei langlebigen Gebrauchsgütern eine Rolle. Bei diesen ist es für den Produktverwender von Bedeutung, welchen Verlauf die *Wertabfall*kurve während der Lebensdauer des Produktes hat. Eine nur flach geneigte Wertabfallkurve erleichtert den Kaufentschluß, weil die

Verlustgefahr beim Wiederverkauf gering ist. Hierauf müssen vor allem folgende Gruppen von Produktverwendern achten:

1. Gewerbliche Betriebe, die nur Maschinen einsetzen können, die mit geringen Toleranzen arbeiten; diese Firmen sind gezwungen, ihre Maschinen vor Lebensdauerende an andere Unternehmen abzugeben, deren Produktion keine so engen Toleranzen verlangt.
2. Abnehmer, die ihre zukünftige Entwicklung nicht genau überblicken können. So zwingt eine Einkommensverminderung zum Verkauf des Autos, eine berufliche Versetzung zur Aufgabe der Eigentumswohnung.

In einer dynamischen Wirtschaft ist der Fall ungewisser Zukunftserwartungen sehr häufig und damit auch der second-hand Verkauf. Wie kann sich der Produktgestalter darauf einstellen? Es gibt hierfür nur eine Möglichkeit, nämlich langsamer Typenumschlag, Beibehalten derselben Produktgestaltung über längere Zeit, vorexerziert in vorbildlicher Weise vom Volkswagenwerk. Eine solche Politik braucht nicht entwicklungsfeindlich zu sein. Es muß nur vermieden werden, die Produktentwicklung Jahr für Jahr in kleinen Dosen zu verabreichen; stattdessen wird die Entwicklung jeweils nach längeren Zeiträumen, dann aber radikal, zukunftsweisend und wieder für längere Zeit vorhaltend, absolviert. Ohne Zweifel, die Politik der Wertbeständigkeit stellt sehr hohe Ansprüche an das Entwicklungsniveau der Produktgestaltung. Darum wird sie auch selten angewandt, zumal in einer Zeit, in der sich der Verkauf oft zu stark von dem weiter unten zu behandelnden Novitätsbedürfnis der Kundschaft faszinieren läßt. Auf dieses gründet sich auch die Gegenpolitik zur Wertbeständigkeit: der schnelle *Novitätenumschlag,* dessen betriebliche Nachteile jedoch erheblich sind:

1. Hohe Kosten der laufenden Entwicklung und der häufigen Null-Serien;
2. Hohe Ersatzteillager;
3. Geringe Qualität wegen nicht voll ausgereifter Konstruktion und unzureichender Erprobung.

Trotzdem beinhaltet der schnelle Novitätenumschlag die Chance der guten *Marktaufnahme,* und zwar aus irrationalen Gründen.

c) *Irrationale Gesichtspunkte des Produktverwenders*

c_1) *Novitätsbedürfnis*

Vor allem in Zeiten übersteigerter Reizempfindlichkeit und bei Gesellschaftsschichten mit typisch unkonservativer Verhaltens-

weise muß der Produktgestalter damit rechnen, daß der Verbraucher bewährte Produktgestaltungen ablehnt, sie nicht mehr kaufen will und — so er sie in Gebrauch hat — sie vor Beendigung der Lebensdauer abstoßen will, weil er des alten Produktes überdrüssig ist. Dies hat überhaupt nichts mit dem Gebrauchswert oder der Preiswürdigkeit des Produktes zu tun. Es handelt sich um ein vollkommen irrationales Moment, das allein darin begründet ist, daß Altbekanntes langweilig wird und keine Zugkraft mehr besitzt.
Diesem Novitätsbedürfnis muß jeder Produktgestalter seinen Tribut zollen, im Mindestmaß mit scheinbaren, absolut unwesentlichen, am Grundsätzlichen des Produktes überhaupt nicht rührenden Änderungen. Dieses *Mindest*maß ist bei *sachlich* guter Produktgestaltung und im Interesse der Wertbeständigkeit meist auch das *optimale* Ausmaß der Berücksichtigung des Neuerungsdranges. Entsprechende Beispiele aus der Autoindustrie sind: Änderung der Farbskala, Vergrößerung der Fenster, Änderung der Ausstattung, geringfügige Umgestaltungen der Karosserie.

c2) *Hang zur Demonstration*

Weiter oben ist dargestellt worden, daß der Produktverwender in erster Linie darauf sehen muß, daß ein Produkt den gewünschten Gebrauchswert hat. Mit dem Kauf eines Gegenstandes verbindet der Verbraucher aber meist auch Nebenabsichten, und zwar in der richtigen Erkenntnis, daß er von seiner Umgebung danach gewertet wird, mit welchen Gegenständen er sich umgibt. *So wird das Produkt zur Demonstration des Wesens und der Einstellung seines Besitzers.* Dies zwingt den Unternehmer dazu, seine Produkte so zu gestalten, daß die potentielle Kundschaft mit den von ihm angebotenen Produkten die ihr wesenseigentümliche Haltung demonstrieren kann. Hierher gehören folgende Fälle:

1. Demonstration einer Dienststellung, z. B. durch die Klasse des Wagens.
2. Demonstration von Wohlstand kombiniert mit einer konservativen Grundeinstellung, z. B. durch den Kauf von Gelsenkirchener Barock.
3. Demonstration einer modernen Lebensauffassung, z. B. durch Expressionismus in und auf der Tapete.
4. Demonstration eines betont distinguierten Geschmacks, z. B. durch Modell-Kleider.
5. Demonstration eines Protestes, z. B. durch Kauf von Mar-

garine statt Butter, nicht aus Einkommensgründen, sondern als Antwort auf unverständliches Steigen des Butterpreises. Soweit die Demonstration auf Traditionalismus gerichtet ist, scheint sie dem unter c_1) genannten allgemeinen Novitätsbedürfnis entgegenzuwirken. Dies ist aber tatsächlich nicht der Fall. Die richtige Folgerung hieraus zieht z. B. Rolls Royce, ein Wagen, der schnellen Typenwechsel mit betont traditioneller Grundhaltung verbindet und zudem das Konservative noch durch die Betonung der handwerklichen Arbeit unterstreicht.

c_3) *Nationale Gefühle*

Nationale Gefühle können für ganze Branchen produktgestaltend wirken (z. B. die Bevorzugung des Matrosenanzugs als Kinderkleidung im Kaiserlichen Vorkriegsdeutschland, ein Ergebnis der nationalen Flottenpropaganda); ebenso können dadurch bestimmte Produktformen diskreditiert werden; dies gilt z. B. im heutigen Ceylon für europäische Männerkleidung, die als Symbol des Kolonialismus gilt und dem bodenständigen Sarong weichen mußte, einem rockartigen Bekleidungsstück aus Baumwolle.

Noch bedeutsamer aber ist die irrationale Beurteilung einer Ware danach, ob sie aus der heimischen Wirtschaft, aus befreundeten oder aus feindlichen Ländern bzw. innerhalb eines Staatswesens aus beliebten oder unbeliebten Provinzen und Landstrichen stammt. Solche Bewegungen können sich bis zum Boykott steigern. Ihnen kann mit Mitteln der Produktgestaltung nicht entgegengewirkt werden. Der einzige Ausweg, der in solchen Fällen bleibt, ist die Gründung von Niederlassungen in den betreffenden Gebieten, um den national motivierten Widerstand gegen das eigene Erzeugnis zu überwinden.

c_4) *Sonstige irrationale Einflüsse*

Letztlich sind die irrationalen Motive Legion; aus der Fülle sollen zur abschließenden Verdeutlichung nur noch einige besonders relevante hervorgehoben werden:

1. *Sozialethische Gefühle.* So wirkte die deutsche Winterhilfe vor dem 2. Weltkrieg auf einen betont sparsamen Verbrauch hin, was vor allem die Gastronomie und der Lebensmittelhandel berücksichtigen mußten. Nach dem Krieg entstanden im Rahmen des CARE-Programms besondere produktgestalterische Aufgaben und Möglichkeiten. Die das Programm finanzierenden amerikanischen Privatleute konnten nicht wissen, welcher Paketinhalt im notleidenden Ausland den

größten Nutzen stiften würde. So schufen die Produzenten bestimmte Pakettypen, gleichsam in Form einer Sortimentsgestaltung, die der Abwicklung des Programms zugrunde gelegt wurden.

2. *Berücksichtigung des Schönheitsempfindens*, vor allem gepflegt im Rahmen moderner Formgestaltungsbemühungen (industrial design). Die Berücksichtigung von ästhetischen Gesichtspunkten hat auch höchst reale Konsequenzen So hat die Betriebspsychologie festgestellt, daß „schön" gestaltete Maschinen besser gepflegt werden als häßliche Formen und Farben.
3. *Aberglauben, Sicherheitsbedürfnis, Sex*. Diese Kategorien werden vom Produktgestalter nur noch ausnahmsweise im Produkt selbst berücksichtigt (z. B. der Filter der Filterzigarette als Zugeständnis gegenüber dem Aberglauben, man rauche mit Filter gesünder). Mit irrationalen Motiven dieser Art setzt man sich eher bei der Gestaltung der Verpackung oder in der Werbung auseinander (gesundheitsfördernd aufgemachte Reformhausartikel, z. B. „garantiert sonnenbeschienene Feigen"; Werbung für Koksheizungen mit dem Argument „Sicherer als Gas"; auf der Titelseite sexy aufgemachte Taschenbuchausgaben als Reiselektüre).

Abschließend ist zu den irrationalen Momenten noch zu bemerken, daß sie nicht nur im Bereich des privaten Verbrauchs eine Rolle spielen, sondern auch in den keinesfalls immer nur rechenhaften Wirtschaftsunternehmen und beim öffentlichen Verbraucher. Auch hier bestehen irrationale Tendenzen, z. B. der Hang zum Neuesten, zum Größten, zum Aus-dem-Rahmen-Fallenden.

d) *Das Ziel: Präferenzen zu gewinnen*

Das Ziel all dieser Bemühungen, die Sphäre des Produktverwenders zu durchforschen, besteht darin, *Produktschlager* zu gestalten, die sich so stark positiv von vergleichbaren Konkurrenzprodukten abheben, daß sie am Markt eine Sonderstellung genießen. Vor allem der gesättigte Käufer in kaufkraftstarken Volkswirtschaften tätigt schnellste und im Preis sorgloseste Käufe bei echten Spezialitäten und Sonderheiten. Solche Präferenzen gilt es zu schaffen und mit ihnen preispolitische Freizügigkeit zu gewinnen.

Dieses Streben nach Präferenzen bereitet bei der *Weiterentwicklung* von bereits bekannten Produkten besondere Schwierigkeiten. Denn die *eigenen* alten Produktgestaltungen enthal-

ten meist einige besonders gelungene Lösungen, von denen man sich nur ungern trennt. Außerdem läßt man sich leicht faszinieren von Gestaltungselementen und Finessen, die der *Konkurrenz* einen Markterfolg brachten. Unter diesen Bedingungen besteht die Aufgabe darin, das erstrebte Neue unter Vermeidung von zwei *Entartungsgefahren* zu erreichen. Die eine Gefahr ist darin zu sehen, wenn man sich vom Alten gar nicht lösen kann und das neue Produkt als eklektischen Aufguß aller gelungenen Elemente vorhandener eigener und fremder Produkte gestaltet. Die andere Gefahr wird akut, wenn gegen bessere rationale Einsicht geändert wird — um der Änderung willen, wenn die Änderung keinen sachlichen Inhalt hat, wenn die neue Produktform „gewollt" wirkt.
Wie schwer es ist, diesen beiden Gefahren zu entgehen und mit der neuen Produktgestaltung tatsächlich kommerziellen Erfolg zu erzielen, zeigt die amerikanische Statistik. Danach schließen im Durchschnitt aller Industrien nur 49% der am Markt eingeführten Produktneuerungen mit Gewinn ab. Diese 49% entsprechen 2,4% der von den gleichen Unternehmungen bearbeiteten Produktideen!

(2.) *Die Sphäre des Produktherstellers*

Die Aufgabe des Produktgestalters beschränkt sich nun nicht allein darauf, den Markt nach den Wünschen des Verbrauchers zu durchforschen. Ebenso wichtig ist es, das neue Produkt mit den betrieblichen Gegebenheiten abzustimmen, d. h. es zu Kosten herstellbar zu machen, die im Preis realisiert werden können.

a) *Überlegungen hinsichtlich des Produktes selbst*

a_1) *Volumen*

Rationelle, moderne, kostengünstige Herstellungsverfahren lassen sich nur dann anwenden, wenn das Produktionsvolumen hinreichend groß ist. Die bedeutsamste Frage, die vom Betrieb her an den Produktgestalter gerichtet werden kann, ist daher die Frage nach dem Marktvolumen des neuen Produktes. Nur wenn dieses eine entsprechende Größe hat, lohnt sich die Installation einer Großserien- oder Massenfertigung.
Für amerikanische Großbetriebe ist dies das entscheidende Kriterium bei der Auswahl und Beurteilung neuer Produkte. Dabei geht man davon aus, daß es stets gelingen wird, die erforderliche technische und kaufmän-

nische Intelligenz aufzubringen, um ein gutes neues Produkt herstellbar und absetzbar zu machen. Die Beschäftigung dieser knappen Kräfte lohnt sich aber nur, wenn das Produktvolumen ausreichend groß ist.
Muß dies verneint werden, läßt man die Produktidee fallen. Ist das neue Produkt jedoch schon aus dem Stadium der bloßen Idee heraus, liegen etwa schon Patente und verwertbare Konstruktionen vor, dann kann es interessant sein, diese Aktiven an kleinere Betriebe zu verkaufen, die hinsichtlich des Produktvolumens geringere Ansprüche stellen. Auf diese Weise kann die Mittel- und Kleinindustrie durch die Entwicklung der Großindustrie befruchtet und eine gesunde Arbeitsteilung erreicht werden.

a_2) *Sortendifferenzierung*

Die zweite Frage lautet, in welcher Differenziertheit das Produkt hergestellt werden soll. Dabei geht es um die vom Verkauf für notwendig erachtete Skala der Leistungs-, Größen-, Qualitäts-, Farb- und Ausstattungsunterschiede. Zweifellos verkaufen sich differenzierte Produkte leichter als Einheitsprodukte. Jede Differenzierung vermindert aber das Produktvolumen, das fabrikatorisch gleich behandelt werden kann. Gibt man dem Differenzierungswunsch zu stark nach, dann läuft man letztlich Gefahr, überhaupt keine Mengen gleicher Produkte mehr zusammen zu bekommen, die für eine rationelle Großfertigung ausreichend sind.
Eine wichtige Aufgabe der Produktgestaltung besteht daher darin, *übertriebene* Differenzierungswünsche des Verkaufs zu *unterbinden* und andererseits die *notwendige* verkaufsfördernde Vielfalt mit Mitteln zu erreichen, durch die die *fabrikatorische Einheitlichkeit* der verschiedenen Sorten möglichst *weitgehend erhalten bleibt.* Solche Methoden sind z. B.:

1. Verwendung *gleicher Teile* in allen Sorten. Damit kann die Teilefertigung nach Gesichtspunkten der Massenfabrikation organisiert werden. Erst in der Montage beginnen die Unterschiede.
2. Verwendung *gleicher Baugruppen* in allen Sorten. Hier kann außer der Teilefertigung auch die Baugruppenmontage in großem Stil organisiert werden.
3. Vermeidung aller *konstruktiven* Unterschiede zwi-

schen den Sorten. Die Differenzierung wird allein durch rein *äußerliche* Abweichungen bewirkt (Farbe), die fabrikatorisch keine Schwierigkeiten bereiten.

a_3) *Rechtliche Bedingungen*

Herstellbar ist ein Produkt nur dann, wenn es den gesetzlichen Bestimmungen entspricht. Je umfassender die Gesetzgebung wird, je mehr sich der Gesetzgeber auch um die Regelung der Einzelfragen bemüht, um so größere Sorgfalt muß darauf verwandt werden, die Gestaltung eines neuen Produktes juristisch abzusichern.

Als erstes gehört hierher die Prüfung, ob fremde Schutzrechte verletzt werden (Patente, Gebrauchsmuster, Geschmacksmuster usw.).

Darüber hinaus bleibt die Berücksichtigung von Gesetzen zur Lärmbekämpfung, Wasserreinhaltung, Reinhaltung der Luft, Bekämpfung von Schmutz und Schund, des Lebensmittelgesetzes, des Arzneimittelgesetzes, des Weingesetzes usw.

b) *Einordnung des neuen Produktes in das gesamte Produktionsprogramm*

Moderne Betriebe sind *Mehrproduktbetriebe*. Das neue Produkt wird also nicht allein hergestellt und verkauft, sondern gemeinsam mit anderen. Auf diese Tatsache, daß das neue Produkt im Verbund des Gesamtprogramms steht, muß der Gestalter Rücksicht nehmen.

In diesem Zusammenhang besteht die Grundüberlegung darin, ob das zu gestaltende Produkt die besonderen Fähigkeiten des Unternehmens und die bisher nicht voll beschäftigten Leistungsfaktoren, die zur Produktion des bestehenden Programms angesetzt sind, besser nutzen hilft.

Folgende Fragen müssen beantwortet werden:

1. Vervollständigt das Produkt das Verkaufsprogramm? Fördert es den Absatz anderer Artikel?
2. Kann das Produkt vom vorhandenen Vertriebsapparat verkauft werden oder ist eine zusätzliche Organisation erforderlich?
3. Verbessert das Produkt die Kapazitätsausnutzung der Fabrikationsabteilungen, indem es z. B. Engpaßstellen nicht in Anspruch nimmt oder einen anderen Saisonrhythmus hat als das übrige Programm?

4. Verwendet das Produkt Abfallstoffe aus der jetzigen Fertigung?
5. Nutzt das Produkt die besonderen Kenntnisse und Erfahrungen der Mitarbeiter?

III. Ein Beispiel praktischer Produktgestaltung

Welche Bedeutung die im Abschnitt II dargestellten Gesichtspunkte im praktischen Produktgestaltungsfall haben, läßt sich zusammenhängend am besten an einem Beispiel demonstrieren. Und zwar soll die Gestaltungsproblematik der Elektronenrechenmaschinen behandelt werden.

Die Technik der Elektronenrechenmaschinen wurde im wesentlichen während des zweiten Weltkrieges für militärische Zwecke entwickelt. Als nach dem Krieg die Geheimhaltung gelockert wurde und gleichzeitig der militärische Bedarf nachließ, fanden sich die Hersteller im Besitz einer beträchtlichen „Erfahrungskapazität", für die zunächst keine ausreichende Nutzung vorhanden war.

Die Rechenmaschinenindustrie durchforschte also die Sphäre des Produktverwenders und suchte nach potentiellen Kunden. Zwei Kundentypen wurden gefunden:

1. Technische Büros mit großen technischen Berechnungsproblemen
2. Kaufmännische Büros mit Datenverarbeitungsproblemen.

Die technischen Verwendungsstellen hatten den Vorzug, daß ihre Probleme denen sehr ähnlich waren, die während des Krieges zur Konstruktion der Maschinen führten und für welche die seinerzeit vorhandenen Typen demgemäß auch ausgelegt waren. Nachteilig war nur, daß der Bedarf an technischen Rechenanlagen nicht sehr groß war, jedenfalls keine Grundlage für eine Fertigung großen Stils abgab Genau umgekehrt war die Situation auf dem kommerziellen Sektor. Hier war der Bedarf an Rechenanlagen erheblich und ständig wachsend. Aber die Kriegsmaschinen waren für kaufmännische Zwecke nicht geeignet.

Um ein genügend großes Produktionsvolumen zu gewährleisten, mußten also Anlagen konstruiert werden, die dem Bedarf kaufmännischer Büros entsprechen. Während die Rechengeschwindigkeit der Recheneinheit von Anfang an groß genug war, galt es, die Eingabe- und Ausgabeeinheiten sowie die Speichermöglichkeiten in ihrer Leistung so zu erweitern, daß alle 4 Einheiten (Rechner, Eingabe, Ausgabe, Speicher) auch dann harmonisch zusammenarbeiten, wenn der Rechner wegen der Einfachheit kaufmännischer Rechnungen durch die erforderlichen Rechenoperationen nur minimal in Anspruch genommen wird. Schnelleser, Schnelldrucker, Magnetband und Großraumspeicher haben dieses Problem gelöst. Da einzelne der beteiligten Firmen bestimmte Lösungsmöglichkeiten frühzeitig durch Patente für die Konkurrenz sperrten, mußten diese nach anderen Lösungen suchen, die auch gefunden wurden. So gibt es heute ein beinahe überreichliches Angebot an Geräten dieser Art.

Mit der konstruktiven Harmonisierung der Anlagen waren die Kundenwünsche aber bei weitem noch nicht erfüllt. Es bestanden noch folgende Hemmungen:

1. Störanfälligkeit der Anlagen. Kaufmännische Arbeiten sind Terminarbeiten. Die Termine dürfen nicht durch die evtl. Betriebsunsicherheit der Rechenanlagen gefährdet werden. Durch entsprechende Entwicklungen, vor allem durch den Ersatz von Röhren durch Transistoren, hat die Rechenmaschinenindustrie diesem Gesichtspunkt Rechnung getragen. Darüber hinaus wurde ein Reparatur- und Wartungsservice eingerichtet, der volle Betriebssicherheit gewährleistet.
2. Einfachheit der Bedienung. Die Wirtschaft kann vor allem dann, wenn Elektronenanlagen massenhaft eingesetzt werden, derartige Maschinen nur unter der Voraussetzung betreiben, daß ihre Bedienung auch ohne mathematische Hochschulbildung möglich ist. Die Anlagen wurden dementsprechend zunehmend einfacher konstruiert. Die Hersteller arbeiteten darüber hinaus von sich aus mathematische Standardprogramme aus und richteten ständige Schulungskurse ein, in denen die Wirtschaft ihre Sachbearbeiter ausbilden lassen kann.

Trotzdem stellte sich der große Absatzerfolg zunächst nicht ein. Die Firmen hielten die Mietpreise und die Organisationskosten anläßlich der Einführung des neuen Verfahrens für zu hoch. Daher bestritten die Hersteller ihre Werbung zunächst mit Argumenten, die vom Preismoment ablenkten und sehr stark in den irrationalen Bereich hineinreichten. Es wurden vor allem die Firmen*leitungen* bearbeitet, und zwar mit 2 Argumenten:

1. Elektronenrechner gehören zum modernen Betrieb. Wer keinen Elektronenrechner hat, wird bald nicht mehr konkurrenzfähig sein.
2. Mit guter Information lassen sich Betriebe leichter und sicherer führen. Der Elektronenrechner verbessert die Information im Betrieb. Darum sind Elektronenrechner eine Voraussetzung guter Betriebsführung.

Diese Argumente hatten weitgehend die gewünschte Wirkung. Das Preisargument stand jedenfalls nicht mehr im Vordergrund und ist in der Zwischenzeit bei steigenden Gehältern und maßvoller Preistendenz der Rechenmaschinenhersteller auch nicht mehr so gravierend wie etwa noch 1955. Jedenfalls ist die Einführung in großem Umfang gelungen.

Die Typenvielfalt ist zwar noch erheblich, wie es bei einem so jungen, in starker Entwicklungsdynamik stehenden Produkt auch nicht anders sein kann. Fabrikatorisch wird aber auch aus dieser Situation das Beste gemacht; die verschiedenen Typen werden weitgehend aus gleichen, in

Massen herstellbaren Teilen und teilweise auch aus gleichen Baugruppen im Baukastensystem hergestellt.

Als sich herausgestellt hatte, daß die Elektronenrechenmaschinen eine für die zukünftige industrielle Entwicklung wichtige Neuerung darstellen, ergab sich eine letzte Schwierigkeit für die amerikanischen Einführerfirmen: die Abneigung der europäischen Staaten, sich bei einer so wichtigen Entwicklung ganz und allein auf Fabrikationsstätten in den USA zu verlassen. Mit der Aufnahme der Produktion von Elektronenrechenmaschinen in europäischen Niederlassungen und der Einrichtung eines Forschungszentrums in der Schweiz wurde auch diesem Gesichtspunkt Rechnung getragen und gleichzeitig der Vorteil des billigeren europäischen Arbeitsmarktes wahrgenommen. Zusammenfassend kann festgestellt werden, daß bei der Einführung der kommerziellen Großrechenanlagen die für die Produktgestaltung wichtigen Faktoren in seltener Häufung offenkundig und von den Herstellern überlegen bewältigt wurden.

IV. Die Chancen der Produktgestaltung

Die Produktgestaltung kann verschieden *anspruchsvoll* sein: Ein Unternehmen kann darauf ausgehen, *ganz neue* Produkte zu schaffen (Elektromotor, Zugmaschine, Elektronenrechner, Hula-Reifen). Ganz neue Produkte schaffen *neue Märkte* und neue Industrien, deren Lebensdauer wie im Fall des Hula-Reifens begrenzt sein kann, die aber in jedem Fall eine größere Erfolgschance für das produktgestaltende Unternehmen beinhalten als die bloße *Weiterentwicklung* von bekannten Produkten. Denn die Weiterentwicklung von bekannten Produkten erbringt bestenfalls einen *Konkurrenzvorteil* auf bestehendem Markt, also einen größeren *Marktanteil,* aber keinen neuen Markt. Die dynamische Potenz der Weiterentwicklung ist also geringer.

Ähnlich verhält es sich mit der *anpassenden* Produktgestaltung und der *aktiven* Produktgestaltung. Während sich die anpassende Politik nach den gegebenen Wünschen des Marktes richtet, gestaltet die aktive Produktpolitik neue Produkte *abweichend* von den gegenwärtigen Verbraucherwünschen und beabsichtigt, mit der erfolgreichen Einführung dieser Produkte *neue Konsumstile* zu schaffen. Aufwand und Wagnis der aktiven Produktpolitik sind zweifellos größer als bei der anpassenden Verhaltensweise. Der aktiv arbeitende Betrieb hat aber die Chance, die Stellung und das Renommee eines Produktführers der Branche zu gewinnen. In einer Zeit, in der Erzeugnisgestaltung und Absatzförderungen gegenüber der Preispolitik immer mehr in den Vordergrund treten, ist es nicht ausgeschlossen, daß die Bedeutung der Stellung eines Produktführers bald diejenige des Preisführers überragt.

Zur Bewertung ganzer Unternehmungen

von

Dr. *Karl-Heinz Berger*, Berlin

1. Zum Problem

Der Wert einer Unternehmung ist Ausdruck derjenigen Geldmenge, die einem Käufer bei objektiver Würdigung der zukünftigen Gewinnlage als Preis zugemutet werden kann. Er ist in der Regel mit dem gemeinen Wert identisch. Bewertungen ganzer Unternehmungen sind jeweils auf einen bestimmten Stichtag abgegeben. Zu diesem Stichtag ist der Wert der Unternehmung ein Marktzeitwert, bezogen auf die zu bewertende Unternehmung in ihrer am Stichtag gegebenen Vermögens- und Finanzstruktur.

Die Notwendigkeit derartiger Bewertungen ergibt sich im Wirtschaftsleben relativ häufig. Einige der mannigfachen Anlässe sind Verkäufe ganzer Unternehmungen, Zwecke der Wertbesteuerung, Auseinandersetzungen, Konzentrationsvorgänge und die sonstigen sog. besonderen Finanzierungsfälle[1]. Dabei kommt es vielfach zu grundlegenden Meinungsverschiedenheiten über den objektiven oder realen, wirklichen, echten Wert von Unternehmungen. Die Parteien orientieren sich dann oft an neutralen gutachtlichen Bewertungen.

Gutachtliche Feststellungen des Wertes einer Unternehmung sind Schätzungen, sind meist wissenschaftlich fundierte Versuche, den objektiven Marktzeitwert zu treffen. Ob das im Einzelfall gelingt, läßt sich nicht nachweisen, da die spezielle Situation derartiger Märkte kaum die Ist-Werte liefert, an denen solche Schätzungen gemessen werden können: Die tatsächliche Preisbildung ist subjektiv beinflußt, sie folgt nicht nur dem gutachtlichen Marktzeitwert, sondern auch der Stärke und Schwäche der wenigen Marktkontrahenten und ist kein sicherer Maßstab für die Güte der neutralen Schätzung. Ebenfalls kein Maßstab ist die tatsächliche spätere Gewinnlage der begutachteten Unternehmung. Diese ist beeinflußt durch nicht erfaßbare Einwirkungen auf die Entwicklung von Wirtschaft und Branche, insbesondere aber durch gewinnpolitische Entscheidungen des Erwerbers; letzteren Faktor kann und darf kein Gutachter

---

[1] Die folgenden Darstellungen sind, soweit nicht ausdrücklich hervorgehoben, auf den für das Gesamtproblem typischen Fall des Kaufes ganzer Unternehmungen bezogen.

berücksichtigen[2]. Der objektive Marktzeitwert einer Unternehmung ist also ein Begriff, ein gedachter, idealer Preis, ein Ziel, dem sich der Gutachter methodisch zu nähern sucht, und von dem er hofft und überzeugt ist, daß er es mit seiner Schätzung trifft.

Die Bewertung ganzer Unternehmungen bedarf mehr als andere betriebswirtschaftliche Problemstellungen der theoretischen Fundierung. Trotz aller Gesetzesvorschriften, Normen, Aufzeichnungen und Verfahren spielen Treu und Glauben manchmal eine wesentliche Rolle bei der gutachtlichen Quantifizierung, z. B. der des zukünftigen Gewinnrisikos expandierender Betriebe. Hier ist der Gutachter trotz aller Informationen und Erfahrungen recht einsam, er kann nur versuchen, als Experte objektiv zu schätzen. Um so mehr ist er auf eine gute theoretische Fundierung seiner Verfahren angewiesen; sie macht, neben anderem, den Experten.

Ist das Problem der absolut richtigen Quantifizierung zukünftiger Einflußfaktoren praktisch nicht lösbar, so haben Theorie und Praxis immer wieder versucht, wenigstens die Verfahrensseite so zu klären, daß eine einheitliche, allerseits akzeptable und anwendbare Methodik durchgesetzt werden könne. Das ist nie gelungen. Die Auffassungen über den Wert der Unternehmung, seine Komponenten und deren Gewichtung sind nach wie vor sehr unterschiedlich und führen zu unterschiedlichen Verfahren der Bewertung. Dadurch kann es selbst dann zu unterschiedlichen Aussagen kommen, wenn die Auffassungen einzelner Gutachter zum Sachwert und zur zukünftigen Gewinnlage übereinstimmen. Derartige Übereinstimmungen sind indessen ebenfalls selten; schon die Meinungen über den Wertansatz für einzelne Auslandsbeteiligungen z. B. können sehr auseinandergehen und beeinflussen entsprechend das Gesamtbild. Das von der Theorie her wesentliche Problem ist und bleibt allerdings die Frage der Bewertungsmethode.

Die grundlegenden betriebswirtschaftlichen Aussagen zur Bewertung ganzer Unternehmungen gehen in erheblichem Umfang auf Schmalenbach und Mellerowicz zurück[3]. Beide waren nicht die ersten, aber doch die schulebildenden Autoren zu diesem Sachgebiet. Die Bewertungsmethoden beider Theoretiker zeichnen sich durch einfache, klare Konzeptionen aus[4] und lassen fundierte eigene Bewertungspraxis erkennen.

---

[2] Im Einzelfall hat es der Letztgutachter natürlich leichter als der Erstgutachter, da er die Entwicklung nach dem Bewertungsstichtag besser kennt.

[3] Schmalenbach, Die Beteiligungsfinanzierung, 7. Aufl., Köln und Opladen 1949; Mellerowicz, Der Wert der Unternehmung als Ganzes, Essen 1952.

[4] Hier kamen also zwei Faktoren zusammen, deren zweiten man in der Literatur zum Teil vermißt: (1) die theoretische Fundierung, und (2) die Tatsache, daß die Praxis es lesen und anwenden kann.

Seitdem sind viele andere Abhandlungen bekannt geworden, und die Diskussion in den Fachzeitsrchiften reißt auch gegenwärtig nicht ab[5]. Teilweise handelt es sich um sehr gründliche Studien, um in Einzelfragen berechtigte Kritik, um Weiterführung und Vertiefung der Theorie, um Variationen der Verfahrensseite, um die sehr fruchtbare Diskussion von praktisch wesentlichen Teilproblemen, wie z. B. der Behandlung der Körperschaftsteuer.

Aus der Fülle aktuellerer Problemstellungen seien an dieser Stelle nur genannt: Gesamtkonzeption (Kolbe), vergleichende Darstellungen (Bartke), Errechnung des Zukunfterfolges aus Zahlungsströmen (Busse von Colbe), Herausarbeitung einer Grundformel für sämtliche Bewertungsverfahren (Jacob), Firmenwert nach dem Entschädigungsgesetz, Lästige Gesellschafter (Hartmann). Hinzu kommen Problemstellungen zum Gegenstand der Bewertung, zur Begriffsbildung, zu Spezialfragen der Bewertung.

Der Versuch einer Gesamtwürdigung der neueren Literatur führt je nach Temperament und Glauben zu folgendem Eindruck:

1. Ein Teil der Diskussion hat rein akademischen Charakter. Das fördert zwar die Denkschulung, stellt aber der Praxis keine besseren Instrumente zur Verfügung.
2. Statt auf eine Grundform hinzuführen, variiert und kompliziert sich die Verfahrenslehre.

Zu 1.: Der Eindruck, daß die akademische Denkschulung gegenüber der Praktizierbarkeit bei einzelnen Darstellungen und Diskussionen dominiert, ist offenbar auch anderenorts entstanden. So schreibt z. B. Kolbe in einer Entgegnung an Bartke[6]:

> „Leider hat sich der Verfasser auf eine Kritik aus rein theoretischer Sicht beschränkt und nicht gesagt, was und wie man es in der Praxis besser machen könnte. Darauf käme es im augenblicklichen Zeitpunkt am meisten an."

Auch der sehr interessante Artikel von Zimmerer[7] über einige echte Probleme der Bewertungspraxis kann als Reaktion auf einige lediglich systematisierende Aufsätze in letzter Zeit gedeutet werden.

Zu 2.: Soweit neue oder verbesserte Verfahren entwickelt wurden, fällt es schwer, diese Entwicklung als Gesamtwurf gegenüber Schmalenbach und Mellerowicz lediglich positiv zu werten. Zwar liegt es im Wesen wissenschaftlichen Arbeitens und ist eine notwendige Pflicht der Ver-

---

[5] Ausführliche Literaturhinweise finden sich u. a. bei Kolbe, Busse von Colbe, Bartke und anderen Autoren.

[6] Kolbe: Ist die Problematik der Berechungsformel für die Unternehmungsbewertung gelöst? in: WPg, 12/1961, S. 324.

[7] Zimmerer: Einige Aspekte der praktischen Durchführung von Unternehmungsbewertungen, in: ZfB 3/1961, S. 170 ff.

fahrensforschung, das Vorhandene auszubauen und darüber hinaus neue Wege zu suchen und zu finden. Wie Kolbe es zutreffend ausdrückt,

„... kann nur der Mut zu neuen Wegen und deren Kritik zu weiteren neuen Erkenntnissen führen.

Man kommt den Dingen nie näher, wenn man sich immer nur epigonenhaft beruft: ‚XYZ haben schon vor 30 oder 40 Jahren gesagt ...' "[8].

Das Neue ist nun fast durchweg komplizierter, sei es die Forderung nach Normalisierung der Finanzstruktur, sei es der Anspruch auf größere Genauigkeit mittels finanzmathematischer Durchdringung von Elementarfaktoren. Die Unternehmungsbewertung verlangt aber einfache, klare Verfahren. So manche theoretisch entwickelte Komplikation führt ggf. nur zu einer scheinbar größeren Genauigkeit, nämlich am Modell. Praktisch hängt die Genauigkeit wesentlich vom verfügbaren Zahlengerüst ab. Verfahren und Zahlenmaterial sollten in der Detaillierung adäquat sein. Prognosezahlen in der Wirtschaft sind nie so scharf zu quantifizieren, daß die Feinheiten bestimmter logischer, aber zu anspruchsvoller Modellverfahren wirksam werden könnten. Das dem Gutachter verfügbare Zahlenmaterial ist grob, seine Prognosen sind es auch.

Wenn es in der Bewertungspraxis zu sehr unterschiedlichen Auffassungen kommt, so liegt das primär an grundlegenden Faktoren, z. B. der Behandlung des Fremdkapitals, der Beteiligungen, dem Ansatz der Körperschaftssteuer, vor allem aber der unterschiedlichen Quantifizierung des zukünftigen Gewinnrisikos. So hat z. B. die Wahl des Abzinsungsfaktors wesentlichen Einfluß auf den gutachtlichen Wert, weniger aber die unterschiedliche Komplikation beim verfahrensmäßigen Ansatz des Zukunftserfolges; es genügt hier der Hinweis auf die Fragestellung, ob und wieweit sich der Gewinn des 7. oder 9. Jahres von dem Einnahmen/Ausgaben-Überschuß dieser Jahre unterscheidet. Es hat sich denn auch die Kombination aus nachhaltig erzielbarem Gewinn und Ewige-Rente-Formel in der Hand gewissenhafter Experten für den Normalfall der Bewertung immer noch bewährt.

Die nachfolgenden Darstellungen befassen sich mit theoretischen und praktischen Fragen der Unternehmungsbewertung. Die theoretische Seite bietet keine Weiterentwicklung, sondern lediglich das Anliegen, mehr zu einheitlichen Verfahren und Instrumenten zu finden, statt den Irrgarten des Vorhandenen noch weiter zu bereichern. Die praktische Seite dient dem Hinweis auf einige Fragen, wo der Gutachter in besonderem Maße vor Ermessensentscheidungen steht.

[8] Kolbe, a. a. O., S. 323.

2. Zur Theorie der Unternehmungsbewertung

2.1 Zum Begriff des Unternehmungswertes

Ausgangspunkt der Überlegungen sind zwei Thesen, die heute als unbestritten gelten und besonders klar von Schmalenbach formuliert wurden:

„Es kommt bei dem Werte einer Unternehmung, ebenso wie bei anderen Sachen, nicht darauf an, was dieser Gegenstand gekostet hat, was er geleistet hat, oder was sonst *in der Vergangenheit* von ihm bekannt ist, sondern *lediglich zukünftige* Umstände sind für den Wert des Gegenstandes bestimmend. Nur deshalb, weil wir nicht in die Zukunft sehen können und weil wir das für Zukunftsschätzungen nötige Material aus der Vergangenheit gewinnen müssen, hat das Vergangene für uns Interesse. Man sollte glauben, daß dieser Fundamentalsatz der Schätzungslehre viel zu selbstverständlich sei, als daß er verdiente, ausgesprochen zu werden. Aber man findet in der praktischen Schätzungstechnik Verstöße gegen diese Regel in großer Zahl"[9].

und ferner

„Der Wert einer jeden Sache wird nur bestimmt durch den Nutzen, den sie zu bringen vermag; was nicht irgendwie nützlich ist, hat keinen Wert"[10].

Schwieriger zu beantworten sind die Fragen nach dem Ausdruck des zukünftigen Nutzens und, wie noch dargestellt wird, nach dem Bewertungsgegenstand „Unternehmung" in seinem Umfang. Sieht man in der Gewinnerzielung die primäre Zielsetzung des Unternehmers, dann ist der zukünftige Nutzen eindeutig bestimmt durch die zukünftige Gewinnlage der Unternehmung. Der Gewinnbegriff entspricht hier nicht dem der Steuergesetzgebung, sondern wird durch den Umfang der erwirtschafteten Eigenkapitalmehrung bestimmt, über die der Unternehmer nach Besteuerung frei disponieren kann. Diese Betrachtung vernachlässigt also Unternehmungen, deren Eigentümer andere Nutzenvorstellungen als die der erreichbaren Gewinnerzielung haben, ferner solche Betriebe, die wir nicht als Unternehmung bezeichnen, z. B. gemeinnützige Versorgungsbetriebe[11].

Der Wert der Unternehmung ist also ein Rentenwert, ist „gleich der Differenz der beiden Ströme: Ertrag und Aufwand, diskontiert auf einen bestimmten Stichtag"[12]. In Schrifttum und Praxis hat sich für eine derartige Größe die Bezeichnung Ertragswert durchgesetzt. Die Auffassung, daß der Unternehmungswert grundsätzlich durch den Ertragswert bestimmt ist, wird am konsequentesten von Mellerowicz vertreten und hat

---

[9] Schmalenbach, a. a. O., S. 39.

[10] Schmalenbach, a. a. O., S. 59.

[11] Zu den Begriffen Betrieb und Unternehmung vgl. Mellerowicz, Allgemeine BWL, 10. Aufl., Bd. I, Berlin 1958, S. 19.

[12] Mellerowicz, Der Wert der Unternehmung als Ganzes, S. 19.

sich in der Theorie weitgehend durchgesetzt[13]. Strittig ist, ob, wie und in welchem Umfang der Wert des Unternehmungsvermögens, meist als Substanzwert bezeichnet, als Hilfs- oder Korrekturgröße oder sogar als Komponente bei der Ermittlung des Unternehmungswertes zu verwenden ist.

Die zukünftige Gewinnlage, der Zukunftserfolg, ist eine begrifflich eindeutig bestimmbare Größe. Fragestellungen, wonach es je nach Zweck oder je nach Verfahren der Bewertung verschiedene Zukunftserfolge gäbe, z. B. solche mit oder ohne Risiko, beleuchten zwar das Schwächebild der Verfahrenslehre, sind aber auch im Ansatz schief. Es gibt nur einen begrifflich haltbaren Zukunftserfolg, wie es auch nur einen begrifflich haltbaren Wert der Unternehmung gibt. Alle anderen Versionen sind dann zwangsläufig unrichtig, weil abweichend und unlogisch[14]. Die Entscheidung für eine bestimmte Version ist zugleich Ablehnung aller anderen, abweichenden Versionen.

Der Gewinnbegriff schließt z.B. aus, daß bei der Fixierung des Zukunftserfolges die Fremdkapitalzinsen unberücksichtigt bleiben. Schuldzinsen sind Aufwand, und Aufwand mindert den Gewinn. Diese Auffassung führt zu einer unseres Erachtens besonders problematischen Fragestellung, nämlich der nach dem Umfang des Bewertungsgegenstandes. Hiervon hängt zwangsläufig auch der Begriff des Wertes der Unternehmung ab. Es ist notwendig, diese Fragestellung für den Ertragswert und auch für den Substanzwert zu untersuchen.

Geht man von der juristischen Seite aus, dann ist für Käufer und Verkäufer der Wert einer Unternehmung bestimmt durch den Wert des Eigenkapitals. Wer dieses Kapital hat, der hat auch die Unternehmung. Insofern besteht im Sinne unserer eingangs gegebenen Definition des Unternehmungswertes eine Identität mit dem Wert des Eigenkapitals.

Die Unternehmung ist grundsätzlich so zu bewerten, wie sie steht und liegt. Wenn sie Verbindlichkeiten hat, so mindern diese den Wert des Vermögens und sind bei der Ermittlung des Substanzwertes abzusetzen[15]. Die Schuldzinsen mindern als Aufwand den Gewinn. Wer anders vorgeht,

---

[13] Diese Fragestellung ist in der Literatur weitgehend behandelt worden. Die einzelnen Auffassungen sind also bekannt. Wir verweisen hier nur auf Kolbe, der eine zwar in verschiedenen Punkten angreifbare, aber doch systembildende, geschlossene Verfahrenslehre entwickelt hat: „Der Gesamtwert einer Unternehmung bestimmt sich nach dem Ertragswert. Der Ertragswert ist zugleich der gemeine Wert der Unternehmung"; Kolbe: Ermittlung von Gesamtwert und Geschäftswert der Unternehmung, Düsseldorf 1959, S. 99.

[14] Der Streit Jacob/Bartke wird an anderer Stelle noch erwähnt, vgl. S. 42 ff.

[15] „Seinem Wesen nach ist der Substanzwert als ein auf Zeitwertbasis ermittelter Reinvermögenswert aufzufassen, der sich aus der Summe der Reproduktionswerte des betriebsnotwendigen Vermögens nach Aufrechnung der Schulden ergibt". Bankmann, Der Substanzwert, Essen 1960, S. 63.

bewertet keine Unternehmung, sondern ein schuldenfreies Denkmodell. Zulässig ist ein derartiges Vorgehen eigentlich nur, wenn vereinbart wird, daß der Erwerber die Unternehmung schuldenfrei übernimmt. Dann bedarf es bei der Bestimmung des Substanzwertes keiner Korrekturen in Höhe der Schulden, und die Schuldzinsen können dem Gewinn zugeschlagen werden[16].

Die Frage der Behandlung von Schulden und Schuldzinsen war früher kaum umstritten. Man rechnete klassisch wie folgt:

Wert der realen Aktiven ./. Schulden = Substanzwert
Kapitalisierter Reingewinn = Ertragswert.

Tatsächlich hat das Unternehmungsvermögen für den Erwerber nur diesen Substanzwert, hat ferner die Unternehmung für ihn nur diesen Ertragswert.

Andererseits bleibt ein derartiges Vorgehen in mancher Hinsicht unbefriedigend, weil es die Ertragskraft des insgesamt investierten Kapitals nicht erkennen läßt. Das führte in der Literatur seit langem zu einer gewissen Mischung und Zweigleisigkeit der Darstellungen einzelner Autoren, wurde aber konsequent und systembildend erst von Kolbe analysiert[17]. Die Auffassung, daß Eigenkapital und Gesamtkapital verschiedene Ertragswerte haben, findet sich indessen bei etlichen Autoren[18].

Derartige, durchaus begründete Aussagen haben ihren Ursprung in der kalkulatorischen Beurteilung des Betriebes. Hier interessiert nur die Betriebsleistung und das dafür investierte Gesamtkapital. Die Finanzstruktur ist dabei nicht maßgeblich. Leistungserfolg und Finanzierungserfolg sind verschiedene Dinge und sollten in der Betriebsrechnung nicht gemischt werden. Auch die klassischen Finanzkennziffern unterscheiden sorgfältig zwischen Eigenkapital- und Gesamtrentabilität[19]. In der Kalkulation wird regelmäßig kein Unterschied zwischen den Kapitalquellen gemacht, und das Return on Investment-Konzept in der Gewinnplanung wendet den Rentabilitätsbegriff überhaupt auf der Seite der Kapitalgüter an, also ebenfalls losgelöst von der Finanzstruktur[20].

---

[16] Für die Anwendung der reinen Ertragswertmethode ist übrigens die Behandlung der Vermögensseite in dieser Beziehung zunächst sekundär, da hier der Substanzwert nicht direkt in die Unternehmensbewertung einbezogen wird. Vgl. aber die Risikobetrachtung unten, S. 46.

[17] Kolbe, a. a. O., S. 26 ff.

[18] Z. B. bei Viel, Die Ermittlung des Sach- und Ertragswertes bei der Unternehmungswertberechnung, WPg. 1954, S. 364 ff.

[19] Vgl. Mellerowicz, Allg. BWL, IV. Band, 10. Aufl., Bln. 1959, S. 124.

[20] Vgl. Mellerowicz, Planung und Plankostenrechnung, Bd. I: Betriebliche Planung, Freiburg 1961, S. 577 ff.

Fragestellung wäre also, welche Ertragskraft in einer Gesamtheit von Kapitalgütern steckt, unabhängig von deren Finanzierung. Man rechnet wie folgt:

Wert der realen Aktiven	=	Substanzwert
(Reingewinn + Schuldzinsen) kapitalisiert	=	Ertragswert
oder auch		
Kapitalisierter Reingewinn + Fremdkapital	=	Ertragswert[21].

Nun sind derartige Berechnungen zweifellos von Bedeutung: bei der Beurteilung von Investitionen, bei Betriebsvergleichen und ganz sicher auch bei der Prüfung der Ertragskraft ganzer Unternehmungen im Rahmen einer Bewertung. Zur besseren Beurteilung sei ein Zahlenbeispiel von Viel gezeigt[22]:

Buchwert des Unternehmungsvermögens			4 000 000,—
./. Fremdkapital			2 500 000,—
Buchmäßiges Eigenkapital			1 500 000,—
wovon Teilhaber A		900 000,—	
Teilhaber B		600 000,—	
Geschätzter Sachwert (Reproduktionswert)			5 000 000,—
Geschätzter nachhaltiger Gewinn (nach Abzug der Fremdzinsen)			300 000,—
Kapitalisationsansatz			8½%
Ertragswert des Eigenkapitals		$\frac{100 \text{ mal } 300\,000,\text{—}}{8,5}$	3 500 000,—
+ Fremdkapital wie oben			2 500 000,—
Ertragswert insgesamt			6 000 000,—
Sachwert		5 000 000,—	
Ertragswert		6 000 000,—	
Unternehmungswert		11 000 000,— : 2 =	5 500 000,—
bestehend aus:			
Buchwert des Unternehmungsvermögens		4 000 000,—	
Mehrwert des Sachwertes		1 000 000,—	
Sachwert		5 000 000,—	
Goodwill: Ertragswert	6 000 000,—		
Sachwert	5 000 000,—		
Goodwill	1 000 000,— : 2	500 000,—	
Unternehmungswert wie oben		5 500 000,—	

[21] Diese Form wird von Viel dargestellt und als Regelfall bezeichnet; Viel, a. a. O., S. 367.

[22] Viel, a. a. O., S. 369.

Das Beispiel zeigt u. a. die Anwendung der Ewige-Rente-Formel und des klassischen Mittelwertverfahrens. Der Begriff des Unternehmungsvermögens ist als Bruttogröße aufgefaßt.

Hier wird also der Wert der Unternehmung mit 5 500 000,— beziffert. Man sollte nun annehmen, daß der im Beispiel ausscheidende Teilhaber A denn auch, entsprechend seinem Eigentumsanspruch, $^3/_5$ dieses Wertes als Abfindung erhält. Das geschieht indessen nicht, weil ein Unterschied zwischen Wert der Unternehmung und Wert des Eigenkapitals gemacht wird:

Unternehmungswert	5 500 000,—
./. Fremdkapital	2 500 000,—
Eigenkapital effektiv	3 000 000,—
Eigenkapital buchmäßig	1 500 000,—
Stille Reserve	1 500 000,—
hälftiger Anteil je Teilhaber	750 000,—
+ Kapitalkonto A	900 000,—
Abfindungssumme	1 650 000,—

Errechnet man den Wert dieser Unternehmung nach der klassischen Methode[23], so ergibt sich folgendes Bild:

Berechnung des *Sachwertes:*

Aktiva (Reproduktionswert)	5 000 000,—
./. Schulden	2 500 000,—
Sachwert	2 500 000,—

Berechnung des *Ertragswertes:*

Nachhaltiger Reingewinn	300 000,—
Kapitalisiert zu 8½ %	
Ertragswert	3 500 000,—

Berechnung des *Gesamtwertes:*

Sachwert	2 500 000,—
Ertragswert	3 500 000,—
(Doppelter Wert)	6 000 000,—
Gesamtwert	3 000 000,—

Hier wird der Wert der Unternehmung nur mit 3 000 000,— beziffert[24], also um 2 500 000,— niedriger als bei Viel. Die Differenz entspricht der Höhe des Fremdkapitals.

---

[23] In Anlehnung an ein Schema bei Gerstner, Bilanzanalyse, Berlin 1944, S. 345.

[24] Derselbe Wert errechnet sich nach Methode Mellerowicz, wenn der Reingewinn mit 10% kapitalisiert wird.

Der klassisch errechnete Wert entspricht genau dem Betrag, der für die Abfindungsrechnung benötigt und bei Viel auf Umwegen ermittelt wird. Ferner: Einem Käufer der Unternehmung würde man objektiv einen Preis von 3 000 000,— nicht aber von 5 500 000,— zumuten können. Dieses Zahlenbeispiel erhärtet unseres Erachtens die von Kolbe[25] kritisierte klassische Auffassung, wonach der Unternehmungswert sich mit dem Wert des Eigenkapitals decke.

Es steht fest, daß der klassische Begriff des Unternehmungswertes Irrtümer nicht zuläßt. Es steht ebenso fest, daß es schon gerichtliche Auseinandersetzungen gegeben hat, weil Käufer mit „Unternehmungswerten" überfahren wurden, die das Fremdkapital enthielten, und weil man ihnen Ertragswerte glaubhaft machte, in denen der Fremdzins zusammen mit dem Gewinn kapitalisiert war, ohne daß nachträglich die notwendigen Korrekturen erfolgten. Jedenfalls bestehen von dieser Seite her Bedenken gegen die Begriffsbildung auch bei Kolbe. Zwar ist sein System interessant und geschlossen, nur kann man aus seinem Gesamtwert nicht unmittelbar auf den zumutbaren Preis der Unternehmung schließen.

Kolbe hat gute Gründe für seine Auffassung. Wesentlich für seine Betrachtung ist vor allem das Problem des Goodwill, der sich aus der Differenz von Substanz- und Ertragswert errechnet. Dieser Geschäftswert hat seine Ursachen überwiegend im Wert der Organisation des Betriebes, ist also vor allem leistungsbedingt. Nach Kolbe wird in herkömmlichen Bewertungsverfahren der errechnete Geschäftswert zu sehr von der Finanzstruktur abhängig: „Der Geschäftswert ist am niedrigsten, wenn nur mit Eigenkapital gearbeitet wird; er ist am höchsten, wenn nur mit Fremdkapital finanziert wurde."[26] Mit seinem System vermeidet er derartige Verzerrungen.

Man kann Kolbe in manchem zustimmen, nicht aber in der Begriffsbildung und in seinem Versuch, die Leistungsseite von der Finanzseite scharf zu trennen. Sein Gesamtwert soll ein gemeiner Wert sein, ist aber trotzdem nicht der objektiv zumutbare Preis des Wirtschaftsgutes „Unternehmung". Sieht man als Wirtschaftsgut nur das Eigenkapital an, dann ist der Gesamtwert nach Kolbe kein gemeiner Wert, sondern nur eine kalkulatorische Größe.

Auch die Überbetonung des kalkulatorischen Prinzips ist angreifbar. Der Gewinn der Unternehmung ist eine Mischung aus Leistungs- und Finanzgewinn, und teilweise ist der Goodwill durchaus auch finanzbedingt[27]. Gerade ein Gesamtwert der Unternehmung müßte die fi-

---

[25] Kolbe, a. a. O.

[26] Kolbe, a. a. O., S. 27.

[27] Vgl. auch den Besprechungsaufsatz zu Kolbe von Bartke, WPg. 11/1961, S. 286.

nanzielle Seite voll einschließen, er darf nicht auf das kalkulatorische Leistungsprinzip allein abgestellt sein.

Unzulässig ist übrigens auch eine Normalisierung der Finanzstruktur[28]. Vielmehr ist allein die tatsächliche Struktur am Bewertungsstichtag maßgeblich.

Zusammenfassend bleibt festzustellen, daß es gegenwärtig zwei verschiedene Deutungen zum Gesamtwert der Unternehmung gibt. Nur eine davon, die klassische, trifft sich mit der Vorstellung des gemeinen Wertes. Will man zu einer wünschenswerten Annäherung der Begriffsbildung kommen, so wäre für den sog. Gesamtwert nach Kolbe ggf. ein Ersatzbegriff denkbar[29]. Daß diese Größe eine für die Beurteilung der Unternehmung sehr notwendige Grundlage ist, sei nochmals betont.

2.2 *Zur Heterogenität der Verfahrenslehre*

Das Anliegen, den Begriff Unternehmungswert einheitlich zu fassen, erstreckt sich auch auf einige damit zusammenhängende Fragestellungen, die immer wieder Gegenstand von meist fruchtlosen Auseinandersetzungen sind. Es ist das Verdienst u. a. von Bartke, die krasse Vielfalt der Auffassungen nach gegenwärtigem Stand zusammengestellt, analysiert und auch kritisiert zu haben[30]. Insofern ist Bartke eine Fundgrube für den, der sich ein Urteil über die einzelnen Variationen in der Verfahrenslehre bilden will. Leider trägt das Gesamtbild, das Bartke bietet, nicht dazu bei, die Unterschiede zu glätten. Es kann eher als Resignation, als Zementierung der Gegensätze ausgelegt werden, wenn etwa folgende, von uns etwas kraß interpretierten Grundgedanken sich durchsetzen: Die Unternehmung hat einen objektiven Wert und viele subjektive Werte. Der Gegenstand der Bewertung ist unterschiedlich, die Zwecke der Bewertung ebenfalls, und unterschiedlich sind auch die Verfahren. Es kommt daher je nach Zweck, Gegenstand und Verfahren zu verschiedenen Zukunftserfolgen und Wertgrößen für ein und dieselbe Unternehmung.

Selbst wenn die Tatsachen so liegen sollten, kann das doch nur Anlaß sein, die Dinge auf einheitliche Begriffe und auf einheitliche Prinzipien

---

[28] Anders Kolbe, a. a. O., S. 85; Ausnahmen gelten vielleicht für extreme Fälle managementbedingter Beziehungsstrukturen; vgl. unten, S. 60.

[29] Da es sich ohnehin um eine kalkulatorisch orientierte Leistungsbetrachtung handeln soll, wäre vielleicht der Begriff des Betriebswertes interessant. Er käme einigen betriebswirtschaftlichen Schulen entgegen, trifft aber auch nicht den Kern der Dinge, weil Kolbes Gesamtwert auch unabhängig vom Finanzergebnis eine Fülle unternehmerischen Einschlages außerhalb der eigentlichen Betriebsleistung enthalten kann.

[30] Vgl. Bartke, Erkenntnisobjekt und Zwecke der Unternehmungsbewertung, Bw. F. P. 5/1960, S. 266 ff.; Der Vermögenswert der Unternehmung, Bw. F. P. 10/1960 und 11/1960; ferner die Aufsätze von Bartke in ZfB 1960, S. 736 ff., ZfB 1961, S. 483 ff. und WPg. 11/1961, S. 285 ff.

zurückzuführen. Es ist das Verdienst von Jacob, diesen Schritt mit gutem Teilerfolg versucht zu haben[31].

An dieser Stelle seien nur einige Punkte gestreift, die durchaus einheitlicher behandelt werden könnten:

(1.) Die Frage des *objektiven Wertes* gegenüber subjektiven Werten scheint immer mehr in akademische Diskussionen abzugleiten. Der Unternehmungswert ist dem Wesen nach als Marktzeitwert ein objektiver Wert, nur ergibt er sich nicht aus Angebot und Nachfrage, sondern kann lediglich geschätzt werden. Gutachter sind auch Menschen, und insofern ist natürlich jede Schätzung subjektiv beeinflußt. Das aber ist eine andere Fragestellung. Zweck des Bewertungsgutachtens ist die Fixierung des objektiven Wertes im Sinne einer Norm.

Es ist nun theoretisch wie auch praktisch unergiebig, daneben andere, subjektive Werte gelten zu lassen. Natürlich können solche Wertvorstellungen existieren, aber sie sind entweder falsch, z. B. infolge ehrlicher Fehlschätzungen oder preispolitisch beeinflußter Ansätze, oder aber sie beziehen sich nicht auf die Unternehmung in ihrer am Stichtag erkennbaren, zukünftigen Gewinnlage, sondern auf irgendwelche besonderen Zielsetzungen des potentiellen Erwerbers. Vergleiche mit dem Marktzeitwert sind dann zwar noch interessant, aber nicht mehr Gegenstand der Verfahrenslehre.

Es erscheint auch nicht allzu ergiebig, die wissenschaftliche Diskussion auf derartige Fragen zu konzentrieren. In der Bewertungspraxis geht es unbestritten um den objektiven Wert, und die materiellen Probleme der Bewertung liegen ohnehin bei ganz anderen Sachgebieten.

Der *Anlaß*, den Marktzeitwert zu suchen, kann verschiedenartig sein. Das beeinflußt jedoch nicht den Normcharakter, das monistische Prinzip in der Unternehmungsbewertung. Kürzlich fragte ein Gutachter seinen Auftraggeber, zu welchem Zweck dieser das Gutachten benötige. Die Antwort war: „Ich brauche es zu dem Zweck, der Ihnen die höchsten Wertansätze erlaubt." Hier wird die Problematik der Anlehnung des Unternehmungswertes an die verschiedenen Anlässe der Bewertung deutlich. Allerdings muß klargestellt werden: Das monistische Prinzip gilt nur für die Unternehmung als Ganzes. Damit ist die Weiterführung der Unternehmung ebenso unterstellt wie das Gewinnmotiv. Eine Schätzung des Liquidationserlöses hat nicht mehr die Unternehmung als Ganzes zum Gegenstand, und die Ermittlung des sog. Beleihungswertes ist nur eine Aussage über die Sicherheitsgrenze bei kreditären Belastungen. Die Aussage, eine Unternehmung habe je nach Zweck der Bewertung ver-

---

[31] Vgl. Jacob, Die Methoden zur Ermittlung des Gesamtwertes einer Unternehmung, ZfB 1960, S. 131 ff. und S. 209 ff.; Der Zukunftserfolg und die Verfahren der Unternehmungsbewertung, ZfB 1961, S. 231 ff.

schiedene Werte, ist also zwar im Zusammenhang ihrer Darstellung begründet und richtig, grenzt aber für Zwecke der Verfahrenslehre nicht genug ab und läßt falsche Interpretationen zu.

Gegenstand der Bewertung einer Unternehmung sind weder die realen Aktiven, noch das frei verfügbare Vermögen oder Teile dieses Vermögens, noch das Kapital. Gegenstand ist die Unternehmung als Ganzes.

„Eine Unternehmungsbewertung, die nicht auf die Feststellung des tatsächlichen Wertes der Unternehmung hinausläuft, ist ein Widerspruch in sich."[32]

Man kann nicht gleichzeitig das Ganzheitsprinzip vertreten und den Gegenstand auf Teile beschränken. Versuche, die Problemstellung von der Vermögensseite her zu fassen, sind Ausflüge in das Sachgebiet der Substanzbewertung, einer Hilfsrechnung. Könnte man den Goodwill als ideellen Vermögensteil isoliert erfassen, wären Variationen denkbar. Aber der Goodwill ist ein Saldo, er führt nicht zum Unternehmungswert, sondern wird daraus abgeleitet, wenn man als Wert des Ganzen den Ertragswert ansieht.

Besteht in klassischer Auffassung Identität zwischen Wert des Eigenkapitals und Unternehmungswert, dann ist jeder andere errechnete Wert nur Hilfsgröße und somit nicht Gegenstand der eigentlichen Unternehmungsbewertung. Das gilt insbesondere für den oben erwähnten sog. Unternehmungswert (Viel) bzw. Gesamtwert (Kolbe).

Der *Zukunftserfolg* ist eine im Rahmen der Prognosemöglichkeiten fest bestimmbare Größe. Bartkes Begriff des ausschüttungsfähigen Gewinnes ist eine sehr gute und angemessene Bezeichnung dafür, auch wenn man dadurch je nach Sachlage einige Bestandteile des klassischen Gewinnbegriffes in die Aufwandseite überführen müßte.

Die einheitliche Auffassung zum Begriff des Zukunftserfolges ist ein besonders dringliches Anliegen, auch aus der Sicht der Bewertungspraxis. Es sollte vermieden werden, durch Ansatz oder Weglassen von Risikokorrekturen mehrere Gewinnbegriffe zu konstruieren. Trotz der bekannten Nachteile sollten daher Risiken nicht beim Dauerertrag, sondern beim Kapitalisierungsfaktor angesetzt werden[33].

Grundfragen zum Substanzwert

Der Sachwert ist zunächst eine Zusammenfassung der Tageswerte sämtlicher realen Aktiven. Sind diese betriebsnotwendig, wird der Reproduktionswert[34] angesetzt, anderenfalls der Liquidationswert. Die Wertan-

---

[32] Jonas, Scheinprobleme bei der Bestimmung des Unternehmungswertes, WPg. 1954, S. 531.

[33] Hätte Jacob sich dazu entschließen können, wäre seine Studie konsequenter geblieben. Vgl. Jacob, Der Zukunftserfolgsbegriff ..., ZfB 4/1961, S. 231 ff., insbesondere S. 245.

sätze sind in der Praxis oft ein Problem, sind aber wenigstens in der Theorie nicht umstritten.

Die klassische Auffassung verlangt eine Gesamtkorrektur des so ermittelten Sachwertes um die Gesamtverschuldung. Modernere Auffassungen stellen ihre Verfahren auf den ungekürzten Gesamtwert aller realen Aktiven ab. Beide Auslegungen sind begründet. Ein mit einer Hypothek belastetes Haus hat für den Besitzer wie auch für den Kaufinteressenten weniger Tauschwert als ein gleichartiges, aber unbelastetes Haus. Der Käufer würde bei Übernahme mit Hypothek einen entsprechend geringeren Preis bieten. Diese Vorstellung vom Wert der Substanz ist dabei unabhängig vom Ertragswert. Ein Pkw, der auf Wechseln läuft, ist weniger wert als ein entsprechender, aber bezahlter Pkw.

Betrachtet man statt dessen den Gebrauchswert, dann ist die finanzielle Belastung uninteressant. Beide verglichenen Häuser haben denselben Gebrauchswert und auch denselben Reproduktionskostenwert; dem Pkw sieht man nicht an, ob er bezahlt ist oder nicht. Da die Finanzierung sehr unterschiedlich sein kann, spricht vieles dafür, den Substanzwertbegriff auf die Vermögensseite zu beschränken.

Als Hilfswert bei der Beurteilung von Unternehmungen soll aber der Substanzwert, soweit er nicht über die Mittelwertformel oder über die Faustformel „Substanzwert plus Aufpreis" direkt zur Gesamtbewertung herangezogen wird, insbesondere zwei Fragen beantworten: (1) Welchen Wert hat das in die realen Aktiven insgesamt investierte Kapital zum Stichtag? (2) Welche Relation besteht zwischen dem vorhandenen Nettovermögen und der Gewinnlage? Im ersten Fall kann man die Schulden nicht absetzen, im zweiten Fall muß man es.

Muß man sich für einen Begriff zwischen beiden Möglichkeiten entscheiden, so ziehen wir den klassischen vor, der als Substanzwert die Nettogröße bezeichnet. Zu prüfen wäre, ob man nicht die Schulden aus der Berechnung herauslassen und erst vom Kaufpreis absetzen sollte, falls der Verkäufer nicht schuldenfrei übergibt. Ein einfaches Zahlenbeispiel zeigt, daß es hier leicht zu Fehlrechnungen kommen kann. Es sollen sein:

Wert der realen Aktiven	100 000,—
Schulden	40 000,—
Substanzwert	60 000,—
Ertragswert	200 000,—

Der Mittelwert U wäre dann nach klassischer Methode

$$U = \frac{200\,000 + 60\,000}{2} = 130\,000,\!—$$

[34] In der Literatur richtiger als Teilreproduktionskostenwert bezeichnet; bei Kolbe Zeitgebrauchswert; a. a. O., S. 43.

Ohne Berücksichtigung der Schulden im Substanzwert entsteht folgendes Bild:

$$U = \frac{200\,000 + 100\,000}{2} = 150\,000,\text{—}$$

./. vom Käufer zu übernehmende Schulden	40 000,—
	110 000,—

Der Preis läge im letzteren Fall um 20 000,— tiefer. Nun wird man einwenden, im unteren Fall hätte ein höherer Ertragswert angesetzt werden müssen, da hier die Fremdzinsen mit zu kapitalisieren sind[35]. Der Käufer wird dem entgegenhalten, er übernehme ja alle Schulden, und der Ertrag sei dann mit denselben Zinsen belastet wie vorher, also richtig angesetzt. Im Sinne der Mittelwertformel ist diese Auffassung unrichtig, praktisch kommen derartige Fehlrechnungen aber vor.

Die adäquate Behandlung von Schulden bei der Substanz sowie von Schuldzinsen beim Ertrag ist auch noch aus anderen Gründen wichtig. In der Praxis fällt die Anwendung des Mittelwertverfahrens immer dann leicht, wenn der Ertragswert nicht allzu hoch über dem Substanzwert liegt. Wird diese Differenz größer, so neigt man eher zu Abweichungen von der mechanischen Mittelung in Richtung auf den Ertragswert.

Die Differenz zwischen beiden Größen ist hier wesentlich für die Beurteilung des Branchenrisikos. Liegt der Ertragswert zu weit über dem Substanzwert, so muß mit stärkerem Zuströmen weiteren Kapitals gerechnet werden, und mit dieser stärkeren Konkurrenzgefahr wird auch das Risiko des nachhaltig erzielbaren Dauerertrags in der geschätzten Höhe größer. Man sieht sich dann bei Anwendung der reinen Ertragswertmethode (Mellerowicz) u. U. sogar veranlaßt, den Risikoansatz im Kapitalisierungsfaktor zu überprüfen. Es ist also für die Risikobeurteilung wesentlich, ob man bei Ermittlung des Substanzwertes die Schulden abzieht, und wenn ja, ob man dann auch den nachhaltig erzielbaren Dauerertrag, den Zukunftsgewinn mit den Schuldzinsen variiert.

Das Risiko läßt sich besser anhand der Verzinsung des Gesamtkapitals beurteilen. Will man aber den Gewinn einheitlich als das ansetzen, was er ist, dann kommt auch auf der Vermögensseite nur die klassische Methode in Frage. Die Schulden mindern den Substanzwert.

Grundfragen zum Ertragswert

In der Literatur ist der Ertragswert als kapitalisierter Zukunftserfolg begrifflich einwandfrei festgelegt. Trotzdem sind die Verfahren zu seiner Bestimmung sehr unterschiedlich. Im Grunde beginnt das

[35] Vgl. die Darstellung zur Abstimmung von Zukunftserfolgs- und Rekonstruktionswert bei Busse von Colbe, Der Zukunftserfolg, Wiesbaden 1959, S. 20 f.

Schwächebild der unterschiedlichen Verfahren schon mit der Tatsache, daß man vielfach nicht den Gewinn kapitalisiert, sondern eine davon abweichende Größe. Hierfür sind meist drei Ursachen erkennbar: (1) Unterschiedliche Auffassungen über den Gewinnansatz; hierunter fallen Fragen der Körperschaftssteuer, der Abhängigkeit der Gewinnlage von der Person des bisherigen Unternehmers, der Gewinnbeteiligung von Abeitnehmern u. a. m.; (2) Berücksichtigung bestimmter Risiken im Gewinnansatz statt im Kapitalisierungsfaktor; hierunter fallen prozentuale Sicherheitsabstriche vom geschätzten Gewinn, Abschreibungen auf den „Übergewinn", etc.; (3) Rechnen mit Zahlungsströmen statt mit dem Gewinn und seinen Komponenten.

Besonders der letztere Punkt hat, ausgehend von dem Vordringen finanzmathematisch aufgebauter Investitionsrechnungen, im neueren Schrifttum Beachtung gefunden[36]. Grundgedanke ist unter anderem, daß für den Eigentümer einer Unternehmung der Nutzen daraus weniger durch den Buchgewinn, sondern vielmehr durch das Geldkapital bestimmt wird, welches ihm aus der Unternehmung netto zufließt, sei es als Ausschüttung, sei es als Entnahme verdienter Abschreibungsgegenwerte etc. Insbesondere ergeben sich auch aus den periodischen Verschiebungen zwischen Zahlungsströmen einerseits und erfolgswirksamen Komponenten andererseits unterschiedliche Barwerte.

Man sollte aber die Prämissen für das Rechnen mit Zahlungsströmen kritisch prüfen, bevor die Bewertungspraxis darauf abgestellt wird. Die den unterschiedlichen Barwert begründende Verzinsung ist weder im Betrieb noch außerhalb garantiert. Sicher ist, daß die Verzinsung der im Betrieb belassenen Mittel in der bisherigen Finanzstruktur und der bisherigen Gewinnlage zum Ausdruck kommt. Entsprechend wird auch der nachhaltig erzielbare Dauerertrag beeinflußt. Nur für sehr befristete und exakt quantifizierbare Fälle werden variierte, kompliziertere Bewertungsverfahren interessant, soweit sie nicht überhaupt abzulehnen sind.

Man könnte nun sagen, es sei doch letztlich gleichgültig, welche Verfahren und welche Größen im Einzelfall angesetzt werden, wenn nur der errechnete Ertragswert sich bei den verschiedenen Verfahren deckt. Selbst wenn das der Fall wäre, was wir bezweifeln, wäre die Situation mißlich, da man meist nur die Endwerte vergleichen könnte, nicht aber die Komponenten.

Geht man von folgenden Anforderungen an die Ermittlung des Ertragswertes aus: (1) Minimum an Komplikation, Ermöglichung des Rechnens mit elementaren Größen, (2) Ansatz der tatsächlich geschätzten, ausschüttungsfähigen Gewinne, und (3) Berücksichtigung von Risiken nicht

---

[36] Busse von Colbe hat sich mit dem Zukunftserfolg aus Zahlungsströmen besonders intensiv und systematisch befaßt; a. a. O.

durch Mittelung mit dem Substanzwert, dann bietet sich nach wie vor die Grundkonzeption von Mellerowicz an. Sie berücksichtigt die Risiken durchweg im Kapitalisierungszinsfuß und kommt dadurch bei der Festlegung der zukünftigen Gewinnlage mit einem Minimum an Korrekturen aus; man kann sich nach Möglichkeit an die glaubhaft gemachten Zahlen der betrieblichen Planung halten. Der Kapitalisierungszinsfuß kann im Einzelfall z. B. folgende Struktur haben:

Landeszins			6 %
Branchenrisiko			
Absatzrisiko	1 %		
Produktionsrisiko	1 %		
Finanzierungsrisiko	0,5 %	2,5 %	
Allgem. Risiko[37]		1,5 %	4 %
Kapitalisierungszinsfuß			10 %

Der Nachteil dieses Verfahrens liegt in den Variationsmöglichkeiten bei der Quantifizierung der Risiken. Wer will nachweisen oder widerlegen, ob das Finanzierungsrisiko nicht größer oder kleiner ist als hier angesetzt. Es kommt also bei diesem Verfahren besonders auf die fachliche Qualifikation des Gutachters an.

Und doch liegen in diesem Vorgehen nur scheinbar größere Willkürmöglichkeiten als bei anderen Verfahren. Wer mit dem Landeszins kapitalisiert, muß halt die Risiken anderweitig ansetzen, er manipuliert entweder den geschätzten Gewinn oder er geht den mechanischen Weg der Mittelwertmethode. Meist macht er beides.

Vergleicht man übrigens den hier als Beispiel errechneten Kapitalisierungszinsfuß mit dem oben zitierten Zahlenbeispiel nach Viel, so leuchtet ein, daß Mittelwertmethode und Ertragswertmethode keineswegs zu unterschiedlichen Unternehmungswerten führen müssen. In den uns bekannten Fällen der Anwendung des Ertragswertprinzips bei der Unternehmungsbewertung (Methode Mellerowicz) wurde zum Vergleich regelmäßig auch das Mittelwertverfahren durchgerechnet. Das Risiko wurde also einmal im Kapitalisierungszinsfuß, das andere Mal durch Mittelung mit dem Substnzwert berücksichtigt, bei gleichem Gewinnansatz. Die Differenzen zwischen den errechneten Größen des Unternehmungswertes waren nie so gravierend, daß die sinnvolle Anwendung eines der beiden Verfahren in Frage zu stellen war. Lediglich bei sehr großer Differenz zwischen Substanzwert und Ertragswert im Mittelwertverfahren wurde

[37] Nach Jacob (a. a. O.) wird das allg. Risiko bei Schmalenbach schon im Gewinnansatz berücksichtigt. Will man beide Verfahren gleichzeitig nebeneinander zeigen, dann würden, um mit gleichem Gewinn rechnen zu können, die hier angesetzten 1,5 % entfallen. Im Mittelwertverfahren müßte dann mit 6 % kapitalisiert werden, statt mit 6 + 1,5 = 7,5 %.

kritisch überprüft, ob das Risiko im Ertragswertverfahren zu gering angesetzt war, oder ob nicht einer der Fälle vorlag, in denen auch Schmalenbach die Mittelung abgelehnt hätte.

Man darf allerdings nicht mit gleichem Gewinn und gleichem Zins arbeiten, sonst liegt der Mittelwert anders. Derartige Fehler kommen aber bei Kenntnis der theoretischen Grundlagen des Mittelwertverfahrens kaum vor.

Die Praxis bevorzugt nach wie vor das Mittelwertverfahren. Es hat allerdings in der Literatur auch sehr massive Kritik erfahren. Als Grundkonzept halten wir daher nach wie vor die Bewertungsmethode nach Mellerowicz am ehesten geeignet. Sie ist einfach, führt zu brauchbaren Ergebnissen, ist nicht willkürlicher als die mechanische Mittelung und ist in der Begriffsbildung einwandfreier als andere Verfahren: Der Unternehmungswert ist hier wirklich der Ertragswert, und der Gewinn ist wirklich Gewinn. Voraussetzung wäre die Behandlung von Schulden und Schuldzinsen nach klassischem Verfahren.

3. Zur Praxis der Unternehmensbewertung

3.1 Zur Frage der Gutachter

Für die neutrale Bewertung von Unternehmungen werden, sieht man von steuerlichen Bewertungen durch Beamte der Finanzverwaltung einmal ab, überwiegend Gutachter angesprochen, die sich hauptberuflich einer der folgenden Gruppen zuordnen lassen: (1) Branchenkundige Sachverständige, (2) Wirtschaftsprüfer, (3) Wissenschaftler. Die Gruppe der Wirtschaftsprüfer könnte noch erweitert werden durch die der freiberuflichen Berater. Neben der selbstverständlichen allgemeinen Qualifikation für derartige Aufgaben lassen sich für jede dieser Gruppen gewisse, individuelle Merkmale erkennen, die zwar nicht als ausschließlich, aber doch als typisch anzusehen sind.

Die erste Gruppe ist häufig auf Bewertungen spezialisiert. Hierzu gehören z. B. die von den Industrie- und Handelskammern öffentlich bestellten und vereidigten Experten. Ihr besonderer Vorteil ist die Spezialkenntnis einzelner Schwerpunkte der Bewertung, etwa Grundstücke und Gebäude, Maschinen. Diese Spezialkenntnis ist häufig noch auf den einzelnen Wirtschaftszweig konzentriert, etwa Maschinenbau, Textilindustrie, Brauereien, Zechen. Aus dieser Spezialisierung resultiert eine gewisse Überlegenheit bei der Beurteilung von Sachwerten, eine besondere Eignung für die Abgabe von Teilgutachten.

Im Zusammenhang mit öffentlich bestellten, vereidigten Gutachtern sei noch auf eine Fragestellung verwiesen. Kürzlich berichtete die Presse über einen namentlich genannten, amtlich vereidigten Grundstücksschätzer, der u.a. für eine Firma arbeitete, die ohne Wissen dieses Schätzers den Kreditbetrug pflegte. In einer offiziellen Hausmitteilung der auftraggebenden Firma stand über den Gutachter folgender Vermerk: „ärmliche Verhältnisse — empfänglich", ferner, daß „dieser offensichtlich zu einigem bereit ist". Derartige Darstellungen sind geeignet, einen ganzen Berufszweig zu diskriminieren, obwohl es sich um einen Einzelfall handelt. Praktisch leisten die vereidigten Sachverständigen in ihrem Fach oft unentbehrliche Hilfestellung bei der Substanzbewertung.

Wirtschaftsprüfer haben den besonderen Vorteil der großen Erfahrung und Routine bei der Erfassung, Analyse und Beurteilung des betrieblichen Zahlenmaterials. Oft sind ihnen die Firmenverhältnisse durch langjährige Prüftätigkeit genau bekannt. Meist sind auch die zeitlichen und personellen Möglichkeiten, das Bestehende gründlich aufzunehmen, besonders gut gegeben. Nun sagt Zimmerer im Zusammenhang mit der Auswertung geprüfter Bilanzen:

> „Unsere Prüfer sind in der Regel Juristen und Betriebswirte, denen es auf die formelle, d.h. auf die rein buchmäßige Richtigkeit ankommt und die von den rein technischen Dingen, wie sie eine Bewertung der Vorräte, der Maschinen und Gebäude verlangt, zu wenig wissen, als daß sie eine richtige Beurteilung darüber abgeben könnten"[38].

Vielleicht ist hier die Verallgemeinerung etwas weit getrieben. Wo immer die Dinge so liegen, bietet sich die Teamarbeit mit sachverständigen Technikern an.

Bei der dritten Gruppe, den Wissenschaftlern, handelt es sich um hauptberuflich in Lehre und Forschung tätige Betriebswirte. Die ständigen Kontakte mit der Praxis sind Wesensmerkmal dieses Berufes, und viele Vertreter dieser Gruppe haben gleichzeitig oder hatten einmal WP-Praxis. Der spezielle Vorteil des Wissenschaftlers liegt indessen in der Methodik wissenschaftlichen Arbeitens, in Wertungsmöglichkeiten aus besonderer Kenntnis der Zusammenhänge in Theorie und Praxis. Er hat den nötigen Abstand bzw. ist besonders geschult, aus notwendigem Abstand zu werten und zu urteilen. Dazu gehören die Fähigkeit und der Mut zur Abstraktion. Aus all dem mag eine besondere Eignung zur Beurteilung von Ursache und Wirkung resultieren, was sich z.B. auswirken kann, wenn man sich von den Zahlen der Vergangenheit lösen muß, um die zukünftige Gewinnlage mit ihren Risiken zu beurteilen.

Wir halten, sofern die Größe des Objektes es erlaubt, den Einsatz von Gutachterteams für besonders geeignet. Derartigen Teams sollten geeignete Vertreter aller drei genannten Gruppen angehören.

---

[38] Zimmerer, a.a.O., S. 170.

3.2 *Zur Bewertung von Sachgütern*

Nach allgemeiner Auffassung hat die Substanzbewertung einen geringeren Schwierigkeitsgrad als die Bestimmung der zukünftigen Gewinnlage und des daraus resultierenden Ertragswertes. Die Substanzbewertung ist nicht zukunftsorientiert. Außerdem liegt ein vollständiges Mengengerüst vor, zumindest kann es mehr oder weniger routinemäßig zusammengestellt werden. Schließlich verfügt man auch über Anschaffungswerte als Hilfsgrößen. Trotzdem gibt die Praxis der Substanzbewertung eine Fülle von Einzelproblemen auf, deren Schwierigkeitsgrad beachtlich sein kann.

Ein tagfertiges Mengengerüst ist nur gegeben, wenn der Bewertungsstichtag sich mit dem letzten Bilanzstichtag deckt und hierzu körperliche Bestandsaufnahmen vorlagen. Liegt der Bewertungsstichtag später, ist es Ermessenssache, ob der Gutachter sich auf die stichprobenweise oder die vollständige Kontrolle der registrierten Zu- und Abgänge beschränken kann. Es ist dies eine Frage der Zuverlässigkeit der betrieblichen Aufzeichnungen. Am sichersten ist eine vollständige Mengenaufnahme zum Bewertungsstichtag, auch bei den Anlagen. Das ist indessen nicht immer wirtschaftlich, weil Produktions- und Versandausfall eintritt.

Ist das Mengengerüst in der Sicht des Gutachters überwiegend eine Routinefrage, die mit viel Zeitverlust verbunden sein kann, so wird die Ermittlung des Tageswertes der einzelnen Güter oft ein fachliches Problem. Ausgehend vom sogenannten Anschaffungswert wird untersucht, ob eine Korrektur auf den Tagesneuwert notwendig ist. Dieser wird anschließend um die effektive Wertminderung korrigiert. Bei Gütern des Anlagevermögens reicht es häufig aus, mit normalen Abschreibungssätzen zu korrigieren, doch ist das im Grunde schon eine Notlösung, denn die technische Wertminderung kann nur von Experten beurteilt werden, und die wirtschaftliche Wertminderung kann nur exakt quantifiziert werden bei genauer Kenntnis des Spezialmarktes für das Anlagegut wie auch der Kostenlage und der zukünftigen Einsatzmöglichkeiten des Gutes im Betrieb.

Bei der Bewertung von Grundstücken und Gebäuden wiegt das Urteil von Branchenfachleuten besonders. Die Wertminderung an Gebäuden beurteilt noch am ehesten ein möglichst darauf spezialisierter Architekt. Als Beispiel für den Schwierigkeitsgrad derartiger Schätzungen sei etwas ausführlicher auf das Bewertungsverfahren eines vereidigten Sachverständigen eingegangen:

Ein derartiges Gutachten beginnt mit der Beschreibung des Grundstücks. Die Wohn- und Verkehrslage wird nach vier verschiedenen Gesichtspunkten (Stadtteil, Charakter der Ortsgegend, Verkehrsverbindungen zum Grundstück und Ort, Entfernung zur Orts- und Stadtmitte) erläutert. Ferner werden die Beschaffenheit (der Straße, des Baugrundes, Eigentümer des Straßenlandes), die

Nutzung (z. B. Industriegrundstück, Wohngrundstück, Bauland), werterhöhende Umstände, wertmindernde Umstände und Höhe der Straßenbaukosten sowie Straßenlandabtretung, Baubeschränkung und weitere Nachbarschaft kommentiert.

Als nächstes wird der Bodenwert geschätzt. Die Größe in Quadratmetern ergibt sich aus der Grundbucheintragung, der Wert je Quadratmeter wird auf Grund der in dieser Lage erzielbaren Bodenpreise angesetzt. Dabei wird das sogenannte Straßenland besonders bewertet. Zu dem auf Grund der geschätzten Grundstückspreise ermittelten Wert werden dann die Kosten für Vermessung, Erschließung und Baureifmachung addiert. Sie lassen sich oft noch aus den Unterlagen des Betriebes nachweisen. Anderenfalls sind sie zu schätzen. Insgesamt ergibt das den Bodenwert.

Der dritte Teil eines derartigen Gutachtens umfaßt genaue Beschreibungen der Gebäude. Diese Beschreibungen sind meist durch besondere Anlagen noch ergänzt und umfassen die Gebäudebauweise (offene oder geschlossene Bauart, Unterkellerung, Geschoßzahl, gegebenenfalls Dachgeschoß), die Ausführung (Fassaden, Bedachung, Innenwände, Decken, Böden, Türen, Fenster, Treppen), die Ausstattung (Wasser, Gas, elektrisches Licht, Kraftleitungen, Zentralheizung, Warmwasser, Bad usw.), Außenanlagen (Einfriedung, Wege- und Platzbefestigung, Entwässerungs- und Versorgungsleitungen, gärtnerische Anlagen), Nutzung (Zahl und Art der Wohnungen, gewerbliche Räume), Baujahr und Bauzustand (einschließlich erforderlicher Reparaturen und entsprechende Kostenschätzungen über deren Höhe), wertmindernde Umstände (einschließlich Hinweise über Feuchtigkeit, Schwamm, ferner über die Vermietbarkeit), Gesamtbeurteilung und schließlich bei Neubauten noch den Stand der Bauarbeiten und den Termin der Bezugsfähigkeit.

Der vierte Teil eines derartigen Gutachtens befaßt sich mit dem Wert der Gebäude. Auch hierzu sind Einzelberechnungen als Anlagen zum Gutachten erforderlich. Für jedes Gebäude wird aus Länge und Tiefe die bebaute Fläche in Quadratmetern berechnet. Ferner wird aus den Kubikmetern umbauten Raumes der Gebäudewert errechnet. Von diesem Gebäudewert wird die Wertminderung in Prozent und in Geldeinheiten dargestellt. Gebäudewert minus Wertminderung ergibt den Bauwert.

Ein derartiger Gebäudewert wird grundsätzlich in Goldmark errechnet. Durch Indexrechnung wird dann auf den Tageswert geschlossen. Die Kubikmeterpreise des Gebäudewertes werden ausführlich und individuell festgesetzt und begründet. Dabei ergeben sich pro Gebäude für Fundamenträume, Erdgeschoßräume und Etagen- und schließlich Dachräume jeweils individuelle Kubikmeterpreise, ebenfalls in Goldmark. Diese hängen von vielen Faktoren ab, so z. B. dem verbauten Material, dem Anstrich, Bodenbelag, Art der Fenster usw. Die Gesamtrechnung für den Wert eines Gebäudes ergibt sich dann wie folgt:

Reiner Bauwert	GM 100 000,—
Außenanlagen und Nebenkosten	GM 20 000,—
Bauwert bei Index 100	GM 120 000,—
Bauwert bei Index 250	DM 300 000,—
Bauwert bei Index 400	DM 480 000,—

Nach unseren Erfahrungen werden derartige Schätzungen des Bauwertes von Gebäuden äußerst sorgfältig vorgenommen. Die zu berücksichtigenden Details werden genau erfaßt und dargestellt.

Der fünfte Teil derartiger Gutachten befaßt sich mit dem sog. „Ertragswert". Hier werden praktisch die jährlichen bzw. die jährlich abstrakt möglichen Mieteinnahmen geschätzt, wobei wiederum je nach Nutzungsart und Qualität der Nutzungsfläche verschiedene Quadratmeterpreise angesetzt werden. Fläche mal monatliche Mieteinnahmen mal 12 ergibt den Jahresertrag. Hiervon werden die jährlich zu erwartenden Aufwendungen abgesetzt, und zwar Steuern und Abgaben (ohne Hauszinssteuer, Wassergeld), Versicherungen (Feuer-, Haftpflicht- und Glasversicherung), Flurbeleuchtung, Reinigung, Schornsteinfegergebühren, Verwaltung, Abnutzung und Instandhaltung. An Stelle der individuellen Berücksichtigung dieser Aufwendungen wird zuweilen auch mit einem Pauschsatz in Prozent vom Ertrag gearbeitet. Der Saldo wird kapitalisiert, wobei der Zinsfuß beim landesüblichen Zins liegen kann (z. B. bei Wohngebäuden 5%, bei gewerblichen Räumen 6%).

Den Schlußteil eines derartigen Gutachtens bildet die Gesamtschätzung. Sie hat z. B. folgendes Aussehen:

Verkehrswert:		Für Beleihung:	
Bodenwert	50 000,—	Bodenwert	50 000,—
Bauwert (Index 400)	480 000,—	Bauwert (Index 250)	300 000,—
Bau- u. Bodenwert (Sachwert)	530 000,—	Bau- u. Bodenwert (Sachwert)	350 000,—
Ertragswert	700 000,—	Ertragswert	700 000,—
Summe	1 230 000,—	Summe	1 050 000,—
Mittelwert	615 000,—	Mittelwert	525 000,—

Dieses Verfahren ist für uns aus mehreren Gründen interessant. Es zeigt zunächst, wie wertvoll die Hilfe von Fachleuten für die Beurteilung des Sachwertes von Gebäuden sein kann. Es liegt auf der Hand, daß derartige Schätzungen aus den Zahlen des betrieblichen Rechnungswesens nicht abzuleiten sind. Ferner interessiert die Tatsache der Anwendung des Mittelwertverfahrens für die Gesamtschätzung von bebauten Grundstücken. Nimmt man als Gesamtgutachter die Hilfe eines vereidigten Spezialisten in Anspruch, so kann bei der Ermittlung des Wertes z. B. eines Industriebetriebes ein so ermittelter „Gesamtwert" für Industriegrundstücke nicht übernommen werden. Der Ertragswert ergibt sich allein aus der Gewinnlage der Unternehmung als Ganzes, nicht aber aus dem theoretisch erzielbaren Quadratmeterpreis im Falle der Vermietung oder Verpachtung von Gebäuden. Insofern ist aus derartigen Teilgutachten nur der Sachwert zu übernehmen.

Bemerkenswert ist auch die zweigleisige Berechnung dieses Sachwertes mit verschiedenen Indizes. Hiervon entspricht der zum Verkehrswert führende Index in der heutigen Größenordnung von I = 400 aufwärts derjenigen Wertbasis, die man für den Tageswert braucht. Banken sind im allgemeinen vorsichtiger. Der Index von 250 gegenüber dem geschätzten

Goldmarkwert soll offensichtlich zu einer Beleihungsgrenze führen, die von den Banken direkt übernommen werden kann.

Nach Zimmerer[39] pflegen nun die Banken von den Gebäudewertberechnungen der vereidigten Sachverständigen zu sagen: „Taxen sind Faxen". Den Grund sieht er in den speziellen Wünschen des Kaufinteressenten, der die Gebäude in ihrem angebotenen Zustand nur selten gebrauchen kann und deshalb nicht den Taxwert zahlen würde. Ein solcher Standpunkt ist von der Bank aus berechtigt, nähert sich aber bereits dem Liquidationswert, und dieser ist in derartigen Taxen ja nicht gesucht. Es geht um den Sachwert eines Gebäudes, nicht aber um die Prognose der Grenzpreisvorstellungen einzelner Parteien. Der Sachwert ist denn auch keine Beleihungsgrenze und wird auch nirgend so aufgefaßt. Umgekehrt wäre der gutachtende Architekt überfordert, sollte er mit seiner Schätzung Größenordnungen treffen, die nur aus der individuellen und dynamischen Kreditpolitik der Bank zu setzen sind. Der Gutachter gibt die Norm, die Parteien machen Preise aus.

Maschinen, Fahrzeuge, Werkzeuge und Vorräte können nach Zimmerer[40] nur von Branchensachverständigen bewertet werden. Steht ein solcher Experte nicht zur Verfügung, dann stützt sich der Gutachter auf die Zahlen des Rechnungswesens, den eigenen Eindruck von der Ausrüstung und der Fertigungsorganisation, Interviews mit den Ingenieuren und Technikern sowie auf die eigenen, aus Betriebsvergleichen und Marktbeobachtung gewonnenen Kenntnisse.

Ob einzelne maschinelle Anlagen als betriebsnotwendig zu gelten haben, weiß im Zweifel nur die Leitung des Betriebes selbst, vielleicht sogar nur die Fertigung. Die Probleme beginnen aber schon beim Anschaffungswert. Er ist zwar auf Anlagekarten festgehalten, muß aber nicht stimmen, je nach Bilanzpolitik und deren Billigung durch die Prüfer der Unternehmung. Der aktivierte Anschaffungswert kann unter dem damaligen Marktzeitwert liegen, wenn individuelle Sonderkonditionen gewährt wurden. Aktivierungsfähige Nebenkosten der Anschaffung und werterhöhende Reparaturen können von vornherein über Aufwand genommen sein. Auch die kalkulatorischen Wertansätze geben nur willkürlich das Ausmaß der Wertminderung an. Will man hier genau vorgehen, dann erfordert das eine Filigranarbeit, deren Ergebnis oft nicht das Gewicht hat, um einen derartigen Aufwand zu rechtfertigen. Jedenfalls sind genügend Stichproben zu machen, um die Bilanzierungsgepflogenheiten der Unternehmung zu übersehen. Bei systematischer Vermeidung der Aktivierung von aktivierungsfähigen Aufwendungen kann das Gesamtbild aller Anschaffungswerte und Restwerte wesentlich beeinflußt sein. Daß die Um-

---

[39] Zimmerer, a. a. O.

[40] a. a. O.

rechnung auf den „Resttageswert" ein schwieriges Kapitel sein kann, bedarf keiner weiteren Erörterung.

Beteiligungen werfen mitunter erstklassige Bewertungsprobleme auf. Sind es neutrale Beteiligungen, soll der Liquidationswert angesetzt werden. Liegen Börsenkurse vor, dann sind Schätzungen leichter, obwohl die Bewertung des Paketzuschlages unsicher bleibt. Liegen keine Hilfswerte vor, kann der Ertragswert der Beteiligung angesetzt werden. Dann aber kann es je nach Methode der Gesamtbewertung zur Doppelerfassung dieses Gewinnes kommen. Auch der Anschaffungs- und der Buchwert derartiger Beteiligungen besagen manchmal wenig. Die Bewertungspraxis scheint sich aber im Zweifel sehr gern an diese Größen zu halten.

Viele Beteiligungen sind keineswegs neutral, sondern es bestehen einseitige oder gegenseitige geschäftliche Beziehungen zwischen Mutter und Tochter, die den Ertragswert der zu bewertenden Unternehmung durchaus beeinflussen. Die Feststellung des Substanzwertes wird dadurch nicht einfacher. Das Bilanzmaterial der Tochter ist ebensowenig eine ausreichende Bewertungsgrundlage wie das der Mutter. Besonders schwierig ist das Bewerten ausländischer Töchter. Man hat vielleicht gegründet und investiert, z.B. in Südamerika, aber die Produktion ist noch nicht angelaufen, oder die Gewinne werden im Ausland belassen, oder das Währungsrisiko, das politische Risiko läßt fundierte Aussagen nicht zu. Andererseits macht man es sich zu einfach, derartige, bilanziell oft voll abgeschriebene Objekte nur mit einem Erinnerungswert anzusetzen. Sogar die Beurteilung von Tochtergesellschaften im EWG-Raum fällt schwer. Wer kann hier den langfristig erzielbaren Dauerertrag bestimmen? Oft besteht die Tendenz, die Gewinne nicht abzusaugen, sondern zwecks Stärkung der Tochter dort zu belassen. Welchen Wert haben derartige Beteiligungen, und welches Bewertungsverfahren kommt hier zur Anwendung?

Roh-, Hilfs- und Betriebsstoffe mit schwankenden Preisen werden vorsichtig bewertet. Der Gutachter muß sich durch Augenschein davon überzeugen, daß die Vorräte noch vollen Nutzwert für die Produktion haben.

Halbfabrikate sind in vielen Industrien schon ein Problem der mengenmäßigen Erfassung. Die Bewertung ist häufig sehr problematisch. Die Wertansätze der Handels- und der Steuerbilanz sind in Betrieben der Gewinnzone tendenziell sehr niedrig. Man belastet die Halbfabrikate möglichst wenig mit Gemeinkosten.

Für die Fertigfabrikate gilt ähnliches. Zuweilen werden sie rechnerisch vor der Qualitätskontrolle noch behandelt wie Halbfabrikate. Der Ansatz lediglich der Herstellkosten für verkaufsfähige Fertigfabrikate ist zu niedrig. Grundsätzlich soll ja die Bewertung von Vorräten zu Marktpreisen erfolgen. Kann der Absatz von Teilen des Fertiglagers mit Sicherheit unterstellt werden, dann liegt an sich der Wert, isoliert betrachtet, beim erzielbaren Preis abzüglich Vertriebskosten. Hier käme es zu einer völligen Abkehr vom bilanziellen Denken, das ja die Erfassung nicht realisierter Gewinne nicht zuläßt. Auch bestünde je nach Verfahren der Unternehmungsbewertung die Gefahr der Doppelerfassung von Gewinnteilen. Grundsätzlich aber liegt der Wert derartiger Fertigfabrikate meist über den kalkulatorisch ermittelten Bilanzansätzen. Andererseits sind Teile dieses Lagers mitunter unverkäuflich. Auf das Problem der Retouren hat Zimmerer sehr deutlich hingewiesen[41].

Die Darstellung zeigt, daß der Gutachter nicht nur kosten- und bilanzmäßig, sondern auch markt- und preismäßig orientiert sein muß. Bewertungen der absetzbaren Fertigfabrikate nur zu Herstellkosten sind bequem, da das vorliegende Zahlenmaterial in diese Richtung zeigt und das Prinzip der Vorsicht immer ein gutes Argument vor sich selbst ist. Umgekehrt fehlt manchem Gutachter die Möglichkeit, Ladenhüter als solche auszumachen. Man denke an Saison- und Modeartikel. Wie soll man Restbestände aus der Kollektion früherer Perioden bewerten? Steuerlich werden zum Teil sehr erhebliche Abschläge noch von den Herstellkosten vorgenommen. Tatsächlich kann aber vielfach unterstellt werden, daß derartige Fabrikate, wenn auch nicht mit Gewinn oder zu Selbstkosten, so doch über den Herstellkosten zuzüglich Vertriebskosten absetzbar sind. Hier würde also sogar der Liquidationswert über den Ansätzen der Steuerbilanz liegen. Aber diese Dinge sind aus der Perspektive des Revisorendenkens nicht greifbar. Der gutachtliche Ansatz des Sachwertes hängt zuweilen, so paradox es klingt, von dem Gesamteindruck ab, den die Marktlage des Betriebes im allgemeinen und seine Vertriebsorganisation im besonderen macht. Der Gutachter muß heute mehr als früher das Marketing kennen und beurteilen. Diese Tatsache wirkt sich noch stärker aus bei der Prognose der Gewinnlage.

Die Bewertung der Fertigfabrikate ist sogar in sehr starken und gesunden Firmen u. a. eine Frage des Volumens. Hier versagt manchmal jede Arithmetik. Im Frühjahr dieses Jahres hatte das einzelne Fernsehgerät auf Lager einen gutachtlichen Sachwert, der erheblich über den Herstellkosten lag. 50 000 Geräte dieser Type auf Lager hatten unter Umständen nicht einmal den Wert der Herstellkosten mal 50 000. In solchen Fällen muß sich der Gutachter von dem Zahlenwerk des Betriebes lösen können, so gern er sich in die Geborgenheit der Steuerbilanz zurückzieht.

3.3 *Zur Beurteilung der Gewinnlage*

Anerkannter Ausgangspunkt für die Schätzung der zukünftigen Gewinnlage ist die bisherige Gewinnlage. Diese ist nun keineswegs so gut bestimmbar, wie es in der Theorie meist stillschweigend unterstellt wird.

---

[41]) a. a. O.

Man muß nicht immer gleich an Mutter/Tochterverhältnisse denken, wo allein die Zuordnung von Gewinn und Periode ein Problem werden kann, z. B. dann, wenn die Bilanzstichtage sich nicht decken und ein lebhafter interner Güter- und Werteverkehr vorliegt. Die Handels- und Steuergesetzgebung läßt praktisch Gewinnverschleierungen und Gewinnverlagerungen zu. Unterlagen darüber finden sich selten, denn kaum ein Unternehmer führt vollständige, echte Bilanzen, in denen seine Meinung über den tatsächlichen Gewinn zum Ausdruck kommt. Zudem mischen sich noch Nominalgewinn und echter Gewinn. Es bedarf jedenfalls vielfach erheblicher, zeitraubender Analysen, um die Gewinnlage der letzten Jahre aufzuzeigen. Es kommt zwar immer auf den Einzelfall an und vielleicht liegen die Verhältnisse in kleineren Betrieben mit einfach zu übersehendem Gegenstand der Betriebstätigkeit wesentlich unkomplizierter. Aber es gibt halt Firmen mit steuerlichem Verlustausweis und trotzdem guter Gewinnlage. Meist liefert gerade in solchen Firmen das Rechnungswesen nicht die erforderlichen Informationen in der richtigen Aufbereitung, sonst wären derartige Relationen ja auch nur sehr kurzfristig denkbar, sieht man von der Ausnutzung staatlich gebilligter Gewinnverlagerungen einmal ab.

Die Kostenrechnung kann in Betrieben mit perfektionierter Bilanztaktik ein gutes Hilfsmittel sein, aber auch nur dann, wenn sie betriebswirtschaftlich den Anforderungen genügt. Das ist aber häufig nicht der Fall. Wer die Kostenrechnung nicht zur internen Kontrolle braucht, liefert dem Steuerprüfer auch nicht mutwillig die Unterlagen, mittels derer er auf die Gewinnlage schließen kann. Dazu gehören die Nachkalkulation und die Kostenträger-Zeitrechnung.

Greift der Gutachter auf die Kostenrechnung als Hilfsmittel zurück, sind die Positionen und die Wertansätze zu untersuchen. So ist z. B. das Betriebsergebnis um den kalkulatorischen Zins zu mindern und, je nach gesuchtem Wertansatz, um die effektiven Fremdzinsen zu erhöhen. Die kalkulatorischen Abschreibungen geben meist die zeitliche Verteilung dieser Aufwendungsart besser an als die Bilanzabschreibungen.

Hat man sich die Gewinne der letzten drei oder fünf Jahre errechnet, dann ist zu prüfen, ob aus diesen Zahlen ein Trend, ob eine Tendenz ersichtlich wird, die für die Prognosen übernommen werden kann. Auch hier werden von vornherein alle die Unsicherheitsfaktoren, die schon auf die Periodisierung der Gewinne einwirkten, zu Ungenauigkeiten führen.

Die eigentlichen Probleme beginnen indessen erst bei der Schätzung zukünftiger Gewinne.

Die zukünftige Gewinnlage kann eine konsequente Weiterentwicklung der bisherigen Entwicklung sein, muß es aber nicht. Der Gutachter sollte in jedem Fall den speziellen Branchenmarkt studieren, die Marktposition der zu bewertenden Unternehmung in ihrer Entwicklung beurteilen und mit der Entwicklung der wesentlichen Konkurrenten vergleichen.

In diesem Stadium der Untersuchung fällt auch meist die Entscheidung, ob nach dem Prinzip der ewigen Rente gerechnet werden kann, oder ob es möglich und zweckmäßig ist, getrennte Aufwand- und Ertragsreihen zu diskontieren. In den meisten Fällen rechtfertigt die Genauigkeit des Zahlenmaterials lediglich das Rechnen mit einem Durchschnittsgewinn, dem sog. nachhaltig erzielbaren Dauerertrag. Das bedeutet praktisch die Anwendung der Ewige-Rente-Formel.

Geprüft wird ferner, ob die bisherige Struktur von Aufwand und Ertrag im wesentlichen übernommen werden kann. Unternehmungen mit älteren, meist abgeschriebenen Anlagen werden zukünftig infolge stärkerer Ersatzinvestitionen mit mehr Abschreibungen und ggf. auch mit mehr Fremdkapitalzinsen rechnen müssen, wenn die Mittel für derartige Ersatzinvestitionen nicht aus dem Betrieb heraus verfügbar sind. Indessen ist dies nur eine kurz- oder mittelfristige Betrachtung. Auf lange Sicht wird dieser Teil der Aufwandstruktur noch am ehesten durch Normalabschreibungen gekennzeichnet. Im übrigen wird die Beurteilung der zukünftigen Entwicklung erleichtert, wenn fundierte Pläne vorliegen, insbesondere Absatz-, Investitions- und Finanzpläne.

Aus der Fülle der Problemstellungen seien zwei Fragen besonders herausgestellt: (1) Expandierende Unternehmungen und (2) Wertung des Management.

Zu (1): Der Gutachter ist als kritischer Mensch geneigt, die bisherige Gewinnlage zunächst darauf zu untersuchen, ob sie gehalten werden kann oder nicht. War die Gewinnlage statisch, sieht er meist wenig Anlaß, anderweitige Entwicklungsmöglichkeiten zu unterstellen, wenn nicht gerade innerhalb der Branche Bewegung eintritt, z. B. durch Großeinsatz ausländischen Kapitals, besonders durch ausländische Firmen, die den Weltmarkt mit gestalten. War die Gewinnlage schwankend, wird sie eher etwas vorsichtiger gesehen als umgekehrt. Völlig anders ist das Problem in stark expandierenden Unternehmungen. Sind die beabsichtigten Investitionen noch nicht durchgeführt, sondern erst im Stadium der Projektierung, so können sie bei der Bewertung auf einen gegenwärtigen Stichtag nur schwer berücksichtigt werden. Der Gutachter sollte dann in Nebenrechnungen auf die mögliche zukünftige Gewinnlage hinweisen. Haben dagegen die Investitionen schon eingesetzt und ist ihre Finanzierung gesichert, entsteht eine schwierige Situation. Im Zweifel würde der Gutachter auch hier vorerst noch in Nebenrechnungen die zukünftig mögliche Gewinnlage erfassen, solange die Ausnutzung der in Erweiterung begriffenen Kapazität noch unsicher erscheint.

Interessant ist auch die Situation, wenn die Kapazität bereits schlagartig auf ein wesentlich größeres Umsatzvolumen abgestellt wurde. In einem Fall ermöglichten die Kapazitätskosten noch den Ausweis von Verlusten. Praktisch wurden aber unter Anrechnung von Normalabschreibungen bereits Gewinne erzielt, auf die genutzte Kapazität bezogen sogar erhebliche Gewinne. Die betriebliche Planung zeigte, daß die Kapazität innerhalb zweier Jahre voll ausgelastet werden konnte. Die Umsatzpläne waren fundiert und sogar noch als vorsichtig zu bezeichnen. Infolge der zu erwartenden Kostendegression zeigte sich in der Planung eine sehr günstige Gewinnlage. Der Gutachter muß sich dann entscheiden, ob und wieweit er den Prognosen folgen will.

Das nachfolgende Modell soll eine derartige Situation in übertriebenen, stark vereinfachten Zahlen verdeutlichen:

	Ist 1952	Ist 1953	Soll 1954	Soll 1955	Soll 1956	Soll 1957
Umsatz	10	20	30	40	40	50
Kapazitätskosten Proportionale K.	5 5	10 10	10 15	10 20	10 20	10 25
Gewinn	—	—	5	10	10	15

Die Gewinnlage vor 1952 soll negativ gewesen sein, bei geringerem Umsatz und geringerer Kapazität. Die Bewertung soll Mitte 1954 erfolgen, das Ergebnis für 1954 zeichnet sich bereits ab und wird sogar über dem gezeigten Planwert liegen. Die Kapazität wurde 1953 auf einen Umsatz von 50 abgestellt, die Vertriebsorganisation eingeschlossen.

Es handelt sich um einen der Fälle, in denen ein Unternehmer eine Idee realisiert, Erfolg hat, den Markt schafft und öffnet, und nun dabei ist, die Früchte seiner Saat zu ernten. Es fragt sich, wie ein Gutachter nun Mitte 1954 die zukünftige Gewinnlage fixieren soll. Der Blick in die Vergangenheit nutzt hier überhaupt nichts. Es hängt vieles von den nachhaltigen Umsatzmöglichkeiten ab, ferner von der Güte der Organisation dieser Firma, von den Leitungskräften, über die sie verfügt. Der Gutachter muß den Markt beurteilen, muß sich auch fragen, ob die Unternehmung den mit dem Kapazitätsausbau erreichten Kostenvorsprung vor der Konkurrenz, mindestens aber den errungenen Marktanteil halten wird. Nehmen wir an, daß in 1954 bereits ein erneuter Ausbau der Kapazität vorbereitet wird; der Vertriebsleiter sagt sogar, er könne den Umsatz jederzeit vervielfachen, wenn nur die Produktion freigegeben würde[42].

Noch schwieriger schließlich ist eine Unternehmung mit rückläufigem Umsatz zu bewerten. Die zu erwartende Kostenremanenz läßt sich schwer erfassen, ebenso der Punkt, bei dem die Firma sich wieder fangen wird.

Zu (2): Ob eine bisherige Gewinnlage oder Gewinntendenz gehalten werden kann, hängt nicht zuletzt von dem Bestand des Management ab. In der Literatur wurde dieses Problem bisher meist auf die Person des Unternehmers bezogen, praktisch handelt es sich aber um die wichtigsten Persönlichkeiten der ersten und zweiten Führungsschicht im Betrieb. Man kann zwar nicht sagen, in welchem Umfang der Geschäftserfolg von diesem oder jenem Manager beeinflußt wird. Hingegen kann ganz allgemein vermutet werden, daß mit dem Ausscheiden derartiger Persönlichkeiten die Gewinnlage variieren kann, im Einzelfall auch nachhaltig.

Deshalb sollte der Gutachter auch derartige Fragestellungen beachten. Ist z. B. der Verkauf der Unternehmung mit dem Abgang der besten Mitarbeiter verbunden, so kann das durchaus gewinnmindernd wirken. Vorsichtige Gutachter weisen, falls derartige Möglichkeiten vermutet werden können, textlich darauf hin, daß die Bewertung unter der Voraussetzung unveränderter personeller Besetzung der Unternehmungsleitung erfolgt. Gerade bei kleineren Firmen hängt der Erfolg oft am Unternehmer, seinen Beziehungen und seinem Team. Die Tatsache, daß genauere Quantifizierungen nicht möglich sind, schafft das Problem nicht aus der Welt. Im Zweifel muß der Gutachter tatsächlich versuchen, die Gewinnlage zu normalisieren.

Umgekehrt dürfen die gewinnbeeinflussenden Maßnahmen des neuen Management nicht berücksichtigt werden, auch wenn sie sich schon abzeichnen. Man denke hier an die Übernahme durch eine ausländische Mutter, die dann durch Reorganisation (Beispiel: Übernahme der gesamten Grundlagenforschung) die Ertragslage beeinflußt. „Der Verkäufer verkauft nicht das, was der neue Besitzer durch seine Arbeitskraft aus dem Betrieb herausholt, sondern das, was im Zeitpunkt des Verkaufs an objektiven Ertragschancen vorhanden war."[43]

Abschließend sei nochmals das zugegeben große Problem des Kapitalisierungszinsfußes erwähnt. Hier wird die Methode Mellerowicz, wonach

[42] Der Gutachter kann sich in solchen Fällen nach harter Arbeit und langem, kritischem Abwägen auf einen nachhaltig erzielbaren Umsatz und eine reale Umsatzgewinnrate festlegen. Er kommt so zu einer Gewinngröße, die kapitalisiert werden kann. Mehr Genauigkeit ist in der Regel nicht zu erwarten. Wir möchten auch meinen, daß sich hier die materielle Bewertungsarbeit in derartigen Größenordnungen, also in pauschalen Umsatz- und Gewinnlagen auf längere Sicht niederschlägt. Weniger dürfte sich der Gutachter mit dem Gedanken befassen, ob in der geschätzten Gewinnlage auch die abstrakte Verzinsung bestimmter Zahlungsströme zum Ausdruck kommt.

[43] Jonas, Einige Bemerkungen zur Bestimmung des Verkehrswertes von Unternehmungen, in: ZfB 1954, S. 25.

die Risiken nicht im Plangewinn, sondern im Zinsfuß berücksichtigt werden, mitunter kritisiert[44]. Wir verweisen auf unsere obigen Ausführungen[45] und auf die vergleichende Darstellung bei Jacob über das Risiko im Mittelwertverfahren. Man kann jedenfalls Zinsfuß und Gewinnansatz nicht isoliert betrachten. Im Grunde bringt doch der Kapitalisierungsfaktor nur einen dem speziellen Kapitalwagnis angemessenen Verzinsungsstandard zum Ausdruck.

Im übrigen erscheint die von Zimmerer[46] angedeutete Faustformel „Substanz plus Aufpreis" sehr bemerkenswert. Sie verdient im Zusammenhang mit der Preisbildung für Unternehmungen eine ausführlichere Abhandlung, zumal derartige Verfahren auch im Ausland gängig sind. Es kommt darauf an, fundierte Hilfsgrößen für die isolierte Schätzung des Goodwill zu entwickeln[47].

4. Zusammenfassung

1. Die Bewertung ganzer Unternehmungen ist in der Praxis ein Rechnen mit einfachen, nur grob quantifizierbaren Faktoren. Sie verlangt daher auch elementare Bewertungsverfahren. Komplikationen in der Verfahrenslehre versprechen eine Genauigkeit, die praktisch nicht gehalten werden kann.
2. Für die Bewertungspraxis wäre es nützlich, einheitliche Begriffe und einheitliche Instrumente zu fördern. Statt dessen tendiert die neuere Verfahrenslehre zu einem theoretisch zwar interessanten, praktisch aber umstrittenen, z. T. sogar wertlosen Verfahrenspluralismus, verbunden mit zunehmendem Abstraktions- und Komplikationsgrad.
3. Sieht man im Wert einer Unternehmung ihren gemeinen Wert, dann ist er identisch mit dem Wert des Eigenkapitals, denn wer das Eigenkapital erwirbt, der erwirbt damit die Unternehmung[48].
4. Wichtige Hilfsgrößen der Unternehmungsbewertung sind (1) der Sachwert sämtlicher realen Aktiven, und (2) der Ertragswert des

[44] Vgl. z. B. Diez, Der Kapitalisierungsfaktor als Bestandteil der Ertragswertrechnung bei der gesamten Wertung von Unternehmungen und Unternehmungsanteilen, in: WPg. 1/1955, S. 2 ff.

[45] Vgl. oben, S. 48.

[46] Zimmerer, a. a. O.

[47] Richtungweisend für die Darstellung und methodische Einordnung derartiger Verfahren sind die Arbeiten von Hartmann; vgl. Der lästige Gesellschafter in der Wirtschaftspraxis, Köln 1959, S. 118 ff., ferner: Die Ermittlung des Firmenwertes, Wiesbaden 1958, S. 43 ff. Hinzuweisen wäre auch auf Käfers sog. Übergewinn-Kauf-Methode, zitiert bei Hax im H. d. W. Bd. I, S. 531.

[48] Diese allgemeine Aussage ist je nach Rechtsform zu konkretisieren. Bei Aktiengesellschaften ist der gemeine Wert des Grundkapitals gleich dem Wert des Eigenkapitals gleich dem Wert der ganzen Unternehmung.

gesamten investierten Kapitals. Derartige Berechnungen führen zu einem abstrakten „Gesamtwert" der Unternehmung als schuldenfreies Modell. Sie zeigen jedoch nicht den Wert der Unternehmung, es sei denn, Eigenkapital und Gesamtkapital sind identisch.

5. Der Wert der Unternehmung ist bestimmt durch den Nutzen, dieser wiederum durch die zukünftige Gewinnlage.
6. Die zu kapitalisierende Gewinngröße deckt sich nicht mit den steuer- und handelsrechtlichen Gewinnbegriffen. Es ist sinnvoll, den sog. ausschüttungsfähigen Gewinn (Bartke) anzusetzen.
7. Die mögliche Verzinsung vorübergehend oder dauerhaft freigesetzter Zahlungsmittel drückt sich in der bisherigen und der zukünftigen Gewinnlage aus. Die besondere Isolierung der Zahlungsströme bzw. eine Verfahrensänderung zugunsten der Kapitalisierung von Zahlungsströmen dürfte bei der Grobheit des praktisch verfügbaren Zahlenmaterials in der Regel zu keiner größeren Genauigkeit führen bzw. ist sogar überflüssig. Die Frage, wie ein Erwerber zukünftig den ausschüttungsfähigen Gewinn verwenden will (Selbstfinanzierung oder Entnahmen), hat auf den gemeinen Wert der Unternehmung zum Stichtag keinen Einfluß, ist also nicht verfahrensbildend.
8. Hauptproblem der Ertragswertberechnung ist die Quantifizierung der zukünftigen Risiken. Ihre Berücksichtigung kann erfolgen (1) durch Anwendung des Mittelwertverfahrens, (2) durch Minderungen des Gewinnansatzes, (3) durch Variation des Kapitalisierungsfaktors. Willkürmöglichkeiten bestehen für jedes dieser Verfahren, das Ausmaß hängt von der Qualifikation des Gutachters ab, nicht vom Verfahren.
9. Geht man davon aus, daß ein Bewertungsverfahren elementar, praktisch anwendbar und für die Vereinheitlichung der Begriffsbildung fördernd sein soll, dann bietet sich nach wie vor die Methode nach Mellerowicz in ihrem Grundkonzept an. Sie kennzeichnet den Unternehmungswert als Ertragswert, vermeidet die mechanische Mittelung, ermöglicht das Rechnen mit Plangewinnen und drückt im Kapitalisierungsfaktor die individuelle, wagnisgerechte Verzinsungsnorm aus.
10. Als Ergänzung zur Verfahrenslehre verdienen die verschiedenen „Substanz + Aufschlag"-Faustregeln mehr Beachtung, vor allem die noch wenig dargestellte isolierte Schätzung des organisationsabhängigen Goodwill nach Zimmerer.

Die Fertigungssteuerung in Industriebetrieben als Funktion der Fertigungstypen

von

Prof. Dr. *Karl F. Bussmann*, Darmstadt

Die Fertigungssteuerung ist einer jener Erkenntnisgegenstände der modernen Betriebswirtschaftslehre, die in besonderem Maße Berührungspunkt von Wirtschaft und Technik sind. Im Zuge der automatischen Lenkung der einzelnen Werkzeugmaschinen bzw. des gesamten Produktionsprozesses greifen Technik und betriebswirtschaftliche Organisation so sehr ineinander, daß jede Trennungslinie künstlich sein muß.

Die Betriebswirte haben, wie ein Blick auf die betriebswirtschaftliche Literatur über Fertigungssteuerung zeigt, dies bisher nur am Rande behandelt. Offensichtlich ist das Thema „zu technisch" und wird den Vertretern der Ingenieurwissenschaften überlassen. Die betriebswirtschaftlichen Forscher begeben sich damit in Gefahr, daß Techniker und Mathematiker, von der Werkzeugmaschine ausgehend, immer weiter in betriebswirtschaftliche Sphären vordringen und der Betriebswirtschaftslehre in ihrem eigenen Erkenntnisbereich vorgreifen. Ohne den Kampf einzelner Wissenschaften gegeneinander propagieren zu wollen und durchaus in dem Bewußtsein, daß an der Grenze von Wirtschaft und Technik die Erkenntnisobjekte von Vertretern mehrerer Wissenszweige gemeinsam bearbeitet werden müssen, sind wir der Meinung, daß es für die Betriebswirte an der Zeit ist, sich der Fertigungssteuerung intensiver anzunehmen.

Die Materialsammlung liegt inzwischen vor, wenn sie auch weitgehend von Vertretern der Ingenieurwissenschaften vorgenommen wurde und zum Teil auch kommerzielle Interessen (Organisationsmittelindustrie) widerspiegelt. Nun müssen Gemeinsamkeiten, Abhängigkeiten und moderne Tendenzen bei der Fertigungssteuerung aufgezeigt werden.

Wir wollen hier Probleme der Fertigungssteuerung untersuchen und dabei als Ordnungsprinzip die Gestaltung der Fertigungssteuerung in Abhängigkeit von den Fertigungstypen wählen.

I. Zum Begriff der Fertigungssteuerung

Die Fertigungssteuerung umfaßt alle Maßnahmen, die zur Durchführung eines Auftrages im Sinne der Fertigungsplanung erforderlich sind. Sie ist neben der Fertigungsplanung einer der beiden Funktionskreise der Arbeitsvorbereitung und wird in der deutschen Literatur auch meist zusammen mit dieser behandelt, wobei eine strenge Trennung in die beiden Funktionskreise in der Regel nicht vollzogen wird[1]. Im Zuge der wachsenden Internationalität empfiehlt sich jedoch eine solche Trennung, da der Begriff „Arbeitsvorbereitung" nur in Deutschland bekannt ist, während in der angelsächsischen Literatur immer nur von „planing" im Sinne unserer „Fertigungsplanung" und „controll" im Sinne unserer „Fertigungssteuerung" gesprochen wird[2].

II. Abgrenzung des Funktionskreises Fertigungssteuerung gegen den Funktionskreis Fertigungsplanung

Die Trennung von Fertigungsplanung und Fertigungssteuerung geht bis auf Taylor zurück. In der Praxis wird die Grenze zwischen Fertigungsplanung und Fertigungssteuerung nicht immer an der gleichen Stelle gezogen. Für unsere Zwecke ist es jedoch ebenso wie für den Organisator wichtig, zumindest gedanklich eine Trennung vorzunehmen, um die verschiedenen Aufgaben eindeutig analysieren zu können.

Während sich die Fertigungsplanung überwiegend mit der Technik der Arbeitsverfahren, der Betriebsmittel und der Werkstoffe befaßt, ist die Fertigungssteuerung in höherem Maße organisatorischer Natur.

Die Fertigungsplanung endet mit der Freigabe der Fertigung. Das bedeutet: Die Fertigungssteuerung beginnt, wenn technische Forschung, technische Entwicklung und Konstruktion beendet sind und ein Betriebsingenieur die Produktion eingeplant hat. Zu diesem Zeitpunkt setzt die Fertigungssteuerung mit ihren Maßnahmen ein, sie beobachtet die Einhaltung der Fertigungsplanung.

Insoweit scheint das Problem einer Abgrenzung von Fertigungsplanung und Fertigungssteuerung gelöst. Wir sind uns jedoch der Problematik

---

[1] Hartmann verwendet in seinem soeben erschienenen Werk „Betriebswirtschaftliche Grundlagen der automatisierten Datenverarbeitung" (Freiburg 1961, S. 117 ff.) den Begriff „Fertigungsplanung" in einem sehr weiten Sinne. Fertigungsplanung umfaßt dabei die gesamte Arbeitsvorbereitung und die Kontrolle des Fertigungsablaufes. Diese Begriffsumschreibung ist in dem Ziel Hartmanns begründet, die Möglichkeit von Datenverarbeitungsverfahren aufzuzeigen, bei denen Planung, Steuerung und Kontrolle des Fertigungsprozesses integriert sind. Dagegen scheint für eine Arbeit, die sich dieses Ziel nicht setzt und eher analytischen Charakter haben soll, die Beibehaltung der konventionellen begrifflichen Trennung von Fertigungsplanung und Fertigungssteuerung sinnvoller.

[2] Der Begriff „Arbeitsvorbereitung" ist auch deshalb unglücklich, weil er auch auf andere Sektoren als den Fertigungsbereich angewandt werden kann (vgl. auch Mellerowicz, K., Betriebswirtschaftslehre der Industrie, 3. Aufl., 2. Bd., Freiburg 1958, S. 212 f.).

der Abgrenzung in den Fällen bewußt, bei denen es um die Bestimmung der optimalen Losgröße, der optimalen Durchlaufzeit und um die Terminplanung geht, womit nur die wichtigsten Grenzgebiete genannt sein sollen.

III. Die Hauptfunktion der Fertigungssteuerung

Aus der oben gegebenen Begriffsumschreibung ergeben sich als Hauptfunktionen der Fertigungssteuerung in der Reihenfolge des zeitlichen Ablaufs:

1. die Auftragsbearbeitung,
2. die Beschaffung und Bereitstellung der Werkstoffe, Werkzeuge und Vorrichtungen,
3. die Termindisposition,
4. die Arbeitsverteilung,
5. die Überwachung des Fertigungsablaufes und die Terminkontrolle.

IV. Die Produktionstypen

Wir wollen den folgenden Betrachtungen als Einteilung der Produktionstypen zugrundelegen: Einzelfertigung — Serienfertigung — Sortenfertigung — Massenfertigung[3]. Die für uns wichtigen charakteristischen Merkmale werden im Zusammenhang mit der Fertigungssteuerung bei den einzelnen Typen behandelt.

V. Fertigungssteuerung bei Einzelfertigung

Die Einzelfertigung kann man in die handwerksmäßige, die maschinelle Einzelfertigung und in die Baustellenfertigung und Außenmontage unterteilen. Wir wollen hier nur die vorwiegend anzutreffende maschinelle Einzelfertigung untersuchen, wie sie sich in Unternehmen findet, die in der Hauptsache Spezialmaschinen und -apparaturen nach den besonderen Angaben und Wünschen der Besteller produzieren. Für diesen Fertigungstyp sind besondere Spezial-Werkzeugmaschinen erforderlich, deren Belastung wegen der weitgehenden Unterschiede in den Kundenbestellungen stark schwankt.

1. *Die Auftragsbearbeitung bei Einzelfertigung*

Bei Einzelfertigung übernimmt die Fertigung die Aufträge der Kunden und erledigt sie jeweils für sich. Nur bei einstufiger Produktion, bei der unmittelbar Fertigungserzeugnisse hergestellt werden, und nur dann,

[3] Die in anderen Systematiken (vgl. etwa Mellerowicz, K., a. a. O., S. 98) außerdem angegebenen Typen „Partie- und Chargenfertigung“ und „Kuppelproduktion“ sollen hier als Sonderformen nicht beachtet werden.

wenn nur ein Produkt erstellt wird, kann der Kundenauftrag sofort als Werkstattauftrag dienen. Erstreckt sich der Auftrag auf mehrere Erzeugnisse gleicher Art, so genügt bloße Vervielfältigung. Bei der mehrstufigen Fertigung muß der Kundenauftrag in mehrere Werkstattaufträge zerlegt werden.

Wichtigste Aufgabe der Auftragsbearbeitung ist die Erstellung der zur Steuerung der Fertigung erforderlichen Unterlagen, von denen bei Einzelfertigung der Laufkarte besondere Bedeutung zukommt, da sie die hier nicht von vornherein gegebene zwangsläufige Arbeitsverteilung und Arbeitsfolge gewährleistet. Die Laufkarte wird — u. U. auf dem Umweg über die Arbeitskarte — aus dem von der Fertigungsplanung erstellten Arbeitsplan gewonnen. Sie begleitet das Fertigungsmaterial, Arbeitsstück, Teil oder Aggregat von Arbeitsplatz zu Arbeitsplatz. Mittels der Laufkarte fordert der Arbeiter die übrigen Unterlagen, wie Lohn-, Material- und Werkzeugkarte von der Arbeitsverteilungsstelle an.

2. *Die Beschaffung und Bereitstellung der Werkstoffe, Werkzeuge und Vorrichtungen bei Einzelfertigung*

Die quantitative und qualitative Bestimmung von Werkstoffen, Werkzeugen und Vorrichtungen fällt in das Aufgabengebiet der Fertigungsplanung. Der Fertigungssteuerung obliegt vor allem die Bestimmung des Anlieferungszeitpunktes und die Veranlassung des Antransportes. Die Anlieferungszeitpunkte sind dabei abhängig von der Durchlaufzeit, die für die Bearbeitung und den Zusammenbau erforderlich ist. Unter den Elementen der Durchlaufzeit, Bearbeitungszeit, Liegezeit und Förderzeit ist es bei Einzelfertigung gerade die Liegezeit, die in der Praxis einer Planung am wenigsten zugänglich ist. Die Liegezeit kann bei Einzelfertigung nur durch geschickte Fall-zu-Fall-Regelungen der Fertigungssteuerung verkürzt werden.

Bei ihren Bemühungen um zeitgerechte Bereitstellung der Werkstoffe, Werkzeuge und Vorrichtungen arbeitet die Fertigungssteuerung eng mit Einkauf-, Transportabteilung und Lagerwesen zusammen. Die Zusammenarbeit kann jedoch einer eingehenden organisatorischen Regelung nicht unterworfen werden, da stets nur die Menge an Material aufgegeben wird, die für den jeweils vorliegenden Auftrag erforderlich ist. Die Führung von Materialbestandslisten, Anzeigetafeln usw. ist bei der Heterogenität der zu den Einzelaufträgen gehörenden Werkstoffe, Werkzeuge, Vorrichtungen und Teile schlecht möglich und in der Regel auch nicht sinnvoll.

Das Transportwesen wird bei der Einzelfertigung weitgehend auf Dispositionen der Werkstätten beruhen, so daß sich das Holsystem anbietet.

3. *Die Termindisposition bei Einzelfertigung*[4]

Die Termindisposition bezweckt die zeitliche Steuerung und Überwachung der konkreten Durchführung der Fertigungsplanung Die Bedeutung der Termindisposition läßt sich durch die Begriffe „Terminmoral', „Termin als Verkaufsargument", „Termin als Steuerungsprinzip der Kapazitäten" und „Termin als Wirtschaftlichkeitsfaktor" charakterisieren.

Bei der Einzelfertigung, die erst durch eine Bestellung ausgelöst wird, kann die effektive Kapazitätsbeanspruchung erst im Augenblick des Bestellungseinganges erkannt werden. Aus diesem Grunde muß hier ein Terminwesen aufgebaut werden, das einen sofortigen Überblick über die Belastung der Kapazitäten gestattet und kurzfristige Umstellungen ermöglicht.

Wesentlich ist dabei, daß auch bei Einzelfertigung alle durch die Erzeugnisherstellung beanspruchten Kapazitäten bewirtschaftet und einer Planung unterworfen werden. Hierbei sind auch die „administrativen" Zeiten, wie Konstruktions- und Entwicklungszeiten, die Zeiten zur Materialbeschaffung und schließlich die Zeit für Prüfungen, Versuche, Verpackung und Spedition zu berücksichtigen. Durch die Einbeziehung der der eigentlichen Fertigungszeit vor- und nachgelagerten Perioden in den Betrachtungsraum der Fertigungssteuerung gewinnt die Termindisposition einen umfassenden Charakter[5].

Wichtigste Unterlagen der Termindisposition sind der Leistungs- und der Belastungsplan, wobei der erstere über die vorhandenen, der zweite über die ausgenutzten Kapazitäten Auskunft gibt. Bei Einzelfertigung gewinnt durch die bei jedem Einzelauftrag neu zu treffende Steuerungsentscheidung der Belastungsplan erhöhte Bedeutung. Für die oft kurzfristig zu treffenden Entscheidungen über die Kapazitätsinanspruchnahme bei Einzelfertigung sind Belastungspläne mit Zeitmaßstab erforderlich, die wegen der raschen Änderungen zweckmäßigerweise nicht in Blatt-, sondern in Kartei- oder Tafelform gestaltet werden[6]. Führt man neben dem Zeitmaßstab in der Horizontalen in der Vertikalen eine Gliederung nach Betriebsabteilungen, Arbeitsgruppen oder Einzelarbeitsplätzen ein, so kann man im sog. „Gantt-Verfahren" die exakte zeitliche Verteilung

[4] Vgl. zu Fragen des zeitlichen Ablaufs der Fertigung: Ellinger, T., Ablaufplanung, Stuttgart 1959.

[5] Die Notwendigkeit einer solch umfassenden Terminplanung wird heute in den meisten Unternehmen nicht erkannt. Pristl beschreibt, daß in der Maschinenindustrie oft mehr als die Hälfte der Verspätungen bereits verursacht sind, bevor in der Fertigung die erste Arbeit geleistet wird (Pristl, F., Das Terminwesen in der eisen- und metallverarbeitenden Industrie, in „Werkstatt und Betrieb" 91 (1958), S. 80 ff.).

[6] Die „Eintragungen" erfolgen rein technisch durch löschbare Aufzeichnungen, mehrfarbige Steckkarten, Reiter oder Lichtzeichen.

der einzelnen Arbeitsgänge über die verschiedenen Arbeitsplätze erkennen.

Neben der genauen Kenntnis der Kapazitäten ist für die Termindisposition die Durchlaufzeit eines Produktes von entscheidender Bedeutung. Von den Teilzeiten der Durchlaufzeit interessieren im Zusammenhang mit unserer Themenstellung vor allem Liege- und Förderzeit. Gerade bei Einzelfertigung ist die Gefahr groß, daß durch mangelhafte Termindispositionen zu große Liegezeiten entstehen, die hohe Zins- und Lagerkosten bedingen. Es lassen sich nur schwer exakte Aussagen über diese Zeiten machen, da Vergangenheitswerte in der Regel nicht vorliegen. Bei der Termindisposition werden Soll und Ist daher besonders oft und weit auseinanderfallen. Soweit die Möglichkeit besteht, daß sich die Arten der Einzelerzeugnisse von Zeit zu Zeit wiederholen[7], kann durch Aufzeichnungen statistischen Charakters die Entwicklung der Güte der Termindispositionen verfolgt werden.

Der Einsatz elektronischer Datenverarbeitungsanlagen bietet nach dem Stand der Technik bereits jetzt oder in naher Zukunft die Möglichkeit besonders exakter Termindispositionen durch genaueste Abstimmung von Bearbeitungs- und Förderzeiten mit dem Zeitpunkt der Material- und Betriebsmittelbereitstellung. Voraussetzung des Einsatzes solcher Anlagen ist neben einer entsprechenden Betriebsgröße jedoch vorerst die genaue Kenntnis der Bearbeitungszeit. Auch diese ist jedoch bei Einzelfertigung nicht exakt bestimmbar, so daß eine gewisse elastische Planung erforderlich wird. Elastische Reaktion auf Planabweichungen bei gleichzeitiger Exaktheit wird ermöglicht durch das System der dezentralisierten Ein- und Ausgabe der Informationen in Verbindung mit gleichzeitiger zentraler Informationsverarbeitung („Real-time-Processing"[8]). Dabei werden die durch die Rückmeldung der Ist-Werte durch die Fertigungsstätten laufend festgestellten Planabweichungen sofort zu neuen Termindispositionen verarbeitet. Die Datenverarbeitungsanlage erstellt nach jeder Rückmeldung neue Belegungspläne, die je nach der Aufgliederung Werkstatt-, Abteilungs-, Maschinen- oder Arbeitsplatzbesetzungspläne sind. Die Steuerung der Datenverarbeitungsanlage kann entweder durch menschliche Bedienung oder sofort durch die Werkzeugmaschine bzw. Arbeitsanlage erfolgen. Im letztgenannten Fall ergibt sich eine besonders enge Verbindung von betriebswirtschaftlicher Organisation und technischer Regelung.

---

[7] Diese Möglichkeit wird vor allem dann gegeben sein, wenn es sich bei der Einzelfertigung nicht um die Durchführung von Großaufträgen handelt.

[8] Vgl. Hartmann, B., a. a. O., S. 190 — Bei dezentraler Ein- und Ausgabe spielen die Gerätekosten bei Wirtschaftlichkeitserwägungen eine besondere Rolle, da eine große Zahl von Geräten benötigt wird.

4. *Die Arbeitsverteilung bei Einzelfertigung*

Die Arbeitsverteilung setzt den geplanten Arbeitsablauf in die Realität um. Sie hat im wesentlichen folgende Aufgaben:

1. Überwachung der rechtzeitigen Bereitstellung der Werkstoffe, Werkzeuge, Vorrichtungen und Arbeitsunterlagen.
2. Die konkrete Verteilung der Aufträge an die Fertigungsstellen
   a) gemäß der Termindispositionen
   b) u. U. als Korrektur der Termindisposition nach wirtschaftlichen Gesichtspunkten mit dem Ziel, einen reibungslosen Fertigungsablauf zu gewährleisten.

Das Fertigungssteuerungswesen bei Einzelfertigung läßt zwei Tendenzen erkennen:

1. die Veränderung der Meisterfunktion und
2. die Veränderung des Informationsflusses.

Zu 1. Wenn man früher den Meistern in den Fertigungsbetrieben alle administrativen Aufgaben der Arbeitsbereitstellung, der Arbeitsverteilung und der Fortschrittskontrolle überließ, so wird jetzt immer mehr angestrebt, sie von diesen Arbeiten zu entlasten, um sie ihren anderen Aufgaben wie z. B. der Führung und Unterweisung der Belegschaft verstärkt zuzuführen[9]. Die administrativen Arbeiten der Meister werden auf eine Arbeitsverteilungsstelle übertragen, die dezentral oder zentral organisiert sein kann. Dabei ist die dezentrale Organisationsform diejenige, die beim Übergang der Aufgaben von den Meistern den geringeren Einführungswiderständen begegnet, sie ist gleichzeitig die elastischere. Bei Einzelfertigung mit wenig standardisiertem und wenig konsolidiertem Produktionsprogramm und bei solcher Einzelfertigung, zu der Erfahrungen nicht vorliegen, so daß sehr viele Planabweichungen auftreten bzw. der Planung ein sehr weiter Rahmen gesteckt werden muß, findet die dezentralisierte Arbeitsverteilung immer noch Anwendung. Gleichwohl sind die größere Dispositionsübersicht, die Möglichkeit des Spezialisteneinsatzes und vor allem die des Einsatzes besonderer Organisationsmittel Momente, die auch bei Einzelfertigung die Einrichtung einer zentralen Arbeitsverteilung angebracht erscheinen lassen.

Zu 2. Die Informationen, die der Arbeitsverteilung vorliegen müssen, sind:

1. Welche innerbetrieblichen Aufträge sind vorbereitet und damit zu verteilen?
2. Welche innerbetrieblichen Aufträge sind in Arbeit?

---

[9] Vgl. Straub, G., Die zukünftige Bedeutung des Werkmeisters für die Unternehmung, in „Industrielle Organisation" 30 (1961), S. 7 ff.

3. Welche innerbetrieblichen Aufträge sind in Arbeit, jedoch unterbrochen?
4. Welche innerbetrieblichen Aufträge sind beendet?

Die gängigen Systeme der Arbeitsverteilung beruhen auf der Grundlage eines Informationsflusses, bei dem die Daten auf wandernden Formularen festgehalten sind. Solche Formulare sind die von der Auftragsbearbeitung erstellten Laufkarten, Lohnkarten, Meldekarten, Materialkarten, Werkzeugkarten, Transportscheine, Prüfkarten usw. Wichtigste Informationsträger sind dabei Lohnkarte, Laufkarte und Meldekarte[10]. Ihr räumlicher Standort repräsentiert den zeitlichen Reifegrad der Fertigung. Ist der in der Lohnkarte niedergelegte Arbeitsgang in Vorbereitung, so erscheint die Lohnkarte an der entsprechenden Stelle einer Kartei oder Wandtafel der Arbeitsverteilung; wird der Auftrag in Arbeit genommen, so gelangt die Lohnkarte zum Arbeitsplatz; ist der Arbeitsgang beendet, so erscheint eine Meldekarte an der Wandtafel bzw. in der Kartei, so daß immer eine der vier oben genannten Informationen geliefert werden kann.

Moderne Verfahren der Fertigungssteuerung bei Einzelfertigung lassen jedoch eine Tendenz erkennen, den Formularumlauf in den Produktionsstätten zu vermeiden und den Informationsfluß zu beschleunigen. Zu diesem Zweck wurden Fertigungssteuerungssysteme entwickelt, bei denen die Meldung optisch, elektrisch, pneumatisch oder durch Fernsprecher zwischen Arbeitsverteilung und Fertigungsstelle ausgetauscht werden[11]. In solchen Fällen ist eine Verteilung von Lohn- und Meldekarten nicht erforderlich, die Rüst- und Stückzeiten werden auf der Laufkarte vermerkt. Diese Systeme stellen besonders hohe Anforderungen an die Organisation des innerbetrieblichen Transportwesens, das daher oft ebenfalls mit Hilfe optischer oder akustischer Signale von der Verteilerzentrale aus gesteuert wird.

Der große Vorteil der genannten Verfahren liegt darin, daß die Formulare vorwiegend in der Verteilerzentrale verbleiben, wo sie gegen Verlust und Beschädigung am besten geschützt sind, so daß sich die Möglichkeit eröffnet, Verbundkarten zu verwenden.

Ein wesentlicher Rationalisierungserfolg der Arbeitsverteilung mit Hilfe von elektronischen Datenverarbeitungsanlagen kann bei Einzelfertigung nur dadurch erzielt werden, daß an die Stelle des menschlichen Fern-

---

[10] Vgl. etwa den „Grundplan des Formularumlaufes" bei: Kotthaus, H., Betriebstechnisches Taschenbuch, München 1959, S. 727.

[11] Vgl. auch die bei Bethel, Atwater, Smith und Stackman beschriebenen Systeme (Telautograph, Temperator, Teletypewriter), die in amerikanischen Unternehmen Verwendung finden (Bethel, L. L., Atwater, F. S., Smith, G. H. E., Stackman, H. A., Industrial Organization and Management, New York/Toronto/London 1950, S. 362 ff.

sprechverkehrs bzw. der durch menschliche Bedienung ausgelösten optischen Signale solche durch eine elektronische Anlage ausgelöste treten. Dabei kommt jedoch eine isolierte Automatisierung der Arbeitsverteilungsphase innerhalb der Fertigungssteuerung nicht in Frage, so daß die Arbeitsverteilung nur bei „totaler Fertigungsplanung" mit Hilfe elektronischer Steuerung erfolgt.

Ein solches System „totaler Fertigungsplanung" entwickelt Hartmann[12], wobei die praktische Realisierbarkeit jedoch beim gegenwärtigen Stand der Organisation in den europäischen Industriebetrieben und beim gegenwärtigen Stand der Organisationstechnik noch nicht möglich ist.

Das System ist deshalb „total", weil es sowohl die Fertigungsplanung in unserem Sinne, aber auch Fertigungssteuerung und Fertigungskontrolle umfaßt und alle mit der Fertigung in Zusammenhang stehenden Einzelvorgänge sachlich, örtlich und zeitlich erfaßt. Es reicht über den reinen Fertigungsbereich hinaus auch in den Einkaufs- und Lagerbereich hinein. An irgendeiner Stelle dieses weit gespannten Netzes auftauchende Störungen werden sofort in ihren Auswirkungen auf das gesamte System erfaßt und entsprechende Plankorrekturen vorgenommen. Auf technische Einzelheiten soll hier nicht eingegangen werden, vielmehr können wir auf die detaillierten Ausführungen bei Hartmann verweisen; einige den Gesamtbetrieb und die Gesamtwirtschaft angehende Auswirkungen werden wir zum Schluß unserer Ausführungen aufzeigen.

5. *Die Überwachung des Fertigungsablaufes und die Terminkontrolle bei Einzelfertigung*

Wir hatten bereits oben festgestellt, daß wegen der mangelnden Erfahrung bei der Planung die Gefahr des Auseinanderfallens von Ist und Soll bei Einzelfertigung besonders groß ist, so daß entweder der Plandatenkranz sehr weit gefaßt sein muß oder sich sehr viele Planabweichungen ergeben werden.

Hier ist eine besonders sorgfältige Verfolgung des Fertigungsablaufes erforderlich

1. aus der Überlegung heraus, daß bei Vorhandensein einer Kontrolle die Gefahr geringer ist, daß die Arbeiter die Unmöglichkeit einer straffen Planung bzw. das häufige Auftreten von Planabweichungen dazu benutzen, langsamer zu arbeiten,
2. aus der Überlegung heraus, daß eine sorgfältige Untersuchung der Abweichungsursachen in Verbindung mit entsprechender Auswertung der Untersuchungsergebnisse dazu beitragen kann, Erfahrungen zu sammeln[13], die bei ähnlichen Einzelfertigungsprozessen in Zukunft eine genauere Planung ermöglichen.

---

[12] Hartmann, B., a. a. O., S. 188 ff.

Da die Überwachung weitgehend von der Steuerung abhängig ist, können hier genauere Aussagen nicht gemacht werden. Die Kontrolle geschieht vor allem durch Eintragungen in den Formularen.

Erfolgt die Fertigungssteuerung im Rahmen einer totalen Fertigungsplanung, so ist die Überwachung automatisch eingearbeitet, jedoch muß bei dezentralen Eingaben dafür gesorgt werden, daß die Arbeiter bzw. Meister auch dann Eingaben machen, wenn diesen eigene Fehler zugrunde liegen. Auch statistische Aufzeichnungen über Planabweichungen können im Rahmen der totalen Fertigungsplanung erstellt werden.

VI. Fertigungssteuerung bei Serienfertigung

Das Wesen der Serienfertigung ist, daß neben- oder hintereinander eine begrenzte Anzahl einheitlicher Produktarten hergestellt werden, wobei zwar die Grenzen des Leistungsprogrammes im voraus festgelegt, die Details dagegen fallweise bestimmt werden. Die Abnehmer können auf die Ausführung einen gewissen direkten Einfluß ausüben. Insofern ist eine Verwandtschaft der Serienfertigung zur Einzelfertigung gegeben[14].

Das Kennzeichen der Serienfertigung, das für unsere Betrachtungen von wesentlicher Bedeutung ist, ist die Wiederholung der Fertigungsprozesse.

Sie erfordert

1. eine sorgfältige Vorbereitung der Fertigungssteuerung und damit eine gewisse Schwerpunktsverlagerung von der Fertigungssteuerungs- in die Fertigungsplanungsphase. Diese sorgfältigere Vorbereitung ist erforderlich, da sich wegen der Wiederholung der Fertigungsprozesse die Fehlerwirkung gegenüber der Einzelfertigung vervielfacht.
2. Eine elastische Planung, die es ermöglicht, die gewonnenen Erfahrungen während der Serie zur Verbesserung der Fertigungssteuerung zu nutzen.

Sie ermöglicht

1. eine Exaktifizierung der der Fertigungssteuerung zugrunde liegenden Daten, insbesondere der Zeit- und Terminangaben, mit zunehmender Erfahrung nach der Fertigung der ersten Stücke.
2. Den wirtschaftlichen Einsatz von Organisationsmitteln.

---

[13] Die Bedeutung der Erfahrung für die Gestaltung von Produktionsprozessen betonen Bethel, Atwater, Smith und Stackman, wenn sie schreiben: "Thus, manufacturing is an a r t, for its foundation is systematized knowledge, its principles have been proved in actual usage, and it has been made more efficient through the acquisition of experience" (Bethel, L. L., Atwater, F. S., Smith, G. H. E., und Stackman, H. A., a. a. O., S. 245).

[14] Mellerowicz, K., a. a. O., S. 101.

1. *Die Auftragsbearbeitung bei Serienfertigung*

Die Auftragsbearbeitung bei Serienfertigung unterscheidet sich nicht sehr stark von der bei Einzelfertigung. Auch hier müssen Kundenaufträge in Werkstattaufträge umgewandelt werden. Das Auftrags- und Terminbüro erhält jedoch in der Regel die Bestellungen mehrerer Kunden bereits von der Verkaufsabteilung als Fertigungsaufträge. Die Problematik liegt hier vor allem darin begründet, daß die Einzelprodukte der Serie meist kleinere Unterschiede (beispielsweise in der Farbe) aufweisen, die auf Kundenaufträge zurückgehen und besondere Maßnahmen bei der Umwandlung dieser Kundenaufträge in Werkstattaufträge bedingen.

2. *Die Beschaffung und Bereitstellung der Werkstoffe, Werkzeuge und Vorrichtungen bei Serienfertigung*

Bei Serienfertigung konkurrieren die Prinzipien der minimalen Kapitalbindung durch Werkstoffe und der Vermeidung von Zwischenlagerkosten mit dem Prinzip der vollständigen Kapazitätsausnutzung auffälliger als bei Einzelfertigung. Die erstgenannten Prinzipien verlangen eine exakte Fertigungssteuerung und einen weitgehend störungsfreien Produktionsprozeß. Sobald Störungen bei Serienfertigung auftreten, entsteht die Gefahr der mangelnden Werkstoffzuführung und damit die mangelnde Kapazitätsausnutzung. Das Prinzip der vollständigen Kapazitätsausnutzung führt dagegen zur Bildung von Sicherheitszwischenlägern. Das wirtschaftliche Ideal, das von der Fertigungssteuerung bei Serienfertigung anzustreben ist, ist das Prinzip der „fertigungssynchronen Anlieferung“[15].

Die Zusammenarbeit der Fertigungsfunktionsstellen mit den Einkaufs- und Lagerabteilungen ist einer generellen Regelung zugänglicher als bei Einzelfertigung. Da die zu verarbeitenden Materialien weitgehend gleichartig sind, wird die Führung von Materialbestandslisten, Einkaufslisten u. ä. in den Fertigungssteuerungsabteilungen oder umgekehrt die Weiterleitung kurzfristiger Fertigungsprogramme an die Materialwirtschaftsstellen sinnvoll. Auch die Zusammenarbeit mit den Transportabteilungen ist gewissen Regeln zu unterwerfen, so daß bei Umstellung von Einzel- zu Serienfertigung oft gleichzeitig vom Hol- zum Bringsystem übergegangen wird.

3. *Die Termindisposition bei Serienfertigung*

Bei der Termindisposition wirken sich die oben genannten Vorteile der Serien- gegenüber der Einzelfertigung, insbesondere der Erfahrungszuwachs nach der Produktion der ersten Erzeugnisse besonders aus. Sind

---

[15] Grochla, E., Materialwirtschaft, Die Wirtschaftswissenschaften, Wiesbaden 1958, S. 23 f.

die Anlaufschwierigkeiten überwunden, so gewinnt die Termindisposition eine gewisse Sicherheit und Regelmäßigkeit, so daß nur noch bei Störungen Umdispositionen im Sinne eines „Management by Exception" notwendig werden. Terminfragen lassen sich dann weitgehend durch bloße Rechenarbeit beantworten.

4. *Die Arbeitsverteilung bei Serienfertigung*

Durch die Wiederholung der einzelnen Fertigungsprozesse und die damit verbundene regelmäßige Bereitstellung von Werkstoffen, Werkzeugen und Vorrichtungen und durch die regelmäßige Termindisposition verliert die Arbeitsverteilung bei Serienfertigung gegenüber der bei Einzelfertigung an Bedeutung und tritt vor allem bei Störungen in Funktion.

Auch bei der Steuerung der Serienfertigung tendiert man immer mehr dahin, möglichst wenig Formulare an die Arbeitsplätze zu geben und den Fertigungsprozeß, insbesondere die Werkstoffbereitstellung, die Kapazitätsausnutzung und die Fertigungsunterbrechungen an zentralen Verteilergeräten (Vorverteiler, Werkverteiler, Kontrollverteiler, Zentralverteiler)[16] zu verfolgen.

5. *Die Überwachung des Fertigungsablaufes und die Terminkontrolle bei Serienfertigung*

Auch bei Serienfertigung ist die Überwachung abhängig von der Gestaltung der übrigen Fertigungssteuerungsphasen. Bei Serienproduktion von kleineren und weniger wertvollen Stücken genügt vielfach die statistische Kontrolle des Produktionsergebnisses in der Zeiteinheit, aus der sich Rückschlüsse auf den gesamten Fertigungsablauf tätigen lassen.

Im übrigen werden von der Organisationsmittelindustrie gerade für Serienfertigung geeignete Geräte zur zentralen Erfassung analoger und digitaler Meßwerte entwickelt. Die unmittelbare Übertragung der Daten auf andere Informationsträger (Lochkarten, Lochstreifen) ist möglich, doch wird allgemein beobachtet, daß die betriebswirtschaftlich-statistische Informationsverarbeitung und der sich dabei vollziehende Übergang von Fertigungs- zum Verwaltungssektor Schwachstellen der Überwachung des Fertigungsablaufes sind.

---

[16] Vgl. z. B. das von Krause beschriebene System einer zentralen Arbeitsverteilung bei Serien-Reihenfertigung mit Hilfe von Telefonverbindungen. Dieses und verwandte Systeme haben neben dem Vorteil einer vollkommenen Auftragsübersicht vor allem den für betriebswirtschaftliche Untersuchungen wichtigen, daß statistische Daten über Kapazitätsausnutzung, Durchlaufzeiten, Störzeiten usw. ohne wesentliche Zusatzarbeit anfallen (Krause, F. W., Auftragssteuerung durch zentrale Arbeitsverteilung, in: „Werkstatt und Betrieb" 91 [1958], S. 137 ff.).

VII. Fertigungssteuerung bei Sortenfertigung

Bei Sortenfertigung sind im Leistungsprogramm eines Betriebes die einzelnen Leistungsarten nach Größe und Güte genau festgelegt. Die Betriebe besitzen ein ganzes Sortenprogramm, das sie neben- oder nacheinander fertigen. Charakteristisch ist ferner eine engere Verwandtschaft der Produkte, die entweder durch dieselbe Prozeßfolge oder durch den gleichen Ausgangsstoff bedingt ist[17].

Der für unsere Betrachtungen wesentliche Unterschied zur Einzelfertigung besteht in der Wiederholung der Fertigungsprozesse, der wesentliche Unterschied zur Serienfertigung darin, daß bei der Sortenfertigung die einzelnen Produkte viel weiter in den Details festgelegt sind und die Abnehmer auf die Produktgestaltung keinen direkten Einfluß nehmen können.

Für die Fertigungssteuerung bei Sortenfertigung gilt damit in bezug auf den Erfahrungszuwachs nach Herstellung der ersten Produkte ähnliches wie für die Serienfertigung; in Ansehung der Vorbereitung der Fertigungssteuerung, der Verlagerung von Fertigungssteuerungsaufgaben in die Fertigungsplanungssphäre und des Einsatzes von Organisationsmitteln gleichen die Verhältnisse bei Sortenfertigung jedoch mehr denen bei Massenfertigung. Das trifft besonders dann zu, wenn die Einzelprodukte des Sortenprogrammes nacheinander und unabhängig voneinander gefertigt werden, wohingegen dann, wenn aus einem einheitlich bearbeiteten Ausgangsstoff im Laufe des Fertigungsprozesses eine Reihe von nebeneinander oder nach Zwischenlagerung des Ausgangsstoffes nacheinander gefertigter Produkte hervorgeht, einige zusätzliche Probleme im Zusammenhang mit der Bestimmung der optimalen Losgröße auftreten, auf die jedoch hier nicht eingegangen werden soll.

Wir wollen die Besonderheiten der Fertigungssteuerung bei Sortenfertigung hier nicht einzeln behandeln.

VIII. Fertigungssteuerung bei Massenfertigung

Bei Massenfertigung wird derselbe Prozeß oft wiederholt, dieselben Maschinen können in derselben Aufeinanderfolge mit denselben Abmessungen benutzt werden. Als Organisationstyp der Massenfertigung bietet sich in den meisten Fällen die Fließfertigung an[18].

Dadurch wird der größte Teil der bei den anderen Fertigungstypen, insbesondere bei der Einzelfertigung von Fertigungssteuerungsabteilungen zu leistenden Arbeit in die Fertigungsplanungssphäre und bei neu ein-

---

[17] Mellerowicz, K., a. a. O., S. 99.

[18] Mellerowicz, K., a. a. O., S. 98 f.

zurichtenden Betrieben sogar vielfach aus dem Fertigungssektor hinaus verlagert und allgemeiner Bestandteil der umfassenden Unternehmungsplanung[19].

Die eigentliche Steuerung geschieht durch den mechanischen Fertigungsprozeß weitgehend zwangsläufig, die Automatik ist in der Regel soweit ausgebaut, daß auch bei Störungen der Fertigungssteuerung keine Möglichkeiten an die Hand gegeben sind, regelnd einzugreifen. Hier bleibt der betriebswirtschaftlichen Forschung ein weites und verdienstvolles Aufgabengebiet, zusammen mit den Ingenieuren, die für die rein technische Sicherheit (z. B. Ersatzenergiequellen) sorgen, Methoden zu entwickeln, die bei aller Zwangsläufigkeit die Auswirkungen von Störungen eindämmen[20].

1. *Die Auftragsbearbeitung bei Massenfertigung*

Der Kundenauftrag hat bei Massenfertigung für die Fertigungssteuerung keine unmittelbare Bedeutung, da in der Regel auf Lager produziert wird. In solchen Fällen, wo die Produkte sich in Einzelheiten unterscheiden und die Massenfertigung damit der Großserienfertigung nahe kommt[21], gewinnt die Kundenbestellung insofern Einfluß auf die Fertigungssteuerung, als die zusammengefaßten Kundenaufträge das rechnerische Ausgangsmaterial zur Bestimmung der statistischen Aufeinanderfolge der variablen Produkte (kurz- und mittelfristiges Produktionsprogramm) liefert. Hier liegt auch der Haupteinsatzbereich der automatisier-

---

[19] Eine sorgfältige Gesamtplanung ist vor allem deshalb erforderlich, weil einzelne Korrekturen in der Regel nicht vorgenommen werden können. So führt die Rationalisierung an einem Arbeitsplatz des Fließbandes nicht zu einer Verkürzung der Durchlaufzeit des Produktes (vgl. auch: Amrine, H. T., Ritchey, J. A. und Hulley, O. S., Manufacturing Organization and Management, Englewood Cliffs 1957, S. 136).

[20] Ein typisches Problem ist hierbei die Bestimmung der Größe von Ersatzteil- und anderen Sicherheitslägern. Auf die Lösung wirken zahlreiche Einflußfaktoren wie Kapitalbindungskosten, Lagerkosten, Schadenswahrscheinlichkeit, wahrscheinliche Fertigungsunterbrechungsdauer, Unterbrechungskosten pro Zeiteinheit komplex ein. Zur Lösung müssen konventionelle betriebswirtschaftliche Risikotheorie in Verbindung mit der Versicherungsmathematik und das moderne Instrumentarium des Operations Research (Lineares Programmieren, Theorie der Warteschlangen, Stochastisches Programmieren, Monte-Carlo-Methode) herangezogen werden. Ein Teilgebiet des Linearen Programmierens, die „Sensibilitätsanalyse" kann u. U. in naher Zukunft zum Ausgangspunkt eines brauchbaren Lösungsweges werden.

[21] Auch als „heterogene Serie" bezeichnet — Als Beispiel wird in der Literatur meist die Automobilproduktion angeführt (vgl. Hartmann, B., a. a. O., S. 125 ff. und 160 ff.; Stubenrecht, A., Probleme der elektronischen Fertigungssteuerung, insbesondere bei Werken mit Serien- und Massenfertigung, Referat in Berlin 1959, zit. nach Hartmann, B., a. a. O., S. 167; Faensen, H. H., Der Einzelauftrag in der Massenfertigung, in „Rationalisierung" 8 [1957], S. 212 ff.).

ten Datenverarbeitung im Zusammenhang mit der Auftragsbearbeitung bei Massenfertigung: die Entwicklung und Berechnung des Produktionsprogrammes wird — u. U. unter Zuhilfenahme operationsanalytischer Methoden — durch Elektronenrechner vorgenommen.

Die vorbereitenden Maßnahmen zum Einsatz der Datenverarbeitungsanlage werden dabei nach Möglichkeit nicht von Fertigungsfunktionsträgern getroffen, sondern in die Absatzsphäre vorverlegt. In der Automobilindustrie wird angestrebt, die Händleraufträge sofort ohne weiteres menschliches Zutun im Fertigungsbetrieb ablochbar zu machen. Weitere Versuche gehen dahin, mit Hilfe des Zeichenlochverfahrens Kundenbestellungen in der Konsumgüterindustrie auf Informationsträger niederzulegen, die den Datenverarbeitungsanlagen unmittelbar eingegeben werden können.

Nach außen manifestiert sich die Zwangsläufigkeit des Massenfertigungsprozesses bei der Auftragsbearbeitung dadurch, daß eine Laufkarte nicht mehr ausgestellt wird.

2. *Die Beschaffung und Bereitstellung der Werkstoffe, Werkzeuge und Vorrichtungen bei Massenfertigung*

Durch den Zwangsrhythmus der Produktion bei Massenfertigung gewinnt auch die Anlieferung von Werkstoffen, Werkzeugen und Vorrichtungen einen periodisch-zwangsläufigen Charakter. Es kommt vor allem das Bringsystem in Frage. Bei Massenfertigung von Produkten, die sich in Einzelheiten unterscheiden, wird die Beschaffung und Bereitstellung komplizierter. Hier können mit Vorteil Datenverarbeitungsanlagen eingesetzt werden, wobei diese Anlagen die Beschaffung und Bereitstellung von Werkstoffen, Werkzeugen und Vorrichtungen mit der Auftragsbearbeitung integrieren.

3. *Die Termindisposition bei Massenfertigung*

Durch die zwangsläufige Bewegung der Produkte von Arbeitsplatz zu Arbeitsplatz ist eine Terminierung der Durchlaufzeit nicht erforderlich. Zur Errechnung der Fertigstellungstermine genügt die Kenntnis des Arbeitsbeginns an dem Produkt.

4. *Die Arbeitsverteilung bei Massenfertigung*

Eine Arbeitsverteilung braucht bei Massenfertigung ebenfalls nur dann vorgenommen zu werden, wenn die Produkte nicht vollkommen einheitlich sind. Ähnlich wie die Beschaffung und Bereitstellung der Werkstoffe, Werkzeuge und Vorrichtungen ist die Arbeitsverteilung bei Anwendung automatisierter Datenverarbeitung mit der Auftragsbearbeitung integriert.

5. *Die Überwachung des Fertigungsablaufes und die Terminkontrolle bei Massenfertigung*

Die Überwachung des Fertigungsablaufes erstreckt sich im wesentlichen auf stichprobenartige Ordnungsprüfungen, da wegen der Zwangsläufigkeit Störungen sofort ins Auge fallen und sich daher verfeinerte Kontrollmethoden erübrigen. Unter Umständen geben die Ergebnisse der statistischen Produktionskontrolle gleichzeitig Anhaltspunkte zur Aufdeckung von Fehlern beim Produktionsprozeß.

Die Terminkontrolle spielt bei Massenfertigung ebensowenig eine Rolle wie die Termindisposition.

IX. Fertigungssteuerung bei Fertigungstypen — Pluralismus

Wir hatten bisher stets die Gestaltung der Fertigungssteuerung bei einzelnen Fertigungstypen betrachtet und dabei festgestellt, daß die Fertigungssteuerung bei den einzelnen Typen sehr verschiedenartige Formen annimmt. In zahlreichen Betrieben kommen jedoch mehrere Fertigungstypen nebeneinander vor. Eine häufig auftretende Kombination ist die von Massen-, Großserien- oder Sortenfertigung und Einzelfertigung, die vor allem in der Elektroindustrie vorgefunden wird. Die dabei auftretenden Probleme der Organisation der Fertigungssteuerung sind unseres Wissens bisher in der betriebswirtschaftlichen Literatur noch nicht behandelt worden und bieten besonders im Zusammenhang mit den Fortschritten auf dem Gebiet der automatisierten Datenverarbeitung ein dankbares Forschungsobjekt.

X. Zusammenfassung und Ausblick

Wir können als allgemeine Tendenz feststellen, daß der Fertigungssteuerung bei der Einzelfertigung die größte Bedeutung zukommt und daß sie dort am schwierigsten ist. Die weitere betriebswirtschaftlich- und technisch-organisatorische Durchdringung des Komplexes verspricht hier den größten Rationalisierungserfolg. Dagegen beschränkt sich in der Praxis der Einsatz von modernsten Organisationshilfsmitteln vor allem auf die Massenfertigung bzw. Großserienfertigung, also auf jene Fertigungstypen, bei denen die Fertigungssteuerung verhältnismäßig einfach und daher der Rationalisierungserfolg vergleichsweise gering ist. So ist Hartmann durchaus beizupflichten, wenn er im Anschluß an die Verfahrensbeschreibung einer Fertigungsplanung mit Hilfe der automatisierten Datenverarbeitung bei Massenfertigung der Meinung Ausdruck gibt, daß die Wirtschaftlichkeit des Einsatzes einer Datenverarbeitungsanlage zu Fertigungssteuerungszwecken bei Massenfertigung nur dann gewährleistet ist, wenn die Anlage auch für andere Datenverarbeitungsaufgaben eingesetzt wird, da die eigentlichen Fertigungsplanungsaufgaben sie nur selten in Anspruch nehmen[22]. Dabei bietet sich die Integration mit der Produktions- und Verkaufsstatistik mit der Fertigungslohnabrechnung und der Versandabteilung an.

Eine größere Zahl von mit fixen Daten zu kombinierenden variablen Daten fällt jedoch bei Einzelfertigung an. Die gegenseitige Abhängigkeit dieser Daten bedingt jenes geschlossene System der Fertigungsplanung, das Hartmann als „totale" Planung bezeichnet[23].

Ohne auf die technischen Einzelheiten näher einzugehen, wollen wir abschließend die Zukunftsaspekte moderner Fertigungssteuerungsmethoden aufzeigen:

1. Die Unterschiede zwischen den verschiedenen Fertigungstypen werden geringer. Die Vorteile der Massenfertigung, so die exakte Terminierung, die Möglichkeit genauer Materialdispositionen u. a. werden durch automatisierte Steuerung auch bei Einzelfertigung und erst recht bei den Zwischenstufen Serienfertigung und Sortenfertigung realisierbar.
   Umgekehrt wird die Massenfertigung elastischer, sie ermöglicht es nun, den durch sie ursprünglich erzeugten Trend der Vermassung der Bedürfnisse[24] zu schwächen, indem die Massenprodukte ohne wesentliche Verminderung der Wirtschaftlichkeit der Fertigung wieder variiert werden können.
2. Die Verbindung von technischer und betriebswirtschaftlicher Sphäre in der Unternehmung wird enger. Wir hatten beispielsweise bereits gesehen, daß die Steuerung von Datenverarbeitungsanlagen unmittelbar durch Werkzeugmaschinen erfolgen kann[25].
3. Die Tendenzen zur Vermeidung manueller Arbeit bei der Erstellung von Datenträgern führen zu Bestrebungen, die im Betrieb verwandten Informationsträger auch zum zwischenbetrieblichen Verkehr zu benutzen[26] und so zu überbetrieblichen Organisationsabsprachen.
4. Die Dispositionsmöglichkeiten der Fertigungssteuerung werden größer. Moderne Kommunikationsverfahren[27] vom innerbetrieblichen Fernschreiber bis zu der zur Zeit erstmals von der Organisationsmittelindustrie angebotenen Fernbedienung der elektronischen Datenverarbeitungsanlagen ermöglichen, die zentrale Fertigungssteuerung über

---

[22] Hartmann, B., a. a. O., S. 166 — vgl. auch Fußnote 1.
[23] Vgl. S. 71.
[24] Stubenrecht, A., Probleme ..., a. a. O.; Faensen, H. H., a. a. O.
[25] Vgl. S. 68.
[26] Vgl. S. 77.
[27] Vgl. S. 70 und 74.

den jeweiligen Betriebsbereich hinaus auch auf die der Unternehmung angehörenden, an anderen Orten befindlichen Betriebe auszudehnen.

5. Es ergeben sich neue Ziele für kleinere Unternehmungen[28]: Die auch durch feinste Fertigungssteuerung nicht zu bewältigenden Störungen werden in ihren Auswirkungen dadurch herabgemindert, daß Reservekapazitäten und Sonderfertigungsstellen zur Verfügung gehalten werden, auf die bei Störungen der Hauptanlage ausgewichen werden kann. Hält die Fertigungsunternehmung diese Kapazitäten selbst frei, so vermindert sich die positive Wirkung der verfeinerten Fertigungssteuerung auf die Kapazitätsausnutzung. Es entsteht der gleiche Effekt, wie wenn die Hauptkapazitäten aus Sicherheitsgründen nicht voll ausgenutzt werden. Selbständige kleinere Unternehmen in örtlicher Nähe der großen können jedoch für mehrere Großunternehmen die Kapazitätsbereitschaft gleichzeitig übernehmen.

[28] Hartmann, B., a. a. O., S. 203 f. und Stubenrecht, A., Fertigungssteuerung mit Hilfe des Lochkartenverfahrens, Referat in Berlin 1959, zit. bei Hartmann, B., a. a. O., S. 202.

Die betriebliche Führungsorganisation

von

Prof. Dr. *Guido Fischer*, München

Inhalt:

I. Organisationsformen

Die Aufgaben der Betriebsführung sind in der Gegenwart so umfangreich geworden, daß zu ihrer Bewältigung selbst in kleineren Betrieben mehrere Personen tätig sein müssen; in größeren und großen Betrieben sind es sogar viele. Dieser mehr oder weniger großen Zahl von Personen, die in dieser Betriebsführung zusammen tätig sind, stehen dann die übrigen Mitarbeiter im Betrieb gegenüber, die in Werkstatt und Büro mit ausführender Arbeit beschäftigt sind.

Die Betriebsführung insgesamt pflegt in der Gegenwart in drei verschiedene Ebenen unterteilt zu werden: in die obere, die mittlere und die untere Betriebsführung. Die obere Betriebsführung, auch die Betriebsleitung genannt, besteht aus dem Unternehmer bei Einzelfirmen, aus den geschäftsführenden Gesellschaften bei Personalgesellschaften, aus den Vorstandsmitgliedern bzw. Geschäftsführern bei AG. bzw. GmbH. Weiterhin sind zur oberen Führungsebene alle Stabsstellen zu zählen, die dieser zugeordnet sind. Denn dieser Personenkreis muß sich mit der Leitung der Betriebe beschäftigen.

Zur unteren Führungsebene zählen im technischen Betriebsbereich die Werkmeister und am kaufmännischen Bereich der Büroleiter. In beiden Fällen sind diesen beiden Vertretern der unteren Führungsebene stets mehr oder weniger Mitarbeiter unterstellt, die sie anzuleiten und zu beaufsichtigen haben. Daher müssen Werkmeister und Büroleiter auch regelmäßig über alle Fragen unterrichtet sein, die im Bereich der innerbetrieblichen und der marktwirtschaftlichen Begebenheiten auftreten, damit sie auf solche Weise ihre Führungsaufgaben im Zusammenhang mit der gesamten Betriebsführung richtig durchführen können.

In kleineren Betrieben wird die oben genannte mittlere Führungsebene wegfallen; hier gibt es nur die obere und die untere Führungsebene. Dagegen schiebt sich zwischen diese beiden in größeren Betrieben noch die mittlere Führungsebene ein. Zu dieser müssen die Obermeister und Betriebsleiter im Fertigungsbereich des Betriebes und die Gruppen- und Abteilungsleiter im kaufmännischen Bereich des Betriebes gezählt werden.

Diese drei Ebenen der Betriebsführung haben in einem steten Erfahrungsaustausch zu stehen, um gemeinsam und mit einer geschlossenen Willensrichtung den Betrieb führen zu können. Zu diesem Zweck müssen laufende Führungsbesprechungen, die Führungskonferenzen, abgehalten werden. Der Generaldirektor einer AG. bespricht sich regelmäßig mit seinen Direktoren, diese für ihren Aufgabenbereich mit ihren Betriebsleitern, Abteilungsleitern, diese ihrerseits mit ihren Meistern und Büroleitern. Oder im Einzelbetrieb und der Personalgesellschaft finden solche Führungsbesprechungen zunächst zwischen dem Unternehmer bzw. den geschäftsführenden Gesellschaften und ihren Prokuristen und Abteilungsleitern statt, die dann ihrerseits ihre unterstellten Führungskräfte zusammenrufen.

Die bis jetzt aufgezeigte Führungsorganisation eines Betriebes wird als das Liniensystem des Betriebes bezeichnet. In kleineren und mittleren Betrieben gibt es den technischen und kaufmännischen Zweig dieser betrieblichen Linienorganisation, in größeren Betrieben wird oftmals der kaufmännische Zweig noch unterteilt in einen für den Verkauf und einen für die betriebliche Verwaltung und Finanzierung.

Wesentlich für das Liniensystem ist, daß es von der Spitze bis zur ausführenden Arbeit ein durchgehendes Befehls- oder Weisungsrecht kennt, das mit einer entsprechenden Kontrollfunktion verbunden ist. Diese Befehlslinie reicht also vom technischen Direktor über die Betriebsleiter und Meister zum Arbeiter, oder vom kaufmännischen Direktor über den Abteilungsleiter und Bürochef zum Angestellten. Zu beachten ist bei der Organisation dieses Liniensystems, daß die jeweilige Unterstellung eines Untergebenen gegenüber seinem Vorgesetzten stets nur eine Einmann-Unterstellung ist, daß jede Doppelunterstellung vermieden wird. Jeder Untergebene hat daher nur einen einzigen Vorgesetzten, der ihm Weisungen geben kann. Hat ein weiter oben stehender Vorgesetzter etwas auszusetzen oder anzuordnen, dann muß dies stets in der Reihenfolge der aufgeführten Linien, also in der Direktunterstellung geschehen. Ein Überspringen einzelner Glieder innerhalb dieser Linie ist zu vermeiden.

Neben diesen Zweigen der Linienorganisation gibt es in jedem Betrieb noch verschiedene Stabsstellen. In kleineren Betrieben ist dies möglicherweise nur jeweils eine einzige Person, in mittleren und größeren Betrieben können solche Stabsstellen aus Büros mit mehreren Angestellten bestehen. Stabsstellen innerhalb eines Betriebes sind beispielsweise die Personalabteilung oder die Marktforschung, soweit sie in einem Betriebe besonders notwendig ist. Kennzeichen für alle diese Stabsstellen ist, daß sie kein Weisungsrecht in die Linien hinein besitzen. Wenn eine Stabsstelle aus einem Büro mit mehreren Angestellten besteht, dann besitzt der betreffende Stabsstellenleiter nur ein Weisungsrecht innerhalb seines eigenen Büros, jedoch nicht gegenüber der Linie. Vielmehr übt dieser Stabsstellenmann oder Stabsstellenleiter ausschließlich eine beratende Tätigkeit gegenüber der betreffenden Stelle der Linienorganisation aus, der er zugeteilt ist. Dies wird bei der Arbeitsvorbereitung beispielsweise gegenüber dem technischen Direktor oder bei der Marktforschung gegenüber dem kaufmännischen Direktor sein. Der Leiter der Personalabteilung, der jedoch für den technischen und den kaufmännischen Teil des Betriebes zuständig ist, wird als Stabsstelle dem Direktorium oder dem Generaldirektor zugeordnet sein. Kommt somit beispielsweise die Arbeitsvorbereitung zu irgendwelchen neuen Entschlüssen, dann darf sie darüber nicht selbst unmittelbar dem technischen Betrieb Weisungen geben, sondern sie vermittelt ihre Entschlüsse dem technischen Direktor als der Spitze der technischen Linienorganisation, die allein für Weisungen innerhalb derselben zuständig ist.

Manchmal entwickeln sich aus solchen Stabsstellen besondere Funktionsstellen. Dies ist sehr häufig bei der Personalabteilung der Fall; es kann aber auch bei allen anderen Stabsstellen vorkommen. Als Funktionsstelle gibt diese ihre Weisungen unmittelbar in die Linienorganisation hinein, so daß dort dann die gefährliche Form einer Doppelunterstellung vorkommt. Die Personalabteilung ist reine Stabsstelle beispielsweise bei der Festlegung der Richtlinien für die Personalbeurteilung. Dazu ist keine direkte Weisungsgewalt notwendig; diese kann ohne Zeitverlust über die vorgesetzte Linienstelle erfolgen. Als Funktionsstelle dagegen tritt die Personalabteilung auf, wenn sie beispielsweise über Einstellungen allein entscheidet oder zusammen mit der betreffenden Linienstelle zuständig ist. Damit diese Gefahr einer Doppelunterstellung möglichst verringert ist, muß daher in der Geschäftsordnung der Betriebsführung genau festgelegt sein, in welchen Fällen die Personalabteilung als Stabsstelle und in welchen sie als Funktionsstelle tätig sein wird.

Sind die Ebenen der Betriebsführung erkannt und umschrieben und sind die Arbeitskräfte des Betriebes danach unterschieden, ob und in welchen Bereich der Betriebsführung sie einzuordnen sind dann müssen die Aufgabenbereiche und damit die Anweisungsrechte und Verantwortungspflichten umschrieben und abgegrenzt werden. Oft wurde bisher die Notwendigkeit einer klaren Aufgaben- und Verantwortungsabgrenzung innerhalb der Betriebsführung nicht genügend erkannt; manchmal, vor allem für den Bereich der oberen Betriebsführung, wurde die klare Abgrenzung auch nicht gewollt. Starke, dynamische Führungskräfte lieben es nicht, sich selbst einer festen Aufgabenabgrenzung einzufügen. Leichter lassen sich Aufgaben- und Verantwortungsabgrenzung für die mittlere und untere Führungsebene einrichten.

Zur Organisation der Betriebsführung gehört es zunächst, daß Kompetenzen (Zuständigkeitsbereiche) gebildet und abgegrenzt werden. Die Kompetenzen werden in ein Befehlssystem eingeordnet, in dem die Inhaber der Aufgabenbereiche, sofern sie mit Anweisungsrechten ausgestattet sind, als Instanzen angesprochen werden. Die Höhe der Instanz und Kompetenz wird durch die Führungsebene bestimmt, in die eine Führungsaufgabe eingeordnet ist. Die Befehlslinie verbinden die Instanzen vertikal und nach unten sich verzweigend, ohne daß aber damit auch bereits jedesmal die Gewähr für die Einhaltung des Instanzweges gegeben ist. Die allgemeine Unsicherheit, die dann hervorgerufen werden kann, führt zu einer starken Minderung der Einsatzbereitschaft der gesamten oder einzelner Teile der Betriebsführung und der übrigen Belegschaft. Diese Unsicherheit wird noch viel größer, wenn die außerhalb der Linienorganisation stehenden Stabsstellen keine genaue Zuordnung zu bestimmten Führungsstellen erfahren haben, oder sie aus ursprünglichen Stabsstellen (ohne Anweisungsrechte) durch eigene Machtvollkommenheit zu Funktionsstellen mit Weisungsrechten entwickelt haben.

Ein reibungsloses Zusammenarbeiten innerhalb der Betriebsführung wird nur durch einen klaren Organisations- und Stellenplan gesichert. Er wird von der Betriebsleitung oder einer ihr zugeordneten Stabsstelle aufgestellt. Dabei soll nicht von den Gewohnheiten und Eigenarten vorhandener Persönlichkeiten und Ordnungen ausgegangen, sondern die Arbeitsgliederung und Aufgabenverteilung nach sachlichen Gesichtspunkten vorgenommen werden. Im ersteren Falle spricht man von einer personal geordneten, im letzteren Falle von einer funktional geordneten Betriebsführung. Je mehr ausgeprägte oder eigenwillige Persönlichkeiten in einem Betrieb bereits führend tätig sind, desto schwieriger ist es, ihnen angepaßte Formen einer Gliederung der Betriebsführung zu finden, die trotzdem den sachlichen Gegebenheiten des Betriebsaufbaus und -ablaufs gerecht wird.

Ist eine Ordnung innerhalb des gesamten Bereichs der Betriebsführung erreicht worden, dann gilt es, sie für die Dauer zu sichern. Doch macht sich auf den verschiedenen Ebenen der Betriebsführung verhältnismäßig rasch der Unterschied zwischen formaler und informaler Organisation bemerkbar. Formalorganisation ist die eingeführte Aufgaben- und Zuständigkeitsabgrenzung innerhalb der verschiedenen Ebenen und Stellen der Betriebsführung. Sie kann in zweifacher Weise von der informalen

Organisation überdeckt werden: Einmal können stärkere Persönlichkeiten den schwächeren einzelne Aufgabengebiete stillschweigend abnehmen, so daß sich die Aufgabenverteilung verändert. Zum anderen können einzelne Führungskräfte eine bessere Kontaktfähigkeit als andere besitzen, so daß damit Beziehungen und Querverbindungen geschaffen werden, die der ursprünglichen Organisation der Befehls- und Informationslinie nicht mehr entsprechen.

Solche willkürlichen Änderungen der gegebenen Organisation können nicht ignoriert oder gewaltsam unterbunden werden. Es muß vielmehr in jedem einzelnen Falle geprüft werden, inwieweit entsprechende Anpassungen der Formalorganisation gerechtfertigt und zweckmäßig sind. Ganz allgemein entsteht deshalb innerhalb der Betriebsführung die Aufgabe, die ständigen Veränderungen zwischen Formal- und Informalorganisation zu beobachten und unter Kontrolle zu nehmen. Wünschenswerte und positive Weiterentwicklungen, wie sie die Informalorganisation aufweist, sollten anerkannt und in die Formalorganisation überführt werden. Störende, negative Einflüsse der Informalorganisation werden dabei ermittelt und abgebaut.

Schwieriger ist es jedoch in jedem Falle, diejenige Stelle zu finden und mit den entsprechenden Vollmachten auszustatten, die nicht nur solche Veränderungen feststellt, sondern auch die beschriebenen Folgerungen ziehen kann. Im Rahmen der Linienorganisation der Betriebsführung, auch der oberen Betriebsführung oder Betriebsleitung, fehlt es meist an intensiver Beschäftigung mit diesen organisatorischen Fragen, oftmals auch an Einsicht und gleichzeitig Abstand von den eigenen innerbetrieblichen Vorgängen. Daher wird es meist notwendig sein, eine besondere Stabsstelle mit dieser Aufgabe der Organisationskontrolle innerhalb des Bereichs der Betriebsführung zu beauftragen. Diese Stabsstelle sollte der Betriebsleitung direkt zugeordnet und mit einer geeigneten Persönlichkeit besetzt sein. Diese soll mit keiner zu großen Starrheit vorgehen, darf andererseits in ihrer Geschmeidigkeit nicht die notwendigen Grundsätze vermissen lassen. Sie muß fähig sein, menschliche Kontakte zu entwickeln und auch die notwendige Überzeugungskraft gegenüber den Leitenden besitzen.

In mittleren und kleineren Betrieben soll es der Unternehmer selbst sein, der eingetretene Änderungen in der Organisation seines Betriebes anerkennt und damit die bisherige Formalorganisation ändert oder unerwünschte Veränderungen rechtzeitig verhindert. Dies ist besonders wichtig, weil sich die persönlichen Verhältnisse zwischen den einzelnen Stelleninhabern der Betriebsführung eines kleineren Betriebes viel stärker und rascher auswirken als in der versachlichten Organisation eines Großbetriebes. Besondere Schwierigkeiten entstehen jedoch in einem kleineren Betriebe vor allem dann, wenn der Direktor sich gegenüber seinen engeren Mitarbeitern nicht offen aussprechen und durchsetzen kann. Das Vertrauensverhältnis der im Betrieb Tätigen wird dann von Intrigen abgelöst, die die volle Entfaltung der betrieblichen Leistungsfähigkeit verhindern.

Die Anpassungsfähigkeit der betrieblichen Führungsorganisation muß aber nicht nur im Hinblick auf die Eigenarten der Führungspersonen gewahrt werden, sondern auch gegenüber den Anforderungen des Marktes und den innerbetrieblichen Veränderungen. Die Aufnahme neuer Produkte in das Absatzprogramm, neue Fertigungsweisen und Maschinen, wachsende Anforderungen an Werbung und Verkauf, besondere Verhältnisse auf dem Beschaffungsmarkt für Rohstoffe, Arbeitskräfte, Kapital, neue Abrechnungsmethoden, Erweiterungen und Schrumpfungsvorgänge des Betriebes beeinflussen das jeweilige Organisationsbild der Betriebsführung.

Die Zusammenarbeit der durch eine Formalorganisation geordneten Betriebsführung sollte bewußt gefördert werden. Aus der Eigenart und Verschiedenheit menschlicher Charaktere ergeben sich Spannungen, die sich unter Umständen erst im Laufe längerer Zusammenarbeit zeigen. Neben diesen negativen Charaktermerkmalen gibt es aber auch zahlreiche positive, die erkannt und gefördert werden müssen. Eine derart bewußte Steuerung der menschlichen Beziehungen im Kreise der Betriebsführung vermag sehr erfolgreich das wirksame Zusammenarbeiten und damit Sinn und Zweck der Formalorganisation zu unterstützen.

II. Führungsdelegation

Die richtige Aufgliederung der betrieblichen Formalorganisation in die verschiedenen Führungsebenen der Linienorganisation, die durch Stabs- und Funktionsstellen für bestimmte Aufgaben unterstützt wird, verlangt eine entsprechende Führungsdelegation. Darunter sind die Aufgaben-, die Weisungs- und die Entscheidungsdelegation zu verstehen.

Die Übertragung festumrissener Aufgaben zur selbständigen Erledigung ergibt sich aus dem betrieblichen Grundsatz der Arbeitsgliederung und der Arbeitsteilung. Mit solchen Aufgabengebieten muß zugleich die entsprechende Kompetenz, die Zuständigkeit, übertragen und gegenüber anderen abgegrenzt werden. Die Übertragung von Aufgaben, also die Aufgabendelegation, allein ist jedoch noch kein Merkmal der Betriebsführung, sie tritt in gleicher Weise auch im Bereich der ausführenden Arbeit auf. Die Delegation der Betriebsführung wird vielmehr erst durch die Übertragung von Weisungs- und Entscheidungsrechten sichtbar, also durch die Weisungs- und Entscheidungsdelegation. Erst durch die Übertragung von Weisungsrechten wird der Berechtigte zum Vorgesetzten, der nicht nur Kontrollperson ist, sondern in eigener Verantwortung auch selbständig Weisungen gibt, also Entscheidungsbefugnis besitzt.

Für die praktische Führungsorganisation genügt es daher nicht, nur mittels eines Organisationsplanes die verschiedenen Führungsebenen mit den darin verankerten Aufgabenbereichen festzulegen und dafür dann weiterhin die jeweiligen Stelleninhaber zu bestimmen. Eine solche Führungsorganisation wird vielmehr erst dann funktionsfähig, wenn die Führungsspitze der Betriebsführung, also der Unternehmer als Chef, der Vorstand der AG. oder der Geschäftsführer der GmbH. Führungsrechte an die nachfolgenden Führungsebenen abtritt. Das gleiche gilt auch für die Abteilungsleiter gegenüber den Gruppenleitern und den Büroleitern. Dies bedeutet weiterhin, daß diesen nachgeordneten Führungskräften im Betrieb auch der jeweilige Verkehr mit ihren Untergebenen gesichert ist, daß diese letzteren nicht unter Überspringung ihrer formalen Vorgesetzten auch in weniger bedeutsamen Angelegenheiten unmittelbar zum obersten Chef oder Abteilungsleiter vordringen. Es muß daher diesen nachgeordneten Führungskräften das notwendige Ausmaß von Weisungs- und besonders von Entscheidungsrechten übertragen sein, so daß die Untergebenen auf diese Weise auch das echte Gefühl, wirklichen Vorgesetzten gegenüberzutreten, bekommen.

Bei einer zentral organisierten Betriebsführung werden neben den betreffenden Aufgaben meist nur noch Weisungsrechte an die nachgeordneten Führungsstellen übertragen. Die dazu notwendigen Entscheidungsrechte bleiben dann der zentralen Führungsspitze vorbehalten. Bei der dezentralisierten Betriebsführung, die in der Gegenwart meistens überwiegend zu finden ist, werden auch den unteren Führungsorganen neben den notwendigen Weisungsrechten die erforderlichen Entscheidungsrechte übertragen. Die Weisungsdelegation ist schließlich auch noch das Kennzeichen der Linienorganisation, während die Stabsstellen diese nicht kennen. Beispielsweise kann ein Vorgesetzter der unteren Führungsebene, wie der Meister oder Bürovorsteher Weisungsrechte besitzen, während den Inhabern von Stabsstellen, die sogar auf einer höheren Führungsebene liegen können, solche fehlen. Andererseits können diesen Stabsstelleninhabern Entscheidungsrechte eingeräumt sein, doch fehlen ihnen Weisungsrechte. Nur der Leiter einer mehrköpfigen Stabsstelle wird beide, Entscheidungsrechte allgemein und Weisungsrechte innerhalb seiner Stabsstelle besitzen.

Da die Dezentralisation der Betriebsführung wünschenswert ist, werden entsprechend der Verteilung von Führungsaufgaben auch Weisungsrechte innerhalb der Linienorganisation zu delegieren sein. Grundsätzlich sollen Führungsaufgaben und Weisungsrechte übereinstimmen. Denn nur dann, wenn eine mit einer Aufgabe betraute Person alle Weisungen, die unter normalen Umständen zur Lösung dieser Aufgabe nötig sind, erteilen darf, kann sie die Verantwortung für die erfolgreiche Durchführung der Arbeiten tragen. Ausgenommen von dieser Weisungsdelegation sind allerdings, wie soeben dargelegt wurde, alle Personen oder Stellen im Betrieb, die nur beratende Aufgaben oder Spezialaufgaben bearbeiten, wie dies für die Stabsstellen zutrifft.

Nicht nur unzureichende Weisungsrechte innerhalb der Linienorganisation sondern auch stark zersplitterte Weisungsrechte wirken führungshemmend. So ist man in der unteren Führungsebene heute wieder von dem schematisierenden Funktionsmeistersystem nach Taylor abgewichen, weil erkannt worden ist, daß auf dessen Weise weder ein echter Vorgesetzter auf der Meisterebene gewonnen wird, noch bei den Meistern ein Zugehörigkeitsgefühl zur Betriebsführung geweckt werden kann. Die Mängel eines solchen „Funktionsmeistersystems" müssen aber auch auf den übrigen Ebenen der Betriebsführung vermieden werden.

Das Problem der Weisungs- und Entscheidungsdelegation liegt im Umfang der übertragenen Rechte. Oftmals findet sich die Ubung, nur begrenzte Rechte, z. B. bis zu einer bestimmten Geldsumme im Einkauf (Limit) oder eine auf bestimmte Handlungen begrenzte Vollmacht, z. B. bei Disziplinarmaßnahmen oder Vertretungsrechten nach außen zu übertragen. Derartig begrenzte Weisungs- und Entscheidungsrechte müssen aber sorgfältig den übertragenen Aufgabenbereichen innerhalb der verschiedenen Führungsebenen angepaßt sein, sonst ist die Wirksamkeit derselben stark gefährdet. Dabei muß zwischen den Vollmachten unterschieden werden, wie sie durch das Handelsgesetzbuch geschaffen sind, also Prokurist, Bevollmächtigter und den nur innerbetrieblichen Weisungs- und Entscheidungsrechten. Erstere sind beispielsweise im technischen Führungsbereich nicht so bedeutsam wie im kaufmännischen Führungsbereich, der viel stärker nach außen gerichtet ist. Trotzdem hat sich in der Praxis sehr häufig die Gewohnheit eingebürgert, auch für den entsprechenden innerbetrieblichen Bereich die handelsrechtlichen Vollmachten der Prokura- und Vollmachtserteilung als ein äußeres Zeichen der verliehenen Rangstellung innerhalb der Führungshierarchie zu verwenden. Für die Wirksamkeit der den einzelnen Führungspersonen übertragenen Weisungs- und Entscheidungsrechte ist es schließlich bedeutsam, daß diese in der Betriebsordnung allgemein festgelegt sind und allen Mitarbeitern im Betrieb auch bekanntgegeben werden. Für neuhinzukommende Mitarbeiter müssen diese Angaben laufend wiederholt werden. Weiterhin ist es noch notwendig, daß klare Kompetenzgrenzen zwischen den verschiedenen Ebenen und Trägern der Betriebsführung auch hinsichtlich dieser übertragenen Weisungs- und Entscheidungsrechte herausgearbeitet und bekanntgemacht sind.

Auf eine genaue Abgrenzung der Führungsrechte ist besonderer Wert zu legen, wenn es sich um die Delegation von Initiativ- oder Grundsatzentscheidungen handelt. Diesen stehen die Routineentscheidungen gegenüber, die allerdings den überwiegenden Teil aller notwendigen Führungsentscheidungen ausmachen. Je nach der gegebenen Organisation, den Erfahrungen und Gewohnheiten wird nämlich eine große Zahl von Führungsentscheidungen immer wieder in gleicher Weise zu fällen sein, wie z. B. bei den üblichen Arbeitsanweisungen, bei der Entscheidung, die notwendigen Entlöhnungsgelder abzuheben, Kassenbestände abends bei der Bank einzuliefern, Abrechnungsvorgänge durchzuführen usw. Anders sind die Grundsatz- oder Initiativentscheidungen zu beurteilen. Es sind erstmalige Entscheidungen, manchmal nur von geringer, oftmals aber von sehr weitreichender Bedeutung. Derartige Initiativentscheidungen sind stets ein Merkmal betriebspolitischen Handelns und können in sämtlichen Ebenen der Betriebsführung zu finden sein, überwiegend jedoch in der mittleren und besonders in der oberen Führungsebene.

Aufgaben-, Weisungs- und Entscheidungsdelegation können als Führungsdelegation zusammengefaßt werden. Um eine Führungsdelegation handelt es sich jedoch erst dann, wenn mindestens zwei der drei Delegationsbereiche gemeinsam delegiert werden: die Aufgaben- und Weisungsdelegation, oder die Aufgaben- und Entscheidungsdelegation. Daher kann das Zusammentreffen mindestens zweier solcher Delegationsbereiche sogar als Merkmal der Zugehörigkeit zur Betriebsführung angesprochen werden. Damit läßt sich eindeutig auch die Zugehörigkeit der verschiedenen Stabsstellen zur Betriebsführung klären. Manchmal hat man die Meinung vertreten, daß nur die Stellen der Linienorganisation zur Betriebsführung zu zählen seien, weil nur hier eine Weisungsdelegation vorgefunden werden kann. Das Kennzeichen der Betriebsführung liegt aber meiner Meinung nach bei dieser Auslegung zu stark bei der Weisungsdelegation allein. Wenn dagegen von den drei vorhandenen Delegationsbereichen stets zwei vorliegen müssen, wie dies mit diesen Ausführungen vertreten wird, dann ist die Zugehörigkeit der Stabsstellen zur Betriebsführung eindeutig geklärt; auch diese besitzen zwei Delegationsbereiche, die Aufgaben- und die Entscheidungsdelegation. Denn eine derartige Entscheidung einer Stabsstelle muß bereits dann vorliegen, wenn das angeforderte Gutachten abgeschlossen und mit entsprechenden Schlußfolgerungen versehen ist.

Voraussetzung für die Delegation umfangreicher Weisungs- und Entscheidungsbefugnisse ist, daß der Berechtigte einen ausreichenden Einblick in das Betriebsgeschehen bekommt. Nur dann kann er seine Rechte sinnvoll nutzen. Die Führungsdelegation verlangt somit eine regelmäßige und ausreichende Führungsinformation. Wenn in einem Betrieb die Bereitschaft zu notwendigen Führungsinformationen nur ungenügend oder überhaupt nicht vorhanden ist, dann wird bereits damit eine umfangreichere Weisungs- und Entscheidungsdelegation hinfällig. Es muß klar erkannt sein, daß beides unabänderlich verbunden ist und aufeinander abgestimmt sein muß. Die echte Führungsdelegation wird in der Gegenwart immer bedeutsamer, da es für die Betriebsleitung notwendig wird, sich von der belastenden Einzel-, oftmals auch Kleinarbeit freizumachen, um Zeit für die Lösung von Hauptfragen des Betriebes zu gewinnen. Nicht weniger wichtig ist auch die Führungsdelegation für die mittlere Führungsebene. Auch diese kann ihre Aufgabenbereiche, wie sie in den groß gewordenen Betrieben entstanden sind, nur dann richtig und verantwortungsbewußt lösen, wenn sie von allen übrigen Führungsaufgaben entlastet wird. Nur wenn in diesem Falle neben der Aufgabendelegation eine echte Weisungs- oder Entscheidungsdelegation verbunden ist, werden echte Führungsstellen geschaffen.

Allerdings stehen dieser Erkenntnis im praktischen Betriebsleben oftmals menschliche Hemmungen im Wege. Vielfach besteht die Meinung, daß eine echte Weisungs- und Entscheidungsdelegation den eigenen Macht- und damit auch Ansehensbereich schmälern könnte. Alles selbst zu entscheiden, liegt nur zu oft im Machtstreben von Vorgesetzten. Diese menschliche Schwäche wird im folgenden Abschnitt über Stellvertreter und Nachfolger nochmals sichtbar. Die Furcht, die eigene Position als Chef, als Abteilungsleiter, als Meister usw. durch eine weitgehende Führungsdelegation zu schwächen, damit zu beweisen, daß auch andere, meistens Unterstellte ebenfalls für Führungsaufgaben geeignet sind, überwiegt dabei stets dann, wenn eingestanden oder unerkannt ein mehr oder weniger ausgeprägtes Unsicherheitsgefühl beruflicher oder menschlicher Art in einem solchen Vorgesetzten verborgen ist. Dieses Unsicherheitsgefühl wächst oftmals auch bei solchen, die früher recht aufgeschlossen und berufstüchtig gewesen sind, mit fortschreitendem Alter, was beruflich eine Erstarrung oder sogar Resignation mit sich bringen kann.

Das Problem der Führungsdelegation kann von zwei Seiten her gelöst werden. Entweder werden zunächst klar abgegrenzte Aufgabengebiete geschaffen, für die dann die dafür geeigneten Aufgabenträger gesucht und gewonnen werden müssen. Es handelt sich hier um die funktionale Führungsorganisation mit funktionaler Führungsdelegation. Oder es sind die Aufgabenträger vorhanden, auf deren Eigenart und Fähigkeiten oder Neigungen die jeweiligen Aufgabengebiete mit der zugehörenden Führungsdelegation zugeschnitten werden. Man spricht in diesem Falle von der personalen Führungsorganisation und Führungsdelegation. Bei der

Frage, wie und wieweit die Führungsdelegation im einzelnen Fall durchgeführt werden soll, spielen die beiden Möglichkeiten der Abstimmung zwischen Aufgabe und Träger eine wichtige Rolle. Eine für die Dauer zweckmäßige Führungsdelegation wird bei der personellen Besetzung neugeschaffener Aufgabengebiete stets leichter zu erreichen sein, während die zweite Möglichkeit, die jeweiligen Aufgabengebiete auf den vorhandenen Personenkreis, der für führende Aufgaben in Frage kommt, abzustimmen, eine mehr oder weniger vorübergehende Lösung sein wird. Trotzdem wird diese zweite Möglichkeit besonders bei einer Neuorganisation bestehender Betriebsverhältnisse immer wieder notwendig. Entscheidend ist stets, inwieweit in den verschiedenen Führungsebenen die fachlich und menschlich geeigneten Führungspersonen vorhanden sind, denen die entsprechenden Weisungs- und besonders Entscheidungsrechte übertragen werden können.

Schließlich wäre in dieser Hinsicht noch zu überlegen, was allerdings in der Praxis kaum geschieht, daß sich das Ausmaß der jeweiligen Führungsgelegation auch der menschlichen Entwicklung der betreffenden Aufgabenträger anzupassen hätte. Dies geschieht wohl bei der Beachtung der zunehmenden Erfahrung und menschlichen Persönlichkeitsentwicklung bei dem aufsteigenden Lebensast. Dem älteren Mitarbeiter wird in dieser Art stets eine größere Führungsdelegation gegeben als dem jüngeren Mitarbeiter. Folgerichtig wäre dann jedoch zu beachten, ob der absteigende Lebensast nicht bereits während der beruflichen Lebenszeit zu verspüren ist, ob nicht in einzelnen Fällen eine vorzeitige Entlastung und damit auch ein Zurücknehmen der ursprünglichen Führungsdelegation notwendig wäre. Auf diese konsequente Weiterentwicklung des Problems vom richtigen Ausmaß der Führungsdelegation sei in diesem Zusammenhang nur verwiesen.

III. Assistent, Stellvertreter und Nachfolger

Die Betriebsführung muß möglichst von etwaigen Zufälligkeiten der einzelnen Stelleninhaber befreit sein, damit eine institutionelle Stabilität gewährleistet ist. Denn die gegebenen Aufgaben einer Betriebsführung müssen unabhängig von Schwankungseinflüssen, wie sie aus dem Personenkreis der Betriebsführung kommen können, gelöst werden. Weiterhin ist darauf zu sehen, daß besonders für die Führungsstellen der oberen und mittleren Führungsebene eine Entlastung von vermeidbaren Einzelarbeiten erreicht wird, nicht nur im Wege der vorausgehend gezeigten Führungsdelegation, sondern außerdem auch durch eine fallweise Aufgabendelegation.

Für diesen Zweck werden auch in den deutschen Betrieben mehr als früher in letzter Zeit den Stellen der oberen, aber teilweise auch der mittleren Führungsebene besondere Assistenten zugeteilt. Diese Assistenten müssen von den Stabsstellen unterschieden werden, denen auch bestimmte Sonderauflagen außerhalb der Linienorganisation übertragen sind. Die Stabsstellen sind mit einem dauernden und gleichbleibenden Aufgabenbereich ausgestattet. Der Assistent dagegen wird mit wechselnden Aufgaben beschäftigt, die sich aus dem Aufgabenbereich des eigentlichen Stelleninhabers ergeben. Die Aufgabenbereiche leitender Führungsstellen bringen immer die Notwendigkeit vorausklärender Einzelarbeiten mit sich, die dem eigentlichen Stelleninhaber zu viel Zeit rauben würden, so daß er für seine wichtigen Grundsatzaufgaben nicht die notwendige Freiheit besitzen könnte. Solche ergänzenden und vorausgehenden Teilaufgaben sind daher dem Assistenten zu übertragen, der sie für seinen Chef löst und nach Erledigung dieser Aufgabe für eine neue frei wird.

Ein zweites Problem des Assistenten liegt in dem Altersunterschied zwischen dem „Chef" und seinem Assistenten. Dies setzt zunächst ein entsprechendes menschliches Zusammenarbeiten voraus. Der Assistent darf einerseits von seinem Chef nicht stets als „unmündiges Kind" betrachtet werden, vielmehr sind ihm echte und selbständige Aufgaben in dieser fallweisen Delegation zu übertragen. Andererseits muß es der jüngere Assistent verstehen, sich in die Denk- und Vorstellungsweise seines erfahreneren Chefs einzufühlen, der ihm nicht als ein fernstehender Vorgesetzter erscheinen darf, sondern dem er seine bewegliche Hilfestellung in dessen anderem Aufgabenbereich zu geben bemüht ist. Es muß sich um ein echtes Zusammenarbeiten zwischen älteren und jüngeren Personen im gemeinsamen Aufgabenbereich handeln.

Noch bedeutsamer ist dieser Altersunterschied in der Erfüllung der dem Assistenten fallweise übertragenen Aufgaben, jedoch Dritten gegenüber. Der Assistent erscheint diesen gegenüber stets als der Beauftragte seines Chefs, er kann nie in eigener Machtvollkommenheit handeln. Selbst wenn der Assistent bestimmte Weisungs- und Entscheidungsrechte für solche Aufgaben übertragen erhalten hat, so ist doch ersichtlich, daß diese Befugnisdelegation nicht in der Person des jüngeren Assistenten begründet liegt, sondern daß sie aus dem Vollzug des erteilten Auftrages gegeben ist. Bei der Durchführung dieser ihm gestellten Aufgabe vermag der Assistent jedoch weder die altersmäßige Erfahrung, noch die damit in der Persönlichkeit seines Chefs ruhende Autorität einzusetzen. Vielmehr tritt er immer als der jüngere Beauftragte seines älteren Chefs Dritten gegenüber in Erscheinung. Dieser Tatsache muß daher der Assistent in seinem Verhalten und bei der Lösung der ihm gestellten Aufgaben Rechnung tragen. Andererseits wissen diese Dritten, daß der Assistent in der Nähe seines Chefs ist und daher leicht dessen Ohr erreichen kann. Dies versucht man daher oftmals in der Weise auszunutzen, daß interessierte Dritte die Meinung des Assistenten für sich gewinnen wollen, damit dieser dann diese Auffassung seinem Chef gegenüber vertreten soll. Es kann somit unter Umständen auch beim Assistenten dieselbe Gefahr entstehen, die oftmals auch bei den Chefsekretärinnen vorhanden ist. Beide müssen es daher als eine ihrer vornehmsten Aufgaben ansehen, sich solchen Beeinflussungsversuchen zu widersetzen und nur ihre tatsächlichen und eigentlichen Aufgaben zu erfüllen.

Teilweise kommt es in verschiedenen Betrieben vor, daß die Assistenten auch als Nachwuchskräfte angesehen und dementsprechend eingesetzt werden. Dabei ist es möglich, daß der jüngere Assistent sich in das Aufgabengebiet seines Chefs derart gut im Laufe der Zeit hat einarbeiten können, daß er dessen zweckmäßigster Nachfolger wird. Dies gilt besonders für solche Aufgabenbereiche, bei denen neue Überlegungen, wie sie in anderen Betrieben angestellt werden, nicht besonders notwendig sind. Auch muß für einen solchen Fall ein entsprechendes persönliches Vertrauensverhältnis zwischen Chef und Assistent gewachsen sein. In solchen Fällen wird es zweckmäßig sein, diese Assistenten zu den verschiedenen Seminarveranstaltungen für die mittlere und obere Führungsebene zu schicken, da bei diesen neben dem gebotenen Unterrichtsstoff der darüber stattfindende Erfahrungsaustausch der Seminarteilnehmer selbst das Blickfeld des einzelnen wesentlich weiten hilft. In anderen Betrieben ist es üblich, die Assistenten nicht als die Nachfolger ihrer Chefs zu betrachten, sondern als allgemeine Nachwuchskräfte, die an irgendeiner anderen Führungsstelle ihres Betriebes verwendet werden sollen.

Oftmals finden sich in der Praxis schließlich Mischformen zwischen Assistenten und Stabsstelleninhabern. Dies ist dann der Fall, wenn dem Assistenten neben seinen fallweise erteilten Aufträgen auch ein festumrissenes eigenes Aufgabengebiet übertragen ist. Für dieses letztere wird meistens die Eigenschaft der Stabsstelle vorliegen, wie sie vorausgehend beschrieben worden ist. Somit vereinigt der Assistent in einem solchen Falle als Funktionsträger zwei verschiedene Funktionen in sich. Daher ist es notwendig, daß im Geschäftsverteilungsplan der Betriebsleitung diese beiden Funktionen klar voneinander abgegrenzt sind und daß dies den unterstellten Stellen klar erkenntlich ist. Dasselbe Mischverhältnis kann auch bei Stabsstellen angetroffen werden. Ein solcher Stabsstellenmann ist durch seinen festen Aufgabenkreis nicht voll ausgelastet, daher bekommt er vom Chef auch fallweise Aufgaben zusätzlich übertragen, was der Assistenteneigenschaft entspricht.

Auch dieser Fall einer Doppelfunktion beim gleichen Funktionsträger muß allen beteiligten Stellen des Betriebes deutlich erkennbar sein. Schließlich muß auch noch der Chef selbst seinerseits scharf diese beiden

Funktionen in der gleichen Person des Assistenten bzw. des Stabsstelleninhabers beachten, um sonst unvermeidbare Unsicherheiten und damit auch leicht aufkommende Unzufriedenheit des Assistenten bzw. Stabsstelleninhabers zu vermeiden.

Im Verhinderungsfalle des Chefs, so bei dessen Urlaub oder Krankheit kann der Assistent auch als Stellvertreter seines Chefs eingesetzt sein. Für diese Zeit der Stellvertretung handelt er dann nicht im Auftrag, sondern in eigener Aufgabenerfüllung. Auch in diesem Falle muß durch das betriebliche Informationswesen der übrige Kreis der Mitarbeiter davon verständigt werden, daß für diese bestimmte Zeit der Assistent Stellvertreter ist. Neben dieser fallweisen Stellvertretung kann der Assistent aber auch bereits als ständiger Stellvertreter eingesetzt sein, was wiederum im Geschäftsverteilungsplan der Betriebsleitung festgelegt und bekanntgemacht sein muß. Die ständige Stellvertretung des Assistenten wird besonders dann gewährt, wenn dieser bereits als Nachfolger in Aussicht genommen ist.

Aus dieser letzten Ausführung ist bereits ersichtlich, daß bei der Stellvertretung zwischen ständigen und fallweisen Stellvertretern unterschieden werden muß. Dies gilt für sämtliche Führungsebenen. So kann es ständig und fallweise Meisterstellvertreter geben, genauso auch eine ständige oder fallweise Stellvertretung bei Gruppen- und Abteilungsleitern, dasselbe gilt für die Direktorenebene. Auch für die geschäftsführenden Gesellschafter der Personalgesellschaften und für den Unternehmer in der Einzelfirma muß dieser Grundsatz der ständigen oder fallweisen Stellvertretung beachtet werden.

In den größeren und Großbetrieben der USA findet sich die ständige Stellvertretung oftmals in der Doppelbesetzung der Posten im Rahmen der Betriebsleitung. In dieser oberen Führungsebene ist neben der eigentlich leitenden Tätigkeit innerhalb des Betriebes in jüngster Zeit eine zusätzliche Repräsentationsaufgabe in der Öffentlichkeit hinzugetreten. Wenn diese äußeren und inneren Aufgaben zu umfangreich geworden sind, so daß die notwendige Zeit für die verantwortlichen betriebspolitischen Überlegungen und Entscheidungen nicht mehr gegeben ist, dann erfolgt in den USA-Betrieben diese Doppelbesetzung. In den deutschen Betrieben ist dies jedoch noch nicht sehr oft zu finden. Ist beispielsweise in einem amerikanischen Großbetrieb das Board-System eingeführt, dann ist diese Doppelbesetzung sogar unbedingt erforderlich. Der Vertreter wichtiger Kapitalgruppen im Verwaltungsrat solcher amerikanischer Großbetriebe übt bei dem Board-System nicht nur seine kontrollierende Funktion im Verwaltungsrat aus, sondern nimmt in der Leitung des Betriebes außerdem den Posten eines Vice-Präsidenten ein. Er kann aber nicht ständig in diesem Betrieb sein, daher ist ein ständiger Stellvertreter der Generalmanager. Muß dieser ebenfalls viel außerhalb des Betriebes tätig sein, dann besitzt der Generalmanager als seinen ständigen Stellvertreter den Manager. Wenn auch dieser schließlich noch einen eigenen ständigen Stellvertreter benötigt, dann ist dies der Assistentmanager. Davon ist zu unterscheiden der Assistent to Manager, der dem deutschen Assistenten entspricht.

In deutschen Betrieben ist diese Doppelbesetzung leitender Stellen selten üblich. Dem Vorstandsmitglied oder Unternehmer, der überwiegend nach außen repräsentativ tätig sein muß, steht dann für die eigentliche innerbetriebliche Leitung ein Generalbevollmächtigter zur Seite. Zwischen beiden kann ein Aufgabenwechsel zu finden sein, so daß der Generalbevollmächtigte nach außen als Repräsentationsbeauftragter erscheint, während der Unternehmer oder das Vorstandsmitglied die innerbetriebliche Leitung ausübt. Solche Doppelbesetzungen finden sich bei Betrieben mit notwendig gewordenen Repräsentationsaufgaben für den Europamarkt, für das Auslandsgeschäft oder bei den internationalen Organisationen, wie EWG, Montanunion usw.

Statt einer solchen Doppelbesetzung ist in den deutschen Betrieben meistens die ständige oder fallweise Stellvertretung üblich. Die ständige Stellvertretung ist bereits im Organisationsplan des Betriebes vorgesehen, während die fallweise Stellvertretung mehr die Eigenschaft des Improvisierens zeigt. Die ständige Stellvertretung kann eine wechselseitige oder eine einseitige sein. Bei der wechselseitigen Stellvertretung vertritt A den B und letzterer den ersteren. Für eine derartig im betrieblichen Organisationsplan vorgesehene, ständige, wechselseitige Stellvertretung ist es aber notwendig, daß der Stellvertreter stets über den Arbeitsbereich des von ihm zu Vertretenen unterrichtet ist. Daher ist es zweckmäßig, im Funktionsplan der beiden, sich wechselseitig Vertretenden bereits vorzusehen, daß der einzelne Stelleninhaber auch Zeit besitzt, sich mit dem Aufgabenbereich des anderen laufend zu beschäftigen. Außerdem müssen diese beiden sich über alles Wesentliche ihrer beiden Aufgabenbereiche gegenseitig laufend informieren. Eine solche wechselseitige, planmäßige Stellvertretung ist dabei meist innerhalb der gleichen Führungsebene und betriebshierarchischen Stellung üblich, also zwei Direktoren oder zwei Abteilungsleiter, die sich gegenseitig in der gezeigten Weise vertreten.

Anders zeigt sich die fallweise Stellvertretung. Oftmals ist innerhalb der verschiedenen Führungsebenen keine besondere Vorliebe für einen ständigen Stellvertreter vorhanden; oft scheut man ihn geradezu. Dies ist stets dann der Fall, wenn entweder bei dem betreffenden Stelleninhaber ein besonderes Geltungs- und Machtempfinden vorherrscht, oder wenn ein gewisses Minderwertigkeitsgefühl eingetreten ist. Im ersten

Fall will man sich durch den Stellvertreter nicht beweisen lassen, daß auch in der Abwesenheit die Fortführung der eigenen Aufgaben gewährleistet sein könnte. Im zweiten Falle fürchtet man den Stellvertreter als den möglichen Nachfolger.

In beiden Fällen ist es dann meist üblich, jeweils zwischen verschiedenen Personen zu wechseln, so daß keine ständige Stellvertretung entstehen kann. Verständlicherweise kann aber eine solche fallweise Stellvertretung nie dazu führen, daß während des Vertretungszeitraumes alle anfallende Arbeit auch tatsächlich erledigt wird. Doch dies liegt vielfach im Willen dessen, der sich auf derartige Weise nur fallweise vertreten lassen will.

Während die ständige Stellvertretung meistens in der gleichen Führungsebene zu finden ist, wird die fallweise Stellvertretung oft im vertikalen Führungsaufbau angewendet. Auch in einem solchen Falle wird die Vertretung von oben nach unten bevorzugt gegenüber der Vertretung von unten nach oben. Im letzteren Falle kann ein Unterstellter schließlich beweisen, daß er für die Bewältigung des betreffenden Aufgabengebietes dem vertretenen Vorgesetzten ebenbürtig sein könnte. Dieses Vertretungsverhältnis von unten nach oben findet sich oftmals auch bei der ständigen Stellvertretung. In diesem Falle kann aus dem Stellvertreter leicht der Nachfolger werden.

Die Abneigung gegen einen rechtzeitig bestellten Nachfolger ist oftmals noch größer als die Abneigung gegen einen ständigen Stellvertreter. Dies trifft besonders dann zu, wenn das Organisationsprinzip des Stellvertreters mit dem des Nachfolgers verwechselt wird. In manchen Fällen wird es zutreffen, daß aus einem Stellvertreter der Nachfolger wird. Doch gilt dies nicht immer und stets. Der Nachfolger kann vielmehr auch aus den übrigen Reihen der Mitarbeiter innerhalb einer Führungsebene oder aus der darunterliegenden Führungsebene gewählt werden. Auch ist bereits gesagt worden, daß sich der Nachfolger im Assistenten oder aus einem Stabsstelleninhaber entwickelt. Schließlich wird in solchen Fällen, in denen es notwendig ist, neue Auffassungen zu vertreten, die von auswärts gespeist sind, der Nachfolger zweckmäßigerweise nicht aus dem eigenen Mitarbeiterkreis gewählt.

Letzteres wird beispielsweise stets günstig sein für den Leiter einer Werbeabteilung, da in diesem Falle die Notwendigkeit neuer Ideen, die nicht aus den eigenen Betriebsvorstellungen herausgewachsen sind (Betriebsblindheit), besonders deutlich wird.

In sehr vielen Fällen wird es jedoch zweckmäßig sein, wenn der Nachfolger noch während der Arbeitsperiode des Vorgängers in seine Arbeiten durch diesen selbst eingeführt werden kann. Bereits in der mittleren Führungsebene, vor allem jedoch in der oberen Führungsebene hat die

Persönlichkeit des jeweiligen Stelleninhabers einen besonderen Einfluß auf den erfüllten Aufgabenkreis, sogar auf die gewählte Aufgabenabgrenzung. Auf diese Weise entsteht die personale Führungsorganisation, von der bereits berichtet worden ist. Je stärker die Aufgabenstellungen einer Führungsorganisation personenbezogen sind, desto zweckmäßiger ist es, wenn der Nachfolger mit der Wesensart der betreffenden Persönlichkeit vertraut ist, die er später ersetzen soll. Dann wird kein Bruch in der Führungslinie, im Führungsstil eintreten, selbst wenn der Nachfolger dann in seiner eigenen Art die übernommenen Aufgaben fortsetzt. Er kennt den Ansatzpunkt für eine solche individuelle Aufgabenstellung. Kennt dagegen der Nachfolger die Persönlichkeit seines Vorgängers nicht selbst, muß er sich vielmehr durch Dritte darüber unterrichten lassen, dann ist die Übernahme einer Führungsaufgabe für den betreffenden Nachfolger nicht nur schwierig, sondern es kann leicht während der notwendigen Einarbeitszeit ein Vakuum auftreten, das für die Betriebsführung wenig günstig ist. Dieses Nichtkennen des Vorgängers ist meist zu finden, wenn dieser von auswärts geholt wird und ein persönliches Kennenlernen mit dem Vorgänger nicht möglich war. Der plötzliche Todesfall oder die Notwendigkeit, die Führungsorganisation rasch auszuweiten, können Ursachen dafür sein. In der unteren Führungsebene dagegen treten die gezeigten Schwierigkeiten bei der Nachfolge weniger in Erscheinung. Andererseits ist diese Notwendigkeit des störungsfreien Nachfolgeverhältnisses Ursache für eine rechtzeitige Planung solcher Nachfolgeschaften innerhalb der Führungsorganisation, selbst wenn der einzelne sich nur schwer mit dem Nachfolgeproblem abzufinden vermag. Doch ist möglichst zu erstreben, daß der Nachfolger im Einvernehmen mit dem Vorgänger bestellt wird, dessen Aufgabengebiet er später übernehmen soll. Wenn dies in menschlicher Übereinstimmung erfolgt, dann bringt die Einarbeitung des Nachfolgers durch den derzeitigen Stelleninhaber keine Schwierigkeiten mit sich. Muß dagegen ein Nachfolger ohne dessen Zustimmung bestellt werden, oder wird von diesem ein etwaiger Nachfolger nur vermutet, dann begibt sich dieser leicht in eine Abwehrstellung, die dem geplanten Nachfolger seine notwendige Einarbeitung nicht nur erschwert, an deren kaum zu bewältigender Aufgabe er sogar scheitern kann.

IV. Das Ordnen der Führungsorganisation

Die Gestaltung der Führungsorganisation kann in folgende Hauptabschnitte unterteilt werden: Feststellen der gegebenen Tatsachen (Analyse), Erstellen einer funktionalen Führungsorganisation, Abwandeln zu einer personalen Führungsorganisation, Abgrenzen der Aufgaben- und Verantwortungsbereiche, Führungsdelegation.

Bei der Neuordnung einer Führungsorganisation muß zunächst festgestellt werden, wie sich bisher, meist ohne bestimmte Ordnungsgrundsätze, die Aufgaben- und Zuständigkeitsgliederung entwickelt hat. Zweckmäßig ist dabei, zunächst für jeden einzelnen Mitarbeiter innerhalb der Führungsorganisation, im Rahmen der technischen und kaufmännischen Büros auch für deren einzelne Sachbearbeiter die derzeitigen Aufgaben festzustellen. Damit ist erreicht, daß von dem derzeitigen Arbeitsvorgang her die Büro-, Gruppen-, Abteilungsgliederung usw. zusammengestellt wird, ohne daß nur von den jeweiligen Angaben der einzelnen Leiter dieser Organisationsgliederung ausgegangen werden muß. Günstig ist es, wenn bei dieser organisationsanalytischen Untersuchung von dem betreffenden Mitarbeiter nicht nur das eigene Aufgabengebiet stichwortartig festgehalten wird, sondern in gleicher Weise auch die Aufgabengebiete des bzw. bei Doppelunterstellung der Vorgesetzten, oder bei letzteren auch die Aufgabenbereiche der unterstellten Mitarbeiter. Wenn es die Arbeitsverhältnisse erlauben, werden zweckmäßigerweise in gleicher Art auch die vorausgehenden und nachfolgenden Aufgabenbereiche dargestellt.

Es handelt sich hier also nicht um ausführliche Tätigkeitsbeschreibungen, die erst dann notwendig werden, wenn die jeweiligen Aufgaben- und Verantwortungsbereiche neu abgegrenzt werden müssen. Vielmehr soll bei dieser organisationsanalytischen Darstellung festgestellt werden, wie weit der einzelne Mitarbeiter über seinen eigenen Aufgabenbereich selbst klar unterrichtet ist und wie er seine eigene Arbeit in den größeren Zusammenhang einzuordnen versteht. Auch ist sehr aufschlußreich das Verhalten der einzelnen Mitarbeiter bei der organisationsanalytischen Untersuchung, das viele Rückschlüsse auf informale Entwicklungen innerhalb der Führungsorganisation zulassen kann.

Ist auf solche Weise der Gegenwartszustand festgestellt, dann muß in Fortsetzung dieser Aufgabe auch noch die derzeitige Aufgabengliederung der verschiedenen Büros, der Gruppen und Abteilungen zusammengestellt werden, so daß aus den Tatsachenberichten der einzelnen Mitarbeiter, einschließlich der innerhalb dieser Führungsorganisation tätigen Vorgesetzten, der Stand der jeweils gültigen Arbeitsweise ermittelt wird. Bei dem Vergleich dieser einzelnen Tatsachenmeldungen ergibt sich außerdem, ob die Aufgabenbeschreibung für den einzelnen Vorgesetzten von diesem ebenfalls in gleicher Weise dargestellt ist, oder ob sich Meinungsverschiedenheiten darüber ergeben, was auf unklare Kompetenzabgrenzung und Aufgabenbeschreibungen oder auf informale Weiterentwicklungen innerhalb der Führungsorganisation schließen läßt.

Auf Grund der so gewonnenen Unterlagen kann dann als nächster Abschnitt beim Ordnen einer Führungsorganisation ein funktionaler Organisationsplan aufgestellt werden. Es ist daher nicht notwendig, von einem etwa im Betrieb vorhandenen Organisationsplan auszugehen, bei dem ohne nähere sachgerechte und unbeeinflußte Erklärung nicht bekannt ist, wie er funktionale mit personalen Organisationselementen vereinigt. Bei dem Ordnen der Unterlagen, wie sie von den einzelnen Mitarbeitern in den technischen und kaufmännischen Büros gewonnen worden sind, lassen sich jedoch leicht für die einzelnen Abteilungen die hier vielleicht vorhandenen, aufgabenfremden Gebiete ermitteln und für den aufzustellenden funktionalen Organisationsplan richtig einordnen. Daher ist auf solche Weise die Gewähr gegeben, daß zunächst tatsächlich die in dem betreffenden Betrieb zu leistenden Arbeiten ausschließlich funktional zusammengefaßt und gegliedert werden. Zu bestimmen bleibt nach der Lösung dieser Aufgabe nur noch, in welchen Ebenen der Betriebsführung die einzelnen Aufgabengebiete mit ihren Unterteilungen einzuordnen sind.

Stoßen diese beiden ersten Teilgebiete des Neuordnens einer betrieblichen Führungsorganisation noch kaum auf wesentliche personale Hindernisse, dann treten diese vielmehr bereits im starken Ausmaße bei dem dritten Abschnitt auf, eine personale Führungsorganisation zu bestimmen. Diese wird meist auf die im Betrieb vorhandenen Führungspersonen zugeschnitten sein müssen. Je weiter die Führungshierarchie nach oben steigt, desto mehr überwiegen die jeweils vorhandenen personalen Eigenschaften. Es handelt sich bei diesem Teil der Neuordnung darum, einen mehr oder weniger nötigen Kompromiß zwischen der inzwischen aufgezeigten funktionalen Führungsorganisation mit den personalen Gegebenheiten zu finden. Einerseits ist man heute auf jeden Mitarbeiter innerhalb der Betriebsführung viel stärker angewiesen als in vergangenen Zeiten, gleichzeitig spiegelt sich hier auch die bisherige Entwicklung der Führungsorganisation wieder.

Andererseits darf aber nicht zu weit von den Erkenntnissen einer funktionalen Führungsorganisation abgewichen werden, wenn Inhalt und Bedeutung der Neuordnung nicht verwischt werden sollen. Ist die Führungsorganisation eines Betriebes hinter dem raschen Wachstum des Betriebes, wie dies in den letzten Jahren fast überall festgestellt werden konnte, zurückgeblieben, dann bringt die notwendige Neuordnung verhältnismäßig wenig Schwierigkeiten mit sich, da die neuzuschaffenden Aufgabengebiete in den Linienorganisationen und den notwendigen Stabsstellen leicht das Auffangen der bisherigen Führungsorgane zuläßt, auch wenn damit eine Veränderung in den bisherigen Aufgaben- und Zuständigkeitsbereichen eintreten sollte. Schwieriger ist es dagegen, wenn innerhalb einer Abteilung infolge des zunächst ungeordneten Wachstums des Betriebes und seiner Aufgabenbereiche in einer Abteilung Aufgaben miterledigt werden, die bei einer Neuordnung entfernt werden müssen, weil sie einer anderen Linienstelle, öfter noch einer neuzuschaffenden

Stabsstelle übertragen werden müssen. Gegen jede Beschneidung des bisher gewohnten und geübten Aufgabengebietes und des damit verbundenen Ansehens innerhalb der Betriebshierarchie wendet sich verständlicherweise der betreffende Stelleninhaber. Daher ist es wichtig, bei solchen einschneidenden Maßnahmen zu einem entsprechenden persönlichen Kontakt mit allen Führungspersonen zu gelangen. Bei all diesen Überlegungen muß aber die funktionale Einsicht vorherrschend bleiben.

Ist es gelungen, zu einer personalen Führungsorganisation zu gelangen und die damit verbundene neue Stellenbesetzung aus den eigenen Führungs- einschließlich Nachwuchskräften zu sichern bzw. die notwendigen Ergänzungen von auswärts hinzuzufügen, dann ist es notwendig, die entsprechenden Aufgaben- und Verantwortungsbereiche festzulegen, damit Überschneidungen und Doppelarbeit, damit Verärgerung und persönliche Zwistigkeiten vermieden werden können. Die Bedeutung einer sachgemäßen Aufgaben- und Zuständigkeitabgrenzung ist bereits im Vorausgehenden dargelegt worden. Für das praktische Ordnen einer Führungsorganisation muß aber die zunächst gedanklich geregelte Aufgaben- und Zuständigkeitsabgrenzung allen Mitarbeitern innerhalb der Führungsorganisation selbst und dann auch deren Unterstellten mitgeteilt werden. Mit dem Stellenbesetzungsplan ist somit diese Ordnung der Aufgaben- und Zuständigkeitsbereiche zu verbinden. Wichtig ist hier, die einzelnen Abteilungen, Gruppen, Büros usw. in die jeweiligen Führungsebenen richtig einzuordnen. Dabei ist von der Bedeutung der Aufgabenstellung und nicht von der Personenzahl der jeweils unterstellten Mitarbeiter auszugehen. Das Ausmaß der zuzuteilenden Aufgaben- und Zuständigkeitsbereiche muß dabei genau nach dem innerhalb der Linienorganisationen aufgebauten Instanzenwege bestimmt werden, damit nicht bereits durch Kompromisse, die besonders in dieser Hinsicht gerne erstrebt und geschlossen werden, von Anfang an ein erschwertes Zusammenarbeiten geschaffen wird. Auch die so geordneten Aufgaben- und Zuständigkeitsbereiche müssen allgemein bekanntgemacht werden.

Diese verschiedenartigen Aufgaben- und Zuständigkeitsbereiche werden in manchen Betrieben auch durch äußere Rangmerkmale besonders hervorgehoben. Größe und Ausstattung der Büroräume und deren Vorzimmer, deren Lage in den Verwaltungsgebäuden, Berechtigung zu besonderen Kasinoräumen, zu besonderen Dienstwagen und deren Pflege, einschließlich Fahrer und Wagenbenutzung für Privatzwecke usw. sind Beispiele für derartige äußerliche Rangmerkmale. Eine solche zusätzliche Ausstattung der Aufgaben- und Zuständigkeitsbereiche ist besonders für die obere Führungsebene zu finden, vereinzelt aber auch in der mittleren Führungsebene. Im abgeschwächten Maße, z. B. Art und Ausstattung der Meisterbuden gilt diese Gewohnheit aber auch in der unteren Führungsebene. In ähnlicher Weise sind solche äußeren Rangmerkmale auch bei den verschiedenen Stabsstellen üblich geworden. Eine andere Art besonderer Rangmerkmale stellen nach außen oder innen wirkende Titel dar, wie Prokurist und Bevollmächtigter, Werk- oder Abteilungsdirektor, Hauptabteilungsleiter, Bereichsleiter usw.

Wenn diese Titel nicht nur innerhalb des Betriebes Merkmale sind, sondern außerdem im gesellschaftlichen Leben als Anredeform verwendet werden können, dann gewinnen sie besonders im süddeutschen Raum noch an Bedeutung und Ansehen. Doch muß all diesen Bestrebungen, so beliebt sie vielfach geworden sind, doch andererseits entgegengehalten werden, daß solche äußerlichen Merkmale einer betriebshierarchischen Autorität gerne dazu verleiten, die innere Autorität, die in der Persönlichkeit des betreffenden Stelleninhabers liegen muß, in den Hintergrund zu drängen, vielleicht sogar manchmal vergessen zu lassen. In solchen Fällen ist der Schaden für den Betroffenen und für den ganzen Betrieb viel größer, als diese äußerlichen Merkmale nützen können. Viel bedeutsamer ist der nächste Abschnitt, der bei der Neuordnung der betrieblichen Führungsorganisation beobachtet werden muß: die richtig abgewogene Führungsdelegation. Eine klare Aufgaben- und Zuständigkeitsabgrenzung reicht nicht, wenn nicht gemäß dem Instanzenweg innerhalb der Linienorganisation das entsprechende Maß der Führungsdelegation beachtet wird. Auch in diesem Falle können Überspringen und Unbeachtetlassen der gewählten Instanzenwege durch falsch bemessene Führungsdelegationen Schwierigkeiten bereiten. Auf Art und Umfang dieser Führungsdelegation braucht hier ebenfalls nicht mehr eingegangen zu werden, da dies bereits vorausgehend geschehen ist. Während aber dieses Abwägen und Abgrenzen der Führungsdelegation innerhalb der Linienorganisation noch verhältnismäßig einfach ist, ist dies dagegen für die verschiedenen, auf die einzelnen Führungsebenen verteilten Stabsstellen viel schwieriger. Zu beachten ist außerdem, daß innerhalb und zwischen den Linienorganisationen Mischverhältnisse zu Funktionsstellen eintreten können, ferner, daß dasselbe auch für die Stabsstellen gelten kann, die dann für einen solchen Teilbereich ihrer Aufgaben ebenfalls Funktionsstellen werden. Auch die Mischverhältnisse zwischen Assistent und Stabsstellen sind in gleicher Weise zu klären. Besondere Schwierigkeiten werden bei einer solchen Neuordnung der Führungsorganisation aber dann entstehen, wenn personale Gesichtspunkte neben den funktionalen Überlegungen für das Ausmaß der jeweiligen Führungsdelegation bestimmend sein sollen. Zweckmäßig ist es jedoch, wenn personale Beeinflussungsmöglichkeiten möglichst ausgeschaltet bleiben können.

Ist es gelungen, alle die erwähnten Überlegungen für eine richtige Führungsdelegation zu verwirklichen, dann ist es wiederum notwendig, die einzelnen Ausmaße der jeweiligen Führungsdelegation allgemein bekanntzugeben. Dies kann ebenfalls mit dem allgemeinen Organisationsplan, mit dem Stellenbesetzungsplan, oder mit den besonderen Geschäftsordnungen, Dienstanweisungen geschehen. Diese derart festgelegten Ausmaße der einzelnen Führungsdelegationen müssen aber dann außerdem im gesamten Betriebsbereich bekanntgemacht werden, was zweckmäßigerweise in Abständen eines oder mehrerer Jahre wiederholt werden muß, damit die notwendige Rechts- und Arbeitssicherheit innerhalb der Betriebsführung gewährleistet ist. Eine derartige richtig durchgeführte Führungsdelegation ist für das menschliche und betriebliche Zusammenarbeiten innerhalb der Führungsorganisation viel bedeutsamer als die vorausgehend aufgezeigten äußerlichen Rangmerkmale.

Mit diesen verschiedenen Abschnitten einer Ordnung der betrieblichen Führungsorganisation ist diese Aufgabe gelöst. Zweckmäßig ist es aber, wenn darüber hinaus auch das menschlich oft so heikle Gebiet der Stellvertreter und gegebenenfalls der Nachfolger geordnet wird. Vorausgehend wurde in einem anderen Zusammenhang bereits gezeigt, wie zweckmäßig es ist, wenn eine ständige und wechselseitige bzw. einseitige Stellvertretung gefunden werden kann. In diesem Sinne ist dann bei den einzelnen Stellen des Organisationsplanes die ständige Stellvertretung einzuplanen und möglichst nicht nur funktional, sondern auch personalmäßig festzulegen. Gleiche Überlegungen sollten auch für die fallweise Stellvertretung gelten. Sind Stelleninhaber vorhanden, die sich bereits ihrem Pensionierungsalter nähern, dann müßte hier noch das Problem des Nachfolgers gelöst werden.

Die für Stellvertreter und Nachfolger etwa auftretenden menschlichen Schwierigkeiten müssen im Sinne und mit der Begründung einer institutionellen Betriebsführung gelöst werden. Die besonders in der oberen Führungsebene auftretende Neigung zu personalbedingten Kompromissen ist möglichst zu vermeiden. Es soll dabei aber nicht verkannt werden, daß gerade in dieser Hinsicht der Verwirklichung einer neugeordneten Führungsorganisation manchmal besondere Schwierigkeiten begegnen können.

Dynamische Vertriebskosten

von

Direktor Diplom-Volkswirt *Heinz Hammel,* Hamburg

1. Die Stellung der Vertriebskosten im Marketing-Bereich

Die industrielle Entwicklung der letzten zwei Jahrhunderte hat es ermöglicht, die Erzeugung von Massengütern aller Art ständig zu verbessern und zu verbilligen. Die Produktivitätssteigerung feierte ungeahnte Triumphe.

Der Markenartikel, selbst ein Massenerzeugnis, hat die mit dieser Entwicklung zwangsläufig verbundene Anonymität von Hersteller und Ware dadurch durchbrochen, daß er sich eine ihm eigene Vertriebsmethode schuf. Diese Vertriebsmethode ist im Laufe der Zeit immer mehr verfeinert worden und findet heute ihre sichtbare Krönung im hochentwickelten Marketing der Markenartikelhersteller.

Die Bedeutung des modernen Marketings sowohl für den Unternehmer wie für die Volkswirtschaft ist noch nicht voll erkannt. Die durch methodische Untersuchungen gewonnenen, durch Teste und Befragungen erhärteten Erkenntnisse über Bedürfnisse und Wünsche der Verbraucher und die schließlich nach sorgfältigen Planungen zur Durchführung kommenden Vertriebsfeldzüge zur Befriedigung dieser ermittelten Bedürfnisse und Wünsche vermögen sehr weitgehend eine Fehlleitung von Kapitalien zu verhindern. Was dies für die Stärkung der Unternehmen bedeutet, liegt auf der Hand.

Diese durch verfeinerte Marktforschungsmethoden ermittelte Aufnahmefähigkeit des Marktes schließt aber für den Markenartikel das Gesetz nicht aus, daß die letzte Einheit wohl am billigsten zu produzieren, aber am teuersten zu vertreiben ist[1]. Das heißt mit anderen Worten, daß die Steigerung der Produktivität im Bereich der Produktion aber auch der reinen Bürotechnik zwar maximale Leistungen bei minimalen Kosten erzielt, daß aber auf der Vertriebsseite mit steigendem Wettbewerb auch die Vertriebskosten steigen.

Diese Behauptung vorausgesetzt bleibt zu untersuchen, ob die letzte große, ja oftmals die größte Kostengruppe, nämlich die Vertriebskosten,

---

[1] K. Mellerowicz, Die Handelsspanne bei freien, gebundenen und empfohlenen Preisen, Freiburg 1961, S. 1.
dito, Planung und Plankostenrechnung, Bd. I Freiburg 1961, S. 149.

zu Recht oder zu Unrecht mit dem Odium der ständig steigenden Tendenz, der anscheinend unumgänglich notwendigen laufenden Erhöhung, belastet bleiben darf. Sind nicht vielmehr auch hier Kräfte wirksam, oder könnten sie nicht wirksam gemacht werden, die eine solche Tendenz umkehren? Diese Dynamik der Vertriebskosten scheint einer besonderen Betrachtung wert zu sein.

In diesem Zusammenhang interessiert hier nicht so sehr die absolute Höhe der Vertriebskosten, so wichtig sie auch von Haus aus für den Unternehmer ist, sondern ausschließlich die Möglichkeit der Beeinflussung.

2. Die Bedeutung der Vertriebskosten

Die Vertriebskosten, seien sie nun interne (auf der Herstellerseite) oder externe (auf der Seite des eingeschalteten oder notwendigen Handels) sind recht beachtlich und sind in einigen Branchen sogar höher als die Herstellungskosten. So zeigt die Untersuchung des Instituts für Handelsforschung an der Universität Köln[2] für einige Branchen zum Beispiel folgende Aufteilung zwischen Produktions- und Vertriebskosten (in Prozenten vom Verbraucherpreis):

Aufteilung von Produktions- und Vertriebskosten (in Prozenten vom Verbraucherpreis)

Branchen	Produktionskosten	Vertriebskosten		
		Gesamt	Hersteller	Handel
	%	%	%	%
Seifen-, Wasch-, Putz- und Reinigungsmittel	43,9	56,1	21,7	34,4
Körperpflegemittel	35,2	64,8	25,3	39,5
Kerzen	47,3	52,7	13,5	39,2
Arzneimittel	34,3	65,7	19,2	46,5
Haushaltpapierwaren	44,8	55,2	10,7	44,5
Photoapparate u. Zubehör	49,6	50,4	14,2	36,2
Uhren	42,9	57,1	9,3	47,8
Rundfunk- u. Fernsehgeräte	51,9	48,1	9,6	38,5
Bücher	44,3	55,7	19,1	36,6
Kraftfahrzeuge	77,5	22,5	6,2	16,3

[2] Sonderheft 11 der Mitteilungen des Instituts für Handelsforschung an der Universität Köln, 1960, S. 64 f.

Wenn in der gleichen Untersuchung ermittelt wurde, daß in 21 von 31 insgesamt untersuchten Branchen

Vertriebskosten nach Artikelgruppen	
Anzahl der Artikelgruppen	Vertriebskosten in % vom Verbraucherpreis
1	unter 30%
3	von 30—40%
6	von 40—50%
17	von 50—60%
4	60% und mehr

die Vertriebskosten mehr als 50% des Konsumentenpreises ausmachen, so zeigt dies, wie wichtig das Problem der dynamischen Vertriebskostenbeeinflussung ist.

3. Die externen Vertriebskosten

30 *Im allgemeinen*

Die externen Vertriebskosten sind identisch mit den gewährten Handelsspannen, also derjenigen Vergütung, die der Hersteller seinem Handelspartner für geleistete Dienste gewährt. Die Diskussion über die Höhe der Handelsspanne wird wohl nie verstummen, sie wird von Zeit zu Zeit unter anderen Gesichtspunkten immer wieder aufgegriffen. Hier sollen nur einige der neueren Erkenntnis entstammende Facetten angeführt werden.

31 *In bezug auf Umschlagshäufigkeit der Ware*

Da ist zunächst der Faktor Umschlagshäufigkeit oder auch Umschlagsgeschwindigkeit[3], dessen unabdingbare Relativität zur Handelsspanne dankenswerterweise herausgestellt wurde. Ein Händler, der beispielsweise in zweitägigem Abstand je DM 10 000,— kauft und umsetzt, dabei von seinem Lieferanten ein Zahlungsziel von 14 Tagen mit 2% Skonto erhält, selbst aber seine Ware in bar abgibt, hat für fünf seiner Bezüge einen kostenlosen Kredit von DM 50 000,— erhalten, mit dem er seinerseits arbeiten kann. Er hat damit seine Handelsspanne als

[3] K. Mellerowicz, Die Handelsspanne, a. a. O., S. 42 ff.

Rendite seines betriebsnotwendigen Kapitals günstiger gestaltet als derjenige Händler, der die gleiche Manipulation mit einem Einmalbezug von DM 60 000,— durchgeführt hätte. Die Handelsspanne kann also um so niedriger sein, je höher die Umschlagshäufigkeit ist. Wird aber die Spanne bei steigender Umschlagshäufigkeit nicht geändert, so erhöht sich der Gewinn, oder er kann zur Verbilligung des Konsumentenpreises benutzt werden. Eine Erhöhung der Umschlagshäufigkeit vermindert aber zweifellos die externen Vertriebskosten.

Die Wandlungen in der Handelsstruktur der letzten Jahrzehnte haben gezeigt, daß es sehr wohl möglich ist, bestimmte Faktoren, die der Beeinflussung unterliegen, zur Verbilligung der externen Vertriebskosten heranzuziehen. Gerade der Markenartikel zeigt uns, daß heute mehr und mehr durch geschickte Dispositionen und Verschieben der echten Lagerhaltung auf die Vorstufen eine Senkung der Vertriebskosten durch Verbesserung der Umschlagshäufigkeit möglich ist. Verlagerung von Handelsaufgaben, eigentliche Handelsfunktionen auf die Vor- oder Nachstufen ergeben ebenfalls Kostenersparnisse, die sich letztlich im Konsumentenpreis auswirken müssen.

32 *In bezug auf Selbstbedienung*

Hierher gehört die Selbstbedienung auf den Groß- und Einzelhandelsstufen.

320 Die Erfolge der in Deutschland zur Zeit bestehenden etwa *100 Cash- and Carry-Großhandelsbetriebe* mit ihren oftmals überraschend niedrigen Preisstellungen zeigen ebenso wie die Erfahrungen im amerikanischen Einzelhandel, daß sehr wohl hohe Personalkosten Preissenkungen möglich machen, wenn man auf Selbstbedienung übergeht. Daß der Käufer selbst längst „Ja" gesagt hat zur Selbstbedienung, zur Übernahme von Arbeit im Selbstbedienungsladen, wenn er die Vorteile selbst nutzen kann, zeigt die auch in Deutschland wachsende Beliebtheit dieser Einkaufsart. Zudem haben die Erfahrungen der Amerikaner gezeigt, daß sich letztlich alles in Selbstbedienung absetzen läßt. Dies wird daher wohl nicht ohne Einfluß auf die kontinentale Entwicklung bleiben.

Eine RGH-Untersuchung „Selbstbedienung im Großhandel"[4] hat 31 000 in Cash- and Carry-Betrieben einkaufende gewerbliche Betriebe auf ihre branchenmäßige Herkunft untersucht und ist zu folgenden Ergebnissen gekommen:

---

[4] RGH-Untersuchung „Selbstbedienung im Großhandel", Schoneweg 1961, zitiert im Juni-Heft 1961, Fachblatt für Selbstbedienung.

Lebensmittel- und Milchgeschäfte, einschließlich ländlicher Gemischtwarengeschäfte	38,5%
Gaststätten und Hotels	26,6%
Bäckereien und Konditoreien	6,7%
Fleischer	8,3%
Sonstige EH	10,4%
Trinkhallen, Kioske und Wandergewerbe	3,2%
Kantinen	1,6%
Diverse	4,7%

Hierzu wird nüchtern festgestellt:
„... . rund 74% aller Kunden kaufen wegen der günstigen Einkaufspreise im Cash- and Carry-Lager ein. Bei den untersuchten Großhandlungen zeigte sich im Durchschnitt eine Kosteneinsparung von rund 6%, die durch den Verzicht auf bestimmte Funktionen erreicht wurde. Die Bruttospannen lagen im Durchschnitt um etwa 5% niedriger als im Durchschnitt von 37 Nahrungsmittelgroßhandlungen."

321 im Einzelhandel:
Einige bekanntgewordene Ziffern aus den USA zum Thema Warenhaus alten Stils im Vergleich zum Selbstbedienungswarenhaus (self-service-discount-department store) zeigen die Einsparungsmöglichkeiten bei der Einführung der Selbstbedienung:

Kostenstruktur für Warenhaustypen in den USA

	übliches Warenhaus (1951)	Kleinpreis-warenhaus (1956)	Selbstbe-dienungs-warenhaus (1959)
Brutto-Handelsspanne	36,4%	36,3%	20—28%
Gesamt-Kosten	34,8%	33,6%	15—20%
Brutto-Gewinn	1,6%	2,7%	Ø 6,5%
Löhne	17,8%	18,8%	5— 7%
Raumkosten	3,0%	6,3%	1— 2%
Werbung	2,7%	1,0%	1— 2%
Alle anderen	11,3%	7,5%	8— 9%
Lagerumschlag	3,95 ×	3,9 ×	10—15 × Ø 12,5 ×

Nimmt es daher Wunder, wenn die „Discounter" von sich aussagen, daß sie sehr viel zur Steigerung des Lebensstandards beitragen? Die Kostensenkung durch Selbstbedienung zeigt in der Tat recht beachtliche Möglichkeiten zur Senkung der externen Vertriebskosten. Hierbei ist noch interessant, daß die Einsparung an Personal mit der Größe des Betriebes zunimmt. Man hat in den USA ermittelt, daß bei Umstellung von Bedienung auf Selbstbedienung der Zahl nach folgendes Personal benötigt wird:

Bedienungsladen	Selbstbedienungsladen
10 Personen	9 Personen
20 Personen	18 Personen
40 Personen	29 Personen
80 Personen	35 Personen
160 Personen	60 Personen

In Deutschland hatten die Lebensmittelläden in Selbstbedienung Mitte des Jahres 1961 einen Umsatzanteil von 32% am Gesamtumsatz. Damit sind wir zwar von den im Jahre 1960 in den USA erzielten 99% noch weit entfernt, die Vorteile der Selbstbedienung sind aber für alle Beteiligten zu überzeugend, als daß Zweifel an der Durchsetzung der Selbstbedienung bestehen sollten. Bislang betrugen die Personalkosten im Lebensmitteleinzelhandel rund 50% der Gesamtkosten. Die Umstellung auf Selbstbedienung bringt wegen der verbesserten Leistung eine Degression der Personalkosten, was eine beachtliche Einsparung an Vertriebskosten bedeutet und sich wiederum in einer Senkung der Konsumentenpreise ausdrückt.
Hier folgt die Umsatz- und Kostengliederung eines Selbstbedienungsgeschäftes mit einem Monatsumsatz von DM 100 000,— in einer Mittelstadt.

Diese Tabelle zeigt:

1. daß das Bruttospannengefälle von 29% bis zu 7,5% geht, daß aber die „Unterdeckung der Sonderangebote" doch recht gefährlich erkauft wurde und wachsame Konkurrenten gegebenenfalls angreifen können.
2. daß die Bruttospanne von 18,4% bei Gesamtkosten von 16% zwar bei oberflächlicher Betrachtungsweise hoch ist. Zu beachten ist, daß die Umsatzsteuer in diesem Falle im Durchschnitt 3,32% ausmacht, weiter noch ein Barrabatt von 3% gewährt wird. Die 3% Rabatt in der Spanne kommen den Preisen zugute, während die unabdingbare Kostenbelastung der Umsatz-

Umsatz- und Kostengliederung eines Selbstbedienungsgeschäftes in einer Mittelstadt

Gruppe	Umsatz-steuer	Artikelgruppe		Einkaufswert	Verkaufswert Umsatz-anteil %	Verkaufswert DM	Bruttospanne vom Bruttogewinn DM	%	%
I	1,5%	normal		7 900,—	10	10 000,—	2 100,—	21	11,4
		S-Angebote		1 850,—	2	2 000,—	150,—	7,5	0,8
* II	3 %	normal		19 400,—	23	23 000,—	3 600,—	16	19,6
		S-Angebote		13 800,—	15	15 000,—	1 200,—	8	6,5
** III	4 %	normal		23 400,—	33	33 000,—	9 600,—	29	52,2
		S-Angebote		15 250,—	17	17 000,—	1 750,—	13	9,5
	Ø 3,3%			81 600,—	100	100 000,—	18 400,—	18,4	100,0
		Davon:							
		normal	62%	50 700,—	66	66 000,—	15 300,—	23,1	83
		S-Angebote	38%	30 900,—	34	34 000,—	3 100,—	9,1	17
			100%	81 600,—	100	100 000,—	18 400,—	18,4	
./. Kosten (inkl. Gehälter für Inhaber und mitarbeitende Ehefrau) =							10 000,—	16,0	
Reinertrag =							2 400,—	2,4	

Umschlagshäufigkeit ca. 27 ×

Investiertes Kapital: Einrichtung DM 105 000,— } DM 150 000,—
Warenvorrat DM 45 000,— }

* Butter, Zucker, Margarine
** Obst, Gemüse, Fleisch

steuer jedweden Vergleich mit anderen Ländern erschweren. Wenn in den USA die Umsatzsteuer vom Konsumenten getragen wird, so trägt sie in unserem Falle der Handel als Kosten.

33 *Andere Faktoren*

In den letzten Jahren hat die Rationalisierung auf den verschiedenen Handelsstufen weitere Kostenvorteile mit sich gebracht, die in irgendeiner Form zur Senkung des Letztverbraucherpreises führen müssen. Vorverpackung auf der Herstellerebene, Abgabe von vielfach verkleinerten Originalgebinden, Konzentrierung der Aufträge ohne Einschaltung von früher üblichen Großhandelsreisenden durch Einführung von Ordersätzen, Verzicht auf jegliche Kreditgewährung gehören ebenso hierher. Daneben sind aber Beiträge für neuartige Sonderleistungen wie Buchführung, Steuerberatung und Werbung zu zahlen und entlasten damit die Vorstufe. Wie auch immer, ob die Rationalisierung auf den Handelsstufen durch Zusammenschlüsse von unten nach oben in der Genossenschaftsbewegung erfolgt oder in den Kettenorganisationen nationaler oder internationaler Prägung von oben nach unten, indem sich Großhändler ihre potenten Kunden nach bestimmten Gesichtspunkten angliederten, diese Rationalisierungen bringen eine Minderung der Vertriebskosten mit sich.
Die Möglichkeit der Senkung von externen Vertriebskosten durch Wandlungen der Kostenfaktoren im Handel ist von um so größerer Bedeutung, als die Dynamik im täglichen Wettbewerb durch die Verkleinerung der Wirtschaftsräume einerseits und die Vergrößerung der Wirtschaftsblöcke andererseits immer aggressiver wird. Kostenvorbelastungen, wie direkte und indirekte Besteuerungen, spielen in diesem Zusammenhange eine nicht unbedeutende Rolle, werden aber trotz allem zu einem Ausgleich führen, sicherlich aber mit der Tendenz zum unteren Ende.
In diesem Zusammenhange darf darauf hingewiesen werden, wie schwierig internationale Kostenvergleiche und damit auch Handelsspannenvergleiche schlechthin sind. Das erschwert zwar dieses Problem, macht aber auch sichtbar, wie notwendig es ist, Methoden zu finden, wie solche immer wichtiger werdenden Vergleiche durchgeführt werden können.

4. Die internen Vertriebskosten

40 *Im allgemeinen*

Interne Vertriebskosten, also diejenigen des Herstellers selbst, sind vielgestaltiger als die externen. Wir rechnen hierzu nicht nur die Vertriebskosten im engeren Sinne, wie die Kosten des Reisendenstabes selbst mit den dazugehörigen Kosten für den Autopark, Reisespesen, Provisionen, Prämien, sondern auch die Werbungskosten, die notwendig sind, um dem Erzeugnis nicht nur zum Verkauf, sondern auch zum Verbrauch oder Gebrauch zu verhelfen. Darüber hinaus gehören auch die nicht unbedeutenden „Nebenkosten" des Vertriebs, wie Frachten, Lagerkosten für eigene oder fremde Läger, Rollgelder, ja auch die Kosten der Marktforschung hierzu.

41 *Frachten und Lagerkosten*

Schon das Kapitel Frachten und Lagerkosten für eigene oder fremde Depots gehört zu den interessantesten, wenngleich oftmals zu den verkanntesten Kapiteln. Wenn schon der Handel in zunehmendem Maße und mit Erfolg versucht, die Lagerhaltung immer mehr auf die Vorstufen und damit letzten Endes auf den Hersteller zu verlagern, weil er nur auf diese Weise die „Drehzahl" seines Lagers, also die Umschlagsgeschwindigkeit seiner Warengruppe, insbesondere des einzelnen Artikels, erhöhen und damit seine Rentabilität verbessern kann, so trifft den Hersteller die Aufgabe, wie er diese dadurch auf ihn zulaufenden Kosten vermindern oder vermeiden kann. Auch für den Hersteller gilt die Aufgabe, sein Warenlager so schnell wie möglich umzuschlagen. Hierdurch wird sein eigener Kapitaldienst verringert, die Kosten werden reduziert, und seine Beweglichkeit gegenüber dem Marktgeschehen wächst. Mit diesem Wunschbild läßt sich aber nicht immer die Notwendigkeit zur Senkung der Frachtkosten vereinbaren, wenn die zu versendenden Einheiten so klein werden, daß die günstigste Frachtbasis nicht mehr erreicht werden kann. Die Aufstellung eines solchen Versand- und Lagerungsplanes ist zweifellos eine der wichtigsten betriebswirtschaftlichen Aufgaben. Auch bei der Disposition über zum Verkauf stehende Waren darf keinen Augenblick vergessen werden, daß der Unternehmer mit jedem Kostenfaktor im freien Wettbewerb steht. Das Bestreben muß daher dahin gehen, daß diese Kosten so niedrig wie möglich gehalten werden. Die Waren müssen auf dem wirtschaftlichsten Weg befördert werden. Das notwendige Lager darf nur kurzfristige Verteilungsstelle bleiben und sollte auf keinen Fall zum Speicher von Waren werden. Ein falsch beschicktes Lager wird dann zum Friedhof für Waren. Nur die Anwendung neuesten Zahlenmaterials aus Produktion und Vertrieb, die tägliche Überprüfung und Koordinierung mit der Wirklichkeit verhindert Fehldispositionen. Gute Dispositionen ersparen Geld und stärken die Schlagkraft eines Unternehmens. Die Ausnutzung günstiger Wasserfrachten gehört hier ebenso dazu wie die Errechnung von Kostenvorteilen bei Verwendung des schnellen Lastwagenweges. Die Bestimmung der zur Versorgung notwendigen Minimalmengen, deren rechtzeitige Wiederauffüllung unter Beachtung der durch Disposition und Transportdauer sich ergebenden An- und Ablaufgeschwindigkeiten ist eine andere Seite der vielfach zu gering geschätzten Dispositionskunst.

42 *Außendienst*

Sind schon diese kleinen am Rande sich ergebenden Kostenfaktoren von oftmals unterschätzter Bedeutung, so sind die Kosten für den Reisendenstab, den Außendienst der Markenartikelhersteller von größerer Bedeutung. Hier gilt, daß der Organisations- und arbeitswissenschaftliche Fachmann eine nützliche Arbeit leisten kann. Es hat den Anschein, als ob die Methoden arbeitswissenschaftlicher Zeitstudien und der Organisationsfachleute beim Vertrieb bislang noch nicht in dem Maße angewandt wurden, wie es in der Produktion und in der Verwaltung schon seit langem der Fall ist.
Auch die Leistungen eines Reisenden lassen sich bei eingehender Durchleuchtung sowohl qualitativ als auch quantitativ steigern und damit auch kostengünstiger gestalten.
Auch die Benutzung eines bestimmten Fahrzeugtyps ist wichtig. Vielfach wird nur die Wirtschaftlichkeit des verwendeten Fahrzeuges selbst in den Vordergrund gestellt ohne zu bedenken, daß Arbeitsweise und Arbeitszeit eines Reisenden von größerer finanzieller Bedeutung sind. Untersuchungen haben zum Beispiel ergeben, daß neben sonstiger psychologischer und physiologischer Vorteile die Mehrkosten bei Benutzung eines Caravan-Fahrzeuges bereits gedeckt wurden, wenn nur eine 7—8%ige größere Arbeitsleistung erzielt wird. Die tatsächliche Mehrleistung lag aber wesentlich höher, und daraus ergaben sich klare Kostenvorteile. Die Wirtschaftlichkeit eines Fahrzeuges kann also nicht allein am Kostenstand des Fahrzeuges errechnet werden. Die Organisationsfachleute können aber durch andere und zweckmäßigere Handgriffe und Hilfsmittel die Arbeit erleichtern und verbessern helfen. Qualitative und quantitative Verbesserungen der Arbeitsleistungen lassen sich auch durch vorgeplante Gespräche erreichen. Das sind keine auswendig zu lernenden Gespräche, sondern nach Stichworten geordnete Verkaufsvorlagen, die einen logisch geordneten und sachlich klaren Vorgang konzipieren, der — von Fachleuten aufgebaut — wirksam formuliert ist. Mit solchen Hilfsmitteln, die durch andere Organisationsmittel ergänzt werden müssen, lassen sich Leistungssteigerungen erzielen, die denen im Bürobetrieb oder in der Produktion nicht nachstehen. Immer gilt hier der Leitgedanke, daß diese Arbeitskräfte bei der Höhe ihrer Bezüge rationell eingesetzt

werden müssen und reine Routinearbeiten von anderen, weniger kostspieligen Kräften billiger gemacht werden können.

43 *Selektierung der Abnehmer*

Ein anderer, nicht minder wichtiger Punkt ist die Frage nach einer geeigneten Selektierung der Abnehmer. Was für den Handel gilt, der sich durch eine Konzentrierung auf weniger, dafür aber bessere Kunden in seiner Leistung gestärkt und damit auch seine Kosten gesenkt hat, gilt unzweifelhaft auch für den Hersteller. Wieviel Zeit geht aber noch verloren durch Bearbeitung unbedeutender Abnehmer, die vielleicht aus Gewohnheit oder alter Freundschaft weiterbesucht werden, die aber längst durch die Verhältnisse „überrollt" wurden.

44 *Werbung*

440 *Im allgemeinen*

Für die meisten Markenartikelunternehmen ist die Werbung von entscheidender Bedeutung für die Wirtschaftlichkeit ihres Betriebes. Hier soll nichts gesagt werden, ob die Werbung notwendig ist oder nicht, es soll auch nichts gesagt werden über die absolute Höhe einer Werbung, obwohl bekannt ist, daß Deutschland im Orchester internationaler Werbung nicht die stärksten Töne stellt. Aber auch im relativen Anteil der Werbekosten zum Verbraucherpreis nehmen wir uns recht bescheiden aus.

441 *Werbekosten*

Bei dieser Untersuchung ist festzuhalten, daß die Werbekosten selbst in den einzelnen Werbemedia noch nicht den internationalen Standard erreicht haben, der notwendig ist, um eine Steigerung der Werbung überhaupt zu ermöglichen. Im klassischen Bereich der Media sind — wie eingehende Untersuchungen berufener Instanzen gezeigt haben — die deutschen Kosten unverständlich höher. Zugegeben, ein internationaler Vergleich ist nicht immer leicht durchzuführen, aber sowohl für Tageszeitungen, illustrierte Presse, Funk- und Fernsehwerbung gilt, daß die Preise je gewählte Einheit höher sind als in den klassischen Ländern der Werbung, wie Großbritannien und Frankreich. Selbst für die Plakatwerbung trifft dies zu, die zumeist oder gerade deswegen in den Händen der lokalen Behörden liegt. Der Werberaum steht im Zeichen des Verkäufermarktes, und das bestimmt nachdrücklich die Kosten. Ein freier Wettbewerb würde zweifellos eine Korrektur erreichen.

442 *Werbeerfolgskontrolle*

Lassen sich also bedauerlicherweise die von der Werbung ausgehenden Vertriebskosten nur schwer beeinflussen, obwohl gerade diese Kosten gegebenenfalls nicht unbedeutend zu Buch schlagen, so bleibt dem werbetreibenden Hersteller zunächst nicht anderes übrig, als die Werbeerfolgskontrolle so zu gestalten, daß er auch hier ein Maximum an Erfolg erreicht. Das kann er nicht nur tun in einer sehr sorgfältigen Auswahl der herangezogenen Werbeträger, um Überschneidungen und Doppelbelegungen zu vermeiden, in einer sorgfältigen Studie über die richtigen Tage und Zeiten seiner Einschaltungen, sondern auch in der Kontrolle der eingeschalteten Werbung selbst. Die Formen und die Möglichkeiten einer solchen Erfolgskontrolle sind vielgestaltig. Es ist aber für den Hersteller von Markenartikeln von großer Bedeutung zu wissen, wie und bei wem seine Werbung wirkt, wie sehr sich durch seine Werbung das Marken-Bewußtsein bildet, wie hoch die Marken-Treue zu werten ist und letzten Endes, wie seine Werbung verbessert werden kann. Das Zusammenspiel aller Untersuchungsmöglichkeiten einschließlich psychologischer Ermittlungen geben letzten Endes die notwendige Erfolgskontrolle über einen maßgebenden Kostenfaktor im Konzert der internen Vertriebskosten.

5. Zusammenfassung

Das Ziel eines Unternehmens ist, Bedürfnisse und Wünsche der Menschen zu wecken und/oder zu befriedigen. Der hochentwickelte Stand industrieller Fertigungsmöglichkeiten und eine gut durchdachte Verwaltungstechnik unter Einschaltung modernster Büromaschinen und Nachrichtentechnik sichern die Möglichkeit einer rationellen Produktion. Aufgabe des Vertriebs ist und bleibt, diese Güter zu den geringsten Kosten dem Verbraucher zuzuführen. Die ständige Überwachung der Kosten führt zum Kostenbewußtsein und damit zur laufenden Verbesserung der Vertriebsmethoden. Die Verbesserung der Vertriebsmethoden muß aber letztlich auch zu Kostensenkungen und damit zu Preissenkungen führen. Preissenkungen aber fördern den Verbrauch und helfen mit, den Lebensstandard zu erhöhen.

Zum heutigen Entwicklungsstand der elektronischen Datenverarbeitung

(Technik, Anwendung, Ausbildung)

von

Wirtschaftsprüfer Prof. Dr. Dr. *Bernhard Hartmann*, Berlin

A. Die Ausgangssituation

Mit den ursprünglich für technisch-wissenschaftliche Berechnungen entwickelten elektronischen Rechenanlagen steht der Wirtschaft ein Instrument zur Verfügung, das es ermöglicht, die bisher auf das Gebiet der Fertigung konzentrierten Automatisierungsmaßnahmen auf den Verwaltungsbereich auszudehnen. In der Verwaltung war es bis dahin nicht annähernd in ähnlichem Maße wie in der Fertigung gelungen, den Menschen durch Rationalisierungsmaßnahmen von gleichförmiger Routinearbeit zu entlasten. Diese Tatsache drückt sich vor allem in der starken Zunahme der in den Büros Beschäftigten aus, verglichen mit der Anzahl der in der Fertigung Tätigen[1]:

Verhältnis der Büroangestellten zur Gesamtzahl der Beschäftigten

	in USA	in Deutschland	
1895		1 von je 14	beschäftigten Personen
1910	1 von je 20		beschäftigten Personen
1933		1 von je 6	beschäftigten Personen
1940	1 von je 10		beschäftigten Personen
1953		1 von je 4	beschäftigten Personen (BRD)
1958	1 von je 7		beschäftigten Personen

Dieser Trend setzt sich fort

Mit der Erschließung des Verwaltungsbereiches für den Einsatz von Elektronenrechnern erfolgte in steigendem Maße eine Verlagerung des Schwerpunktes der Nachfrage von wissenschaftlich auf kommerziell ein-

[1] Ein Teil des Personalzuwachses entfällt allerdings auf die komplizierter gewordene technische Verwaltung und auf den Entwicklungsbereich. Zahlen für USA: U. S. Bureau of Census, in „Haward Business Review", Vol. 38, Nr. 4, Aug. 1960, S. 103; Angaben für Deutschland aus: Ebert, „Das Konventionelle Lochkartenverfahren", 1959.

gesetzte Anlagen. Dabei muß man berücksichtigen, daß die Elektronenrechner nicht aus einer kontinuierlichen Entwicklung von Büromaschinen hervorgegangen oder zur Lösung von Verwaltungsaufgaben entwickelt worden sind. Ihrer Herkunft nach sind die Elektronenrechner gegenüber der kaufmännischen Datenverarbeitung systemfremd. Von den komplizierten Lösungsverfahren technisch-mathematischer Aufgaben mit verhältnismäßig geringer Zahl einzugebender Daten unterscheiden sich die Forderungen bei der Automatisierung von Verwaltungsarbeiten wesentlich; denn hier wird ein rechnerisch (nicht aber programmierungstechnisch) schlichtes Programm in vielfältiger Wiederholung auf jeden der in großer Zahl anfallenden Geschäftsvorfälle angewendet; dies erfordert — neben technischen Voraussetzungen wie einen großen Speicherraum — langwierige betriebsorganisatorische Vorbereitungen, die den betreffenden Geschäftsbereich total erfassen, sowie eine intensive programmtechnische Vorarbeit. Für den heute noch hauptsächlich die Wirtschaftlichkeit einer Anlage bestimmenden Einsatz, nämlich die Erledigung von Massenvorgängen in der kaufmännischen Verwaltung, erwiesen sich lange Zeit die angebotenen Anlagen als sehr schwerfällig. Der Begeisterung für die anfangs nicht übersehbaren neuen Möglichkeiten der elektronischen Rechenanlagen folgte eine heilsame Ernüchterung, die durch den Mißerfolg reiner Prestigeinvestitionen — besonders in den USA — noch verstärkt wurde. In Deutschland befinden wir uns gegenwärtig in einer Phase der verbreiteten Einführung der elektronischen Datenverarbeitung im wirtschaftlichen Bereich und können die ersten Erfahrungen aus dem praktischen Einsatz von Rechenanlagen auswerten.

Auf der einen Seite zeichnet sich ab, daß die Einführung der elektronischen Datenverarbeitung zu Systemänderungen des Arbeitsablaufes in der Verwaltung der Unternehmungen und — speziell bei den Verfahren der operations research — zu Änderungen in den Management-Methoden führt; hier entstehen Aufgaben für Forschung und Lehre, auf die später näher eingegangen wird. Auf der anderen Seite erfordert die Verlagerung des Verwendungsschwergewichts der Elektronenrechner auf kommerzielle Massenarbeiten technische Strukturveränderungen der Datenverarbeitungsanlagen.

B. Technische Entwicklungslinien in der elektronischen Datenverarbeitung

I. Geräteentwicklung

1. Grundstruktur

Für die Aufgaben im Bereich der kommerziellen Datenverarbeitung ist es charakteristisch, daß im Takt der (z. B. auf Lochkarten oder Magnetband) einlaufenden Informationen ein verhältnismäßig einfaches Verarbeitungsprogramm in ständiger Wiederholung abläuft. Ein großer Teil der Verarbeitungsgänge hat seinen Schwerpunkt nicht in der arithmetischen Verknüpfung der eingelesenen Daten, sondern in deren Umordnung (z.B. Sortieren der Geschäftsvorfälle) und Zuordnung (z.B. zum betreffenden Konto, Journal) nach Maßgabe eines vorgegebenen Ordnungsmerkmals (z.B. Kontonummer, Datum).

Diese Umstände reduzieren die Anforderungen an die Rechenfähigkeit einer Anlage im Vergleich zu den Erfordernissen komplizierter mathematischer Aufgaben. Umgekehrt ist die Lage jedoch meist in bezug auf die Art und Struktur der zu verarbeitenden Information. Während man bei mathematischen Aufgaben Zahlenwerte einer relativ einheitlichen Stellenzahl zu verarbeiten hat, sind die Daten im kommerziellen Aufgabenbereich fast immer wesentlich komplizierter in ihrem programmtechnischen Aufbau: Man hat es im allgemeinen mit alphanumerischen Informationen zu tun, ferner haben die einzelnen zu verarbeitenden Begriffe, wie etwa Name, Adresse, Kontonummer, Saldo usw. ganz unterschiedliche, meist sogar von Information zu Information schwankende Stellenzahlen. Mehrere solcher Begriffe bilden zusammen einen sogenannten Satz, d.h. eine Folge von Zeichen (z.B. alle Begriffe eines Kontos), der bei den Um- und Zuordnungsprozessen als ganzes verarbeitet werden muß.

Der grundlegende Unterschied zwischen mathematischer und kommerzieller Verarbeitung läßt sich vereinfachend auf eine kurze Formel bringen:

Für mathematisch-wissenschaftliche Aufgaben werden im allgemeinen wenige relativ einfache Ausgangsdaten auf rechnerisch komplizierte Weise verarbeitet;

im Rahmen der kaufmännischen Datenverarbeitung sind sehr große Mengen in maschinen-technischem Sinn komplizierter Daten nach einem relativ kurzen, rechnerisch (aber nicht programmierungstechnisch) einfachen Programm zu verarbeiten.

Die internen Übertragungsvorgänge zwischen Eingabe, Ausgabe und Ergänzungsspeichern haben bei kommerzieller Datenverarbeitung den größten Anteil an den Maschinenoperationen. Aus dem Mißverhältnis zwischen der hohen Arbeitsgeschwindigkeit des elektronischen Teils und der Geschwindigkeit der elektromechanischen Ein- und Ausgabegeräte und auch der Ergänzungsspeicher (zusammenfassend als „Peripherie" eines Rechners bezeichnet) resultieren die besondere Bedeutung der Qualität und Leistungsfähigkeit der Ein- und Ausgabegeräte sowie der Peripheriegeräte und die Schwerpunktverschiebung in der Struktur von Anlagen, die auf dem Gebiet der kaufmännischen Datenverarbeitung erfolgreich arbeiten sollen. In dieser Richtung gehen auch die Hauptanstrengungen der Herstellerfirmen von kommerziellen Datenverarbeitungssystemen.

2. *Ein- und Ausgabemittel sowie Ergänzungsspeicher*

Für die *Dateneingabe* in elektronische Rechenanlagen ist nach wie vor die Lochkarte der wichtigste Informationsträger; sie ist sortierbar, billig, leicht zu handhaben und bezüglich der Genauigkeit erprobt zuverlässig. Die heutigen Lesegeräte, die aus konventionellen Lochkartenmaschinen entwickelt wurden, gestatten Abfühlgeschwindigkeiten von etwa 45 000 Karten/Std. (z. B. bei der IBM 1401). Wesentlich höhere Lesegeschwindigkeiten von etwa 90 000 Karten/Std. (z. B. bei National 304/380, Firmenangabe: bis zu 120 000 Karten/Std.) sollen mit neuentwickelten fotoelektrischen Lochkartenlesern (mit spaltenweiser Ablesung der Lochkarten) erreicht werden.

Der billigere und platzsparende Lochstreifen hat zwar in der Anwendung gegenüber der Lochkarte einige Nachteile, hat sich aber — besonders in England — neben seiner Funktion als Programmeingabe auch für die Dateneingabe behauptet. Hier werden mit modernen fotoelektrischen Lochstreifenlesern in ausgereifter Technik Lesegeschwindigkeiten von 400 Zeichen/Sek. erreicht, neuere Modelle laufen mit 1000 Zeichen/Sek. (z. B. National 360, Ferranti oder Olympia Omega). Der Lochstreifen bietet in wirtschaftlicher Weise die Möglichkeit der dezentralen Datenerfassung (in Filialen, Außenlägern, Zweigwerken) bei zentraler Datenverarbeitung.

Das Problem der Datenerfassung ist noch nicht endgültig gelöst. Die neuesten Entwicklungen zielen auf eine Einschränkung bzw. Einsparung des zeitaufwendigen und fehlerbehafteten Übertragungsvorganges vom Urbeleg in den maschinenlesbaren Datenträger, indem der Urbeleg selbst maschinell lesbar gemacht wird; dies geschieht entweder durch Druck der Zeichen mit magnetisierbaren Farbstoffen für eine nachfolgende magnetische Abtastung oder durch Verwendung von stilisierten Zeichen, die sowohl von Menschen als auch fotoelektrisch von der Maschine gelesen werden können. Diese Verfahren versprechen eine wirtschaftliche Anwendung besonders dort, wo auf die Erstellung der Belege weitgehend Einfluß genommen werden kann, z. B. im Banken- und Postscheckverkehr.

Ein großer technischer Engpaß liegt häufig auf der *Ausgabeseite* der Anlagen, wo die Leistungsanforderungen an den Ausdruck von Ergebnissen bei kommerzieller Massenverarbeitung sprunghaft steigen, da die eingegebenen Daten nach ihrer Verarbeitung in einem integrierten System meist zu vielfacher Ausgabe von Ergebnissen führen (eine Kundenbestellung z. B. zum Druck von Auftragsbestätigung, Lieferschein, Rechnung, Kontoauszug, Mahnlisten usw.). Fast sämtliche größeren Rechenanlagen haben daher heute einen Schnelldrucker angeschlossen, der bei fliegendem Abdruck (ständig bewegtes Papier) durchschnittlich etwa 36 000 Zeilen/Std. (z. B. UCT, IBM 1403) mit bis zu 6 Durchschlägen leisten kann, maximal bis zu 60 000 Zeilen/Std. (z. B. National 304). Auch diese hohen Geschwindigkeiten genügen für Massenarbeiten oft nicht (z. B. beim Adressendruck für mehrere Millionen Versandhauskunden in Stoßzeiten oder bei der Errechnung und Überweisung der Vierteljahresdividende an einige hunderttausend Aktionäre großer Gesellschaften in den USA). Deshalb werden neuerdings an einigen Anlagen Anschlußmöglichkeiten für einen xerographischen Leistungsschreiber vorgesehen („Xeronic" der Rank Precision Industries Ltd.; in Deutschland z. Zt. noch nicht verfügbar), der durch Anwendung eines elektrostatischen „Druck"-Prinzips und Beschränkung mechanischer Bewegungen auf den Papiertransport auf eine Ausgabegeschwindigkeit bis zu 180 000 Zeilen/Std. kommt (ohne Durchschläge, Zeilenbreite 128 Zeichen/Zeile)[2]. Dabei können durch Befehle auswählbare Formularschemata über die Daten projiziert und gleichzeitig gedruckt werden. Xerographische Druckverfahren sind bereits in anderen Geräten auch in Deutschland erprobt.

Da fast alle modernen Anlagen die Möglichkeit des direkt vom Rechner gesteuerten Ausdrucks der Ergebnisse bieten, ist auf der Ausgabeseite der Umweg über ausgestanzte Datenzwischenträger (Lochkarte, Lochstreifen) nur noch in seltenen speziellen Fällen notwendig.

Bei den *Ergänzungsspeichern* hat ohne Zweifel das Magnetband die größte Bedeutung erlangt. Man kann noch nicht unbedingt die schnellsten Einheiten mit über 60 000 Zeichen/Sek. Schreib/Lesegeschwindigkeit bei einer Bandgeschwindigkeit von 2,5 m/Sek. auch als die leistungsfähigsten bezeichnen, da diese empfindlichen Geräte noch nicht durchweg die hohen Sicherheitsanforderungen der kommerziellen Datenverarbeitung erfüllen (z. B. doppeltes Lesen und Vergleichen der beiden gelesenen Daten, zuverlässige Staubsicherung und einwandfreie Sicherung gegen Bandriß usw.). Bei diesen hohen Geschwindigkeiten kann der Inhalt von 60 000 achtzigstelligen Lochkarten in etwa 1,3 Min. eingelesen werden (reine Schreib/Lesezeit) gegenüber einem Zeitbedarf von etwa 40 Min. bei direkter Eingabe mit den schnellsten Lochkartenlesegeräten. Magnetbandgeräte mit mittleren Schreib/Lesegeschwindigkeiten von 15 000 bis 20 000 Zeichen/Sek. arbeiten schon in mehreren Anlagen seit längerer Zeit zuverlässig (z. B. IBM 650, 1401). Bei den übrigen Ergänzungsspeichern, wie Magnettrommeln und Magnetplattenspeichern, sind in der letzten Zeit keine wesentlichen Neuerungen, dafür aber eine erhebliche Vervollkommnung erreicht worden.

---

[2] „Bericht über die britischen Rechenanlagen", Mitteilung aus dem Institut für praktische Mathematik der TH Darmstadt über eine Studienreise, in: „Blätter der Deutschen Gesellschaft für Versicherungsmathematik", Band IV, Heft 4, April 1960, S. 454.

3. *Rechengerät*

Bei der geschilderten Entwicklung zu höheren Ein- und Ausgabegeschwindigkeiten hat sich in der *Struktur* der elektronischen Zentraleinheiten nichts entscheidend geändert. Das technische Ziel liegt auch hier nach wie vor bei Rechnern höherer Geschwindigkeit, d. h. höherer Grundfrequenz (sog. „Megahertzrechner" mit Taktfrequenzen über 1 Mhz). Diese erstrebte Geschwindigkeitserhöhung führt dazu, daß nach dem Relais und der Elektronenröhre auch der z. Zt. hauptsächlich verwendete Transistor als Schalt-Bauelement langsam durch neuere Entwicklungen ersetzt werden wird. Schon jetzt werden vielfach Magnetkerne nicht nur in den Schnellspeichern, sondern auch als Schaltelemente (z. B. in den sog. Ferraktoren) verwendet. Darüber hinaus kündigen die großen Herstellerfirmen grundsätzlich neue Speicher- und Schaltelemente an (z. B. IBM die sog. Cryotrons, Remington dünne ferroelektrische Schichten), deren eventueller praktischer Einsatz in Anlagen der kaufmännischen Datenverarbeitung aber noch einige Zeit erfordern dürfte. Dabei ist es fraglich, ob allein diese Entwicklung zu höheren Geschwindigkeiten für die betriebswirtschaftliche Anwendung befriedigend ist. Nach bisherigem Erkenntnisstand kann sich oft erst bei der Programmierung in der Praxis herausstellen, in welchem Grad eine Anlage an die kaufmännischen Aufgaben strukturell anpassungsfähig ist. Dabei hat sich häufig gezeigt, daß das Problem der Geschwindigkeit in vielen Fällen zurücktritt vor Problemen, die in der „klassischen" Struktur der Universal-Rechner liegen. Z. B. kann das Fehlen paralleler Arbeitsmöglichkeiten der einzelnen Aggregate eines Datenverarbeitungssystems einer eleganten Lösung vieler Datenverarbeitungsaufgaben entgegenstehen und nicht allein mit optimaler Programmierung bewältigt werden. Die Möglichkeit, mehrere Programme gleichzeitig ablaufen zu lassen, wobei für zwei Programme nur etwa 20% mehr Zeit erfoderlich ist, ist bisher nur bei wenigen sehr großen Anlagen vorgesehen.

II. Programmierungsprobleme

Die Programmierung beansprucht einen erheblichen Zeitaufwand, einen großen Stab hochqualifizierter Fachleute und führt damit zu oft unterschätzten hohen Kosten, die z. B. in USA mit durchschnittlich 5 Dollar je Programmbefehl kalkuliert werden[3]. Für ein vollständiges Lohnberechnungsprogramm und die damit zusammenhängende weitere Datenverarbeitung muß man z. B. bei einer mittelgroßen Rechenanlage mit einigen tausend Befehlsschritten rechnen, so daß nach der amerikanischen Kalkulation erhebliche Programmierungskosten anfallen. Bei der Höhe der

---

[3] „Automatic Dataprocessing Service Newsletter", John Diebold & Associates, Vol. III, No. 1, May 1958, S. 4.

Programmierungskosten erhalten einige Probleme der Programmierung kaufmännischer Arbeiten besonderes Gewicht; sie sind z.T. technisch bedingt, z.T. liegen die Ursachen in der Eigenart der kaufmännischen Abläufe selbst (s.u. über automatische Programmierung).

1. Technische Notwendigkeiten

Bei vielen kaufmännischen Aufgaben zeigt sich, daß die Programmierung „klassischer" Universalanlagen umständlich ist, da z. B. häufig wechselnde Parameter bei einer Verarbeitungsaufgabe jedesmal eine Umstellung des Programms erfordern oder an sich einfache Funktionen mit unverhältnismäßig viel Befehlsschritten realisiert werden müssen. Der Grund liegt u.a. in der Bedeutung, die dem Identifizierungsproblem bei kommerziellen Datenverarbeitungsaufgaben zukommt[4]; denn bei jedem Programmablauf müssen die zu verarbeitenden Daten aus dem Datenvorrat ausgewählt, d.h. als die gesuchten Daten identifiziert werden. Bei technisch-wissenschaftlichen Rechnungen überläßt man meist die Identifizierung des Datenmaterials dem Programmierer, der die Bedeutung der Zahlenwerte innerhalb eines Rechenprogrammes durch ihre Adresse (Platz im Speicher) festlegt. Die Anlage arbeitet dann nach den im Programm angegebenen Adressen, das Hauptgewicht liegt auf der Auswertung der Information. Bei der kommerziellen Datenverarbeitung überwiegen dagegen in bezug auf den zu programmierenden Programmablauf Aufgaben der Um- und Zuordnung und des Datentransportes gegenüber der Auswertung der Daten; hier ist die systematische Identifizierung die Hauptaufgabe, ohne daß bei der Eigenart der oft ungeordnet eingegebenen Datenmassen die Möglichkeit besteht, von vornherein alle Daten durch ihre Adresse in den Speichern zu kennzeichnen. Sie müssen also explizite durch ein Merkmal (z. B. Kontonummer, Kostenstelle, Auftragsnummer) gekennzeichnet und zur Identifizierung in der Anlage einem Merkmalvergleich unterzogen werden, der beim klassischen Universalrechner nur im Rechenwerk, Information nach Information, vorgenommen werden kann. Für diesen Elementarprozeß der kommerziellen Datenverarbeitung sind fast immer mehrere Befehle für jeden einzelnen Vergleich und die Umwälzung großer Datenmassen notwendig, ein Arbeitsaufwand, dessen Gründe weniger in den Aufgaben selbst, als in der Struktur der Anlagen liegen. Neue Rechnerstrukturen (z.B. mit speziellen Merkmalvergleichseinrichtungen — einer Art kleinem zweiten Rechenwerk —) und für kommerzielle Aufgaben geeignetere Befehlslisten würden hier Abhilfe bringen können.

---

[4] s. a. Piloty, R., „Betrachtungen über das Problem der Datenverarbeitung", in: „Nachrichtentechnische Fachberichte", Heft 4/56, S. 5f.

2. *Automatisches Programmieren*

Nicht nur aus technischen Gründen bereitet die Programmierung kaufmännischer Arbeitsabläufe in der Praxis erheblich größere Schwierigkeiten als die Programmierung technisch-wissenschaftlicher Aufgaben. Bei der Lösung betriebswirtschaftlicher Probleme können nicht genau definierte mathematische Funktionen wie in der Technik zugrunde gelegt werden. Für die Praxis bedeutet dies, daß die Programmierung einen erheblichen Zeitaufwand und damit hohe Kosten verursacht, ohne daß die erarbeiteten Programme über den Einzelfall hinaus Anwendung finden können. Dagegen sind bereits etwa seit 1954 auf den klassischen Anwendungsgebieten der Computer Methoden der automatischen Programmierung, insbesondere sog. Compiler-Methoden, in allgemeinem Gebrauch[5], bei denen ein einziges Mal ausgearbeitete Teilprogramme für exakt definierte Probleme auch im Rahmen anderer Aufgabenstellungen automatisch benutzt werden können. So wird durch Übertragung wesentlicher Teile der Programmanfertigung auf den Elektronenrechner selbst der Programmierungsaufwand erheblich vermindert. Diese Compiler-Methoden stellen eine automatische Umsetzung eines Programms, das sich relativ eng an die in der Praxis zur Darstellung des Problems übliche Form anlehnt, in den eigentlichen Maschinenbefehlsschlüssel dar, der die von der Rechenanlage durchzuführenden Elementaroperationen angibt. Die Compiler-Methode basiert auf der Vor-Ausarbeitung einer großen Zahl von Teilprogrammen für exakt definierte repetitive Arbeitsgänge und Teilabläufe allgemeiner Gültigkeit. Solche Programmbibliotheken gibt es aber für die kaufmännische Datenverarbeitung noch nicht, obwohl Teilabläufe der genannten Art zu finden sind, wie z. B. das Übertragen einer Zahlenmenge, das Mischen und Sortieren von Daten, Aufsuchen von Tabellenwerten o. ä. Da die Entwicklung unumgänglich zur Anwendung solcher oder ähnlicher Methoden führen muß, wenn die elektronische Datenverarbeitung für eine größere Zahl von Unternehmen wirtschaftlich werden soll, ist hier noch umfangreiche Vorarbeit zu leisten durch systematische Erfassung der wichtigsten kaufmännischen Arbeitsabläufe (wie Lohnabrechnung, Teilbereiche der Kostenrechnung usw.) in exakten Formulierungen, die die Rolle von Unterprogrammen in einer Programmbibliothek übernehmen können („genormte" Teil-Arbeitsabläufe). Die Unterschiede der Handhabung von Unternehmen zu Unternehmen können dabei durch Variable im Compiler-Verfahren berücksichtigt werden. Es erscheint als sicher, daß auf dieser „handwerklichen" Ebene kaufmännischer Verwaltungstätigkeit die meisten inhaltlich verschiedenen Arbeitsgänge organisationstechnisch gesehen identische Teilabläufe in allen Betrieben besitzen.

[5] siehe z. B. Samuelson, K. und Bauer, F. L., „Sequentielle Formelübersetzung", in: „Elektronische Rechenanlagen", Heft 4/1959, S. 176.

In den USA arbeiten wissenschaftliche Verbände seit langem gemeinsam an diesen Aufgaben, während die Entwicklung bei uns über die ersten Pläne noch nicht hinausgekommen ist. Gerade eine derartige „Normung" würde aber einen bedeutsamen Beitrag zur Förderung der Rationalisierung darstellen.

C. Anwendung der elektronischen Datenverarbeitung in der Praxis

I. Verbreitung

In Deutschland begann die Anwendung von elektronischen Rechenanlagen auf betriebswirtschaftliche Abläufe in nennenswertem Umfang erst etwa in den Jahren 1957/58. Gleichzeitig wurde auch eine eigene Produktion solcher Anlagen auf den Markt gebracht[6].

Heute folgt die Bundesrepublik etwa mit einem Zeitabstand von ein bis eineinhalb Jahren der Entwicklung in England. Zwar begann dort die Entwicklung der Rechenautomaten erst später als in den USA, doch steht England dank einer vorbildlichen Zusammenarbeit von wissenschaftlichen Hochschulen, staatlichen Stellen (besonders National Research Development Council) und der Privatindustrie heute in der elektronischen Datenverarbeitung nach den USA an zweiter Stelle in der Welt. Hinzu kommt, daß die britische Wirtschaft sich für den Einsatz von modernen elektronischen datenverarbeitenden Anlagen besonders aufgeschlossen zeigt. Die Tatsache, daß bis Ende 1959 in Großbritannien etwa 300 mittlere bis große Digitalrechner eingesetzt waren, beweist die führende Rolle Englands auf diesem Gebiet in Europa[7].

Gegenüber den USA liegen wir in Deutschland heute bezüglich der Anwendung der neuen Verfahren weit zurück. Eine Übersicht zeigt die Zahl der (Mitte 1959) arbeitenden Datenverarbeitungsanlagen in der Bundesrepublik und in den USA[8]:

Datenverarbeitungsanlagen	Anzahl BRD	Anzahl USA	gewichtetes Verhältnis[9]
Lochkartenmaschinensätze (einschl. elektronischer Rechenstanzer)	4 500	25 000	1 : 2
Kleinrechner (bis z. B. Univac 120)	500	5 650	1 : 5
Kleine Universalrechner (ohne Bandgeräte, wie IBM 650, Burroughs 205)	100	1 700	1 : 7
Mittlere elektronische Rechenanlagen (mit Bandgeräten, z. B. UCT, IBM 650)	15	450	1 : 12
Elektronische Großrechenanlagen	2	390	1 : 70

In Deutschland sind noch verhältnismäßig wenige Unternehmen von konventionellen Lochkartenanlagen zur elektronischen Datenverarbeitung übergegangen. Dabei ist die geringe Zahl von *Großrechenanlagen* zum Teil darauf zurückzuführen, daß diese Anlagen erst sehr spät bei uns verfügbar waren. Bis Ende 1961 will allein eine große Herstellerfirma in Europa noch 30 bestellte elektronische Großrechenanlagen — davon 11 in Deutschland — installieren[10]. Aber die Zahl der potentiellen Käufer von Großanlagen ist doch begrenzt. Der Umfang der zentralisierten Verwaltungsarbeiten erfordert selten den Einsatz einer Großanlage (deren Kapazität laufend ausgenutzt sein muß); auch gestattet die Kapitalkraft deutscher Unternehmen nicht in dem Maße wie in den USA die Anschaffung von Großanlagen, vor allem auch den Aufbau und die Unterhaltung der damit verbundenen teuren Spezialistenstäbe.

Der Akzent liegt in Deutschland auf dem Bereich der *mittelgroßen Anlagen.* Hierbei spielt nicht nur die Unternehmensgröße eine Rolle. Auch bei großen Unternehmen geht die Tendenz oft dahin, statt einer Großanlage lieber mehrere mittlere Anlagen einzusetzen. Entscheidend sind dabei meist Fragen der Sicherheit (Weiterarbeit bei Ausfall einer Anlage), der Flexibilität in der Ausführung der täglichen Arbeiten und der Möglichkeit der stufenweisen Einführung. Dabei bieten auch die mittleren Anlagen ausreichende, bisher nur selten ausgenutzte Möglichkeiten der Integrierung der Datenverarbeitung einzelner Verwaltungsbereiche, d. h. der Erstellung aller Auswertungen und Ergebnisse in möglichst endgültiger Form bei einmaliger Eingabe der Ausgangsdaten.

Ein großer, noch unerschlossener Markt für mittlere elektronische Rechenanlagen liegt heute noch bei den mittleren und kleineren Unternehmen, die bis jetzt unter der Wirtschaftlichkeitsschwelle für die Einführung der elektronischen Datenverarbeitung liegen; und zwar nicht nur deshalb, weil eventuell die Größenordnung zu gering ist, sondern oftmals, weil für ihre Zwecke bisher keine geeigneten Anlagen zur Verfügung stehen. Denn kleinere Unternehmensgröße bedeutet nicht geringere Anforderungen an ein Datenverarbeitungssystem; wenn hier

---

[6] Erste Rechenanlagen wurden in Deutschland schon um 1940 von K. Zuse entwickelt und für baustatische und optische Berechnungen eingesetzt.

[7] Hund, G. und Möhlen, W., „Bericht über die britischen Rechenanlagen" in: „Blätter der deutschen Gesellschaft für Versicherungsmathematik", Band IV, Heft 4, Würzburg, April 1960, S. 454.

[8] Nach Veröffentlichungen der Firma Diebold & Ass., New York, 1960.

[9] Zur Berücksichtigung der Größenunterschiede zwischen der BRD und den USA ist das Verhältnis nach der Zahl der erwerbstätigen Bevölkerung gewichtet worden.

[10] Bericht in: „Blick durch die Wirtschaft", Wirtschaftsdienst der FAZ, Ausgabe vom 17. 2. 1961.

eine Anlage wirtschaftlich arbeiten soll, ist eine besondere Anpassung an die spezifischen Anforderungen kommerzieller Datenverarbeitung notwendig. Auch führte die bisherige Preisorientierung für EDP-Anlagen am USA-Niveau durch den offiziellen Wechselkurs zu relativ hohen Preisen. Zunehmende Konkurrenz, erhebliche Verbilligung wesentlicher Bauelemente und die Kostendegression bei Serienfertigung lassen trotz der erst langsam auf das normale Maß zurückgehenden Kosten der laufenden Weiterentwicklung der Geräte nach Abbau der langen Lieferfristen auch in Deutschland eine allmähliche Tendenz zur Preissenkung und damit eine breitere Anwendung gerade der mittelgroßen Anlagen erwarten.

Beim Einsatz von *Kleinrechnern* für kommerzielle Aufgabengebiete entstehen besondere Probleme. Kleinrechner haben als strukturmäßig gleiche, nur in der Kapazität verkleinerte Ausgaben des technisch-wissenschaftlichen Rechnertyps zwar auch das Merkmal der selbsttätigen Steuerung durch Programmspeicherung, kleiner Rechenzeiten und relativ großer Unterscheidungs- und Entscheidungsmöglichkeiten; es fehlt ihnen jedoch der Integrationseffekt. Während mit Hilfe von größeren Rechenanlagen ganze, geschlossene Arbeitsabläufe automatisiert und in einem zentralen Datenverarbeitungssystem ohne Rücksicht auf Abteilungsgrenzen durchgeführt werden können, ermöglichen die kleinen elektronischen Geräte innerhalb solcher Arbeitsabläufe nur die Bearbeitung bestimmter abgegrenzter Aufgaben[11]. Obwohl die Rechenleistungen oft relativ hoch sind, entstehen im kommerziellen Bereich vor allem durch die im Vergleich zu größeren Geräten unelastische Eingabe und die relativ träge Datenausgabe Einsatzbegrenzungen; da der Preis für Hochleistungs-Peripheriegeräten auf oder über dem Preisniveau der Kleinrechner liegt, müssen sich Kleinrechner auf einfache Ein- oder Ausgabegeräte beschränken (abgesehen von technischen Beschränkungen). Für den Einsatz bieten sich daher Aufgaben an, bei denen die Anforderungen an die Rechenleistung relativ hoch sind im Verhältnis zur benötigten Ein- oder Ausgabeleistung, z.B. Arbeiten in der Fertigungsplanung und -steuerung, automatische Nettolohnabrechnung, Einkommensteuerveranlagung, Rentenberechnung nach Sozialversicherungsgesetzen und vor allem Aufgaben der Ablauf- und Planungsforschung. Damit liegt der Schwerpunkt bei der Anwendung von Kleinrechnern für kommerzielle Aufgaben nicht in kleinen Unternehmen, sondern in begrenzten Arbeitsbereichen großer Unternehmen, bei denen entweder die Nutzung der freien Kapazität eines sonst für technisch-mathematische Aufgaben eingesetzten Kleinrechners wirtschaftlich ist oder für den gewählten Bereich alleine eine genügende

[11] So wird z.B. auf dem relativ preisgünstigen „LGP 30" die Auftragssteuerung und Materialdisposition bei einer begrenzten Anzahl von Artikelnummern durchgeführt.

Anzahl gleichartiger Daten vorliegt, um den Rechner auszunutzen. Hierbei haben sie den Vorteil des niedrigen Preises, des geringen Raumbedarfs, der leichten Programmierung und des Fortfalls umfangreicher Systemanalysen; das letztere bedeutet jedoch den teilweisen Verzicht auf den — über die Arbeitsgeschwindigkeit weit hinausgehenden — Rationalisierungseffekt, der durch Analyse und Integrierung bei großen Anlagen zusätzlich zu erreichen ist.

Anders ist dagegen die Lage bei den *Büromaschinen mit elektronischen Zusatzaggregaten,* die den Kleinrechnern zwar im technischen Aufbau teilweise ähnlich sind (elektronische Rechenwerke, Magnettrommel), jedoch eine andere Arbeitsstruktur haben. Diese Geräte sind im Gegensatz zu den Elektronenrechnern aus einer kontinuierlichen Weiterentwicklung von Büromaschinen hervorgegangen. Sie werden zunehmend besonders in den kleineren Unternehmen zur Rationalisierung der Büroarbeit angewandt. Ihnen fehlt jedoch vor allem die ausschließliche selbsttätige Steuerung durch Programmspeicherung und damit das Typische der elektronischen Datenverarbeitung.

II. Kaufmännische Massenarbeiten

Hauptanwendungsgebiete der mittleren und Groß-Anlagen sind nach wie vor die Massenarbeiten in der Verwaltung großer Unternehmen oder, wie man in den USA sagt, die „Bulldozerarbeiten der Verwaltung". Diese fallen vor allem in der kaufmännischen Verwaltung an; davon ist das Gebiet der technischen Verwaltung mit überwiegenden Aufgaben der Planung und Produktionssteuerung zu unterscheiden. Für alle diese Bereiche findet sich heute in vielen Fachzeitschriften, auch in den oft hervorragenden Hauszeitschriften der Hersteller[12], eine große Zahl von bestimmten Anwendungsfällen nach Erfahrungen der Praxis. Darüber hinaus liegen durch Studienreisen ins Ausland auch Erfahrungen aus den Ländern vor, die uns in der Datenverarbeitung voraus sind[13]. Der Verfasser hat sich an anderer Stelle um eine Systematisierung der Anwendungsgebiete bemüht[14]. Daher erübrigt sich an dieser Stelle die Aufzählung von Anwendungsbeispielen.

---

[12] vor allem: „IBM-Nachrichten", im 11. Jahrgang, IBM Deutschland, Sindelfingen; „Die Lochkarte", im 24. Jahrgang, Remington Rand GmbH, Frankfurt am Main; „Bull-Informationen", im 8. Jahrgang, Bull Deutschland, Köln.

[13] z. B. die Ergebnisse einer Studienreise des Verfassers nach den USA, ECA-Projekt 329/5, RKW-Auslandsdienst Nr. A 20.

[14] „Betriebswirtschaftliche Grundlagen der automatisierten Datenverarbeitung", Freiburg, 1961.

III. *Ablauf- und Planungsforschung*[15]

1. *Anwendungsbereich*

Der wachsende Umfang und die ständig zunehmende Komplexität der wirtschaftlichen Beziehungen, besonders in den großen Unternehmensorganisationen, machen die rechtzeitige und genügende Bereitstellung von Informationen als Grundlage der unternehmerischen Entscheidungen zu einer der wichtigsten Aufgaben der modernen Verwaltung. Dabei wird auf den einzelnen Verwaltungsebenen eine unterschiedliche Konzentration des Datenflusses erreicht — entsprechend den Notwendigkeiten der darauf basierenden Entscheidungen.

Auf der *ausführenden Ebene der Verwaltung* handelt es sich vorwiegend um die Verarbeitung großer Mengen von Ausgangsdaten, wobei der Anteil echter Veränderung (Rechenvorgänge) gegenüber Aufgaben der Umordnung und Gruppierung der Daten, wie bereits gesagt, gering ist Diese Ebene bildet bisher den üblichen Anwendungsbereich der elektronischen Datenverarbeitung. Die Entscheidungen, die hier zu fällen sind, lassen sich fast durchweg programmieren und auf die Rechenanlage übertragen.

Für die *mittlere Führungsebene* werden die Datenmassen periodisch zu Informationen konzentriert, die ein quantifiziertes Bild des Betriebsablaufes vermitteln und als Grundlage für die täglichen Routineentscheidungen dienen. Dabei hat man sich schon immer auf die Ergebnisse quantitativer Methoden gestützt, wie z. B. im Rechnungswesen, in Marktanalysen, Rentabilitäts- und Investitionsuntersuchungen. Aber erst die Entwicklung der Ablauf- und Planungsforschung erweitert die methodologischen Mittel über die konventionellen Hilfen hinaus, wobei eine erfolgversprechende Anwendung von ausreichenden Hilfsmitteln abhängig ist. Wegen der ständig wachsenden Kompliziertheit der Methoden in der Anwendung auf betriebswirtschaftliche Probleme ist die Verwendung von elektronischen Rechenanlagen unerläßlich. Bei sinnvoller Aufgabenstellung und Programmierung für den Computer gehen die Ergebnisse über die bloße Klärung der Entscheidungsgrundlagen hinaus und ergeben — auf dieser mittleren Führungsebene — bereits als Rechenergebnis die quantifizierten Routineentscheidungen selbst. Hierzu gehören z. B. Terminplanung, Maschineneinsatzpläne, Probleme der Lagerhaltung und Materialdisposition, Zuordnungs- und Verteilungsaufgaben. Neben die Routineentscheidungen der mittleren Führungsebene treten Entscheidungen in Fällen der Abweichung vom normalen Betriebsablauf, z. B. bei Stauungsproblemen, Planänderungen oder Sonderaktionen. Auch für

[15] Für „operationsresearch" hat sich in Deutschland kein einheitlicher Begriff gebildet. Man spricht von Ablauf- und Planungsforschung (RKW), von Verfahrens-, Unternehmens-, Operationsforschung und -analyse.

solche Aufgaben sind die Methoden der operations research anerkannte und wertvolle Hilfsmittel. Bei der Anwendung in Einzelfällen ist allerdings das Verhältnis zwischen Kosten und Wert der gewonnenen Information zu beachten. Ein Einsatz nur für Sonderprobleme bedingt eine anderweitige wirtschaftliche Ausnutzung der Anlage.

Zusammenfassend kann man sagen, daß die durch die Einführung der Rechenanlagen entwickelten neuen Methoden Möglichkeiten für eine Aufwertung der mittleren Führungsebene bergen, indem sie den Teil der Arbeiten übernehmen, der die geringsten Anforderungen an unternehmerisches Können stellt, das Prinzip des management by exception zur breiteren Anwendung bringen und Zeit freigeben für echte Führungsaufgaben. In bezug auf die vom Rechner übernommenen Aufgaben wird sich dabei eine Zentralisierung durchsetzen.

Die Entscheidungen der *höchsten Führungsebene,* des top management, gehen über die der mittleren Führungsebene weit hinaus. Neben die aufs äußerste verdichteten Daten aus dem eigenen Unternehmen treten externe Informationen. Die zu lösenden Aufgaben stehen in komplexen Abhängigkeiten und sind vorwiegend einmalige Entscheidungen, wie Standortfragen, Bearbeitung neuer Märkte, Entscheidungen über das Verkaufsprogramm, Preispolitik usw. Hier können die mathematischen Methoden der Ablauf- und Planungsforschung nur ein heuristisches Mittel sein, das die Entscheidungen in begrenztem Umfange durch größere Transparenz der Zusammenhänge erleichtern kann. Die Verfahren dienen vor allem zur Eingrenzung des Unsicherheitsbereiches wie auch zur Erkenntnisbildung über Auswirkungen der Änderung von variablen Einflußgrößen auf das vorliegende Problem. Die analytischen Arbeitsstufen der Entscheidungsvorbereitung werden dabei auf den Elektronenrechner und die Stabsstellen verlagert. Dadurch erhält die Leitung mehr Zeit zur Konzentration auf das eigentliche Gebiet des operating management, d. h. für das Treffen der Entscheidungen und für die Kontrolle ihrer Auswirkungen.

Auf der von den Stabsstellen vorbereiteten rationalen Grundlage aufbauend bleiben die Entscheidungen der höchsten Führungsebene aber der unternehmerischen Intuition unterworfen. Betriebswirtschaftliches Abwägen der Gegenwart und Zukunft und unternehmerisches Werten und Wagen sind nicht quantifizierbar.

2. *Methoden*

Die mathematischen Theorien der Ablauf- und Planungsforschung stehen schon seit langer Zeit zur Verfügung, aber erst die Anwendung moderner Rechenautomaten gestattet die Lösung der dabei auftretenden umfangreichen Gleichungssysteme mit vielen Unbekannten in einer wirtschaftlich vertretbaren Zeit. Heute ist die Technik bereits soweit entwickelt, daß viele Hersteller von Rechenanlagen entsprechende fertige Programme (z.B. für die Matrizenrechnung) und andere Hilfen mitliefern können.

Die wichtigsten zur Zeit benutzten Verfahren sind:

a) Lineare Planungsrechnung (linear programming)[16].
Mit linearer Planungsrechnung bezeichnet man bestimmte kalkulatorische Verfahren zur Berechnung optimaler Verhaltensweisen einer Unternehmung bei Vorliegen einschränkender Nebenbedingungen. Die mathematische Aufgabe ist dabei die Suche nach den Extrema einer linearen Funktion unter Nebenbedingungen, die in Form von linearen Ungleichungen gegeben sind.

b) Die Theorie der Warteschlangen behandelt Probleme des günstigsten Verhältnisses zwischen den Kosten, die durch Ungleichmäßigkeiten in Mengenflüssen (Stauungen oder Warten bei Fließbandproduktion, Transportmitteln, Nachrichtenanlagen usw.) entstehen und den Kosten, die für deren Vermeidung oder Beseitigung aufzuwenden sind.

c) Theorie der Spiele.
Einen Sinn für unternehmerische Disposition, insbesondere auch Erkenntniskraft zur Schulung des Entscheidungsdenkens erhalten die Modelle, wenn man mit ihnen experimentiert, die wirtschaftlichen oder andere beeinflußbare Parameter ändert und jeweils die Ergebnisse beobachtet. Das Ziel besteht darin, die beste Strategie und die besten Gewinnaussichten beim Wettbewerb mit mehreren Konkurrenten zu erreichen.

Im Wirtschaftsleben der USA haben die neuen Methoden bereits festen Fuß gefaßt und werden, besonders in den letzten Jahren, ständig auf immer neue Gebiete angewandt[17]. Eine Schwierigkeit für die Übertragung der analytischen Methoden auf Teilgebiete des Betriebs- und Wirtschaftslebens in Deutschland und vor allem für das Erkennen aller Anwendungsmöglichkeiten im Betrieb liegt darin, daß bis heute kein ausgebildetes Personal vorhanden ist. Operations research bedarf einer Team-Arbeit, bei der gute mathematische und betriebswirtschaftliche Grundkenntnisse, praktische betriebswirtschaftliche Erfahrung sowie ein ausgeprägtes analytisches und kombinatorisches Denken notwendig sind.

---

16 siehe hierzu den Aufsatz von Hax, H., „Lineare Planungsrechnung und Simplexmethode als Instrumente betriebswirtschaftlicher Planung", in: „Zeitschrift für handelswissenschaftliche Forschung", 12. Jahrgang, 1960, S. 578.

17 Näheres hierzu in dem Beitrag des Verfassers: „Elektronische Rechenanlagen als Lenkungsmittel der Unternehmensführung", in: „Probleme der Betriebsführung"; „Festschrift zum 65. Geburtstage von Otto R. Schnutenhaus", Berlin, 1959, S. 245 f.

D. Elektronische Datenverarbeitung als Lehrgebiet

I. Literatur

Mit der wachsenden Zahl der installierten datenverarbeitenden Systeme und der ständigen Erschließung neuer Anwendungsbereiche ist auch das Schrifttum über diesen Gegenstand außerordentlich gewachsen. Die älteren Schriften beruhen auf der Erfahrung von Wissenschaftlern und Technikern und hatten nur wenig Verbindung zu kommerziellen Anwendungsgebieten. In einer zweiten umfangreichen Literaturwelle wurden in theoretischen Diskussionen die Einsatzmöglichkeiten überaus optimistisch dargestellt, angeregt durch die Flut amerikanischer Veröffentlichungen, die oft auf wesentlich anderen Verhältnissen als den europäischen basieren.

Erst seitdem wir in Deutschland eigene Erfahrungen mit der elektronischen Datenverarbeitung machen konnten, entstanden realistischere Publikationen. Neben einigen größeren grundlegenden Werken über das Gebiet der Technik der Rechenautomaten bilden besonders die Artikel in den verschiedenen Fachzeitschriften eine reiche Informationsquelle. Große Anstrengungen unternehmen auch die Herstellerfirmen, um die Erfahrungen, die bei einem Kunden gemacht wurden, möglichst allen Interessenten mitteilen zu können. Bisher fehlen jedoch grundlegende betriebswirtschaftliche Werke über die wirtschaftliche Anwendung der neuen Verfahren. Ferner fehlt die Einarbeitung der neuen Verfahren in das System der Betriebsorganisation.

Angesichts der erdrückenden Vielzahl von Veröffentlichungen ist ein Projekt der Deutschen Forschungsgemeinschaft besonders verdienstvoll. Die Kommission für Rechenanlagen der Deutschen Forschungsgemeinschaft hat 1953 in Darmstadt eine Literatur- und Dokumentationsstelle eingerichtet, die die Veröffentlichungen des In- und Auslandes auf dem Gebiet der modernen Rechenanlagen, ihrer Entwicklung und Anwendung zentral erfaßt und zugänglich macht. Damit ist schon in den Anfangsjahren der Entwicklung von elektronischen Rechenanlagen in Deutschland wertvolle Dokumentationsarbeit geleistet worden, die heute nicht mehr nachzuholen wäre. In vierteljährlichen Titellisten[18] wird das Material der Öffentlichkeit nach folgenden Gebieten gegliedert zugängig gemacht:

1. Allgemeines und Randgebiete
   1. 1 Berichte, Übersichten, Konferenzen
   1. 2 Automatisierung
   1. 3 Informationstheorie, Kybernetik, Zeichenerkennung usw.

---

[18] „Titel von Veröffentlichungen über Analog- und Ziffernrechner und ihre Anwendung", herausgegeben von der Literaturstelle der Kommission für Rechenanlagen der Deutschen Forschungsgemeinschaft, bearbeitet vom Institut für praktische Mathematik der TH Darmstadt, Dir. Prof. Dr. A. Walther, Franz Steiner Verlag GmbH, Wiesbaden.

1. 4 Maschinelle Sprachübersetzung
1. 5 Automatische Werkzeugmaschinen

2. Ziffernrechner
   2. 1 Beschreibung ganzer Ziffernrechner
   2. 2 Logische und mathematische Struktur, Schaltkreismathematik
   2. 3 Ausführungsformen für Kommandowerk, Rechenwerk, Speicherwerk, Eingabewerk, Auslieferungswerk
   2. 4 Einzelbauteile für Ziffernrechner, technischer Aufbau, physikalische Grundlagen
3. Analogrechner (mit Untergebieten)
4. Verwendung von Ziffernrechnern
   4. 1 Gebrauch von Rechenanlagen, Datenverarbeitung, Datenübertragung
   4. 2 Programmieren, Formelsprachen
   4. 3 Bearbeitete Probleme mit Ziffernrechnern, mathematische Verfahren
5. Deutsche Patentanmeldungen

Spezieller auf die kommerzielle elektronische Datenverarbeitung gerichtet ist die Dokumentation des 1958 gegründeten „Stichting Studiecentrum voor Administratieve Automatisering" in Amsterdam[19], wo neben der zentralen Literatursammlung auch eigene Forschungsarbeiten über Probleme der elektronischen Datenverarbeitung betrieben werden.[20]

II. Die Ausbildungsdienste der Herstellerfirmen und öffentlichen Organisationen

Im Mittel sind in den USA für einen Rechenautomaten 17 Bedienungs- und Betreuungskräfte eingesetzt (für Großanlagen bis zu 30)[21]. Dieser Personalbedarf wird bei der Einführung oft unterschätzt. Der Fortschritt der Technologie hat allerdings eine Spezialisierung zur Folge gehabt, die die Anforderungen an die Ausbildung und die Auslese von Arbeitskräften, wie sie bei jeder technischen Neuerung zu erwarten sind, nicht untragbar überhöht[22]; so kann man aus den Berichten über den erfolgreichen Einsatz entnehmen, daß in der Regel die Mehrzahl der Arbeitskräfte für

---

19 Leitung Prof. R. W. Starreveld und Dr. M. Euwe, Universität Amsterdam, Amsterdam-West, Stadhouderskade 6.

20 In den USA hat Prof. Robert H. Gregory vom Massachusetts Institut of Technologie bis 1958 mit seinen Assistenten bereits etwa 2000 Bücher und Artikel über elektronische Rechenanlagen und automatische Datenverarbeitung erfassen können.

21 nach „Rechenanlagen" in: „Elektronisches Rechnen", Deutsche Forschungsgemeinschaft, Bad Godesberg, 1958, S. 23.

22 Pirker, T., „Soziologische Auswirkungen der Automatisierung im Büro", Vortrag vor dem AWV, Dezember 1959, Frankfurt am Main.

die neuen Arbeitsplätze aus der Belegschaft des Unternehmens selbst rekrutiert werden konnte. Ohne die Ausbildungsdienste der Hersteller wären die Betriebe jedoch in jedem Falle in Schwierigkeiten geraten, da andere Institutionen für eine Ausbildung nicht existieren. Obwohl die Herstellerfirmen in ihren Orientierungskursen für leitende Angestellte und in den mehr technischen Kursen für die Programmierung und Wartung der Anlagen große Leistungen vollbringen, haben diese Ausbildungen naturgemäß den Mangel, daß sie vorwiegend eine Unterrichtung über die jeweiligen Anlagen des betreffenden Herstellers darstellen.

Daneben bemühen sich in steigendem Maße auch andere Institutionen der Wirtschaft (wie RKW, AWV, Industrie- und Handelskammern), oft unterstützt von den Herstellerfirmen, um eine bessere Unterrichtung auf dem Gebiet der elektronischen Datenverarbeitung. Von besonderer Bedeutung ist dabei der internationale Erfahrungsaustausch, der durch diese Organisationen in die Wege geleitet und finanziell unterstützt wird.

III. Elektronische Datenverarbeitung als Lehrgebiet an den Universitäten

An den wirtschaftswissenschaftlichen Fakultäten der Hochschulen und Universitäten der Bundesrepublik, deren dringendes Anliegen die Lehre und Forschung auf einem für die Zukunft so bedeutsamen Gebiet sein sollte, ist unter den gegenwärtigen Verhältnissen eine entsprechende hinreichende wissenschaftliche Ausbildung der Studierenden ausgeschlossen; dies gilt weniger für die mathematisch-technische Seite des Gebietes, sondern für die betriebswirtschaftlich-organisatorische, die zufolge der elektronischen Datenverarbeitung völlig neuartige Organisations- und Arbeitsablaufmethoden erfordert. Es fehlen fast völlig die für eine ausreichende Ausbildung notwendigen umfangreichen Mittel. So wächst in der betriebswirtschaftlichen Ausbildung der Abstand Deutschlands gegenüber anderen Staaten wie den USA und der Sowjetunion bislang progressiv. In den USA wurden schon 1957 an 75 Universitäten und Hochschulen Lehrgänge über automatische Datenverarbeitung und elektronische Rechenanlagen abgehalten. Jeder bedeutenden Universität stehen dabei für diese Zwecke eine oder mehrere Rechenanlagen zur Verfügung.

Die Erfahrungen, die in den USA gemacht worden sind, sollten in Deutschland beachtet und genutzt werden, solange eigene Erfahrungen nicht vorliegen. Da die Ausbildung sowohl die Studierenden als auch die Führungskräfte in der Wirtschaft mit den neuen Methoden vertraut machen soll, haben sich in den USA folgende grundsätzliche Lehrgangsarten herausgestellt[23]:

---

[23] siehe „Final Report AAA Committee on Accounting Instruction in Data Processing 1957—1958", o. O., 1958.

a) Reguläre 2- bis 4stündige Vorlesungen je Woche über ein oder mehrere Semester
b) Seminare mit vorwiegend praktischer Arbeit im Rechenzentrum
c) Abendkurse
d) Kurzlehrgänge informatorischen Charakters für leitende Angestellte (sog. Sommerkurse)

Generell wird schon im Titel einer Vorlesungsreihe der Tatsache Ausdruck verliehen, daß die Maschinen nur Werkzeuge der Datenverarbeitung sind mit dem Ziel, Informationen zu schaffen; etwa „Informationssysteme für die Unternehmungsführung"[24] oder „Betriebswirtschaftliche Grundlagen der Datenverarbeitung". Das Prinzip der systematischen Datenverarbeitung wird herausgearbeitet, unabhängig von den manuellen, elektromechanischen oder elektronischen Methoden. Erst in zweiter Linie wendet sich die Stoffbehandlung den Werkzeugen zu. Dabei wird auch in der Programmierung von allgemeinen „Programmen" ausgegangen, die jedem System betriebswirtschaftlicher Datenverarbeitung (ob manuell oder elektronisch) mehr oder weniger ausgeprägt zugrunde liegen. So empfiehlt sich folgende Aufteilung der zur Verfügung stehenden Zeit[25]:

50% Theorie der Datenverarbeitung, Informationstheorie, Systemanalysen
25% Studium der verschiedenen elektronischen Rechenanlagen und anderer Geräte der Datenverarbeitung, Ausrüstung und Arbeitsweise
25% Entwicklung von Ablaufdiagrammen, Programmierung, Codierung und praktische Arbeiten an einer Anlage

Ein Beispiel eines Vorlesungsplanes möge das Gesagte verdeutlichen[26]:

1. Theorie der Datenverarbeitung (10 Vorlesungen)
   Buchhaltungstechniken — Aufgaben und Organisation des Berichtswesens, Spezialisierung und Integrierung — Datenflußdiagramme — Informationstheorie und Management-Probleme — Kosten und Wert von Informationen
2. Systemanalyse (4 Vorlesungen)
   Grundlagen — Anwendungsmöglichkeiten und -studien — Methoden — Hilfsmittel

---

[24] „Management Information Systems" als Titel der Vorlesungsreihe über betriebswirtschaftliche Datenverarbeitung am Massachusetts Institute of Technology.

[25] Erfahrung der American Accounting Association, s. „Final Report AAA Committee on Accounting Instruction in Data Processing 1957—1958", o. O., 1958.

[26] Nach dem Vorlesungsplan von Prof. Gregory am M. I. T., in: „Final Report AAA Committee on Accounting Instruction in Data Processing 1957—1958", o. O., 1958.

3. Spezielle Problembereiche (5 Vorlesungen)
   Datenerarbeitung und Genauigkeit — Verbindung der Daten — Verarbeitung — Datenwiedergabe — Personalauswahl — Personaltraining
4. Geräte der Datenverarbeitung (6 Vorlesungen)
   Elektromechanische Geräte — elektronische Anlagen — Peripherie-Geräte — Installation
5. Programmierung für Elektronenrechner (12 Vorlesungen)
   Von den Grundlagen bis zur selbständigen Programmierung von Abläufen
6. Anwendungen (6 Vorlesungen)
   Anwendungen in den Hauptbereichen der kaufmännischen Verwaltung — linear programming

Zur Unterstützung der Vorlesungen dienen umfangreiche Literatursammlungen, Unterlagen der Herstellerfirmen und Zeitungsartikel, von denen sich jeder Student eine Auswahl im Laufe des Semesters durch eigene schriftliche Kommentare erarbeiten muß; praktische Kenntnis von den Aufgaben und Methoden bringen vor allem eigene Arbeiten an einer Anlage mit selbstprogrammierten Problemen.

Über den Umfang der Sommerkurse berichtete kürzlich Professor Matz/Philadelphia[27]; 4 Wochen lang lebten im letzten Jahr Wirtschaftsprüfer aus ganz USA auf dem Universitätsgelände und erhielten von 17 Professoren und Fachleuten aus der Praxis eine intensive Ausbildung auf dem Gebiet der Datenverarbeitung.

Demgegenüber verfügen wir in Deutschland nicht einmal über schwache Anfänge einer systematischen betriebswirtschaftlichen Schulung auf diesem Gebiet. Eine Übersicht, die von der Deutschen Forschungsgemeinschaft zusammengestellt wurde[28], zeigt den Umfang der Vorlesungen und Übungen über die Technik, Programmierung und Anwendung digitaler Rechenautomaten für das Jahr 1958; an 8 Universitäten und 9 Technischen Hochschulen in der Bundesrepublik und Westberlin wurden zusammen 49 Vorlesungen meist geringer Wochenstundenzahl und Übungen abgehalten. Dabei entfielen auf:

	Wochenstunden	
	Vorlesung	Übung
Technische Theorie der Rechner und Rechentheorie	34	17
Programmieren	32	12
Arbeiten am Rechner		9
Theorie der Anwendung der Rechenanlagen	5	2

[27] Vortrag am 1. 6. 1961 in Berlin.

[28] Übersicht als Anhang zu: „Rechenanlagen", Deutsche Forschungsgemeinschaft, Bad Godesberg, 1958.

Nur eine einstündige Vorlesung behandelte 1958 die Anwendung in Wirtschaft und Verwaltung[29], nur eine zweistündige Vorlesung über Programmierung war für Wirtschaftswissenschaftler eingerichtet. Das Gewicht lag bisher eindeutig auf der Technik der Rechenautomaten. Ein Grund ist darin zu suchen, daß die Vorlesungen und Übungen sich größtenteils auf die an den betreffenden Hochschulen vorhandenen Rechenanlagen ausrichten, die ausnahmslos für technische oder mathematische Fakultäten angeschafft oder von diesen selbst gebaut worden sind.

Wie bedeutsam der Mangel einer wirtschaftswissenschaftlichen Ausbildung auf diesem Gebiet ist, wird durch den in der Praxis bereits erreichten Umfang der Anwendung unterstrichen; der Mangel an eigenen Geräten gestattet darüber hinaus der Lehre und Forschung nicht, moderne Verfahren zu prüfen und anzuwenden.

IV. Unternehmensspiele zur Schulung des Entscheidungsdenkens

1. Grundlagen und Methode

In Fortsetzung des Trends der letzten hundert Jahre müssen wir für die nächste Zukunft eine progressive Zunahme an neuem Wissen, neuen Produkten und neuen Lebensformen erwarten. Auf technischem Gebiet ist diese Entwicklung besonders anschaulich. Die Entwicklung wird zwangsläufig erfolgen, ohne daß die genaue Richtung und die Schwerpunkte sich mit Sicherheit voraussagen lassen. Für die Vorbereitung auf die damit verbundenen zukünftigen Aufgaben tritt daher die beschreibende Vermittlung des auf die Gegenwart bezogenen Fachwissens an Bedeutung zurück gegenüber der Ausbildung und Schulung des Denkprozesses, der Entscheidungsfähigkeit, der geistigen Beweglichkeit und Aufnahmefähigkeit. In hervorragendem Maße dazu geeignet erscheinen die sog. „Unternehmensspiele" oder „strategischen Spiele", die auf der Grundlage der „Theorie der Spiele und wirtschaftlichen Verhaltensweisen"[30] in den USA entwickelt worden sind. Wegen des Umfanges der dabei durchzuführenden Rechenoperationen sind elektronische Rechenanlagen eine unerläßliche Voraussetzung für die Einführung dieser Unternehmensspiele als Lehrmittel.

Die Methoden finden im allgemeinen Anwendung für Situationen, die durch folgende — im übertragenen Sinne für die arbeitsteilige Marktwirtschaft typische — Umstände gekennzeichnet sind:

---

[29] Im Sommersemester 1961 hielt der Verfasser eine zweistündige Hauptvorlesung über die betriebswirtschaftlichen Organisationsgrundlagen der elektronischen Datenverarbeitung in den Unternehmungen der Wirtschaft.

[30] v. Neumann, J., Morgenstern, O., „Theorie of Games and Economic Behavoir", Princeton, 1944, 1947.

a) Es treten Interessenkonflikte zwischen mehreren handelnden Parteien auf (Konkurrenzprobleme).
b) Der Ausgang des Spieles ist zum Teil vom Zufall bzw. von unbeeinflußbaren äußeren Faktoren abhängig.
c) Entscheidend ist das Verhalten der Teilnehmer; sie können auf Grund ihrer intellektuellen Fähigkeiten das Ergebnis nach ihren Nutzenvorstellungen für sich günstig beeinflussen.
d) Es wird vorausgesetzt, daß sich die Handelnden rational verhalten, ihre Möglichkeiten abwägen und werten können und ihre Chancen wahrnehmen.

Diese Theorie der Spiele ist durch den Einsatz von Elektronenrechnern für die in den USA verbreitete Methode der „Fallstudien" nutzbar gemacht worden, die dadurch an Wirklichkeitsnähe gewinnen, daß durch die neuen Hilfsmittel die Zahl der bei der Entscheidungsbildung zu berücksichtigenden Einflußgrößen wesentlich erhöht werden kann.

In einem Unternehmensspiel wird die wirtschaftliche Entwicklung mehrerer Unternehmen, die durch Spielerteams „geleitet" werden, in einem hypothetischen Markt simuliert, wobei die Geschwindigkeit der modernen Rechenautomaten bei der Errechnung der Ergebnisse es den Spielern gestattet, die unternehmerische „Erfahrung" mehrerer Jahre auf einen kurzen Zeitraum zu komprimieren.

Um ihre „Unternehmen" zu leiten, müssen die Spielerteams für jede fiktive Geschäftsperiode (Monat, Halbjahr) Entscheidungen fällen, wie sie in der unternehmerischen Praxis ständig erforderlich sind, z.B. über:

Rohstoffbedarf, Produktionsplan für die einzelnen Werke;
Neubau von Werken, Verkauf unrentabler Fabriken;
Ausgaben für Werbung, Kundendienst, technischen Fortschritt, Forschung und Entwicklung;
Marktstrategien (insbesondere Produktionsprogramm, Verkaufspreis, Produktionsmengen);
spezielle Einzelentscheidungen.

Als Informationen stehen die Anfangsdaten der „Firmen" in Form von Bilanz, Gewinn- und Verlustrechnung, Marktübersichten, Lagerbestandsübersichten usw. zur Verfügung, und als Ergebnis erhalten die Teilnehmer die gleichen Übersichten, verändert durch die Wirkung ihrer Entscheidungen in der vergangenen Periode, sowie die Bilanzen und „veröffentlichten" Daten ihrer Konkurrenten.

An der Universität von Kalifornien ist ein Spiel entwickelt worden[31], das ganz auf die Erfordernisse eines kurzfristigen Trainings und Tests abgestellt ist. Innerhalb von $1^1/_2$ Tagen leiten die Teilnehmer ihre „Unter-

[31] Jackson, J. R., „UCLA Executive Game No. 2", a Preliminary Report, University of California, Los Angeles, Discussion Paper No. 66, 1958.

nehmen" mit ihren Entscheidungen durch einen Zeitraum von 5 Jahren. Der entscheidende Grundgedanke ist dabei, daß das Spiel Planungsspiel sein soll. Nachdem die Teilnehmerteams vor Beginn das Ziel für ihr Unternehmen festgelegt — sei es Expansion, sei es eine gleichmäßig hohe Dividende oder auch nur Sicherung gegen eine Rezession — und ihre generelle Politik sowie die Einzelpläne für jeden Unternehmensbereich aufgestellt haben, erlaubt ihnen der Zeitdruck für jede Periode nicht mehr, ihre Entscheidungen auf Grund von Einzelüberlegungen jeweils neu zu erarbeiten, sondern sie müssen im Rahmen des einmal gesetzten langfristigen Planes schnelle Entscheidungen treffen. In einer Schlußbesprechung wird die Situation der Unternehmen an Hand zahlreicher Diagramme aufgezeigt, die verfolgte Politik erläutert und das erzielte Ergebnis kommentiert.

Ein anderes Ziel verfolgt das vom Carnegie Institute of Technologie entwickelte „Management Game"[32]. Es dient mehr der langfristigen Ausbildung während eines ganzen Semesters in Verbindung mit Vorlesungen über Unternehmenspolitik, Finanzpolitik, Fertigungsplanung usw. Dabei wird von dem Gedanken ausgegangen, daß es auch in der Praxis nicht üblich ist, alle qualifizierten Unternehmerentscheidungen für eine Geschäftsperiode in wenigen Minuten zu fällen. In einer Vorlesungswoche sollen nur etwa 3 „Monate" geplant werden, so daß für jede Entscheidung Zeit für gedankliche Durchdringung und Diskussion zur Verfügung steht.

Nachdem die Verfahren zuerst in den USA durchgeführt waren, haben sich jetzt in Europa die Herstellerfirmen von Elektronenrechnern um eine Nutzbarmachung der Erfahrungen verdient gemacht. Im sogenannten Laboratorium für Unternehmensforschung einer großen Herstellerfirma wird in Zürich mit Hilfe eines Elektronenrechners innerhalb zweier Tage die Entwicklung mehrerer Unternehmen während einiger Jahre simuliert; die Teilnehmer sind meist führende Persönlichkeiten der schweizerischen Wirtschaft und Verwaltung. Eine andere Firma hat die Methode weiterentwickelt, indem sie die Möglichkeit bietet, ein Grundmodell den Verhältnissen eines bestimmten Unternehmens und seines Marktes durch individuelle Bestimmungen von 500 Variablen anzupassen[33].

2. *Erkenntniskraft und pädagogische Bedeutung*

Die Spiele sind in mehrerer Hinsicht von besonderem Wert für die Schulung des Entscheidungsdenkens.

---

[32] „The C. I. T. Management Game", Carnegie Institute of Technology, Pittsburgh, Pennsylvania, 1958.

[33] „Das Bull-Unternehmensspiel", Exacta-Continental Büromaschinenwerk GmbH, Köln 1960.

Als kurzfristiges Trainings- und Testspiel bewirkt es vor allem eine hohe Konzentration der Spieler auf die wirtschaftliche Interpretation des Spiels. Sie lernen, schnell ein Gleichgewicht zu finden zwischen der Vielfalt der gebotenen Informationen, der Schwierigkeit der gestellten Probleme, der Zahl der zu fällenden Entscheidungen und der zur Verfügung stehenden Zeit. Wenn auch die Spieler nicht mit Unwichtigkeiten belastet werden, werden ihnen doch wesentlich mehr Informationen geboten, als notwendig, und da jeder Entschluß auf Grund einer dieser Informationen für den weiteren Verlauf mitentscheidend ist, haben die Spieler die wichtige Aufgabe, zu erkennen, welches jeweilige Gewicht die Daten für eine bestimmte betriebliche Situation haben.

Das Unternehmensspiel soll als pädagogisches Hilfsmittel aber mehr sein als nur ein Test der Spieler auf betriebswirtschaftliches Urteilsvermögen und die Fähigkeit, komplizierte Entscheidungen in angemessener Zeit zu fällen; es soll den Teilnehmern — Studenten oder Führungskräften — die Möglichkeit geben, das Denken in wirtschaftlichen Zusammenhängen und ihre in Studium oder Praxis erworbenen besonderen Fähigkeiten zu üben. Die Spieler werden dabei den komplexen Zusammenhängen einer Umwelt gegenübergestellt, die durch den Elektronenrechner simuliert wird. Das Spiel ist ein „Planungsspiel", nicht nur ein fallweises optimales Entscheidungsfällen. Auf der einen Seite stehen spezifische Entscheidungen für Teilbereiche des Unternehmens, und zwar nicht nur als Vorbereitungen oder Teilentscheidungen für größere Zusammenhänge, sondern auch als selbständige Probleme, die für sich eingehender Überlegung wert sind (z.B. die in sich komplexen Probleme der Fertigung, der Werbung, der technischen Entwicklung); es entsteht ein Zwang, eigene Gedanken für jeden betrieblichen Teilbereich zu entwickeln, der noch dadurch verstärkt wird, daß die Teilnehmer ihre Funktionen als Vertriebsleiter, Entwicklungsleiter usw. während des Spielverlaufs untereinander tauschen. Auf diese Weise fördert das Spiel auch die Teamarbeit. Über die Einzelbereiche hinaus ist eine große Zahl von untereinander zusammenhängenden Entscheidungen zu fällen — verschiedenen Gewichts und in unterschiedlich starker Abhängigkeit voneinander. So lernt der Teilnehmer, betriebswirtschaftliche Leitungsprobleme zu analysieren und zu lösen, die bei der praktischen Führung eines Unternehmens als Komplex vorhanden sind. Nirgends sonst, am wenigsten in der Praxis, sind solche Erfahrungen und die Übung in der Entscheidungsbildung in so kurzer Zeit und derartiger Konzentration möglich.

Neue Grunderkenntnisse für die Betriebswirtschaftslehre lassen sich aus dem Unternehmensspiel allerdings nicht ableiten; denn es ist auf der Basis der von der Betriebswirtschaftslehre erforschten Gesetzmäßigkeiten programmiert worden und stellt nur eine Anwendung auf ein mehr oder weniger wirklichkeitsnahes Modell dar. Doch kann die Simulierung komplexer Vorgänge die strategischen Spiele auch zu einem wertvollen Werkzeug der Forschung machen, z.B. auf dem Gebiet der Erforschung der Möglichkeiten und Grenzen der Programmierung von Entscheidungen und ihren Auswirkungen oder für die betriebswirtschaftliche Verhaltensforschung.

Für die Anwendung auf echte Unternehmensentscheidungen in der Praxis — etwa als strategische „Sandkastenspiele" des Unternehmers — sind die Spiele bei dem heutigen Stand der Technik und der Methoden noch nicht verwertbar. Allein die Rechnerkapazität begrenzt die Anzahl der Konkurrenten auf einige wenige (im Unternehmensspiel der Universität Los Angeles 9). An Stelle der im Wirtschaftsleben vorhandenen Konkurrentenzahl von einigen Dutzend, einigen Hundert oder sogar einigen Tausend können die Entscheidungen der Konkurrenz in einem Elektronenrechner nur in sehr engen Grenzen erfaßt werden. Der Unberechenbarkeitsspielraum der zukünftigen Wirtschaftsentwicklung läßt sich mit keiner Methode und mit keinem Rechengerät ausschalten. Die Unternehmerpersönlichkeit kann in der Marktwirtschaft auch in ferner Zukunft niemals ersetzt werden, aber der unsichere Entscheidungsbereich läßt sich beachtlich einengen.

Anpassung der Betriebe an die Wirtschaftslage[1]

von

Prof. Dr. *F. Henzel*, Mannheim

„In dem Maße, wie die Erkenntnis der Bewegungsänderungen und der Bewegungsursachen steigt, wird sich für den Betriebswirtschafter die Notwendigkeit entwickeln, aus den Kenntnissen praktische Regeln für eine Bewegungspolitik der Betriebe abzuleiten. Dazu ist nicht einmal notwendig, daß schon die letzte und endgültige Erklärung der Bewegungsursachen gefunden sei, denn es genügt oft schon, bestimmte Tendenzen des Ablaufs zu kennen, um den Betrieb zu besserer Anpassung an das wirtschaftliche Geschehen zu führen als bisher."[2] Mit diesen Worten weist F. Schmidt auf die Notwendigkeit einer wissenschaftlichen Behandlung der Wirtschaftsbewegung hin, die ihn s. Z. zu einer eigenen Konjunkturlehre führte.

Diese Wirtschaftsbewegungen sind mehrfacher Art. Sie umfassen[3]:

1. *Einmalige* Veränderungen, sogen. Strukturänderungen entweder als
   kontinuierliche: Entwicklung, Wachstum, bzw. in der gegenteiligen Erscheinung:
   Umbildung und Rückbildung. Sie finden ihren Ausdruck in dem *Trend*[4] als Entwicklungslinie über mehrere Jahre. Oder sie treten als:
   diskontinuierliche, plötzliche Veränderungen im Gefüge der Wirtschaft auf.

2. *Periodische* Bewegungen als lang- oder kurzwellige Abläufe:
   Konjunkturschwankungen
   Saisonschwankungen
   und im Bereich der Unternehmung
   Schwankungen im Verlaufe eines Monats,
   einer Woche, eines Tages.

---

[1] Die vorliegende Abhandlung stellt eine Ergänzung zu meiner Schrift „Der Unternehmer in der Konjunktur" Ffm. 1959 dar.

[2] Schmidt, F.: Die Wirtschaftsbewegung in Betriebs- und Volkswirtschaft, Frankfurt/Main 1953.

[3] In teilweiser Anlehnung an „Wagemann's Konjunkturlehre".

[4] Die Methoden zur Trendbestimmung sind ausführlich in meiner Schrift „Marktanalyse und Budgetierung", Berlin 1933 behandelt.

Während sich die Wissenschaft bisher sehr eingehend mit den periodischen oder zyklischen Bewegungen befaßt hat, ist das nicht in gleichem Maße bei den Strukturänderungen der Fall. Verstehen wir unter Struktur das Gefüge, den Aufbau eines Wirtschaftsgebildes aus seinen Elementen, z. B. für die Volkswirtschaft[5]:

das Verhältnis der Wirtschaftszweige untereinander,
das Verhältnis der Betriebsgrößen,
die Standortverteilung
die soziale Schichtung
Konzentration und dergl.,

so ergibt sich der *Strukturwandel als Veränderung dauernder Art*, als eine Verschiebung im Gefüge dieses Wirtschaftsgebildes[6].

Diese verschiedenartigen Änderungen der Wirtschaftslage zu erkennen, ist für den Führungsentscheid unserer Unternehmer wichtig, da sie ganz verschiedene Maßnahmen der Anpassung, sowohl in gradueller wie auch in zeitlicher Beziehung, als rasche oder langfristige Anpassung bedingen.

Strukturwandel der Wirtschaft

Im Verlauf des Wirtschaftsaufschwunges im vergangenen Jahrzehnt läßt sich ein wesentlicher Wandel in der Struktur feststellen. Die Auswirkung zeigt sich zunächst in der *Höhe des Sozialproduktes*, wie die nachstehende Tabelle zeigt (S. 142).

Danach ist das Bruttosozialprodukt von 1950—1960 von 113,1 auf 233,8 Mrd. DM angestiegen, das Netto-Sozialprodukt von 100,9 auf 213,9 Mrd. DM. Das Jahr 1950 = 100 gesetzt, ergibt das bei dem Bruttosozialprodukt eine Steigerung auf 207%, bei dem Nettosozialprodukt auf 212%. Die Tabelle zeigt außerdem die prozentuale Zunahme in den einzelnen Jahren; bei dem Bruttosozialprodukt zwischen 3,3 und 8% pro Jahr, bei dem Nettosozialprodukt zwischen 2,9 und 7,9% pro Jahr. Eine solche Steigerung des Sozialproduktes auf mehr als das Doppelte in dem Beobachtungszeitraum läßt nun die Frage nach den Ursachen dafür entstehen. Ohne auf diesen umfangreichen Komplex auch nur annähernd eingehen zu können, interessiert den Wirtschafter hier das Problem, inwieweit dabei strukturelle Änderungen der Wirtschaft als Ursache, als Begleiterscheinung oder als Folge festzustellen sind.

---

[5] Z. T. nach Thalheim: Aufriß einer volksw. Strukturlehre 1939

[6] Vgl. z. B. Mellerowicz, K.: Kosten und Kostenrechnung, 3. Aufl., 1957.

Jahr	in Preisen von 1954		
	Brutto-sozialprodukt	Abschreibungen usw.	Netto-sozialprodukt zu Marktpreisen
	Mrd. DM		
1950	113,1	12,2	100,9
1954	156,4	13,6	142,8
1957	196,5	16,4	180,1
1958	202,9	17,6	185,3
1959	216,5	18,3	198,2
1960	233,8	19,9	213,9
	Veränderungen gegenüber dem Vorjahr %		
1954	+ 7,4	+ 3,7	+ 7,8
1957	+ 5,4	+ 7,2	+ 5,3
1958	+ 3,3	+ 7,1	+ 2,9
1959	+ 6,8	+ 3,9	+ 7,0
1960	+ 8,0	+ 8,9	+ 7,9
	1950 = 100		
1954	138	112	142
1957	174	135	178
1958	179	145	184
1959	191	150	196
1960	207	164	212

Auszug aus „Wirtschaft und Statistik" 1961, H. 1, S. 17.

Tab. 1.

Die Volkswirtschaft

1. Änderung der Nachfrage- und Verbrauchsstruktur

Sie ist das Ergebnis einer ganzen Reihe von Faktoren:

a) Stand und Tendenzen auf dem Gebiete der Gesundheitspflege und des Sportes. Sie führen zu neuem Bedarf und zu Bedarfsverschiebungen und haben damit wesentlichen Einfluß auf Herstellung und Handel in den einschlägigen Artikeln.

b) Der technische Fortschritt, der sich z.B. in der zunehmenden Verwendung von elektrischen Geräten im Haushalt und dergleichen zeigt.

c) Damit hängt eng zusammen das Aufkommen von Konkurrenz- und Ersatzfabrikaten aus anderen Stoffen, etwa die vielseitige Verwendung des Glases als Baustoff an Gebäuden und insbesondere der mannigfache Einsatz moderner Kunststoffe.

d) Änderungen in den Wohnsitten. War es vor einigen Jahren noch die Wohnungsnot, die überwiegend zum Bau von kleinen Wohnungen führte, so zeigt sich nun als Folge des allgemeinen Wohlstandes die Nachfrage nach immer größeren und komfortablen Wohnungen, Stadt- und Landhäusern. Das bedeutet wiederum erhöhte Anforderungen an Wohnungseinrichtungen usw.

e) Geschmacks- und Modetendenzen.

Durchschnittliche monatliche Ausgaben für die Lebenshaltung je Haushalt nach Ausgabegruppen in konstanten Preisen (des Jahres 1950)
4-Personen-Arbeitnehmerhaushalte einer mittleren Verbrauchergruppe
Bundesgebiet (ohne Saarland und Berlin), ab Juli 1960 Bundesgebiet ohne Berlin

Ausgabengruppe	1950 %	1952 %	1954 %	1956 %	1958 %	1960 %
Nahrungsmittel	46,4	42,4	40,2	38,0	37,1	36,2
darunter: tierischen Ursprungs	24,5	23,0	22,5	21,6	21,0	20,1
pflanzlichen Ursprungs	20,4	18,1	16,2	14,8	14,4	14,2
Getränke und Tabakwaren	5,8	6,3	7,7	8,7	9,4	9,5
Heizung und Beleuchtung	5,4	4,8	4,5	4,6	3,9	3,7
Wohnung*	10,5	9,7	9,3	8,8	9,0	9,2
Hausrat	4,6	6,8	8,1	8,3	8,8	8,6
Anschaffungen von						
Möbeln u. a. Einrichtungsgegenständen	1,5	2,7	3,5	3,4	3,7	3,5
Elektrotechnischen Geräten	—	0,3	0,6	0,8	1,2	1,3
Gardinen, Teppichen, Betten, Decken	1,1	1,3	1,5	1,5	1,3	1,3
Bett-, Haus- u. Küchenwäsche	0,3	0,6	0,7	0,8	0,7	0,7
Bekleidung	13,6	15,9	15,2	16,6	15,3	15,4
Oberbekleidung (ohne Schuhe)	5,7	7,7	7,5	8,5	8,0	7,7
Schuhe und Zubehör	3,6	3,4	3,0	3,1	2,8	2,8
Unterbekleidung	3,1	3,5	3,4	3,6	3,3	3,5
Reinigung und Körperpflege	4,3	4,4	4,6	4,6	4,6	5,1
Bildung und Unterhaltung	7,2	7,5	8,0	7,8	8,6	8,0
Verkehr	2,2	2,2	2,4	2,6	3,3	4,3

* Einnahmen aus Untervermietung abgesetzt.

Auszug — aus Wirtschaft und Statistik 1961, Heft 4.

Tab. 2

Diese angedeuteten Änderungen der Bedarfsentwicklung und damit der Marktstruktur können
vom Verbraucher ausgehen, der Neuheiten wünscht, oder
vom Erzeuger, der Neues entwickelt und anbietet.

Die zahlreichen Industrie-Messen und Ausstellungen, wie die ACHEMA, zeugen davon. Die Entwicklung kann aber auch ihren Ausgang nehmen
bei dem Rohstofferzeuger, als Vorstufe der eigentlichen Gebrauchs- oder Verbrauchsgüterherstellung, der neue Stoffe, wie etwa die zahlreichen Kunststoffe und Kunstfasern schafft und damit den Weiterverarbeiter anregt oder gar zwingt, zu diesen Stoffen überzugehen. (Beispiel: statt emaillierter Behälter, solche aus Kunststoffen.) Oder die Entwicklung geht aus
von der Nachstufe der Erzeugung, die neuartige Rohstoffe verlangt.

Deutlich zeigt sich die Änderung der Nachfrage- und Verbrauchsstruktur in der Lebenshaltung, wie sich aus der vorstehenden Tabelle 2 ergibt.

Zugrundegelegt ist der Verbrauch in Arbeitnehmerhaushalten von vier Personen in seiner Veränderung von 1950—1960, wie er vom Statistischen Bundesamt errechnet wurde. Preisänderungen sind dabei ausgeschaltet, alle Preise sind auf 1950 bezogen. Werden die monatlichen Ausgaben je Haushalt für die Lebenshaltung = 100 gesetzt, dann entfallen davon auf die einzelnen Ausgabengruppen die angegebenen Prozentsätze, z. B. auf Nahrungsmittel zwischen 46,4% im Jahre 1950 und 36,2% im Jahre 1960.

Der Strukturwandel zeigt sich dabei in der Zu- und Abnahme bei den einzelnen Ausgabengruppen.

Zugenommen haben z. B.		*1950*		*1960*	
Getränke und Tabakwaren	von	5,8	auf	9,5%	= auf das 1,6fache
Hausrat	von	4,6	auf	8,6%	= auf das 1,9fache
und darunter Elektrogeräte	von	0,3	auf	1,3%	= auf das 4,3fache
Schuhe	von	3,6	auf	7,7%	= auf das 2,2fache
Verkehr	von	2,2	auf	4,3%	= auf das 2,0fache

Abgenommen haben beispielsweise

Nahrungsmittel	von	46,4	auf	36,2%	= auf das 0,8fache
davon pflanzliche	von	20,4	auf	14,2%	= auf das 0,7fache
Heizung und Beleuchtung	von	5,4	auf	3,7%	= auf das 0,7fache

Interessant ist in diesem Zusammenhang auch die Tabelle 3, die eine Änderung des Verbrauches an Nahrungsmitteln zwischen 1935/38 und 1958/59 in kg je Einwohner und Jahr zeigt. In der Tabelle sind nur die wichtigsten Nahrungsmittel aus den statistischen Untersuchungen herausgegriffen. Dabei zeigt sich in besonderem Maße eine

Verbrauch an Nahrungsmitteln 1935/38 und 1951 bis 1959

a) in kg je Einwohner und Jahr

Nahrungsmittel	1935/38	1951/52	1952/53	1953/54	1954/55	1955/56	1956/57	1957/58	1958/59
	Wirtschaftsjahr								
Getreideerzeugnisse in Mehlwert	110,5	99,4	98,1	95,9	96,8	93,9	91,7	89,5	85,9
darunter Brotgetreideerzeugnisse in Mehlwert	108,0	96,0	94,8	92,9	93,8	90,9	88,5	86,1	82,5
Reis (poliert)	2,5	1,3	1,2	1,2	1,5	1,7	1,5	1,4	1,4
Hülsenfrüchte	2,3	1,3	1,7	1,6	1,8	1,7	1,7	1,5	1,2
Kartoffeln	176,0	177,0	170,0	163,0	160,0	157,0	152,0	150,0	142,0
Zucker	25,5	24,9	24,1	25,6	26,7	27,4	28,3	28,0	29,0
Gemüse	51,9	44,0	43,9	48,6	41,6	48,3	45,3	48,9	45,9
Frischobst	36,3	44,9	59,4	56,3	58,2	45,2	56,6	28,8	76,5
Südfrüchte	5,7	7,9	11,2	13,0	13,1	14,7	13,6	18,8	18,9
Rindfleisch ohne Fett	14,8	10,8	11,9	13,5	14,0	14,5	15,6	16,0	16,0
Kalbfleisch	3,2	1,8	2,0	2,0	2,0	1,8	1,9	1,8	1,7
Schweinefleisch ohne Fett	29,2	21,8	23,2	23,4	24,9	26,5	27,1	28,8	28,9
Innereien	1,9	1,5	1,7	1,9	2,1	2,2	2,2	2,4	2,4
Geflügelfleisch	1,7	1,2	1,3	1,5	1,7	1,7	2,0	2,4	3,1
Vollmilch (einschl. Sahne)	126,0	114,8	121,1	123,8	120,0	119,9	116,5	114,8	112,4
Mager- und Buttermilch	11,2	11,0	11,1	10,7	10,2	10,5	10,2	10,4	10,5
Käse	3,5	3,9	3,9	4,1	4,2	4,2	4,3	4,3	4,5
Speisequark	0,9	1,6	1,5	1,6	1,8	1,9	2,1	2,2	2,2
Butter in Produktgewicht	8,1	6,8	6,2	6,8	7,0	7,0	7,2	7,4	7,8
Schlachtfette in Reinfett	6,3	5,3	6,1	6,0	5,9	6,1	5,8	5,8	5,9
Pflanzliche Öle und Fette, tierische Öle in Reinfett	8,0	10,5	12,1	12,7	13,3	13,6	13,7	13,3	13,0
Eier	7,4	7,4	7,9	9,0	10,0	10,0	11,3	11,6	12,5
Fische (Frischgewicht)	11,8	12,3	11,9	11,7	12,3	12,7	12,0	12,1	11,4

Auszug aus dem Stat. Jahrbuch 1960, S. 530.

Tab. 3

Zunahme des Verbrauches bei

Zucker	von	25,5	auf	29,0	= auf das	1,1fache
Rindfleisch	von	14,8	auf	16,0	= auf das	1,1fache
Geflügelfleisch	von	1,7	auf	3,1	= auf das	1,8fache
Käse	von	3,5	auf	4,5	= auf das	1,3fache
Quark	von	0,9	auf	2,2	= auf das	2,5fache
pflanzlichen Ölen und Fetten	von	8,0	auf	13,0	= auf das	1,6fache
Eiern	von	7,4	auf	12,5	= auf das	1,6fache
Frischobst	von	36,3	auf	76,5	= auf das	2,1fache
Südfrüchten	von	5,7	auf	18,9	= auf das	3,3fache

Abnahme des Verbrauches bei

Getreideerzeugnissen	von	110,7	auf	85,9	= auf das	0,8fache
insbesondere Brot	von	108,0	auf	82,5	= auf das	0,8fache
Reis	von	2,5	auf	1,4	= auf das	0,6fache
Hülsenfrüchten	von	2,3	auf	1,2	= auf das	0,5fache
Kartoffeln	von	176,0	auf	142,0	= auf das	0,6fache

Hier zeigt sich die Auswirkung der modernen Ernährungswissenschaft und ihrer Lehre, beispielsweise von den Vitaminen, aber auch das Gesättigtsein und der Prosperität. Diese Erscheinung wirkt sich natürlich, wie noch zu zeigen sein wird, sehr merkbar auf bestimmte industrielle Branchen aus.

2. *Strukturänderung der volkswirtschaftlichen Produktion*

Aus der Gesamtzahl der mehr als 50 Produktions-Indizes, die von dem Statistischen Bundesamt veröffentlicht werden, sind in der nachstehenden Tabelle 4 nur 24 herausgegriffen, in denen die Strukturänderung besonders deutlich sichtbar wird. Die Tabelle zeigt in Prozenten von 1950 jeweils den höchsten Wert sowie den niedrigsten ab 1957 und den letzten Stand etwa vom April 1961. Ergänzend dazu vermittelt die graphische Darstellung Tabelle 5 den Verlauf einiger dieser Indizes von 1950—1961. Beide Tabellen zeigen die ganz verschiedene Entwicklung der einzelnen Branchen und damit die strukturelle Verschiebung innerhalb der industriellen Produktion der westdeutschen Wirtschaft.

Während sich beispielsweise

sonstige Elektro-Geräte gegen 1950	auf das	14,7fache
die Kunststoffverarbeitung	auf das	11,0fache
Personenkraftwagen bis 1,5 l	auf das	10,5fache,

also vom Wirtschaftswunder begünstigt, entwickelt haben, gehören zu den Stiefkindern dieser Entwicklung

Index der industriellen Nettoproduktion einzelner Industriezweige arbeitstäglich

1950 = 100

		höchst	niedr. ab 1957	letzt. 1961
1.	Industrie gesamt	281	203	266
2.	Krafträder, Fahrräder	162	95	108
3.	Metallerzbergbau	140	110	115
4.	Kohlenbergbau	127	110	118
5.	Ledererzeug.-Industrie	137	102	128
6.	Säge- und Holzbearbtg.	135	109	133
7.	Gaserzeugung	208	167	167
8.	Textil-Industrie	188	151	178
9.	Schuh-Industrie	206	126	197
10.	Zellstoff- und Pap.-Erz.	210	173	201
11.	Eisenschaffende Industrie	251	184	247
12.	Bau-Hauptgew.	275	110	276
13.	Elektriz. Erzeugung	299	210	266
14.	Chemiefaser-Erzeugung	406	234	405
15.	Elektrotechn. Invest.-Güter	425	260	425
16.	Rundfunk, Fernsehen, Phonogeräte	664	327	442
17.	Elektro-Industrie	495	291	478
18.	Erdölgewinnung	555	368	553
19.	Personen-Kraftwagen über 1,5 l	587	344	554
20.	Fahrzeugbau	604	317	578
21.	Mineralöl-Verarbeitung	662	289	662
22.	Personen-Kraftwagen bis 1,5 l	1099	476	1045
23.	Kunststoff-Verarbeitung	1086	475	1075
24.	Sonstige Elektro-Geräte	1470	770	1470

Tab. 4

die Kraftrad- und Fahrrad-Industrie, die es nur auf das 1,1fache
der Metallerzbergbau auf das 1,2fache
der Kohlenbergbau auf das 1,2fache
gegenüber dem Stand von 1950 gebracht haben.

Eine Strukturänderung in der industriellen Erzeugung ergibt sich auch aus dem Produktionsergebnis je Arbeiter und je Arbeiterstunde der nachstehenden Tabelle 6[1].

Das *Produktionsergebnis je Arbeiter* ist, 1950 = 100 gesetzt, im Jahre 1960 beispielsweise gestiegen auf

[1] aus „Wirtschaft und Statistik" 1961, H. 4.

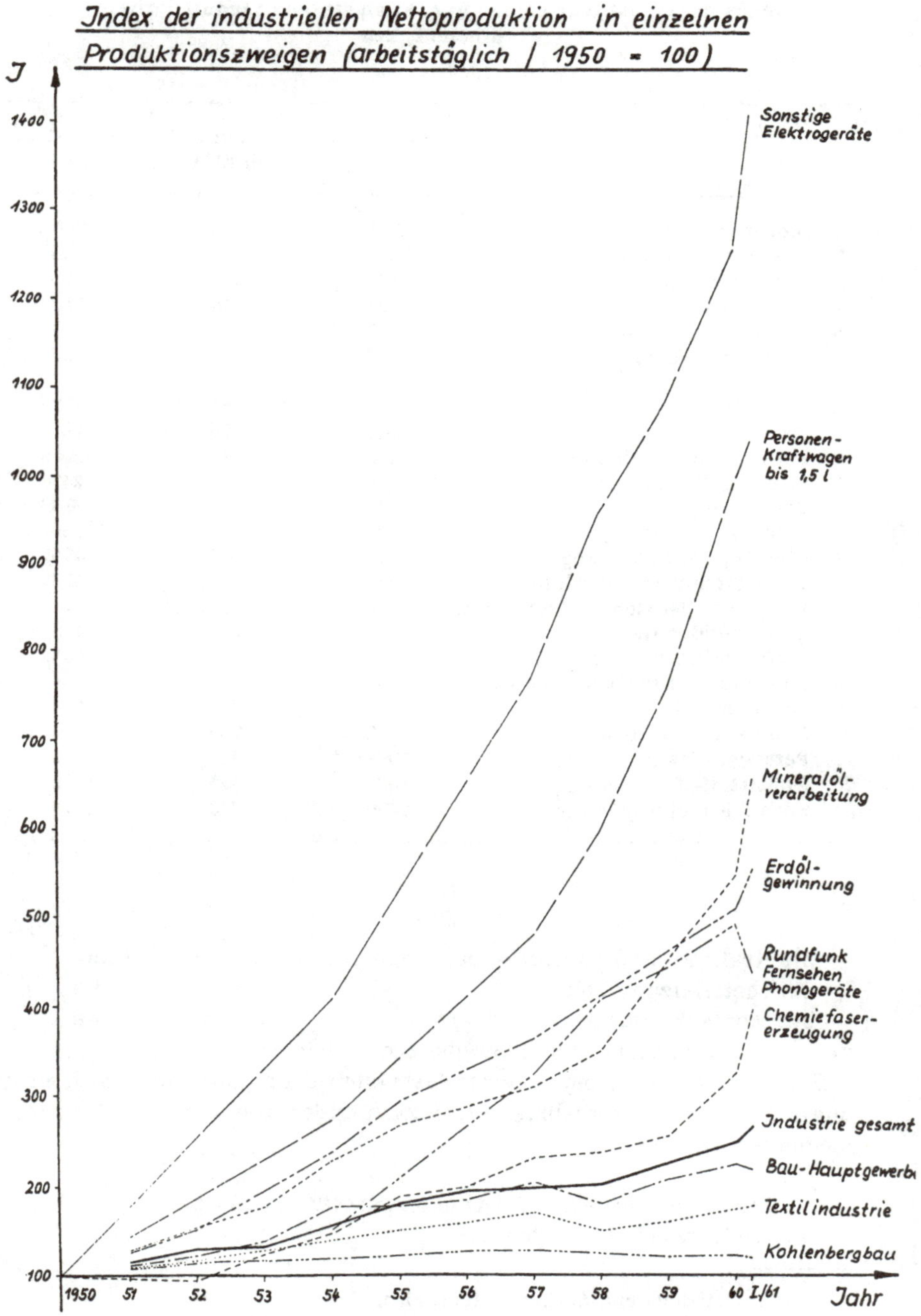
Jndex der industriellen Nettoproduktion in einzelnen Produktionszweigen (arbeitstäglich / 1950 = 100)
J
1400
1300
1200
1100
1000
900
800
700
600
500
400
300
200
100
1950
51
52
53
54
55
56
57
58
59
60
I/61
Jahr
Sonstige Elektrogeräte
Personen-Kraftwagen bis 1,5 l
Mineralöl-verarbeitung
Erdöl-gewinnung
Rundfunk Fernsehen Phonogeräte
Chemiefaser-erzeugung
Jndustrie gesamt
Bau-Hauptgewerbe
Textilindustrie
Kohlenbergbau

Gesamtindustrie	166%
Kohlenbergbau	127%
Bekleidungsindustrie	144%
Eisenschaffende Industrie	152%
Chemische Industrie	206%
Kunststoffverarbeitende Industrie	254%
Fahrzeugbau	254%
Mineralölverarbeitende Industrie	355%
Erdölgewinnung	435%

Die Produktion je Arbeiter war also 1960 auf das 1,27fache bis 4,35fache von 1950 gestiegen.

Das *Produktionsergebnis je Arbeiterstunde* hat im Jahre 1960 eine Erhöhung erfahren gegenüber 1950 auf

Gesamtindustrie	184%
Stahlbau	142%
Maschinenbau	160%
Schuhindustrie	161%
Musikinstrumente, Schmuck- und Spielwaren	202%
Brauereien	203%
Kunststoffverarbeitung	278%
Fahrzeug	285%
Mineralölverarbeitung	402%
Erdölgewinnung	491%

Sowohl in dem Produktionsergebnis je Arbeiter als auch je Arbeiterstunde zeigt sich die Auswirkung einer Rationalisierung und damit einer Produktivitätssteigerung, im wesentlichen bedingt durch einen Arbeitskräftemangel. Die Zu- bzw. Abnahme in den Jahren 1959 und 1960 ist in den gesonderten Spalten angegeben.

Eine dritte Strukturänderung zeigt sich in dem Brennstoff- und Energieverbrauch der Tabelle 7. Danach hat der Verbrauch in den einzelnen Industriezweigen von 1956—1959

bei der Kohle abgenommen zwischen 6 und 26%,	im ganzen um	9%
bei dem Heizöl zugenommen bis zu 250%,	im ganzen um	106%
bei dem Gas allgemein abgenommen bis zu 25%,	im ganzen um	10%
bei dem elektrischen Strom zugenommen zwischen 14 und 22%,	im ganzen um	20%

Im Jahre 1960 und zum Teil 1961 wird eine weitere Entwicklung in der angedeuteten Richtung eingetreten sein, beispielsweise durch die fortschreitende Elektrifizierung der Bundesbahn.

Eine weitere Strukturänderung tritt in der *Größenverschiebung* der Industriezweige und damit in ihrer Betriebsgröße in Erscheinung. Tabelle 8 gibt einen Ausschnitt aus den Veröffentlichungen des Statistischen Bundesamtes für die sieben Jahre von 1952—1958. Die Entwicklung zeigt folgendes Ergebnis:

	Anzahl der Betriebe Zu- und Abnahme in %	Beschäftigtenzahl Zu- und Abnahme in %
Gesamt-Industrie	gleichgeblieben	+ 28 %
Kohlenbergbau	— 32 %	?
Metallerzbergbau	— 29 %	— 47 %
Eisenschaffende Industrie	gleichgeblieben	+ 30 %
Chemische Industrie	gleichgeblieben	+ 34 %
Nahrungs- und Genußmittelindustrie	— 11 %	+ 20 %
Lederindustrie	— 31 %	+ 4 %
Schuhindustrie	— 22 %	+ 14 %
Erdölindustrie	+ 28 %	gleichgeblieben
Investitionsgüterindustrie	+ 8 %	+ 50 %
Elektrotechnische Industrie	+ 17 %	+ 88 %
Kunststoff-Industrie	+ 92 %	+ 90 %
Bekleidungsindustrie	+ 10 %	+ 34 %
Fahrzeugbau	gleichgeblieben	+ 53 %
Schiffbau	gleichgeblieben	+ 51 %

Danach ist also eine wesentliche Verschiebung im Verhältnis der Industriezweige zueinander eingetreten, teils in der Betriebs-Größe, teils in der Anzahl der Betriebe.

Noch eine andere strukturelle Erscheinung ergibt sich aus der Statistik.

Im Bergbau hat die prozentuale Anzahl der Kleinbetriebe

bis 499 Beschäftigte je Betrieb abgenommen

von 500 Beschäftigten je Betrieb an zugenommen.

In der Grundstoff- und Produktionsgüter-Industrie

hat die Anzahl der Betriebe

bis 999 Beschäftigte je Betrieb ab-, darüber zugenommen (in der Größenklasse 100 und mehr um 19 % gegen 1952).

In der Investitionsgüter-Industrie haben die Betriebe zahlenmäßig

bis 999 Beschäftigte ab-, darüber zugenommen (in der Größenklasse 1000 und mehr um 29 % gegen 1952).

Brennstoff- und Energieverbrauch

Industriegruppe	Bergbau	Grundstoff u. Prod.-güter-industrien	Investitions-güter-industrien	Verbrauchs-güter-industrien	Nahrungs- und Genuß-mittel-industrien	Gesamte Industrie
Kohleverbrauch (1000 t SKE)						
1956	21537	41929	3193	4921	3505	75086
1957	20912	42360	2733	4323	3651	73979
1958	20778	38720	2603	3918	3332	69350
1959	20059	39495	2374	3631	2918	68476
Änderung 1959/56	— 7 %	— 6 %	— 26 %	— 26 %	— 17 %	— 9 %
Heizölverbrauch (t)						
1956	110058	2124660	289846	401917	151320	3077801
1957	89858	2285847	369098	514402	229711	3488916
1958	81711	3050573	627219	719320	358434	4837257
1959	106257	4006293	773593	936938	524381	6347462
Änderung 1959/56	— 4 %	+ 89 %	+ 170 %	+ 130 %	+250 %	+ 106 %
Gasverbrauch (Mill. cbm)						
1956	7076	8339	1501	811	112	17839
1957	7541	8615	1458	757	114	18485
1958	7122	8556	1469	717	115	17980
1959	5312	8443	1450	704	117	16026
Änderung 1959/56	— 25 %	+ 1 %	— 3 %	— 13 %	+ 5 %	— 10 %
Stromverbrauch (Mill. kWh)						
1956	9091	35150	6072	4393	1880	56585
1957	9782	37810	6350	4626	2082	60650
1958	10250	38744	6854	4742	2148	62738
1959	10373	42384	7371	5065	2251	67444
Änderung 1959/56	+ 14 %	+ 20 %	+ 22 %	+ 15 %	+ 20 %	+ 20 %

Tab. 7

Veränderungen der Anzahl der Betriebe und der darin beschäftigten Personen einzelner Industriezweige während der Jahre 1952—1958
Quellen: Statistische Jahrbücher für die BRD 1954 (S. 228—229), 1956 (S. 202—203), 1958 (S. 182—183) und 1960 (S. 216—217)

Jahr / Industriezweig	1952		1954		1956		1958	
	Anzahl der Betriebe	Anzahl der Besch. in 1000	Anzahl der Betriebe	Anzahl der Besch. in 1000	Anzahl der Betriebe	Anzahl der Besch. in 1000	Anzahl der Betriebe	Anzahl der Besch. in 1000
Bergbau (gesamt)	994	627	872	646	896	661	820	656
Kohlenbergbau	603	556	460	566	475	577	410	?
Metallerzbergbau	31	12	28	11	25	10	22	7
Erdölgewinnung	—	—	58	13	68	14	74	13
Grundstoff- und Produktionsgüter-industrie	23098	1319	22659	1407	23601	1576	23072	1603
Eisenschaffende	140	227	132	235	132	279	138	295
Chemische Industrie	4662	320	4620	353	4723	399	4598	428
Holzbearbeitende	6558	104	6287	99	6558	102	6515	95
Investitionsgüter-Industrie	18643	1858	19147	2124	20000	2597	19979	2780
Fahrzeugbau	779	219	776	244	765	309	749	336
Schiffbau	224	72	230	86	230	105	189	109
Elektro-techn.	2333	339	2394	428	2647	552	2725	642
Verbrauchsgüter-industrie	33029	1614	33610	1797	33951	1972	32653	1943
Holzverarbeitende	5004	192	5024	217	5167	232	5032	232
Kunststoffverarb.	742	30	872	39	1140	50	1424	66
Ledererzeugende	471	36	403	36	356	37	326	37
Schuhindustrie	1317	93	1161	97	1115	105	1028	106
Bekleidungsind.	5188	241	5290	267	5555	317	5704	321
Nahrungs- und Genuß-mittelindustrien	16061	431	15721	460	15193	494	14321	517
Gesamte Industrie	91825	5848	92009	6433	93641	7300	90845	7499

Tab. 8

In der Verbrauchsgüter-Industrie haben die Betriebe zahlenmäßig
bis 199 Beschäftigte ab-, darüber zugenommen (in der Größenklasse 1000 und mehr 20 % gegen 1952).

In der Nahrungs- und Genußmittelindustrie haben die Betriebe zahlenmäßig
bis 99 Beschäftigte ab-, darüber zugenommen (in der Größenordnung 1000 und mehr um 33 % gegen 1952).

In der gesamten Industrie hat die Anzahl der Betriebe
bis 199 Beschäftigte ab-, darüber zugenommen (in der Größenklasse 1000 und mehr um 14 % gegen 1952).

Hier zeigen sich offensichtlich Konzentrationstendenzen, indem kleinere Betriebe stillgelegt oder von großen übernommen wurden. Eine ähnliche Entwicklung wie in der Industrie, ergibt sich für das Bau-Hauptgewerbe[7]. Danach haben die Betriebe insgesamt von 60 482 auf 58 696 abgenommen. Zahlenmäßig vermindert wurden die Betriebe mit 1—19 Beschäftigten, vermehrt die Betriebe über 20 Beschäftigte. Die insgesamt Tätigen in den kleineren Betrieben bis zu 9 Beschäftigte haben sich vermindert, die Anzahl der in den größeren Betrieben Tätigen hat sich insgesamt erhöht.

Sowohl in der Industrie, wie auch im Baugewerbe zeigt die Statistik nur durchschnittliche Verhältnisse. In Wirklichkeit sind die Unterschiede in den einzelnen Fällen und damit in der strukturellen Verschiebung wesentlich stärker.

3. *Strukturänderung des Verkehrs*

Hier sei lediglich der Personenverkehr als Charakteristik betrachtet, wie er in Tabelle 9 dargestellt ist (S. 154).

Die Wandlung zeigt sich besonders im Vergleich der Jahre 1955—1959 mit 1936, der eine Steigerung auf das 2,2—2,7fache von damals ergibt. Interessant ist dabei, daß die Anzahl der beförderten Personen
im Eisenbahnverkehr zurückgegangen
im Straßenbahnverkehr zurückgegangen
im Omnibus-Ortsverkehr gestiegen
im Omnibus-Überlandverkehr gestiegen ist.

Nach *Personen-Kilometern* ist
im Eisenbahnverkehr ein Rückgang
im Straßenbahnverkehr ein Rückgang
im Omnibusverkehr ein Zugang festzustellen.

Es ist also eine Verlagerung vom Schienenverkehr zum Omnibusverkehr festzustellen. Auch im Güterverkehr ergibt sich
für Eisenbahn und Binnenschiffahrt eine Abnahme,
für Lastkraftwagen eine Zunahme.

Und schließlich sei der Strukturwandel im Verkehr noch an der Statistik

[7] s. Stat. Jahrb. 1960, S. 259.

1. Öffentlicher Personenverkehr 1936 und 1955 bis 1959 nach Verkehrsarten

Verkehrsarten	1936		1955		1956		1957		1958		1959	
	Mill.	vH	Mill.	vH	Mill.	vH	Mill.	vH	Mill.	vH	Mill.	vH
Beförderte Personen												
Eisenbahnverkehr	749	29,6	1 391	21,2	1 457	20,8	1 474	20,9	1 363	20,0	1 315	19,4
Straßenbahnverkehr	1 605	63,5	3 359	51,2	3 471	49,5	3 363	47,9	3 195	46,8	3 094	45,6
Omnibuslinienverkehr ..												
Ortsverkehr	92	3,6	698	10,7	833	11,9	902	12,8	958	14,0	1 018	15,0
Überlandverkehr	83	3,3	1 109	16,9	1 252	17,8	1 295	18,4	1 312	19,2	1 353	19,9
Luftverkehr	•	•	2	0,0	3	0,0	3	0,0	3	0,0	4	0,1
Insgesamt	**2 529**	**100**	**6 559**	**100**	**7 016**	**100**	**7 037**	**100**	**6 831**	**100**	**6 784**	**100**
Geleistete Personenkilometer												
Eisenbahnverkehr	23 585	74,0	35 919	53,8	38 811	53,9	40 475	54,5	38 742	53,7	38 434	53,5
Straßenbahnverkehr	7 200	22,6	16 410	24,6	16 760	23,3	16 230	21,8	15 440	21,4	14 660	20,4
Omnibuslinienverkehr ..												
Ortsverkehr	400	1,2	2 790	4,2	3 250	4,5	3 610	4,9	3 830	5,3	3 900	5,4
Überlandverkehr	700	2,2	11 040	16,5	12 380	17,2	13 010	17,5	13 060	18,1	13 650	19,0
Luftverkehr	•	•	645	0,9	816	1,1	932	1,3	1 080	1,5	1 248	1,7
Insgesamt	**31 885**	**100**	**66 804**	**100**	**72 017**	**100**	**74 257**	**100**	**72 152**	**100**	**71 892**	**100**

Tab. 9

3. Bestand an Kraftfahrzeugen und Kraftfahrzeuganhängern

a) am 1. 7. 1938 und 1954 bis 1959 nach Fahrzeugarten

1000

Jahr / Land	Krafträder		Personenkraftwagen einschl. Krankenkraftwagen	Kombinationskraftwagen	Kraftomnibusse einschl. Obusse	Lastkraftwagen				Zulassungspflichtige Zugmaschinen	Sonderkraftfahrzeuge	Kraftfahrzeuge insgesamt	Kraftfahrzeuganhänger
	zusammen	darunter Kraftroller				zusammen	mit Nutzlast bis 1999 kg	mit Nutzlast von 2000 bis 4999 kg	mit Nutzlast von 5000 und mehr kg				
Bundesgebiet ohne Berlin													
1. Juli 1938	868,7	—	725,0	—	11,7	218,3	139,1	72,7	6,5	30,0	9,2	1 863,2	
1. Juli 1954	2 327,2	152,3	1 388,8	33,0	25,5	586,6	359,9	172,5	40,1	377,4	29,0	4 767,5	323,4
1. Juli 1955	2 465,6	237,4	1 626,4	69,8	26,4	579,2	352,4	167,4	44,1	464,6	32,2	5 265,2	327,5
1. Juli 1956	2 486,8	326,6	1 965,4	103,6	27,6	592,2	353,2	171,9	50,5	554,9	37,2	5 767,6	335,5
1. Juli 1957	2 431,6	402,1	2 362,6	136,9	29,1	612,1	374,6	180,4	57,0	633,0	39,9	6 245,2	346,5
1. Juli 1958	2 224,6	441,9	2 816,2	175,4	29,9	620,0	382,5	176,4	61,2	710,7	42,1	6 619,0	342,0
1. Juli 1959	1 989,4	471,3	3 337,6	221,9	30,1	603,6	373,6	161,6	68,4	784,1	42,0	7 008,6	325,4

Tab. 10

des Kraftfahrzeug-Bestandes demonstriert, dessen Entwicklung vorstehende Tabelle 10 zeigt (Statist. Jahrb. 1960).

Die Tabelle zeigt eine Zunahme 1959 gegen 1938
bei Personenwagen auf das 4,6fache
bei Omnibussen auf das 2,6fache
bei Lastwagen auf das 2,8fache
bei Kraftfahrzeugen im ganzen auf das 3,8fache.

Die bisherigen Ausführungen sind Streiflichter, in denen sich die Entwicklung einer aufstrebenden Wirtschaft aus Trümmern zu einer beachtlichen Höhe dokumentiert. Vieles in der Struktur dieser Volkswirtschaft hat sich geändert als Folge einer Wandlung der Wirtschaft, ihrer Branchen und Einzelunternehmen — oder etwa als ihre Ursache? Und so gilt es, zunächst die Wirtschaftszweige in ihrer Veränderung zu betrachten.

Die Branchenwirtschaft

1. *Änderung der quantitativen Absatzstruktur*

Zu den Industriezweigen, die an dem wirtschaftlichen Aufschwung der letzten zehn Jahre nicht teilgenommen haben, gehört mit an erster Stelle die *Mühlen-Industrie*. Wie sich bereits aus dem Verbrauch an Nahrungsmitteln in Tabelle 3 ergibt, ist der Verbrauch von Getreide-Erzeugnissen gegenüber 1938 um 22% zurückgegangen. Um die dadurch entstandenen Überkapazitäten zu beseitigen und insbesondere unrationell arbeitende Kleinbetriebe stillzulegen, bedurfte es der Mitwirkung des Staates. Das im Juni 1957 erlassene Mühlengesetz sieht einen Investitionsstop und eine Entschädigung für Betriebe vor, die zur Stillegung bereit sind. Mit dieser Entschädigung von DM 10 000,— für jede Tonne stillgelegte Tageskapazität sollte eine Stillegung von insgesamt 10 000 t Tageskapazität erreicht werden. Die Abfindungsbeträge von insgesamt etwa 100 Millionen DM sollen von den weiterarbeitenden Mühlen aufgebracht werden. Unter Auswirkung des Mühlengesetzes wurde bereits ein erheblicher Teil der Kapazität stillgelegt. Damit ist eine Änderung der Branchenstruktur nach Größe und Leistungsfähigkeit der Betriebe eingetreten, die aber wahrscheinlich noch fortschreiten wird.

Eine ähnliche Entwicklung hat sich im *Braugewerbe* vollzogen. Man spricht dort von einer Strukturkrise im Schatten einer überhitzten Gesamtkonjunktur. 700 Brauereien, meist Kleinbetriebe, seien seit 1940 eingegangen[8]. Von fachmännischer Seite wird in diesem Zusammenhang darauf hingewiesen, daß es exakte statistische Angaben über die Größenstruktur im Braugewerbe erst seit 1957 gibt. Danach habe sich in den vier Jahren

[8] Handelsblatt vom 30. 6. 1961.

bis 1959 die Anzahl der Brauereien im Bundesgebiet um 61 vermindert. Handelt es sich dabei meist um einen Verkauf oder um Geschäftsaufgabe, so sind doch auch Zusammenschlüsse zwischen größeren Brauereien in der letzten Zeit festzustellen, die als echte Konzentration zu bezeichnen sind.

Auch in anderen Branchen machen sich bereits Überkapazitäten bemerkbar. Es wurde kürzlich auf die dabei auftretende Branchenkrise „mitten in der Hochkonjunktur gerade in den bisher von der Konjunktur ausgesprochen begünstigten Wirtschaftszweigen" hingewiesen[9], so beispielsweise in der Motorradproduktion, bei Kleinwagen, Kühlschränken und Fernsehgeräten.

Bei *Feinblech-Kaltwalzwerken*, einem Sektor, auf dem vor einigen Jahren noch ein erheblicher Engpaß bestand, zeigen sich wegen zu starker Produktionsausweitung bereits Überkapazitäten.

Im Gegensatz dazu zeigt sich auf dem Bausektor ein Engpaß im *Ausbau-Handwerk*[10]. Während das Bauhauptgewerbe mehr und mehr durch Mechanisierung unter Einsatz von ungelernten Arbeitern ausgeweitet wurde, blieb das für den Innenausbau notwendige Handwerk, das überwiegend aus Facharbeitern besteht, unterentwickelt.

Von der Entwicklung der letzten Jahre schwer betroffen sind die *Emaillierwerke*. Soweit es sich um die Anfertigung von Behältern für die Chemische Industrie handelt, setzte bereits vor zwei bis drei Jahrzehnten eine rückläufige Beschäftigung ein — durch die Verwendung von Behältern aus nichtrostendem Stahl an Stelle der emaillierten. Neuerdings ist nun auch für emaillierte Haus- und Küchengeräte, Spielsachen und dergleichen durch das Aufkommen der Kunstoff-Industrie eine Absatzkrise eingetreten. Soweit man in der Branche diese Entwicklung nicht rechtzeitig erkannte und sich nicht auf diese neuen Stoffe umstellte, sind ernsthafte Schwierigkeiten für die betreffenden Betriebe entstanden.

2. *Änderung der qualitativen Absatzstruktur*

Sie zeigt sich bei Nahrungsmitteln, beispielsweise in der stärkeren Nachfrage nach magerem Fleisch, was dazu führt, daß z.B. Schweine überwiegend auf Fleisch und kaum mehr auf Fett gezüchtet werden (Schlachttiere mit geringem Gewicht). In steigendem Maße werden pflanzliche an Stelle von tierischen Fetten verwendet. Die Qualitätsänderung zeigt sich ferner in modischen Strömungen bei Hausrat, Möbeln und dergleichen, in der zunehmenden Verwendung von Elektrogeräten, allgemein in einer mehr und mehr aufwendigen Lebensführung und damit Bevorzugung teuerer Qualitäten.

---

[9] Frankfurter Allgemeine Zeitung vom 26. 6. 1961.

[10] Desgleichen.

Die Betriebswirtschaft

1. *Änderung der Absatzstruktur industrieller Betriebe ohne strukturelle Änderung der Produktion*

Hier sind mannigfache Änderungen möglich. Betrachtet man den Absatz für sich allein, so kann es sich dabei handeln:

a) um eine Änderung im *geographischen Bereich*, Inlands- und Auslandsabsatz sowie hinsichtlich der Gebiete,

b) um eine Änderung der Absatzwege über Filialen oder über Händlerorganisationen, entweder nur an Wiederverkäufer oder auch an letzte Verbraucher, etwa im Versandgeschäft und dergleichen. Auch die Bildung einer gemeinsamen Verkaufsorganisation mit anderen Unternehmungen gehört hierher,

c) um eine Änderung nach Typen und Sorten durch Aufnahme fremder Erzeugnisse zur Ergänzung der eigenen Kollektion als Zukauf oder durch Beteiligung an einer anderen Fabrik, so z. B. hat eine Fabrik für Damen- und Kinderschuhe die vom Vertrieb aus nachteilige Begrenzung des Fabrikationsprogrammes dadurch ausgewiesen, daß sie sich an einer Herrenschuhfabrik beteiligte;

d) Vergebung von Fabrikationslizenzen im In- und Ausland an Stelle der Errichtung neuer, eigener Kapazitäten. Das kann besonders im Verkehr mit Entwicklungsländern von Bedeutung sein. Es wurde in diesem Zusammenhang von „Lizenz-Export" an Stelle von „Kapital-Export" gesprochen.

2. *Änderung der Produktionsstruktur ohne strukturelle Änderung des Absatzes*

Solche Möglichkeiten sind dann gegeben, wenn ein Betrieb seine Produktionsanlagen modernisiert und in stärkerem Maße Rationalisierung durch Mechanisierung und Maschinisierung durchführt. Das beginnt schon mit dem Übergang von Mehrzweck- zu Einzweckmaschinen, Umstellung von der funktionalen Werkstättenfertigung — gleichartige Tätigkeiten und Anlagen werden räumlich zusammengefaßt, zu Abteilungen wie Dreherei, Fräserei usw. — auf Gruppen- und Straßenfertigung, wobei verschiedenartige Anlagen, aber entsprechend einer zweckmäßigen Aufeinanderfolge, zusammengefaßt sind. Dabei besitzt die Größe der Werkstattaufträge, die Serienstückzahl eine besondere Bedeutung im Hinblick auf die Kostengestaltung. Übergang von der Serienfertigung zu fließender Fertigung ist mit einer Verminderung der Durchlaufzeit verbunden. Damit treten hier die Probleme Materialfluß und Kapitalfluß in Erscheinung.

Im allgemeinen wird man sagen können, daß organisatorische Änderungen, auch z. B. im Terminwesen, in der Arbeitsvorbereitung, in den Lohnmethoden und dergleichen, zu strukturellen Änderungen tendieren. Die organisatorische Durchführung in der eisen- und metallverarbeitenden Industrie, im Maschinenbau kann beispielsweise so sein, daß bezogene Werkstoffe und Halbzeuge (Walzmaterial, Guß und Schmiedestücke) zunächst gelagert, dann vorbearbeitet und wieder gelagert werden, anschließend fertiggestellt und als Fertigteile gelagert (Räder, Achsen, Wellen usw.), diese Teile dann in der Montage mit anderen Teilen zu Gruppenteilen zusammengefügt, diese nunmehr gelagert und schließlich zu fertigen Motoren montiert und als solche gelagert werden. Das bedeutet also:

Lagerung	→ Vorfertigung →	Lagerung	→ Fertigung →	Lagerung	→ Fertigung →	Lagerung	→ Fertigung →	Lagerung
Rohlinge		Halbfertige Teile		Fertig-Teile		Gruppen-Teile		Erzeugnisse

Man ersieht daraus, wie oft die Fertigung und der Materialfluß unterbrochen werden. So oft wird aber auch aus dem Kapitalfluß eine Kapitalruhe. Tritt hier nun die erwünschte organisatorische Änderung ein, um den Kapitalfluß und die Kosten günstiger zu gestalten, dann bedeutet das ebenfalls eine Änderung der Produktionsstruktur.

Zu den Änderungen der Produktionsstruktur gehört weiterhin eine Änderung in der *Produktionstiefe.* Geringere Produktionstiefe tritt etwa bei einer Möbelfabrik dann ein, wenn diese von der bisherigen Fertigung: Verarbeitung von Holz im Stamm und Durchführung aller Arbeitsgänge bis zu gebrauchsfähigen Möbelstücken, nunmehr dazu übergeht, möglichst viele Vorleistungen von Spezialfabriken zu beziehen oder auch die Fabrikation vorzeitig mit der Rohfertigung abzubrechen, also ohne Farbe und Politur. Eine Erhöhung der Produktionstiefe zeigt sich etwa darin, wenn dieses Werk dazu übergeht, künftig möglichst viel Eigenfertigung anstatt Fremdbezug durchzuführen, etwa die Anfertigung von Furnieren, Sperrholz, Faserplatten, Schnitzwerk usw. selbst zu übernehmen. Eine Maschinenfabrik kann sich eine eigene Gießerei angliedern, ein Kraftfahrzeugwerk zur Eigenfertigung von Karosserien übergehen usw.

Für solche Änderungen in der Struktur nur einige Beispiele. Wenn eine süddeutsche Automobilfabrik ihre Teilefertigung künftig in ein neu erworbenes Werk in Düsseldorf mit 5000 bis 6000 Beschäftigten verlegt, so ist das eine Strukturänderung in der Produktion. Desgleichen wenn eine andere Automobilfabrik in Bochum ein neues Werk errichtet, um dort zunächst mit einer relativ kleinen Belegschaft Autokühler für das Hauptwerk zu fertigen, aber in zwei Jahren bereits in dem neuen Werk mit der Vermehrung der Belegschaft auf 20 000 Mann rechnet, so ist auch das eine Strukturänderung, die hierher gehört.

Auch eine Änderung der Fertigungsverfahren ist in diesem Zusammenhang noch zu erwähnen, wenn z.B. eine Unternehmung für Eisenkonstruktion und Brückenbau von genieteten Konstruktionen zu geschweißten übergeht, oder im Schiffbau zur geschweißten anstatt genieteten Außenhaut der Schiffe, dann sind das weitere Beispiele einer Strukturänderung in der Produktion, ohne daß damit eine strukturelle Änderung des Absatzes verbunden ist.

3. *Änderung in der Absatz- und Produktionsstruktur zugleich*

Die nachstehenden Beispiele zeigen solche Fälle aus der Praxis.

Eine Fabrik, die bisher *Fahrräder und Nähmaschinen* hergestellt hat, gab 1955 das Fahrradgeschäft auf und vergibt diesen Fertigungszweig seitdem nur noch in Lizenz. Das Nähmaschinengeschäft wurde 1958 ausgegliedert und in einer AG verselbständigt. Dafür wurde das Geschäft in Büromaschinen stark ausgeweitet, und es wurden Lochkartenmaschinen und Elektronenrechner entwickelt und produziert.

Eine Fabrik für *landwirtschaftliche Maschinen* hat im Jahr 1945 mit der Abtrennung der Ostgebiete 50% ihrer Absatzmärkte verloren. Um diese Verluste ausgleichen zu können, mußte sie andere Erzeugnisse in Fertigung und Absatz aufnehmen: Motorgeräteträger, Geräte für Rauhfutter, Kartoffel- und Rübenanbau; auf dem Gebiete der Ernte-Bergungsmaschinen: Mähdrescher. Außerdem wurde die Fabrikation einer Ballenpresse für Stroh, Heu, Holzwolle sowie eine Industrieraupe für Erdbewegungsmaschinen im Tiefbau aufgenommen.

Eine Unternehmung zur Herstellung von *Bau- und Straßenbaumaschinen und Bahnbedarf,* Aufzüge und Kräne, hat in den letzten 6—8 Jahren eine starke fabrikatorische Wandlung durchgemacht. 1954 wurden Werkzeugmaschinen mit hinzugenommen: Rundschleifmaschinen und Fräsmaschinen, 1955 Farben- und Gummimaschinen, 1956 Spezialmaschinen für die Kunststoffverarbeitung, 1959 kam mit der Steigerung des Kraftverkehrs die Produktion von Straßenbaumaschinen neueren Typs hinzu, gleichfalls 1959 die Fertigung von Öl- und Schmierpumpen für die Autofabrikation.

Eine *Buntweberei* konnte sich in der allgemeinen Krise der Textilindustrie gut halten und entwickeln, indem sie von den bisherigen Stapelartikeln zur Fertigung moderner, hochwertiger Spezialartikel überging: Kleiderstoffe aus Zellwolle oder Zellwolle mit Schurwolle sowie aus synthetischen Fasern.

Zwei bedeutende Fabriken für *emaillierte Haus- und Küchengeräte* sowie verzinkte Eisenblechwaren mußten sich auf Artikel aus Kunststoffen umstellen.

Eine große *Brauerei* berichtet über die starke Zunahme des Flaschenbierumsatzes mit den Folgen für Produktion und Verkauf. Eine weitere Änderung ergab sich durch zusätzliche Herstellung anderer Getränke und das damit verbundene Fahrergeschäft.

Eine Unternehmung der *ledererzeugenden Industrie* — über die mangelnde Entwicklung dieser Branche wurde bereits berichtet — hat neben ihrer bisherigen Fertigung von Ober- und Unterleder für die Schuhfabrikation sowie für Mappen und Taschen, neuerdings Handschuhleder und Leder für Bekleidungszwecke ins Produktionsprogramm aufgenommen, für welche die Modeeinflüsse der letzten Zeit gute Absatzmöglichkeit geschaffen haben. Andere Unternehmungen der Branche haben sich eine Kunststoff-Fertigung angegliedert oder sich mit der Schuhindustrie zusammengeschlossen.

Eine *Sprengstoff-Fabrik* ist im Zuge der Entwicklung zum führenden Werk für Kunststoffverarbeitung in Deutschland, vielleicht sogar in Westeuropa geworden. Dazu gehört beispielsweise die Herstellung von Rohrleitungen aus Kunststoff. Auch die Sparte *Chemische Erzeugnisse* hat sich gut entwickelt, etwa für Verstäubungsmittel zur Schädlingsbekämpfung.

Eine Unternehmung, die früher nur *Waffen und Munition* herstellte und mehrere Werke dafür besaß, ist zur Herstellung von Industrie-Nähmaschinen, hydraulischen Pressen, Drehbänken, Preß- und Ziehteilen, Apparaten und Industrieöfen übergegangen. In den zugehörigen Werken wurde die Fertigung von Schienen und Straßenfahrzeugen, Verkaufsautomaten, Meßwerkzeugen, Gaszählern und vielen anderen Erzeugnissen aufgenommen.

Ein Eisenwerk für *Roheisenerzeugung* und *Gießereiwesen* hatte sich im Laufe der Zeit zu einem führenden Werk in gußeisernen Öfen für feste Brennstoffe entwickelt. Der Absatzrückgang auf diesem Gebiet infolge Zunahme des Gas-, Strom- und Ölverbrauches zwang zum Übergang auf ganz andere Erzeugnisse auf dem Eisenguß basierend, desgleichen zu einer Umstellung auf Gas- und Elektroherde und zu Beteiligungen auf vielen anderen, und zwar branchenfremden Produktionszweigen.

Zusammenfassung

Die vorstehenden Ausführungen haben die Veränderungen der Wirtschaftslage sowohl in der Volkswirtschaft wie auch in der Branchenwirtschaft und in der einzelnen Betriebswirtschaft aufgezeigt. Daraus ergibt sich für den Betrieb die Notwendigkeit einer Anpassung: sowohl an einen bereits bestehenden Zustand als Ergebnis einer Veränderung als auch an eine zu erwartende Bewegung in naher oder ferner Zukunft. Da es sich aber bei solchen Wirtschaftsbewegungen, wie einleitend gezeigt, entweder um einmalige Strukturänderungen oder um wiederkehrende periodische Bewegungen, etwa als Konjunkturschwankungen, Saisonschwankungen handeln kann, gilt es, zunächst den Charakter dieser Bewegungen zu erkennen, um über die Maßnahmen einer Anpassung zu entscheiden.

In jedem Falle wird die Anpassung verschieden sein müssen. Handelt es sich beispielsweise um eine absinkende Konjunktur oder eine sich daraus ergebende Depression, so wird man annehmen können, daß der Abwärtsbewegung eine ansteigende Bewegung folgen wird, und man wird dieser kommenden Entwicklung in den Fragen der Finanzierung, der Betriebsdisposition und Preispolitik Rechnung tragen. Anders bei der Strukturänderung als Abwärtsbewegung: hier folgt keine Aufwärtsbewegung, und es bleibt beispielsweise für einen Industriebetrieb nur die Möglichkeit einer Umstellung auf andere Erzeugnisse. Genauso ergeben sich bei einer ansteigenden strukturellen Änderung im Gegensatz zu einer Aufwärtsbewegung der Konjunktur ganz verschiedene Notwendigkeiten der Anpassung[11].

Auch die Maßnahmen einer staatlichen Wirtschaftslenkung werden diesem verschiedenartigen Charakter der Wirtschaftsbewegungen Rechnung tragen müssen, insbesondere auch der Frage, ob es sich dabei um eine volkswirtschaftliche Erscheinung oder um die Verhältnisse eines Wirtschaftszweiges oder gar nur für eine bestimmte Unternehmung handelt. Auch der Unternehmer muß sich dieser Zusammenhänge bewußt sein, denn staatliche Maßnahmen werden nur in seltenen Fällen den Nöten einzelner Unternehmungen Rechnung tragen können. Ergibt sich so die Notwendigkeit, den Bewegungsverlauf in seinem Charakter zu erkennen und zwischen den verschiedenen Bewegungen zu unterscheiden, so entsteht damit das Problem einer Möglichkeit der Unterscheidung überhaupt. Ob und inwieweit eine solche Möglichkeit besteht, darauf kann an dieser Stelle nicht eingegangen werden.

[11] Ausführlich s. Henzel: Der Unternehmer in der Konjunktur, Frankfurt 1959.

Aufgaben und Bedeutung funktionaler Gliederung und Verrechnung der Absatzkosten bei Marktwirtschaft

von

Bruno Hessenmüller, Industrieberater für Absatzwirtschaft, Baden-Baden

A. Begriffliche Vorbemerkungen

I. *Industrielle Absatzwirtschaft (Vertrieb); ihre Aufgaben*

Seit etwa 1928, als aus der Gegenüberstellung der Begriffe „Betrieb" und „Vertrieb" beim Verein Deutscher Ingenieure, Berlin, die Ausdrücke „Vertriebsingenieur", „Vertriebskosten" usw. gebildet wurden, hat sich für die Absatzwirtschaft der industriellen Unternehmung diese Bezeichnung eingebürgert. Der Vertrieb ist die dem Absatzmarkt zugewandte Seite des Unternehmens; er ist zu begreifen als Gesamtheit und Bereich der persönlichen und sachlichen Leistungen, aller Mittel und Maßnahmen, die darauf gerichtet sind, ihm einen Anteil an den Absatzmärkten seines Zweiges, seiner Erzeugnisse zu schaffen und zu sichern. Im Vertrieb, der Absatzwirtschaft der industriellen Unternehmung, sind die regelmäßig, andauernd und planvoll geübten Aufgaben und Tätigkeiten zusammengefaßt, die auf Erfolg bringenden Umsatz der erstellten Leistungen (Investitions-, Produktions-, Dauernutzgüter; Verbrauchsgüter, Dienst- und Versorgungsleistungen) zielen. Unternehmensziel, Aufgabe seiner Absatzwirtschaft, des Vertriebes als einem seiner Hauptfunktionsbereiche, ist das Erzielen von Erträgen, von Umsätzen, von gewinnbringenden Verkäufen. Die erbrachten Erlöse müssen die Selbstkosten der Umsätze übertreffen. Der Vertrieb ist damit die ertragswirtschaftliche Komponente des Lebensprozesses der industriellen Unternehmung; sie muß Erträge und mit ihnen Erfolg, Gewinn erzielen, aus dem das Unternehmen bestehen und sich entwickeln kann. Die übrigen Hauptfunktionsbereiche, in der *Übersicht 1* dargestellt: Finanzierung, Beschaffung, Herstellung, Fertiglagerhaltung, können ihren Beitrag zum Gesamterfolg nur verwirklicht erleben, wenn der Vertrieb die Leistungen umsetzt und erfolgbringende Erträge schafft.

Der industrielle Vertrieb (die Absatzwirtschaft der industriellen Unternehmung) hat damit folgende, hier kurz anzuführende Aufgabengruppen:

1.a Erkundung der Absatzmöglichkeiten, Beobachtung der Märkte, Vorschätzung der Absatzmöglichkeiten, Ermittlung der Bedarf und Markt entsprechenden Arten, Qualitäten und Preislagen von Gütern oder Leistungen, Beobachtung aller Marktvorgänge einschließlich des Wettbewerbes und der Lage und Maßnahmen bei den absatzwirtschaftlichen Folgestufen, den Partnern im Warenweg, den Absatzmittlern (Markt- und Vertriebsforschung).

1.b Vorbereitung der Märkte für den erfolgversprechenden Absatz dieser Güter oder Leistungen durch Werbung, durch Aufbau einer Verkaufsorganisation, Aufsuchen von möglichen Abnehmern, Heranziehen von Absatzmittlern, ständige Pflege der Verbindungen zu diesen wie zu den Verwendern und Verbrauchern; Lieferbereitschaft und Kundendienstmaßnahmen dienen der Sicherung des Absatzes, der Erhaltung eines Kundenstammes wie der eines Marktanteiles und dessen möglicher Erweiterung.

2. Ausführung der erzielten Aufträge, Abwicklung des Umsatzes von Verkaufsabschluß über Lieferung bis zum Erlöseinzug.

3. Leitung und Planung der gesamten Vertriebstätigkeit; Organisation des Innendienstes wie des Verkaufs-Außendienstes, Schulung der Verkäufer, Ordnung, Überwachung und Leistungskontrolle der Verkaufsarbeit; Einrichtung und Anweisung der Fertig- oder Auslieferläger samt Steuerung des Umfanges und der Zusammensetzung ihrer Bestände, und ihres Umschlages; Absatzstatistik, Kundenkartei; Lenkung der Vertriebspolitik, Verkaufsverfahren und der Preisbildung einschließlich der Bedingungen für die Einschaltung von Absatzmittlern in die Absatzwege.

In der heutigen, relativ freien Marktwirtschaft wird letztlich die ganze Tätigkeit des industriellen Unternehmens, von der Finanzierung, der Beschaffung von Fertigungsanlagen, Gestaltung und absatzorientierter Formgebung der Erzeugnisse und der Wahl der Werkstoffe bis zu den Verfahren und den Losgrößen in der Fertigung, vom Vertrieb her bestimmt oder entscheidend mit beeinflußt. Das so viel beredete „Primat des Vertriebes", der Absatzwirtschaft, der „Distribution" kommt in dieser Bedeutung und Aufgabe des industriellen Vertriebes ebenso zum Ausdruck wie in den Wandlungen, die auf andern Gebieten der Absatzwirtschaft heute besonders augenfällig werden.

II. *Die Funktionen des industriellen Vertriebes*

Der Vertrieb ist ein nach seinen Aufgaben klar abgrenzbarer Teil und ein Hauptbereich im lebendigen Organismus des Unternehmens. Die einzelnen Aufgaben und Tätigkeiten, die erforderlich sind und ständig planvoll ausgeübt werden, um Märkte zu schaffen und zu sichern, Aufträge zu erzielen, die Leistungen des Unternehmens umzusetzen, gewinnbringende Erträge zu erreichen, werden heute als Funktionen bezeichnet. *Übersicht 2* stellt diese Funktionen des industriellen Vertriebes nach ihren Gruppen dar, zusammengefaßt nach den drei Funktions-Hauptgruppen, die den oben umrissenen Aufgaben-Gruppen entsprechen. — Auch im Handel spricht man heute von „Funktionen" — in freilich mehrdeutigem Sinne — und Begriff und Ausdruck der absatzwirtschaftlichen Funktion hat sich überall und international durchgesetzt.

Die Untergliederung der Haupt- und Untergruppen von Funktionen des industriellen Vertriebes — mehr oder weniger tief — ist den Bedürfnissen und Gegebenheiten der einzelnen Unternehmung überlassen. Die Gliederung nach Gruppen dürfte alle wesentlichen Funktionen umfassen. Diese Gliederung im einzelnen zu erläutern, bedarf es an dieser Stelle und in dem Zusammenhang des Gegenstandes dieser kurzen Abhandlung nicht.

III. *Absatzkosten, Vertriebskosten*

Die Erfüllung dieser absatzwirtschaftlichen Aufgaben, der Vollzug der Tätigkeiten, der Funktionen, verursacht Kosten.

Die Kosten des Vertriebes stellen sich dar als der bewertete Einsatz von Leistungen und andern Kostengütern zum Zwecke der Ertragsbildung aus Umsatz der Erzeugnisse oder Dienste im Markt. Vertriebskosten sind alle Aufwendungen, die zur Erzielung von dem Unternehmungszweck entsprechenden Umsätzen verursacht oder dabei zwangsläufig ausgelöst worden sind.

Industrielle Vertriebskosten sind alle Kosten, die mit der absatzwirtschaftlichen Tätigkeit des Unternehmens verbunden sind. Sie werden eingesetzt („verzehrt"), um auf Märkten Kunden zu gewinnen, Aufträge zu erlangen, Erfolge zu erwirtschaften. Damit lösen sich die Kosten des industriellen Vertriebes von den Kosten der hergestellten Einheiten der betrieblichen Fertigungsleistung und auch von den Kosten der verkauften, abgesetzten Einheiten. Der Auftrag, die erlangte Bestellung, der Umsatz-Akt, ist die Leistung des Vertriebes. Der Auftrag oder die Gruppen von Aufträgen gleicher Merkmale, z. B. Auftragsgröße oder Kundengruppe oder Verkaufsbezirk, sind in aller Regel die Träger, denen die Vertriebskosten zuzurechnen sind.

Die Gliederung der Vertriebskosten nach

a) Vertriebs-Gemeinkosten
   Vertriebs-Einzelkosten
   Vertriebs-Sonderkosten

ferner nach

b) Vertriebs-Bereitschaftskosten
   Vertriebs-Leistungskosten

und nach Zeit- und Mengenkosten, festen und variablen Kosten, die praktisch mit der Gliederung zu b) nahe verwandt sind, braucht hier nicht erörtert werden; auch nicht die Frage der auftragsfixen Kosten und ihrer Auswirkung auf die Untergrenze der rentablen Auftragsgröße und die damit zusammenhängenden Probleme der verlustbringenden Zwerg-Orders, mögen sie auch wenigstens teilweise vermeidbar sein.

Die anfallenden Kostenarten des Vertriebes müssen, um absatzwirtschaftlichen und kostenrechnerischen Zwecken und Zielen zu genügen, um eine sinnvolle, brauchbare Ergebnisse liefernde Verrechnung der Vertriebskosten zu ermöglichen, nach den Funktionen, deren Unterteilungen und Elementen erfaßt und aufgeteilt werden. Diese Aufteilung ist notwendig, damit die Kosten der einzelnen Vertriebsfunktionen in der Weise erfaßt werden, daß ihre Verrechnung so möglich wird, wie sie für die verschiedenen Zwecke, die von der Vertriebskostenrechnung zu erfüllen sind, gebraucht werden. Aus der Ordnung nach Mitteln, nach Kostengütern, wird durch die funktionale Gliederung und Verrechnung eine Ordnung und Verrechnung nach Leistungen des Vertriebes. Die Kosten des Vertriebes auf die absatzwirtschaftlich notwendigen Funktionen zu beziehen und zu verrechnen, bedeutet, daß die Funktionen in ihren jeweiligen Einheiten kostenmäßig bewertet werden, um sie dann den Aufträgen oder auf Kostenträgergruppen zurechnen zu können (Kundenkategorie, Verkaufsgebiet, Vertriebsweg, Erzeugnisgruppe). — Unter Abschnitt C wird auf die Vertriebskostenrechnung als Leistungsrechnung noch einzugehen sein.

B. Heutige Aufgaben der funktionalen Absatzkosten-Rechnung

Die funktionale Gliederung und Verrechnung der Kosten des industriellen Vertriebes wie der Absatzwirtschaft überhaupt ist Voraussetzung für die Erfüllung betriebs- und gesamtwirtschaftlich wichtiger Aufgaben; diese sind in *Übersicht 3* zusammengestellt.

Zu dieser Folge von fünf kurz gekennzeichneten Zwecken und Aufgaben der funktionalen Kostenrechnung in der Absatzwirtschaft sei besonders betonend erläutert, daß als erster Zweck die Gewinnung oder Aufbereitung von Unterlagen für die Unternehmungsführung und ihre absatzwirtschaftlichen Entscheidungen und obersten Führungsaufgaben hervorgehoben ist. Diese Zwecksetzung und diese Aufgabe der funktionalen Kostenrechnung im Vertrieb ist heute besonders vordringlich. Die in lebhaftem Flusse befindliche wirtschaftliche, zumal absatzwirtschaftliche Entwicklung, die neuen Erscheinungen, Formen, Verfahren des Vertriebes, veränderte Absatzwege und Verkaufsmethoden, zeitigt die rasche Entfaltung neuer Betriebsarten und Organisationsformen in der gesamten

Absatzwirtschaft, die Bildung oder Umgestaltung von Märkten oder von Verkehrsweisen im Warenabsatz, die Gruppenbildungen bei Absatzmittlern und im Beschaffungswesen, von Vertriebsgemeinschaften und Einkaufsorganisationen. Alle diese Vorgänge fordern ebenso wendige wie fundierte Entscheidungen, die ohne Erkenntnis der Absatzkosten und der Rückwirkung von absatzpolitischen und verkaufsmethodischen Änderungen, von Entschlüssen zu neuen Wegen, Mitteln und taktischen Maßnahmen auf diese Kosten nicht oder nicht marktgerecht und folgerichtig getroffen, in ihren Auswirkungen nur unzureichend ermessen und beurteilt werden können.

Ohne Vertriebskosten-Kenntnis nach funktionaler Gliederung können Folgerungen nicht gezogen, Maßstäbe nicht gefunden werden zu Entschlüssen und Maßnahmen, wie sie unter 2 und 3 angeführt sind. Wie sollen beispielsweise bei Vereinbarungen mit den selbständigen Absatzmittlern als den Partnern im Warenweg oder bei Verhandlungen über sogenannte Rabattkartelle die Hersteller zu „funktionsgerechten' und „marktkonformen" Rabattsätzen und Handelsspannen, zu kostenmäßig und absatzwirtschaftlich fundierten Vorschlägen und Übereinkünften kommen, wenn sie ihre eigenen Vertriebskosten nach Höhe, Struktur und nach funktionaler Zusammensetzung und Abhängigkeit nicht zureichend kennen? Welche Entgelte sind bei Übertragung, welche Reduktion von Rabatten und Spannen bei Übernahme von Funktionen oder deren Teilen seitens des Herstellers angemessen und vertretbar?

Funktional gegliederte und verrechnete Kosten des Vertriebes sind nicht einziger Bestimmungsgrund, alleiniger Vergleichsmaßstab für Handelsspannen oder für Entgelte an Absatzmittler in Form von Rabatten, Provisionen oder ähnlichen Vergütungen; aber sie sind ein entscheidend wichtiger Bestimmungsgrund und, von der Absatzwirtschaft der Hersteller, vom Vertrieb her gesehen, der letztlich den Erfolg am stärksten beeinflussende Faktor, freilich betrachtet nicht vom einzelnen Auftrag aus, sondern im Rahmen der Umsatzentwicklung, der Dynamik von Kosten und Umsätzen.

Funktionale Gliederung der Vertriebskosten ist Mittel zur Feststellung der Kosten, die ein Absatzweg, ein „Vertriebskanal", eine Absatz-Organisationsform, verursachen. Daraus lassen sich Folgerungen und Forderungen ableiten für die Wahl, Beibehaltung, Reform oder das Verlassen eines Vertriebsweges; ebenso für die Entscheidung über Inanspruchnahme oder Ablehnung bestimmter Absatzmittler oder Stufen im Absatzweg. Hier werden Unterlagen gewonnen für die rationelle Wahl von Absatzwegen, von Distributionsstufen und die Verteilung der Absatzfunktionen auf die einzelnen Glieder der Vertriebswege, der „Handelskette". Besser gesagt, die Übertragung der absatzwirtschaftlich notwendigen

Funktionen auf die jeweils bestgeeigneten und funktionstüchtigsten Partner im Warenweg.

Über den weiteren Hauptzweck der funktionalen Kostenrechnung im Vertriebsbereich, die Zurechnung auf Kostenträgergruppen oder Bereiche wird im folgenden Abschnitt mehr ausgeführt.

Funktionale Gliederung der Vertriebskosten dient auch der Kontrolle der Absatzkosten nach Höhe, Zusammensetzung und Entwicklungstendenz im Rahmen der Gesamt-Selbstkosten des Umsatzes und der Umsätze und dem Vergleich zwischen dem Soll der vorgegebenen oder geplanten Kosten und Leistungen mit den angefallenen Kosten und erzielten Leistungen des Vertriebes.

Ein innerbetrieblicher Zeitvergleich wird möglich aus der Bildung von Kennzahlen; Beispiele solcher Verhältniswerte zeigt *Übersicht 4.* Unter Bildung solcher Kennzahlen lassen sich die Absatzkosten von Unternehmen ähnlicher Bedingungen der Ertragsbildung, von absatzwirtschaftlich verwandten Betrieben in einem immerhin aufschlußreichen Grade vergleichen, wobei der Entschluß zu solchen zwischenbetrieblichen Vergleichen dadurch erleichtert werden mag, daß sie sich auf solche Verhältniswerte beschränken, keine absoluten Zahlen, die nicht offengelegt werden wollen, gegenübergestellt werden. Solche Zahlen für jeweils kürzere Perioden, etwa Vierteljahre, zu bilden — wobei zugleich Saison-Einflüsse erkennbar werden — weist die Entwicklungstendenz der Absatzkosten auf und läßt bei auffälligen Schwankungen die Frage nach den Ursachen stellen.

C. Gliederung der Absatzkosten nach Funktionen; einige Wesenszüge und Formen der Vertriebskostenrechnung

Die Gliederung und Verrechnung der Absatzkosten (Vertriebskosten) nach Funktionen ist so anzulegen, daß die Kosten auf die einzelnen Aufgaben und Tätigkeiten und die zu deren Erfüllung erbrachten Leistungen und deren meßbar gemachte Einheiten bezogen werden können.

Dazu sind aber alle Hilfs- und Bezugsgrößen, die nicht aus dem Vertrieb dem absatzwirtschaftlichen Bereich selbst stammen, ungeeignet. Ziel ist, Bezugsgrößen, meßbare Einheiten zu finden, um Kostensätze je Leistungseinheit zu bilden.

Die angefallenen, nach Arten und Gruppen ermittelten Kosten sind nach Gesichtspunkten und Bezugs-Ebenen, nach Leistungsbereichen zu gliedern und zu verrechnen, die nach den verschiedenen Zwecken der Rechnung bei den Absatz- oder speziell den industriellen Vertriebskosten als erforderlich sich jeweils ergeben, nützlich und erkenntnisfördernd sind.

Absatz- oder Vertriebskosten in funktionaler Gliederung sollen eine Verrechnung auf Leistungseinheiten und nach Maßgabe der Inanspruchnahme von Funktionen für den jeweiligen Kostenträger[1] ermöglichen.

Nächster Schritt ist die Zurechnung der Kosten auf Umsatzakte, je nach Gruppen und Größen der Aufträge.

Weiterer Schritt ist die Verrechnung der Absatzkosten (Vertriebskosten) nach Leistungsbereichen, nach Zurechnungs-Ebenen, Kostenträgergruppen, wie:

Kundenkategorien,
Absatzwegen,
Absatzmittlern (je nach funktionaler Eingliederung in den Warenweg),
Absatzgebieten, z. B. Verkaufsbezirken,
Erzeugnis-Gruppen und danach unterschiedenen Verkaufsabteilungen.

Nach Absatzbedingungen und Marktstruktur sind auch andere Bezugsebenen oder Leistungsbereiche bei der Verrechnung der Kosten zu Grunde zu legen, um den in Übersicht 3 angegebenen Zwecken und Aufgaben gerecht zu werden, z. B. nach Verkaufsverfahren nach Lieferweisen, nach Auslieferungslägern; möglichenfalls nach einzelnen Verkäufern im Außendienst.

Die jeweilige Aufgabenstellung entscheidet die Wahl der „Schnittebene", der Leistungsbereiche, auf welche die Kosten verrechnet werden.

Funktionale Vertriebskostenrechnung ist seit etwa 1934 in Deutschland und in den Vereinigten Staaten von Nord-Amerika methodisch und praktisch unabhängig voneinander, fast ohne gegenseitige Kenntnis, entwickelt worden. In den USA hat man die „distribution costs" oder das „marketing cost accounting" meist als Ergebnisrechnungen einer Periode für den gesamten Umsatz oder bestimmte Teile ausgestaltet, daneben die Vertriebskosten-Analysen nach Leistungsbereichen, nach Bezugsebenen entwickelt (distribution cost analysis by territories, by customers, by channels of distribution, by classified commodities [products], by size of orders). *Übersicht 5* gibt die etwas vereinfachte Zusammenfassung eines amerikanischen Schul-Beispiels solcher Vertriebskostenrechnung als periodische Erfolgsrechnung unter funktionaler Gliederung der Vertriebskosten und ihrer Verrechnung auf Erzeugnisgruppen und auf Kundengruppen, sozusagen in zwei Ebenen.

---

[1] diesen terminus hier unter Vorbehalt verwendet, weil es in der Absatzwirtschaft, im Vertrieb keine Stückkostenrechnung gibt, wie sie im Fertigungsbereich geübt wird; auch dann, wenn diese Stückrechnung im Vertriebsbereich möglich und unter einem unökonomischen Arbeitsaufwand durchführbar wäre, blieben ihre Ergebnisse nur von bedingtem Werte und lohnten nicht der Mühe, die ihre laufende Durchführung bedeuten würde.

Übersicht 6 zeigt Vorschläge des Verfassers für eine Verrechnung der Vertriebs-Gemeinkosten nach Funktionen und die Bildung von Kostensätzen samt Zusammenfassung aller Kosten zu einer Ergebnisrechnung. Diese beiden Darstellungen sollen nur als Beispiele zeigen, in welcher Weise die Vertriebskostenrechnung, überhaupt die Behandlung der Kosten in der Absatzwirtschaft, neuerdings ausgestaltet wird.

Daß je nach Wahl der Bezugsebene, je nach Leistungsbereich die Arten und die Zusammensetzung der direkt oder indirekt zurechenbaren, der Einzel- oder Gemein-Kosten des Vertriebes verschieden sind, sei wenigstens kurz erwähnt.

D. Abkehr von bisheriger Zuschlagsrechnung im Vertrieb

Diese funktionale Gliederung und Verrechnung der Vertriebskosten bedeutet eine völlige Abkehr von den bisher weit verbreiteten, noch die Regel darstellenden Verfahren der Vertriebskosten-Zuschlagsrechnung. Die Rechnung mit Zuschlägen für Vertriebskosten auf Herstell- oder Fertigungskosten, zumal mit einem einzigen Durchschnitts-Zuschlag, womöglich noch für Vertrieb und Verwaltung zusammen, sind ein völlig ungeeignetes und zu irreführenden, ja verhängnisvollen Fehlrechnungen und falschen Kalkulationsergebnissen verleitendes Verfahren. Es besteht kein Zusammenhang zwischen den Herstellkosten eines Erzeugnisses und den Kosten, die mit seinem Absatz, mit seiner Durchsetzung im Markt und der Erlangung und Abwicklung von Aufträgen verbunden sind. Diese „Vertriebs-Zuschläge", betriebswirtschaftlich und kostenrechnungsmethodisch in keiner Weise rechtfertigbar, verdecken und überkleistern die unterschiedliche Kostenbelastung der Aufträge und Leistungsbereiche und führen oft zu verhängnisvollen Fehlschlüssen der Vertriebsführung und Unternehmensleitung. Sie berücksichtigen nicht oder nur unzulänglich die Einflüsse der Auftragsgrößen; sie führen dazu, daß große Aufträge mit hohen Herstellkosten der abzusetzenden Erzeugnisse zu hoch mit Vertriebskosten belastet und damit „zu Tode kalkuliert" werden, während den kleinen Aufträgen zu wenig Vertriebs(gemein)kosten zugerechnet werden. Nur eine Vertriebskostenrechnung als Leistungsrechnung nach jeweiliger Inanspruchnahme von Funktionen durch den jeweiligen Auftrag, im Leistungsbereich, vermeidet diese schwerwiegenden Fehler und wird den markt- und absatzwirtschaftlichen Ertragsbildungs-Bedingungen und den Leistungen des Vertriebes gerecht.

Bemerkt werden muß noch, daß Vertriebsfunktionen nicht Kostenstellen im Sinne der traditionellen Betriebsabrechnung und des BAB sind. Organisatorisch, räumlich, personal oder sonst nach äußeren Merkmalen abgegrenzte Kostenstellen können im Vertriebsbereich nur als vorordnende Hilfs-Gliederung angefallener Kostenarten benutzt werden. Diese vorläufige Gliederung kann und soll auf die funktionale Gliederung Rücksicht nehmen, ihr tunlichst angenähert werden. Die Funktionen als Aufgaben und Leistungen absatzwirtschaftlicher Zielsetzung werden sozusagen durch alle organisatorischen, räumlichen, personalen und institutionalen Abgrenzungen hindurch vollzogen. Auch „Verantwortungsbereich" ist im Vertrieb nicht identisch mit Kostenstelle, sondern mit dem „Funktionstrakt", wie man es nennen könnte; vor allem geht es um die für die Durchführung der Funktion jeweils verantwortliche Person. (Insofern ist der amerikanische Ausdruck „organizational unit of responsibility" in der Sache treffender als andere, deutsche Begriffsbestimmungen der Kostenstelle, ohne das hier Gemeinte völlig zu decken.) Eine Gliederung des Vertriebes nach Kostenstellen ist demnach als Vorbereitung der funktionalen Gliederung der Vertriebskosten nützlich, ja notwendig, ergibt aber nicht die endgültigen, funktional aufgeteilten Kosten.

E. Anschluß an funktionale Kostengliederung bei absatzwirtschaftlichen Folgestufen

Die funktionale Betrachtung, Gliederung und Verrechnung der Kosten in der Absatzwirtschaft setzt sich überall mehr und mehr durch. In den absatzwirtschaftlichen Folgestufen des industriellen Vertriebes, beim Handel, ist das Streben nach funktionaler Erfassung und Verrechnung der Handlungskosten deutlich erkennbar, auch wenn durch die Vieldeutigkeit, in welcher das Wort „Funktion" verwendet wird, noch manche Unklarheiten bestehen. Man versucht, „funktionsgemäße' Preise zu ermitteln, was bei dem Zusammenhang von Funktionen und Kosten gleichbedeutend ist mit dem „kostengerechten Preis".

Die funktionale Kostenrechnung im industriellen Vertrieb findet also Entsprechungen bei anderen Stufen, Betriebsformen und Organisationsgebilden der Absatzwirtschaft, zumal im Handel. Damit ist es möglich, den Anschluß zwischen den absatzwirtschaftlichen Partnern hinsichtlich der Kostenerfassung und -verrechnung herzustellen und allmählich zu einer durchgehenden Betrachtung und Wertung der absatzwirtschaftlichen Funktionen und ihrer Kosten über die gesamten Warenwege zu gelangen.

F. Kostenvergleich in der Absatzwirtschaft

Erst die funktionale Kostenrechnung in der Absatzwirtschaft, hier besonders gesprochen vom industriellen Vertrieb, ermöglicht eine betriebswirtschaftlich und unternehmungspolitisch klare und fruchtbare Möglichkeit von absatzwirtschaftlichen Kosten- und Leistungsvergleichen unter

Berücksichtigung der Marktbeziehungen und der Ertragsbedingungen. Dabei kann es sich natürlich nur um absatzwirtschaftlich verwandte und deshalb vergleichbare Unternehmungen handeln.

Hier ist zunächst der einfachere Weg zu nennen, der oben (B) erwähnte Vergleich über absatzwirtschaftliche Kennziffern (vgl. auch Übersicht 4). Die funktionale Kostenermittlung im Vertrieb erlaubt ferner den Vergleich der Kosten je Funktionsleistungsart, der Kostensätze je Leistungseinheit. Solche Vergleiche sind ebenfalls nur sinnvoll, wenn die Bedingungen, unter denen die Unternehmen Erträge bilden, ihre Marktbeziehungen und die angewandten Vertriebsverfahren und beschrittenen Absatzwege ähnlich, die Unternehmen sozusagen absatzwirtschaftlich verwandt sind.

G. Die Notwendigkeit und Bedeutung funktionaler Kostenrechnung bei der heutigen Entwicklung der Absatzwirtschaft

Die Bedeutung der funktionalen Kosten- und Leistungsrechnung im absatzwirtschaftlichen Bereich und die Wichtigkeit, ja unabdingbare Notwendigkeit der Erfüllung der ihr gestellten Aufgaben, ihr zu setzenden Zwecke, die hier kurz umrissen worden sind, erhellt aus der Eigenart der freien marktwirtschaftlichen Verfassung, in deren Rahmen, nach deren Regeln die Unternehmen zu wirken und aus dem Erfolg ihrer Tätigkeit ihr Bestehen und ihre Entwicklung zu sichern haben.

Die heutige Industriewirtschaft ist u. a. dadurch gekennzeichnet, daß die konzentrierten, rationalisierten, immer mehr unter Vorgabeschaltlauf („Automation") ihrer hoch mechanisierten Fertigungsanlagen und hohem Kapitaleinsatz samt Streben nach optimalen Fertigungs-Losgrößen arbeitenden Unternehmungen unter Absatzdruck stehen. Sie müssen Tauschreste, schwer und nur unter Verlusten absetzbare Fertiglager-Überbestände vermeiden. Sie stehen unter Marktzwang, haben Absatz ihrer Erzeugnisse, Umsatz ihrer Leistungen auf Märkten zu suchen, in denen mindestens relativ freier Wettbewerb in zunehmender Härte herrscht. Der „Marktwiderstand" wächst mit dem relativen Sättigungsgrad der Märkte. Dementsprechend steigen die Anforderungen an die Leistungen des Vertriebes, an die Intensität der absatzwirtschaftlichen Tätigkeit. Die Kosten dieser absatzwirtschaftlichen Anstrengungen wachsen mit. Der Anteil der Absatzkosten an den Selbstkosten des Umsatzes, der Vertriebskosten an den Gesamtkosten der industriellen Unternehmung zeigt deutlich steigende Tendenz. Gleichzeitig werden die Vertriebskosten zunehmend starrer, unelastischer, das Verhältnis zwischen festen (Zeit-) und variablen (Mengen-)Kosten, die sog. „Valenz" der Kosten, wird ungünstiger (vgl. Übersicht 4 unter h: Elastizitätsgrad). Die Remanenz der Vertriebskosten wird deutlicher; diese werden zähflüssig und folgen einem möglichen Rückgang der Umsätze nur mit empfindlicher Verzögerung. Auch beim Vertrieb gilt, daß mit sinkender Elastizität der Kosten die Absatzempfindlichkeit und Krisenanfälligkeit steigt.

Übersicht 7 stellt wichtige Einflüsse zusammen, die vom Markt und Wettbewerb her auf die Absatzwirtschaft der Unternehmung einwirken und deren Kosten steigen lassen. Diese auf Vollständigkeit nicht Anspruch erhebende Zusammenfassung mag weit ausholende Einzeldarlegungen ersetzen.

Kräfte, Gestaltungen, Bewegungen und rasche Wandlungen in der Absatzwirtschaft aller Stufen, Zweige und Organisationsformen sind im Gange; der Kostenrechnung fallen dabei bisherige Aufgaben dringlicher und zusätzliche neue zu, die anders als mit den neuen Mitteln der funktionalen Kostenrechnung nicht zu bewältigen sind.

Übersicht 1

Haupt-Tätigkeits-Bereiche der industriellen Unternehmung

Unter der obersten Unternehmungsführung mit ihren Stabs-Bereichen:

- Marktforschung
- Geschäftsplanung einschl. Investitionen
- Rechnungswesen
- Verwaltung (Ordnungsaufgaben, Rechtswahrung, Personal- und Sozialwesen)

bestehen **fünf Hauptbereiche:**

- **Finanzierung** (Anlagen, Vorräte, Fertigung, Kundenkredite)
- **Beschaffung** einschl. Vorräte-Bewirtschaftung
- **Herstellung** mit techn. Entwicklung, Projektierung, Konstruktion; Fertigung, Montage
- **Fertiglagerhaltung** nach betrieblichen und absatzwirtschaftlichen Zwecken
- **Vertrieb** Vertriebsführung; Marktschaffung; Umsatzabwicklung.

Übersicht 2 (siehe Seite 174)

Übersicht 3

5 Aufgaben, zu deren Erfüllung funktionale Gliederung der Absatzkosten Voraussetzung ist:

1. Gewinnung von Unterlagen, Indikatoren, Steuerungs-Instrumenten für Entscheidungen der Unternehmensführung und Vertriebsleitung
   a) marktpolitischer und verkaufstaktischer Art allgemein,
   b) im besonderen zu Fragen der Beibehaltung, Reform, Übernahme, Abwälzung oder Übertragung absatzwirtschaftlicher Funktionen.
2. Aus der Beobachtung der funktional gegliederten Kosten Folgerungen ziehen über Wahl, Umgestaltung oder Auflassen von Absatzwegen, Vertriebsmethoden, Verkaufsverfahren und damit von Absatzmittlern als Partner im Vertriebsweg.
3. Anhalte finden über das Maß der den Absatzmittlern zu gewährenden Entgelte für ihre Leistungen (funktionsgerechte Provisionen oder Rabatte) und zur Beurteilung marktgerechter Handelsspannen.
   (Fortsetzung siehe Seite 178)

Übersicht 2

Funktionen-Gruppen des industriellen Vertriebes

Marktschaffung und Absatzsicherung	Vertriebsführung	Umsatz-Abwicklung
Markterkundung* und lfd. -beobachtung, einschl. Vertriebsbeobachtung u. Erzeugnisentwicklung	Planung, Leitung	Bearbeitung der Bestellungen
Werbung	Organisation Innen- und Außendienst	Kreditprüfung, Finanzregelung
Verkaufsförderung, Kontaktpflege	Verkaufs-Leistungsvorgabe und Kontrolle	Fertiglagerhaltung mit Andienen der Bestellungen
Angebot	Lager-Disposition	Verpackung
Verkaufsverhandlung, Abschluß	Absatz-Statistik	Versand, Abfertigung
Kundendienst vor, bei und nach dem Verkauf	Personal-Auswahl und -Schulung	Transport, Zustellung
	Budgetierung, Kostenüberwachung	Fakturierung, Debitorenbuchung
	Allgemeine Verkaufs- und Preispolitik	Zahlungsabwicklung (Erlös-Einzug)

* Marktforschung, zumal institutmäßige Marktanalyse, liefert Voraussetzung und Grundlagen für alle Tätigkeitsbereiche, Pläne und Entscheidungen der Unternehmung. Damit reicht sie über den Rahmen einer speziellen Vertriebs-Funktion hinaus. — Die laufende Marktbeobachtung, einschließlich Wettbewerb, Absatzwege, Absatzmittler, Verkaufsverfahren, dagegen sind Aufgaben des Vertriebes im Funktionsbereich der Marktschaffung und -pflege (marketing).

Will man den terminus „marketing" verwenden, dann gehören dazu im engeren Sinne alle Funktionen der Marktschaffung und Absatzsicherung, im weiteren Sinne auch der Vertriebsführung.

Übersicht 4

Beispiele wichtiger Kennzahlen für den inner- und zwischenbetrieblichen Vertriebskostenvergleich

a) Spezifische Vertriebskosten	$= \dfrac{\text{Gesamte Vertriebskosten}}{\text{Umsatzerlöse}}$	× 100 ergibt % vom Umsatz
b) Vertriebskostenquote	$= \dfrac{\text{Gesamte Vertriebskosten}}{\text{Selbstkosten des Umsatzes}}$	× 100 ergibt % der Selbstkosten
c) Vertriebskostenbelastung der Veredelungsspanne (eigene Wertschöpfung)	$= \dfrac{\text{Gesamte Vertriebskosten}}{\text{Veredelungserlöse}^{1}}$	× 100 ergibt % der Veredelungserlöse
d) spezifischer Umsatzerlös	$= \dfrac{\text{Umsatz-Erlöse}}{\text{Gesamte Vertriebskosten}}$	× 100 ergibt Umsatz-Erlös in DM je 100 DM Vertriebsaufwand
e) spezifischer Veredelungserlös	$= \dfrac{\text{Summe der Veredelungserlöse}}{\text{Summe der Vertriebskosten}}$	× 100 ergibt DM Veredelungserlös je 100 DM Vertriebsaufwand
f) Vertriebs-Gemeinkostenquote	$= \dfrac{\text{Summe der Vertriebsgemeinkosten}}{\text{Gesamtkosten ab Werk, ohne Sondereinzelkosten des Vertriebs}}$	× 100 ergibt Vertriebsgemeinkosten in % der Selbstkosten des Umsatzes ab Werk
g) Personalleistungssatz im Vertrieb	$= \dfrac{\text{Summe der Umsatz-Erlöse}}{\text{Summe der Vertriebsgehälter usw. zuzügl. Vertreterbezüge}}$	× 100 ergibt DM Umsatz-Erlös je 100 DM Personalaufwand
h) Elastizitätsgrad der Vertriebsgemeinkosten[2]	$= \dfrac{\text{variable VgK}^{3}}{\text{feste VgK}^{4}}$	ergibt dimensionslosen Quotienten

Weitere Kennziffern, auch für einzelne Funktionen, können in Abwandlung und Verfeinerung gebildet werden: z. B. der spezifische Werbe-Aufwand in % vom erzielten oder geplanten Umsatz. Dabei gilt stets die „ertragswirtschaftliche" Betrachtungsweise (Ergiebigkeit des Aufwandes) und die allgemeine Forderung, die sich aus der Formel ergibt:

$$\frac{E}{A} > 1;\ \text{ferner}\ \frac{\text{Ertrag- bzw. Erfolg-Zuwachs}}{\text{Aufwandzusatz}} > 1 \left(\frac{\Delta E}{\Delta A} > 1\right)$$

[1] Veredelungserlöse = Gesamterlöse minus Wert der Vorleistungen, also Einkaufswerte der Werkstoffe, fertigen Zubehörteile, der bezogenen Verkaufspackungen u. dgl. [2] die wert- oder mengenabhängigen Einzelkosten nicht einbezogen.
[3] umsatzabhängige Mengen(gemein)kosten des Vertriebs (Leistungskosten ohne Vertriebs-Einzelkosten).
[4] umsatzunabhängige Zeit(gemein)kosten des Vertriebs (Bereitschaftskosten).

Übersicht 5

Zusammenfassung der gesamten Vertriebskosten* und kalkulatorische Erfolgs-Ermittlung

(vereinfachtes amerikanisches Beispiel)

Alle Beträge in 1000 $

Jahres-Umsatz	10 000
Herstellkost. d. verkauften Erzeugnisse	6 500
Brutto-Nutzen („gross profit")	3 500

gegliedert nach **4 Erzeugnisgruppen**

A	B	C	D
1800	2400	5100	700

gegliedert nach **5 Kundengruppen**

I	II	III	IV	V
1700	2600	3700	800	1200

Vertriebskosten nach Funktionsgruppen:

	Erzeugnisgruppen A	B	C	D	Zwischensummen 1000 $		
Vertriebskosten E = erzeugnisbezogen							
Fertiglager							
Kosten verrechnet nach Raumanteilen	8	13	9	10	40		
nach durchschn. Lagerwerten	12	20	16	12	60		
nach bewegten Einheiten, Lagertätigkeit Bestell-Bearb.	25	55	125	5	210	310	
Packerei							
Packmaterial	40	38	45	12	135		
Löhne und Gemeinkosten	50	45	60	30	185		
nach bewegten Einheiten	15	30	45	10	100	420	
Versand							
nach bewegten und abgefertigten Einheiten	12	25	28	15	80		
Ausgangsfrachten (Lieferg. frei Empf.)	20	45	55	25	145		
Eigene Zustellung	15	15	25	20	70	295	
Werbung, Verkaufsförderung	35	45	150	20		250	
Summe **Vertriebskosten E**	227	331	558	159			1275

* einschl. d. Vertriebseinzelkosten (Sonderk.).

	Kundengruppen I	II	III	IV	V			
Vertriebskosten K = kunden- (markt-) bezogen								
Verkaufs-Außendienst								
Gehälter	18	20	44	26	37	145		
Provisionen aller Arten	110	160	220	40	70	600		
Reisekosten	65	80	92	45	48	330		
Vertreter-Zuschüsse	10	11	14	8	12	55	1130	
Auftrags-Bearbeitung, Disposition usw.	11	14	21	6	8		60	
Kreditprüfung und -Wagnis								
lfd. Vorprüfung d. Bestellungen	3	6	7	4	5	25		
eingetragene Verluste an Kunden	9	12	45	28	26	120	145	
Fakturierung, Debitoren-Buchung								
Vordrucke, Postgebühren	3	7	8	4	3	25		
Ausschreiben, Rechnen	11	13	18	8	5	55		
Kontrolle, Buchung, Mahnwesen	8	9	16	5	7	45		
Zahlungsverkehrs-Spesen	2	4	6	1	2	15	140	
Summe **Vertriebskosten K**	250	336	491	175	223			1475

Allgemeine Vertriebskosten Leitung, Forschung**, Planung, Budget; Verkaufsvorgaben, Leistungskontrolle, Organisation, Personalschulung; Kostenüberwachung; Preispolitik	250
Summe aller Vertriebskosten	3000
+ Verwaltungskosten	150
= Summe aller kfm. Geschäftskosten	3150
gegenüber gestellt: Brutto-Nutzen	3500
*** **Erfolg = 3,5 % v. Umsatz** (net profit before taxes)	350

** In USA Marktforschung meist besondere Stabsfunktion bei der Unternehmungsführung

*** Ist in den Herstellkosten ein Fertigungs-Erfolg aus Verrechnungspreisen enthalten dann ist der Erfolg 3,5% v. Umsatz Vertriebs-Erfolg. Wenn nicht, ist er Unternehmens-Erfolg. (Von Finanz-Erfolgen und neutralen Posten ist hier abgesehen).

4. Kosten des Vertriebes (Absatzes) funktional erfassen und nach Maßgabe der Inanspruchnahme von absatzwirtschaftlichen Leistungen auf Kostenträger, Kostenträgergruppen oder Bereiche (Kundenkategorien, Absatzwege, Verkaufsbezirke, Erzeugnisgattungen, Warengruppen) zurechnen.
5. Kontrolle der Vertriebskosten (Absatzkosten) nach Höhe, Zusammensetzung, Abhängigkeiten und Entwicklungstendenz aus der Beobachtung der funktional gegliederten Kosten und durch Bildung von Kennzahlen, die sowohl dem innerbetrieblichen Zeitvergleich als auch dem zwischenbetrieblichen Vergleich von absatzwirtschaftlich verwandten Unternehmen, also solchen mit ähnlichen Bedingungen der Ertragsbildung (Umsatzerzielung) dienen können.

Übersicht 6[1]

Zusammenfassung der Vertriebskosten und Zurechnungsbasen (Vorschläge); **zugleich Gerüst der Gesamtkalkulation und -Ergebnisrechnung**

I. Vertriebs-Gemeinkosten nach Funktionen	Kosten DM	bezogen auf K = Kunde (Markt) E = Erzeugnis (Einheiten)	Abhängigkeit von bzw. Zurechnung nach: (Maßgröße für Beanspruchung von Vertriebstätigkeiten u. -kosten)
A. Umsatz-Abwicklung			
1. Verkaufs-Außendienst		K	
davon Reisespesen, Autokosten	....		km Fahrt oder Anzahl der Besuche
alle übrigen	....		Anzahl Aufträge
2. Verkaufsbüro(s), Auftragsbearbeitung	....	K	Anzahl Aufträge
3. Fertiglagerhaltung		E	
davon Raumkosten	....		Raumbedarf der Erzeugnisgruppe
Zinsen, Wagnisse, Versich., Steuern	....		ø Lagervorrat der Erzeugnisgruppe (Werte)
Lagertätigkeit (Bewegg.-Kontrolle, Zusammstellung der Aufträge)	....		nach belegten Vorgängen evtl. Zahl der Zeilen in Eing.- u. Ausg.-Belegen
4. Lieferung: Packerei	....	E	
davon Packstoffe (soweit nicht als Löhne, Gehälter, Sonderkost. erfaßt)	....		nach Verbrauch je Auftrag desgl. oder Versandeinheit
Übertrag:	....		

[1] vergleiche auch: B. Hessenmüller, Die Zurechnung industrieller Vertriebskosten auf Kostenträger, in: Kostenrechnungs-Praxis Nr. 5/1959.

Übertrag:	....		
5. **Versand**; Abfertigungs-manipul.; Verladen, Zustellung, Frachten Nebenkosten, wenn nicht als Sonderkosten erfaßt	....	E E	Anzahl Sendungen, Gewicht über Schlüsselg. aus Anzahl und Gewicht der Sendung als Satz je Erzeugniseinheit
durch eigenen Fuhrpark (soweit nicht auftragsweise erfaßt lt. Fahrtenbelegen)	....	E	nach versandten Erzeugniseinheiten über Schlüssel kg und km-Leistung
6. **Erlöseinzug**: davon Kreditprüfung, Rechnungsausstellung u. -prüfung	....	K	Zahl der Aufträge Zahl der Rechnungen ggf. Zahl der Zeilen (Position)
Absatzfinanzierung, außer Zinskost. (Zinsen als Einzelkosten), Geldverkehrs- und Mahnkosten	....		Zahl der Fälle Zahl der Rechnungen
B) Marktschaffung			
1. **Marktforschung**	....	K	nach DM-Umsatz-Vorschätzung anteilig
2. **Erzeugn.-Entwicklung, Formgestaltung**	....	E	auf Erzeugnisgruppe oder -art (soweit nicht als Sonderkosten zugerechnet) nach Umsatzvolumen
3. **Werbung**, soweit nicht auf Erzeugnisgruppe als Sonderkosten zugerechnet	....	K od. E	Werbeaufwand nach Anzahl der Kunden Anfall je Erzeugnisgattung (Abteilung)
4. **Verkaufsförderung**	....	K	Anzahl der Kunden bzw. bearbeiteter Absatzmittler
5. **Kundendienst**	....	K	Anzahl der Inanspruchnehmer oder der Kunden
C) Vertriebsführung	....	—	als Prozentsatz auf Σ A oder auf Σ A + B
I. A bis C Summe Vertriebs-Gemeinkosten	....		

II. Vertriebs-Einzelkosten

A) Vertriebs-Einzelkosten auftragsweise erfaßt			
1. Versandpackung, wenn nicht bei Herstellung verrechnet	....		
Übertrag:	....		

Übertrag: ....

2. Ausgangsfrachten und Nebenkosten ....
3. eigene Zustellkosten, als Einzelkosten erfaßt ....
4. Zinskosten eigener Absatzfinanzierung (auftragsweise erfaßt) ....
5. Provisionen an Vertreter ....
6. Prämien an Reisende und Verkäufer (auftragsweise erfaßt) ....
7. Umsatzsteuer ....

B) Sonderkosten nach Umsatz- oder Erzeugnisgruppen gesondert erfaßt

1. Export-Sonderkosten (Gebühren, Zölle, Provision.) ....
2. Werbekosten für bestimmte Erzeugnisarten oder Umsatz-(Kunden-)Gruppen ....
3. Formgestaltungskosten für bestimmte Erzeugnisarten ....

Summe aller Vertriebskosten I + II ....

Summe Verwaltungskosten (wenn diese nicht vorher auf Kostenbereiche umgelegt) ....

Endsumme aller kaufmännischen Geschäftskosten ....

Ergebnis:

Summe Umsätze netto ....

Herstellkosten oder Verrechnungspreise der verkauften Erzeugnisse ....

Vertriebsspanne ....

Endsumme aller kfm.Gesch.-Kosten ./. ....

= **Erfolg** (entweder Unternehmungsergebnis oder bei Herstell-Verrechnungspreisen, Vertriebsergebnis) ....

Übersicht 7

Vom Markt und Wettbewerb her auf die Absatzwirtschaft der Unternehmungen wirkende kostensteigernde Einflüsse

I. Vom Markt, den Verwendern und Verbrauchern als Kunden her

auf a) absatzwirtschaftliche Stufe 1, Industrie
b) absatzwirtschaftliche Stufe 2, Handel

Gewünschte stärkere Dichte des Angebots, Zahl der Einkaufs-Gelegenheiten und Verkäufer.

Räumlich weitere Streuung des Angebots.
Breite und Vielfalt der Sortimente.
Tiefe der Sortimente, Auswahl innerhalb der gleichen Artikelgruppe; preisliche, qualitative, geschmackliche und modische Differenzierung.
Gesteigerte Ansprüche an Ausstattung und Aufmachung.
Gesteigerte Ansprüche an Größe und Ausstattung der Verkaufsräume, an Art und Umfang der Darbietung der Warenarten und Warenmengen (über Auswahlwunsch hinaus).
Gesteigerte Wünsche und Voraussetzungen der Kunden hinsichtlich zusätzlicher Dienstleistungen vor, bei und nach dem Kauf.
Gewöhnung der Verbraucher an die Werbung, d. h. an Nachrichten und Informationen über Eigenschaften, Verwendungsmöglichkeiten, Nutzen der Ware.

II. Vom Handel, Absatzstufe 2, her
auf Absatzstufe 1, Industrie.
Kleinere Bestellmengen, Verzettelung der Losgrößen, häufige Zwerg-Aufträge.
Zersplitterung der Beschaffungswege und -quellen.
Wunsch nach Verbreiterung der Sortimente und auch größerer Tiefe beim Programm der Hersteller, Differenzierung innerhalb der Artikelgruppe, Typenvielfalt.
Drängen nach bequemer, verkaufsgerechter, werblich ausgestalteter Verkaufspackung, auch in kleineren Einheiten.
Wunsch nach Ausdehnung der Lieferstrecken und Beschleunigung der Zustellung.
Zersplitterung der Waren-Absatzwege durch Beteiligung von immer mehr Handelsbetrieben und Handelsbetriebsformen am Absatz gut gestarteter, leicht verkäuflicher Waren, zumal Neuheiten.
Verstärkte Voraussetzung direkter Verbraucher-Werbung der Hersteller.
Erhöhte Ansprüche des Handels auf Verkaufsförderungsmaßnahmen wie Verkaufshilfen aller Art oder Schulung des Personals des Einzelhandels in spezieller Warenkunde und Verkaufstaktik.
Rückverlagerung von Kundendienst-Funktionen, zumal Instandsetzung und Gewährleistung, auf die Hersteller.
Druck auf günstigere Konditionen und Zahlungsziele.
Im Ganzen: Funktionsschwund beim Handel ohne entsprechende Verringerung der Spannen.

III. Kostensteigernde Einflüsse auf die Absatzwirtschaft;
vom Wettbewerb der eigenen Stufe her:
a) beim Vertrieb der Industrie.
Wettbewerb der Hersteller um Handelsbetriebe und Handelsgruppen (z. B. den Fach-Einzelhandel).
Übernahme vom Handel nicht ausgeübter bzw. preisgegebener Funktionen durch den Vertrieb der Hersteller (ohne entsprechendes Entgelt, d. h. ohne Erhöhung des Anteils am Endpreis der Waren).
Übernahme von Lagerhaltungs- und Sortimentierungsaufgaben, die früher von absatzwirtschaftlichen Folgestufen, insbesondere vom Großhandel, erfüllt wurden.
Intensivierung der Verkaufsförderungsmaßnahmen.

Verstärkung der Werbung um die Folgestufen, besonders beim Fach-Einzelhandel.
Steigerung der Verbraucher-Werbung.
Steigende Leistungen des Kundendienstes und Investitionen dafür.
Erleichterung der Konditionen, Kreditausweitung, Verlängerung der Zahlungsziele.
Verdichtung des Netzes der Vertreter und Reisenden.
Einsatz von Spezial- und Einfirmen-Vertretern bei höherem Festkosten-Anteil.
Intensivierung der Kundenbearbeitung.
Höhere Investitionen im eigenen Vertriebsapparat, in der Verkaufsorganisation, den Verkaufsmethoden (mit oder ohne Ausschaltung von absatzwirtschaftlichen Folgestufen).

b) beim Handel, insbesondere Einzelhandel und zwischen dessen Betriebsformen:

Erhöhter Aufwand für Räume nach Größe, Aufmachung und technischer Ausstattung.
Mehraufwand für Werbung allgemein, auch Außenwerbung.
Mehraufwand für Warendarbietung und Dekorationen im Laden und im Schaufenster.
Ausweitung und Vertiefung der Sortimente (statt Verringerung und Typenbeschränkung).
Erhöhung der Leistungen eines qualifizierten Personals.
Ausbau des Zustelldienstes und anderer Kundendienstleistungen.
Gewährung von Zahlungserleichterungen, Kundenkredit (organisiert oder unorganisiert), eigene oder fremde Absatzfinanzierung.

Theorie und Praxis einer betrieblichen Verrechnungslehre

von

Prof. Dr. *Leopold L. Illetschko*, Wien

Genesis — Denkschablonen — Institutionalisierung — Datenkranz — „systems" — Semantik — Systematisierung — Entwicklung — Dokument und Instrument — Methodik

1. Eine *betriebliche Verrechnungslehre* nach Standort und Terrain innerhalb der Hochschuldisziplin „Betriebswirtschaftslehre" zu bestimmen, erfordert es, zuvörderst auf deren Genesis einzugehen. Die fachliche Lokalisierung stand in allen Etappen der wissenschaftlichen Entwicklung des Faches zur Diskussion; einige Zeugnisse aus weiten Intervallen der Fachliteratur können „pointisierend" auf die damit verbundene Problematik hinführen.

Gomberg schrieb vor mehr als einem halben Jahrhundert (1907) im Vorwort seines Buches über die „Verrechnungswissenschaft": „Als mir im Jahre 1899 die Organisation und Weiterführung des Unterrichts in den Handelsdisziplinen an einer damals gegründeten schweizerischen Handelshochschule übertragen wurde, schien es mir unentbehrlich, das überlieferte Programm in diesen Fächern einer den Zielen und der Bedeutung einer Hochschule entsprechenden Umgestaltung und Erweiterung zu unterziehen. Ich stellte die Verrechnungswissenschaft als besonderes Unterrichtsfach an die Spitze der Handelsdisziplinen und glaubte mich nicht auf die Behandlung der Buchhaltungslehre allein beschränken, sondern auch den anderen Abschnitten der Verrechnungswissenschaften den ihnen gebührenden Platz im Unterricht einräumen zu müssen, das Ganze auf einer wissenschaftlichen Grundlage aufbauend"[1]. Er sah die Aufgaben einer derartigen selbständigen „Verrechnungswissenschaft" in der „ursächlichen Erklärung der Einzelwirtschaftsentfaltung" und gab als deren Mittel die „Bücher", die „Konten", die „Belegführung" und die „graphischen Tabellen" an[2].

Ein Vierteljahrhundert später faßt Töndury[3] unter der Bezeichnung

[1] Gomberg, Grundlegung der Verrechnungswissenschaft, Leipzig 1908, S. IV.

[2] Gomberg, a. a. O., S. 162.

[3] Töndury, „Die Grundlagen der betrieblichen Verrechnung" in: Die Bilanzen der Unternehmungen, I. Band, Wien 1933, S. 95 u. ff.

„betriebliche Verrechnung" die Gesamtheit aller jener Maßnahmen, welche der zahlenmäßigen Erfassung und Zuordnung der Tatsachen eines bestimmten Betriebes dienen, zusammen. Drei Stufen der Entfaltung der „betrieblichen Verrechnung" werden von ihm angeführt: zunächst das unbedingte Vorherrschen der Buchhaltungslehre, sodann die Einbeziehung aller anderen Zweige der Verrechnung und deren systematische Einordnung und schließlich (damals kaum in Umrissen abgezeichnet) die Hervorhebung der formalen Seite an Stelle der ausschließlich materiellen Betrachtung in den beiden Vorstufen. Die Erfassung des Datenmaterials als statisches Denken (zeitpunktbezogenes), dynamisches (zeitraumbezogenes), kausales (ursachenbezogenes) und korrelatives (funktionsbezogenes), gibt der angeführten „Stufenbildung" Rückhalt und öffnet Bezüge auf mathematisch-statistische Grundlagen.

Ein weiteres Vierteljahrhundert später (1958) geht *Matessich* von der Messung überhaupt aus, er unterscheidet nominale, ordinale, intervale und kardinale Messungsarten ganz allgemein, um daraus den *metrologischen* Charakter des wirtschaftlichen Rechnungswesens abzuleiten[4]. Es gelingt ihm, ein reines Buchhaltungsmodell in Form von simultanen Gleichungen darzustellen, das aber erweist, daß algebraische Formulierungen allein nicht genügen, sondern daß auch mengentheoretische Überlegungen anzustellen sind. Er zeigt ferner die Möglichkeiten einer Erweiterung des Buchhaltungsmodells durch die Einfügung von „Verhaltensfunktionen" bzw. dessen Ausbau für die Vorausberechnung (Planung) durch Konjunkturfaktoren, betriebspolitische Faktoren, voraussichtliche Marktanteile, Zinssätze, Grenzproduktivitätskoeffizienten, Liquiditätspräferenzkoeffizienten, Zeitfaktoren und dgl. mehr. Noch weiter geht dieser Autor[5], wenn er von einer künftigen internationalen Disziplin aus dem Grenzland der Volks- und Betriebswirtschaftslehre spricht und damit eine „Rechnungswissenschaft" meint, die sowohl die Buchhaltung im traditionellen Sinne wie die Nationale Buchhaltung umfassen soll. Die Anwendung der Matrizenalgebra in der Input-Output-Analyse sowie die der Mengenlehre in den verschiedenen Sektoren der Sozialwissenschaften lassen nach seiner Meinung Definitionen und Theorien zu, die auf den Gebieten der Finanzbuchhaltung, der Betriebsbuchhaltung, der Haushalts- und Staatshaushaltsbuchhaltung, der Nationalen (Einkommens-)Buchhaltung, der Input-Output-Buchhaltung, der Money-Flow-Buchhaltung usw. vollkommenere und spezifiziertere Modellkonstruktionen ergeben, als ohne diese Darstellungstechnik.

---

[4] Matessich, Messung, Vorausberechnung und Buchhaltungsmodelle, in: Zeitschrift für handelswissenschaftliche Forschung, Jahrgang 1959, S. 179 ff.

[5] Matessich, Prolegomena zu einer universalen Rechnungswissenschaft, in: Zeitschrift für Betriebswirtschaft, Jahrgang 1958, S. 601 ff.

Die halbhundertjährige Entwicklung, welche dergestalt von „Büchern" und „Konten" ihren Ausgang nimmt und über die Erkenntnis des mathematischen Grundes der Verknüpfung der erfaßten Daten in den Bereich der Mengenlehre und der Matrizenrechnung eindringt, ist durch diese gewissermaßen zeitrafferisch wirkende Auswahl aus den drei angeführten Literaturstellen illustriert. Sie zeigen die Versuche zur *Formalisierung* und sie führen von den ursprünglichen direkten Bezügen auf das pragmatische Rechnungswesen (so wie es die Betriebe eben führen) weg in die Gefilde kombinierender Abstraktionen hinein.

2. Es ist keine Frage, daß eine solche Entwicklung der Ausbildung eines *Regulativs* bedarf, wenn nicht die Gefahr des Verlustes des Standorts innerhalb der Betriebswirtschaftslehre übermächtig werden soll. Das ist um so dringlicher, als innerhalb der Betriebswirtschaftslehre selbst Schwergewichtsverlagerungen auftreten, was sich deutlich zeigt, wenn ein stark Schule bildender Vertreter dieser Hochschuldisziplin ausführt, daß über das Lineare Programmieren hinaus, das Unsicherheitsproblem und der spieltheoretische Ansatz der Entscheidungstheorie zu den neueren Problembeständen einer Wissenschaft gehören, die von der Produktionstheorie über die Kostentheorie zu den Entscheidungstheorien vorstoßen möchte[6]. Ebenso wie der Entwicklungsgang der betrieblichen Verrechnungslehre in einem halben Jahrhundert vom recht pragmatischen Ansatz in eine von der Realität durchaus abstrahierende Formalisierung führte, ebenso scheint in dem Mutterboden dieser Lehre, also innerhalb der Betriebswirtschaftslehre selbst, der Weg vom Pragmatischen zu formalen Modellvorstellungen nachweisbar.

Dabei ist eines zu bedenken. In der betrieblichen Verrechnungslehre, die sich mit ökonomischen Messungen befaßt, zielt jede Formalisierung auf eine besondere Art von Modellen, für die das heute bereits durchaus unmodern gewordene Wort „Buchhaltung" (als Finanz-, Kosten-, Budget-, Planungs- usw. Rechnung) noch immer charakteristisch ist. Dieser Wortgebrauch zeigt, daß „Modelle" innerhalb einer betrieblichen Verrechnungslehr nichts anderes darstellen, als tatsächlich angewendete, d. h. „standardisierte" Kalkülformen. Es handelt sich bei einer „Buchhaltung" in solcher Sicht gesehen, um eine ganz spezifische Form von Rechenvorschriften, d. h. um Anweisungen, Rezepte, kurz Verfahrensregeln, die so untereinander verflochten sind, daß sie stabile, *institutionalisierbare Denkschablonen* ergeben. Die Gestaltung dieser Regeln und Vorschriften, ihre Aufnahme in Rechtsvorschriften sowie in Unterricht und Lehre entsprechender Lehranstalten, verändert die Kalkülform zur Denkschablone, welche als Bestandteil eines *Berufswissens* zur Institution wird. Nicht die

---

[6] Gutenberg, Die gegenwärtige Situation der Betriebswirtschaftslehre, in: Zeitschrift für handelswissenschaftliche Forschung, Jahrgang 1960, S. 118 ff.

Kalkülform schlechthin, ihre Einbettung in das Denken und Urteilen im Wirtschaftsbetrieb, konstituiert die Denkschablone.

Die Formalisierung innerhalb der betrieblichen Verrechnungslehre (die Nationale Einkommens-„Buchhaltung" ebenso betreffend wie etwa ein Kostenrechnungs-„System") zielt somit auf real vorhandene Tatbestände, versucht sie „abzubilden". Allgemein ausgedrückt, sie gestattet, einen sehr komplexen, natürlichen betrieblichen Ablauf *rational* nachzukonstruieren[7]. Jede derartige rationale Nachkonstruktion irgendeines Lebensvorganges ist nur an Hand von solchen Denkschablonen möglich, die jederzeit, also auch bei künftigen gleichen Abläufen, nicht allein das Ergebnis vorzeitig voraussehen lassen, sondern auch im Zuge dieser Abläufe den Effekt von Eingriffen gedanklich erschließen.

Die Modelle der reinen Ökonomie, vor allem die der Informations- und Entscheidungs-(Spiel-)Theorie, sind freilich auch Kalkülformen, aber sie ergeben sich nicht aus rationaler Nachkonstruktion, sondern aus mathematisch analytischer Betrachtung. Dieser Unterschied wird deutlich darin sichtbar, daß sich bei Weiterbildung zu betrieblich anwendbaren Denkschablonen kaum überwindbare Schwierigkeiten ihrer numerischen Handhabung in vielen Fällen hindernd in den Weg stellen. Die in der mathematisch-ökonomischen Modeliteratur oftmals vorgeführten simplifizierenden Modelle, deren mit größter mathematischer Stringenz formulierte Ansätze zumeist in seltsamen Gegensatz zu dem trivialen, ja sogar erratbaren Ergebnis stehen, entsprechen diesem Typ von Kalkülformen, die auf dem Wege zu betrieblich relevanten Denkschablonen verblassen und die Institutionalisierung nicht finden. Sie sind „Bilder", jedoch nicht „Abbilder". Es stellt sich aus dieser Sachlage die Frage, woran das liegt.

3. Die Institutionalisierung stabilisierbarer Denkschablonen setzt zweierlei voraus[8]. Es muß sich einerseits um adäquate Strukturen der Denkinhalte handeln, und es müssen andererseits die Ausgangsdaten auch gefunden werden können. Das Kriterium der rationalen Nachkonstruktion eines realen Vorganges ist durch die Beantwortbarkeit der beiden Vorfragen gegeben, ob die konkret erfaßten bzw. erfaßbaren Daten genügen und ob Kalkülform und Denkinhalt isomorph (aufeinander abbildbar) sind. Erhebbarer Datenkranz und überprüfbare Isomophie bestimmen „Modelle" bzw. „Buchhaltungen". Ungenügende Isomorphie führt zu Verzerrungen quantitativer Natur bei der Ergebnisbildung, ein ungenügender Datenkranz verwehrt die betriebliche Anwendung der Denkschablone. An diesem Sachverhalt liegt es, daß bei den „stabilisierten" Kalkülformen („Buchhaltungen") als echten Institutionen die *Verfahrensregeln* in betrieblicher

[7] Illetschko, Betriebswirtschaftliche Grundfragen, Wien 1953, S. 50.

[8] Illetschko, Zur Entwicklung moderner Formen der betrieblichen Verrechnungslehre, in: Betriebswirtschaftliche Forschung und Praxis, Jahrgang 1959, S. 193 ff.

(nicht in mathematischer) Terminologie so stark in den Vordergrund treten. Es dürfte z. B. auf dem Betätigungsfeld der Finanz-Buchhaltung kaum einer der vielen hunderttausend von Buchhaltern etwas von der Ableitbarkeit ihrer Buchhaltung aus Matrizenrechnung und Mengentheorie wissen, aber die Verfahrensregeln (nicht allein aus Rechenregeln, sondern auch aus Rechtsvorschriften und allgemeinem Brauch, aus kasuistischer handels- bzw. steuerrechtlicher Interpretation und aus den Grundsätzen ordnungsmäßiger Buchführung) sind so fixiert, daß deren bloße Kenntnis und sichere Handhabung die Umwandlung eines nur mengentheoretisch faßbaren Kalküls in eine bequeme Denkschablone verbürgt.

4. Es sind die im Betriebe als Denkschablonen *institutionalisierbaren Kalkülformen,* welche dieserart sichtlich den Inhalt einer betrieblichen Verrechnungslehre ausfüllen, in bezug auf das Anwendungsgebiet determiniert durch Isomorphie und arteigenen Datenkranz. Eine „betriebliche" Verrechnungslehre könnte als eine voll formalisierte Disziplin gar nicht bestehen, sie würde in diesem Falle die Aufgabe der rationalen Nachkonstruktion eines realen Vorganges entbehren, sie enthielte keine Abbilder mehr, sondern nur mehr Bilder schlechthin, d. h. sie wäre bloße Algebra mit allen bisher bekannten und noch zu erarbeitenden Kalkülformen der Mathematik; kurz, sie wäre als voll formalisierte Disziplin aus dem Bereich der Betriebswirtschaftslehre hinausgeraten. Eine „betriebliche" Verrechnungslehre muß gerade die Institutionalisierbarkeit von Kalkülformen als Denkschablonen untersuchen und erforschen, d. h. erheben, ob vorhandene oder schaffbare *Datenkränze* (d. s. diejenigen quantitativen Daten, die aus fixierten Informationen über jenen realen Vorgang, der seine rationale Nachkonstruktion finden soll, hervorgehen) dem numerischen Kalkül genügen. Die Algebraisierung nützt in einer „betrieblichen" Verrechnungslehre nur hinsichtlich der formallogischen Analyse und der Überprüfung des sachlogischen Aufbaues einer Modellvorstellung an sich. Da es sich aber nicht um diese schlechthin handelt, sondern um die institutionalisierbare Denkschablone, muß zu dieser Analyse die Erforschung der Natur und der Feststellbarkeit der quantitativen Daten, eingedenk des metrologischen Charakters dieses Wissensgebietes, treten. Und nicht genug, es muß, wenn die Erfordernisse der Logik und der Metrologie erfüllt erscheinen eine Konfrontation mit dem betrieblich Möglichen hinsichtlich der Festlegung der *numerischen* Ansätze erfolgen. Die Erfüllung dieser Forderungen bedingt, daß eine „betriebliche" Verrechnungslehre sich mit dem Aufbau des Apparates, der den Informationsfluß im Betriebe ermöglicht, zu befassen hat.

5. So öffnen sich mehrere Zugänge zur „betrieblichen" Verrechnungslehre, nämlich über die formallogische Betrachtung, über die Systematisierung der „quantitativen" Daten, über die organisatorischen Verhält-

nisse im Betrieb und, da in der jüngsten Zeit die Mechanisierung und Automatisierung der Schreib- und Rechenvorgänge solche Fortschritte gemacht hat, daß es zum Einsatz elektronischer „Computers" im Betriebe kommt, tritt der Zugang über das Gerät hinzu. Diese Situation darf aber nicht trügen und veranlassen, einen dieser „Zugänge" für den Sachverhalt selbst zu halten; es ist so, daß alle angeführten Elemente, die denklogische Absicherung, die Erkenntnis der Natur der quantitativen Daten, ihre andauernde, organisierte Bereitstellung und Verarbeitung verschiedene Seiten einer spezifischen Einheit sind. Die moderne Managementlehre spricht bezeichnenderweise von „systems" und meint damit, vom Gerät ausgehend, einen organisierten Datenfluß und eine „integrierte" Datenverarbeitung; etwas, was zu Gombergs Zeiten die „Buchhaltung" mit ihren Büchern, Konten, der Belegführung und den Tabellen war.

Freilich hat der rasch vor sich gehende Prozeß der Einführung der elektronischen Geräte in der Betriebspraxis gezeigt, daß die technische Seite dieser „Einheit" wissensmäßig an Umfang rascher zunimmt, als die methodologische; ein „gap" hat sich geöffnet. Seine Wahrnehmung allein schon bestätigt[9], daß sich etwas trennt, was als Einheit empfunden wird.

Eine betriebliche Verrechnungslehre ohne Befassung mit den betriebswirtschaftlichen Organisationsmitteln zeigt sich dieserart als papierenes Unterfangen, und diese Folgerung erweist, daß sie wie eh und je weitgehend auf pragmatische Sachverhalte angewiesen ist und bleibt. „Bücher", „Konten" waren und sind in gleicher Weise betriebswirtschaftliche Organisationsmittel wie Geräte, Apparaturen, Belegläufe, Dokumentationen. Betriebswirtschaftliche Organisationsmittel heben sich aus der Vielzahl der wissenschaftlichen, religiösen, militärischen, technischen usw. Organisationsmittel dadurch ab, daß ihren Inhalt die Schreib-, Rechen- und Ordnungsvorgänge des Wirtschaftsbetriebes bilden, wie der Verfasser an anderer Stelle eingehender sich nachzuweisen bemühte[10].

Eine so gesehene „betriebliche" Verrechnungslehre kann sich allerdings auch dann nicht ändern, wenn die Hochschuldisziplin Betriebswirtschaftslehre oder eine ihrer Richtungen sich stärker formalisiert bzw. vermathematisiert. Abstraktionen aus dem Bereich der Investitionstheorie, dem Bereich absatzpolitischer Entscheidungen an Hand von Aktions-, Reaktions- und Trenderwartungen erliegen allzu oft der Versuchung, Isomorphien als gegeben zu setzen, wo gerade deren kritische Infragestellung am Beginn wissenschaftlichen Bemühens stehen sollte (beispielsweise bei der Verwendung von Auf- oder Abzinsungen ohne Prüfung, ob tatsächlich ein konstanter, relativer Zuwachs, welcher die Abbildung

[9] Kami, Electronic Data Processing, Promise and Problems, California Management Review, 1958, Nummer 1, S. 74 ff.

[10] Illetschko, Betriebswirtschaftliche Organisationsmittel, Essen 1952, S. 17 ff.

auf die isomorphe logarithmische Funktion erlaubt, vorliegt und dgl. mehr). Die Ergebnisse derartiger Kalküle, obwohl mathematisch gesichert, können gegenüber der Realität zu Verzerrungen führen, was sich freilich insolange verbergen kann, als man nur bei der algebraischen Darstellung verbleibt oder gar verbleiben muß, weil entweder der Datenkranz oder die „systems" zu seiner Verarbeitung fehlen oder weil die Nachkonstruktion des realen Vorganges mangels einer numerisch handhabbaren Schablone nicht verifizierbar ist. Dieses Irrealwerden einer zu stark formalisierten Betriebswirtschaftslehre kann auf eine in der vorgetragenen Weise verstandene betriebliche Verrechnungslehre nicht übergreifen. Diese ist schon wegen der von ihr zu behandelnden institutionalisierbaren Kalkülformen in der Darstellung primär auf den jeweiligen Datenkranz und sein Zustandekommen angewiesen. Die zureichende Isomorphie der Denkschablone wird durch die bei jedem Vorgang neuerlich mit der Wirklichkeit zu konfrontierenden und daher sich verfestigenden Verfahrensregeln erreicht. Sie ist freilich ein hart und mühselig zu bearbeitendes Gebiet, sie kann sich nicht in den Elfenbeinturm moderner „Wissenschaftsarbeit" zurückziehen, da sie ihr Erfahrungsobjekt in den sich wandelnden Organisationsstrukturen der Betriebe und dem technisch sich ständig erneuernden Fundus der betriebswirtschaftlichen Organisationsmittel hat.

6. Die betriebliche Verrechnungslehre umfaßt außer den handels- und steuerrechtlich gesicherten Verfahren zur Ermittlung des Rechtsanspruches „Gewinn" (durch die traditionellen Buchführungs- und Jahresabschlußarbeiten) die verschiedenen Gestalten der Kostenrechnung (von der Ermittlung der Bilanzansätze, den mehr oder minder rechtlich verklausulierten Ermittlungen von Selbstkosten-Erstattungspreisen bis zu den nur technologischen Bedingungen entsprechenden Feststellungen zur Kontrolle des Fertigungs- und Vertriebsablaufes und den Normierungen auf Grund von eingeplanten Einsätzen und Verbräuchen) und daneben als jüngere Zweige die Rentabilitätsrechnungen anläßlich von Planungen von Investitionen für Produktions-, Beschaffungs-, Lagerungs-, Vertriebsverfahren, bis zu den Feststellungen, die sich aus den Finanzierungsformen und deren Abwicklung ergeben. Da im Zuge der weitgehenden Vollbeschäftigung der Produktionsfaktoren gerade bei Planungen die „Engpässe" Bedeutung haben, gehören ihr auch jene Rechenmodelle des linearen Programmierens an, welche die Ermittlung von numerischen Bestlösungen (bei vorliegenden formulierbaren Nebenbedingungen) erlauben. Nicht in die betriebliche Verrechnungslehre, wohl aber in die Betriebswirtschaftslehre, gehört die Diskussion von Kurvenverläufen und die nichtnumerische infinitesimale Analyse von Vorgängen. Die nur mathematisch zu führende Marginalanalyse tritt in ihr zurück hinter die Analyse aus der *Semantik* der betrieblich üblichen und denklogisch mög-

lichen Bezeichnungen (Fachterminologie) des Datenkranzes für die jeweilige Denkschablone, sei sie System, Kalkulationsschema, Buchhaltung, Budget und dgl. mehr. An die Stelle der für den Kostenverlauf so wichtigen Trennung der fixen und variablen Elemente in kurzer und langer Sicht tritt die Unterscheidung in beeinflußbare und nicht beeinflußbare Elemente des Datenkranzes im Rechenintervall und darüber hinaus.

7. Die vorstehend angeführten Stücke aus dem *materialen Inhalt* der betrieblichen Verrechnungslehre haben in der betriebswirtschaftlichen Literatur verschiedentliche Klassifizierungen erhalten. Illustrierend seien Calmes, Schmalenbach, Geldmacher, Lehmann und Mellerowicz angeführt.

Calmes[11] gliedert nach den Methoden und nimmt eine Dreiteilung in Buchhaltung, Selbstkostenrechnung und Statistik vor. Da in seiner Zeit die neueren Kalkülformen noch unbekannt waren, entspricht diese Dreiteilung heute nicht mehr, zumal die neueren statistischen Methoden den betriebsorganisatorisch ermittelbaren Datenkranz weitgehend auszugestalten beginnen. *Schmalenbach*[12] geht, wenn er die Selbstkostenrechnung, die Jahreserfolgsrechnung, die Monatserfolgsrechnung und die Wertungsrechnung scheidet, von den zu seiner Zeit stabilisierten „Buchhaltungen" im Sinne von „systems" aus, denn die Wertungsrechnungen stellen in seiner Gliederung doch nur ein „Allfälliges" dar und lassen erkennen, daß seine Gliederung unvollkommen ist. *Geldmacher*[13] wiederum, der die betriebliche Verbrauchsrechnung (Kostenrechnung), die betriebliche Ertragsrechnung und die betriebliche Erfolgsrechnung als Teilstücke einer betrieblichen Verrechnungslehre annimmt, muß, wenn auch in diesen Teilstücken eine Aufgliederung nach Stück- und Zeitrechnung und innerhalb dieser wieder nach Vorschau, laufender Rechnung und Rückschau erfolgt, pragmatisch zu Einheiten verbundene Rechnungen auseinanderreißen und gewinnt damit nicht mehr als die Feststellung, daß Verbrauch, Ertrag, Erfolg je Stück und je Intervall instrumental (voraussehend) bzw. dokumentierend (festhaltend) sich verfolgen lassen. *Lehmann*[14] trennt die Vorrechnungen von den Nachrechnungen (um in jedem dieser „großen Rechnungsgebiete" je vier Zweige oder Grundformen zu unterscheiden) und vereinigt Buchhaltung und Nachkalkulation mit der betriebswirtschaftlichen Statistik insofern, als er einen weiteren Statistik-Begriff, der alle drei umspannt, einführt. Aus allen diesen Gliede-

---

[11] Calmes, Die Statistik im Fabriks- und Warenhandelsbetrieb, Leipzig 1921, S. 16 ff.

[12] Schmalenbach, Kostenrechnung und Preispolitik, 7. Auflage, Köln und Opladen 1956, S. 26, S. 126 ff.

[13] Geldmacher, Betriebswirtschaftslehre (Grundzüge des Rechnungswesens und des Aufbaues schaffenswirtschaftlicher Betriebe), 2. Auflage, Leipzig und Berlin 1927, S. 617.

[14] Lehmann, Industriekalkulation, 4. Auflage, Stuttgart 1951, S. 3—6.

rungsversuchen wird es sehr deutlich, daß ohne eine Abklärung zwischen dem Inhalt der Lehrgebiete der betriebswirtschaftlichen Statistik und der betrieblichen Verrechnungslehre es nicht abgeht, wenn eine materiale Systematik der letzteren versucht werden soll.

Eine Lehre von der betriebswirtschaftlichen Statistik kann nichts anderes sein als die Sammlung der „Verfahrensarten der statistischen Methodenlehre zur Beschreibung und kausalen Durchdringung betriebswirtschaftlicher Zusammenhänge".[15] Für sie haben die Ausgangsdaten und die Ergebnisse institutionalisierter Kalküle der betrieblichen Verrechnungslehre (Bilanzen, Gewinn- und Verlustrechnungen, kurzfristige Erfolgsrechnungen, Kalkulationen und Stückrechnungen, Betriebsvoranschläge) nur Materialcharakter. Sie kann betrieben werden als monographische (einen Betrieb betreffend) oder kollektive Betriebswirtschaftsstatistik (mehrere Betriebe vergleichend). Insoweit sie monographisch ist, erstreckt sich ihr Beobachtungsinhalt[16] auf Vermögensaufbau, Kapitalaufbau, Beschäftigungsstand, Betriebsgröße, Investitionscharakter, wirtschaftlich-technische Kapazität, Kostenstruktur, soziale Note des Betriebsorganismus, Kapazitätsausnutzung, Verschuldensstand, Liquidität, Kapitalumschlag, Debitorenumschlag, Lagerumschlag, Kostengestaltung, Wirtschaftsertrag, Wirtschaftlichkeit, Produktivität, Rentabilität und vieles andere mehr. Diese Fülle der Kennzeichnung zeigt, daß der Beobachtungsinhalt der Betriebswirtschaftsstatistik sich auf das Gesamt der quantitativen Daten aus dem institutionellen Rechnungswesen des Betriebes erstreckt und daß es lediglich Verfahren an sich sind, welche sie behandelt, nämlich die Mittelwertrechnung, die Indexrechnung, die Dispersionsrechnung, die Fehlertests, die Formung statistischer Reihung und die Reihenzerlegung sowie die Korrelationsrechnung. Diese Verfahren dienen als wissens-analytisches Werkzeug; lediglich die Fehlertests in der Qualitätskontrolle und in der letzten Zeit die Verfahren zur Messung der Arbeitsleistung (Multimomentverfahren) lassen sich betriebsorganisatorisch so verfestigen, daß beschreibbare Kalkülformen, die zu betrieblichen Denkschablonen werden können, entstehen.

Mellerowicz[17] begegnet diesen Schwierigkeiten dadurch, daß er dem Rechnungswesen (das als Gegenstand einer betrieblichen Verrechnungslehre aufzufassen ist), eine mehrdimensionale Gliederung gibt, welche dem Verfahren und dem Gegenstande zugleich Rechnung tragen soll und die dadurch zwangloser die Nahtstelle zwischen betrieblicher Verrechnungslehre und Betriebswirtschaftsstatistik aufzeigt, weil er letztere in den Vergleichsrechnungen subsumieren kann.

---

[15] Lorenz, Betriebswirtschaftsstatistik, Berlin 1960, S. 34.

[16] Lorenz, a. a. O., S. 112 ff.

[17] Mellerowicz, Allgemeine Betriebswirtschaftslehre, IV. Band, Berlin 1959, S. 24.

Der Befund, der sich aus dieser Kurzübersicht der wichtigsten bisherigen Gliederungsversuche ergibt, ist der, daß das große traditionelle „system" der Geschäftsbuchhaltung mit dem Jahresabschluß und die Kostenrechnungs- und Kalkulationsformen betriebsorganisatorisch gesicherte Blöcke darstellen, während die Vergleichsrechnungen in die Erläuterung bloßer Verfahren ohne Bezug auf deren betriebsorganisatorische Verankerbarkeit münden. Der Block der Kostenrechnungs- und Kalkulationsformen zeigt sich noch dazu recht vielgestaltig, denn von den preisrechtlich forcierten Ist-Rechnungen zu den technologisch fundierten Soll-Rechnungen, von der buchhaltungsartigen Vollständigkeit und Verprobbarkeit der Vollkostenrechnungen bis zum „direct-costing", dem preispolitischen Rechnen mit Deckungsbeiträgen, versammelt sich so vieles in diesem Block, daß der Verdacht auftaucht, daß auch hier die Abklärung zwischen dem Inhalt der vorwiegend ingenieurmäßig orientierten Betriebswissenschaften (ihnen ist die Standardkostenrechnung zu verdanken) und der betrieblichen Verrechnungslehre eine schwimmende Grenze aufzeigt, ähnlich wie sie im Verhältnis zur Statistik feststellbar war. Das gilt um so mehr, wenn an die im Zuge der Fortbildung des Scientific Management aufkommenden Kalkülformen, die im sogenannten „operations research" zusammengefaßt sind, gedacht wird. In einer neueren englischen Veröffentlichung[18] umfassen diese die Probleme der Optimierung, Programmierung, der Stauungs-, der Spieltheorie und der Wahrscheinlichkeitslehre und führen damit über den Bereich des Betrieblichen weit hinaus.

Erkenntnismäßig lassen sich diese neueren Entwicklungen unter der Idee eines *Operationalismus* verstehen, der meint, daß lediglich Operationen, Vorgänge, Vollzüge und deren Messung wissenschaftliche Konzepte bestimmen. In dieser Sicht gesehen sind Definitionen niemals absolut; jede Definition ist ein Prozeß, der einen Ausdruck für ein interessiertes Individuum eben brauchbar und handhabbar macht, sie hängt letzten Endes ab von der Fähigkeit, Informationen aufzunehmen bzw. abzugeben und ist mit dem Erfahrungshintergrund des Individuums eng verbunden. Auf das Betriebliche übertragen hieße das: die Gesamtheit der Informationen, welche der Betrieb liefert und aus diesen nur diejenigen, die quantitativer Natur sind, bestimmen jene Definitionen und jenen Wortgebrauch, welche eine Wissenschaft vom Betrieb aufbauen können. Die Fähigkeit, im Betriebe Informationen aufzunehmen und abzugeben, hängt jedoch letztlich von der datenverarbeitenden *Apparatur* des Betriebes ab. Der Operationalismus ergibt dieserart zwanglos die Erklärung dafür, daß Denkmodell und Datenkranz zusammentreten müssen, wenn der Weg zu institutionalisierbaren Denkschablonen gefunden werden soll.

[18] Saaty, Mathematical Methods of Operations Research, New York-Toronto-London 1959.

8. Eine Analyse des materialen Inhalts einer betrieblichen Verrechnungslehre und die der Versuche einer Klassifizierung dieses Inhalts scheint deutlich zu machen, daß zweierlei auseinanderzuhalten ist. Einmal die entwicklungsbedingte ständige Ausweitung der traditionellen „systems", wobei aber nicht die neuen Techniken an sich, nicht die Denkmodelle selbst, sondern erst die institutionalisierbaren (mit numerischen Daten erfüllbaren) Denkschablonen die Erkenntnisgegenstände abgeben, zum andern die Tatsache, daß Klassifizierungen sich verändernder Mannigfaltigkeiten stets ephemeren Charakter haben und in ihrer mehr oder minder gelungenen Systematik lediglich den im *Zeitpunkt der Klassifizierung* jeweiligen Stand anzeigen können; sie geben ein Zustandsbild, das insofern täuscht, weil es sich bei erreichter hoher Perfektion in der Gliederung als ein End- und Höhepunkt anbietet, der es jedoch gar nicht sein kann, insolange die wissensmäßige Entwicklung ständig fortschreitet. Es scheint daher so, daß die materielle Klassifizierung innerhalb der betrieblichen Verrechnungslehre an Hand von Merkmalen eine Systematik nur vortäuscht.

Die betriebliche Verrechnungslehre des beginnenden zwanzigsten Jahrhunderts hatte einen anderen materialen Inhalt als ihn die des sich neigenden selben Jahrhunderts hat. Die Werkzeuge sind vom gebundenen Buch mit Schweinslederrücken und der hurtigen Stahlfeder zu Maschinen, Aggregaten mit Transistoren, Magnetkernen, Schnelldruckern verändert. Das Datenmaterial, der „Datenkranz" ist von Geldbewegungen und Kreditbeträgen und deren Veränderung auf die Leistungsvorgänge im Inneren des Betriebes, auf technische Kapazitätsbeschränkungen, auf Erhebungsmaterial aus Stichproben bzw. auf numerische Antizipationen künftiger Datenansätze ausgedehnt. Eine Klassifizierung eines im Verlaufe von nicht ganz einem Jahrhundert sich derart verändernden Sachverhalts kann angesichts dieser ständigen Ausweitung und Veränderung nur dann einen Sinngehalt haben, wenn sie sich auf diese markante Veränderung in der Zeit selbst abstützt, also eine Klassifizierung nach der *Genesis*, nach den Entwicklungstendenzen, ist.

Das bedeutet in wissenschaftlicher Hinsicht die konsequente Hinorientierung auf die empirisch-pragmatisch feststellbaren Befunde aus den Betrieben. Damit erweist sich dasjenige vertretbar, was zur Abgrenzung der betrieblichen Verrechnungslehre von der Betriebswirtschaftsstatistik und von den Rechenformen des Operations Research herangezogen wurde, nämlich die bereits formulierte Auseinanderhaltung von Kalkülform bzw. Modell und *Denkschablone* und die Behandlung der letzteren nur im Zusammenhang mit dem ihr arteigenen, konkreten (nicht formalisierten) *Datenkranz*. Die betriebliche Verrechnungslehre wird dergestalt nicht zu einer historisierenden Beschreibung der tatsächlich in den Betrieben ausgeübten Rechen- und Verrechnungsarbeit, sie erhebt sich, weil im Rahmen der wissenschaftlichen Behandlung der betrieblichen Phänomene betrieben, zu einem Forschungsobjekt und einem Lehrstück dieser sie umgreifenden Wissenschaft. Sie gehört ganz offenkundig in die Hochschuldisziplin „Betriebswirtschaftslehre" hinein, ihr Standort ist darin gelegen, und das Terrain, das ihr Lehr- und Forschungsgebiet absteckt, wird durch die informationsmäßig stabilisierten Datenkränze eindeutig bestimmt. Ihr wissenschaftliches Problem liegt in der kritischen Überprüfung der Isomorphie bei aus Gedankenmodellen ableitbaren Denkschablonen mit realen Vorgängen. Ein solcher Standort innerhalb der Betriebswirtschaftslehre sichert ihr einen starken Einfluß auf alle wissenschaftlichen Aktivitäten dieser Disziplin selbst, denn ohne die Bewältigung des Wissensstoffes der betrieblichen Verrechnungslehre bliebe die Betriebswirtschaftslehre ein Torso. Diese Folgerung wird erhärtet, wenn bedacht wird, daß die Betriebswirtschaftslehre selbst aus einer betrieblichen Verrechnungslehre (die in dem damaligen Zeitpunkt zwar eine reine Buchhaltungslehre war) hervorgegangen ist und daß wichtige Entwicklungsetappen der Betriebswirtschaftslehre (wie die Ausbildung der Bilanztheorien in den dreißiger Jahren oder die derzeitige Kostenpolemik) ohne den Bezug auf eine betriebliche Verrechnungslehre überhaupt nicht möglich gewesen wären.

9. Hält man sich das Vorgetragene vor Augen, dann ist die Frage nicht zu umgehen, wie denn eine solche Auffassung von einer betrieblichen Verrechnungslehre (deren Erfahrungsobjekt im Betriebe stabilisierte Kalkülformen sind und deren Erkenntnisobjekt auf informationstheoretischen Grundlagen ruht) sich mit dem Wissensgebäude der „Betriebswirtschaftslehre" als lehrbarer Hochschuldisziplin sich verträgt bzw. wie sie in diese einzufügen ist. Die Antwort muß auf die Vorfrage eingehen, ob sie sich lehrmäßig einfügen läßt, ob die heuristische Bedeutung einer betrieblichen Verrechnungslehre eine derartige ist, daß ohne sie die Mutterdisziplin nicht bestehen könnte. Damit ist der Schritt von der Theorie der betrieblichen Verrechnungslehre zu ihrer Praxis gemacht. Es öffnet sich auf diesem Weg neben der Analyse des Auswahlkriteriums der Gegenstände einer solchen Disziplin und neben der Untersuchung der Gliederung ihres materialen Inhalts (die als zureichende Darstellungsform die stufenförmige Ausfächerung mit dem Weiterschreiten in immer neue Verfahren statistischer und technischer Rechenform zutage förderte) die Betrachtung der *Zwecke* solcher im Betriebe institutionalisierbarer Denkschablonen. Eine solche Betrachtung läßt zwei deutlich verschiedene Zweckrichtungen klar erkennen. Einmal die *Rechenschaftslegung* über Vergangenes, die rechtlich gesicherte Ermittlung von Ergebnissen, an die sich Ansprüche unstreitbar knüpfen können und zum andern die Findung von

Zahlenansätzen, ausgedrückt in Geld oder anderen Mengeneinheiten, welche die für die Fällung *betrieblicher Entscheidungen* notwendigen Alternativen bestimmen. An anderer Stelle hat der Verfasser diese beiden offenkundig nicht vermischbaren Zwecksetzungen damit gekennzeichnet, daß er einen Dokumentarcharakter und einen Instrumentalcharakter des Rechnungswesens unterschied[19].

Die Zweiteilung der Zwecksetzung geht mit der stufenförmigen Ausfächerung der Gegenstände der betrieblichen Verrechnungslehre nicht im Gleichschritt, es kann also ähnlich dem Gliederungsprinzip, das, wie oben angeführt, *Mellerowicz* anwendete, nur eine zweidimensionale Anordnung praktischen Zwecken dienen. Es zeigt sich dann, daß in den früheren Stufen der Entfaltung, also zur Zeit der bloßen Buchhaltungslehre, dokumentierender und instrumentaler Charakter im Rechnungswesen zusammenfallen mußten und daß gerade das Dilemma, das daraus entstand, die oft hitzig anschwellenden Debatten über die unterschiedlichen Bilanzauffassungen (etwas zu großzügig „Theorien" genannt) entfachte. Weil mit einer aus seiner ganzen Anlage dokumentierenden und Rechenschaft gebenden Ergebnisermittlung die instrumentalen Anforderungen der betrieblichen Disposition verbunden wurden, ist die Sache selbst (die Bilanz) zum Problem gemacht worden. Heute kann diese Situation als überwunden angesehen werden, denn die sehr starke rechtliche Verankerung der Verfahrensregeln, nach welchen die Denkschablone zu handhaben ist, haben die „Bilanz" auf ihre reine Dokumentarfunktion der Ermittlung des Rechtsanspruches Gewinn für handelsrechtliche und steuerrechtliche Zwecke zurückgeführt, ihre beschränkte Isomorphie für den Stand und Zustand des erfaßten und abgerechneten Vermögens ist klargestellt[20] und die „Bilanztheorien" erweisen sich heute lediglich als Maximen für ein Verhalten bei der Bilanzierung, wobei diesem Verhalten der Spielraum verfahrensmäßig durch Rechtsvorschriften immer stärker eingeengt wird. Auf den Stufen der stärkeren Entfaltung der Formen des Rechnungswesens fallen die beiden Zwecksetzungen dagegen sehr weit auseinander und es ist z. B. heute klar erkennbar, daß es ausgeschlossen ist, die durch Standardisierung von Kosten gewonnenen Ansätze in die dokumentierende Buchführung zurückzuführen[21].

Die Schichtenbildung im Rechnungswesen durch seine Entfaltung steht somit von Anbeginn an unter der Polarität von Dokument und Instrument. Je stärker durch die Technifizierung aller Wirtschaftstätigkeit die

---

[19] Illetschko, Management und Betriebswirtschaft, Wien 1955, S. 25 u. ff.

[20] Siehe Illetschko, Die Bilanz als Rechts- und Strukturfigur, in: Aktuelle Fragen der Unternehmung, Gedenkschrift für Alfred Walther, Bern 1957, S. 79 u. ff.

[21] Jonasch, Die Herstellungskosten im Spannungsfeld des inneren und äußeren Verrechnungskreises, Wien 1961.

Rationalität der Entscheidungen in den Vordergrund tritt und rationale Überlegungen gegenüber den Entschlüssen aus Intuition und Emotion überragend werden, um so mehr klären sich die beiden Pole der Zwecksetzung des betrieblichen Rechnungswesens, um so mehr muß die betriebliche Verrechnungslehre vor allem in der Lehre dem Rechnung tragen. Tut sie dies, dann allerdings ist ihr heuristischer Wert für die in jeder Form entwickelbare Betriebswirtschaftslehre unbestreitbar, werde diese als einfach deskriptive Wissenschaft, die bis zu einer phänomologischen Durchdringung der Idealtypen der Betriebe weiterschreitet, als Funktionen ermittelnde, auf ein „Verstehen" zielende Wissenschaft oder gar als formalisierende, vermathematisierte Lehre von Denkmodellen betrieben.

Es zeigt sich dabei auch als unausweichbar, daß in den Betrieben der Fortschritt zum Instrumentalcharakter des Rechnungswesens nur über seinen Dokumentarcharakter sich erschließen kann. Jene Einheit der Gegenstände der betrieblichen Verrechnungslehre, die aus denklogischer Vorstellung, metrologischer Grundnatur und Verankerung im betrieblichen Datenfluß sich ergibt, zwingt dazu, mit Buchführung und Bilanz genauso sich auseinanderzusetzen wie mit linearer Programmierung, den Kapitalwertberechnungen oder der pay-off-Methode (letztere beginnen aus Verfahren und Modellen zu institutionalisierbaren Denkschablonen mit erfaßbaren, artgemäßen numerischem Datenkranz zu werden)[22].

10. Sieht man die Dinge so, dann wird es klar, daß die Didaktik der betrieblichen Verrechnungslehre nicht die der älteren Buchhaltungslehre oder die der Beibringung der Fertigkeiten für die Jahresabschlußarbeiten, wie sie in Fachschulen und Fachkursen geübt wird, sein kann. Die Malaise innerhalb der Hochschuldisziplin „Betriebswirtschaftslehre" wegen des „Buchhaltungskorsetts" bedeutet, daß bei den Lehrstücken der betrieblichen Verrechnungslehre veraltete Gesichtspunkte und überkommenes Material beibehalten werden, so daß erst eine sachliche „Entrümpelung" den unumgänglichen Kern einer Lehre zeigen wird, ohne die die Betriebswirtschaftslehre entweder in die Soziologie oder die allgemeine Ökonomie abgedrängt wird.

Wie oben bereits angeführt, öffnen sich als gedankliche Zugänge zu einer betrieblichen Verrechnungslehre 1. die denklogische Betrachtung, 2. die Systematisierung der quantitativen Daten, 3. die Analyse der Organisationsstruktur des Betriebes und 4. die Verfahrenstechniken der Geräte. Von den angeführten vier Zugängen kann methodisch und didaktisch jeweils nur einer begangen werden. Dergestalt sind in abgeänderter Reihenfolge Gerät, Betriebsorganisation, Systematisierung betrieblicher, quantitativer Daten, sowie die denklogische Durchdringung von Modellen

---

[22] siehe Ferguson-Sargent, Linear Programming, Fundamentals and Applications, New York 1958.

(Buchhaltungen, „systems" usw.) einer gesonderten Betrachtung zu unterziehen.

Der Weg über das *Gerät* ist der engste und am wenigsten Umsicht gewährende. Die sachliche Begrenzung ergibt sich aus den Verrichtungen des Gerätes selbst und aus deren Anpassung an betriebliche Gegebenheiten. Die Institutionalisierbarkeit zeigt sich freilich deutlich in den sehr bestimmten Bedienungsvorschriften, zu denen auch die „Programme" zu zählen sind. Die rührige und werbefreudige Organisationsmittelindustrie propagiert aus erklärlichen Gründen diesen Weg und wie der seinerzeitige Bücherbuchhalter vor allem durch die Vertriebsleute der Durchschreibebuchhaltungserzeuger zur Kartei und über die Kartei zu Kontenplan und Kontenrahmen geführt wurde (nicht durch die Lehre oder gar eine darauf Bezug nehmende Methodik des Buchhaltungsunterrichts) ist jedem Zeugen der tatsächlichen Entwicklung der letzten dreißig Jahre geläufig. Der Weg über das Gerät ist wohl wirksam, führt in der Wirtschaftspraxis zu einem leicht konstatierbaren Wellenschlag ist aber für die Ausbildung insofern nicht gangbar, als er mit Firmeninteresse, Marktansprüchen, Konkurrenzneid (der vor Verunglimpfung nicht zurückscheut) recht derb gepflastert ist. Ja, es kann die Bemerkung nicht unterdrückt werden, daß die im letzten Dezennium von den Erzeugerfirmen für die „Computers" geführten Werbefeldzüge und gelieferten Pressesensationen, den mit den Fragen der Lehre und Forschung Befaßten durchaus nicht dienlich waren. Methodisch gesehen, ist der Weg der Ausbildung im Rechnungswesen über das Gerät den Geräteverkäufern zu überlassen und jede Überschätzung der verschiedenen verkaufsfähigen „systems" ist zu meiden.

Der Weg über die Befassung mit der *Betriebsorganisation*, der Offenlegung ihrer Struktur, der besonderen Verknüpfung der Stellen mit Hilfe einer Analyse des Effektivwerdens der betrieblichen Disposition, kann von Haus aus nicht generell gegangen werden, weil für eine solche Analyse eben eine konkrete Betriebsorganisation vorliegen muß. Auf diesem Wege nähert sich den Zielsetzungen und den Problemen des Rechnungswesens neben dem Betriebsmanne der als Experte Tätige. Gehört dieser Experte den prüfenden Berufen an, wird er stärker die rechtlichen Elemente der Verfahrensvorschriften zum Arbeitsfeld machen; als Betriebsorganisator und Betriebsangehöriger wird er an Zuständigkeit und bestehender Befehlsgewalt der einzelnen Stellen, Abteilungen usw. interessiert sein. Nur der externe Berater wird, wenn er mit den notwendigen Vollmachten ausgestattet ist, auf dem Wege der Formung neuer Datenkränze und der Aufbereitung neuer Informationswege am stärksten zum innersten Kern der Probleme des Rechnungswesens eines bestimmten Betriebes vordringen und wird durch solche Bemühungen in einer Vielzahl von Betrieben zu sehr umfassenden Kenntnissen gelangen. Aber die Summe dieser Kenntnisse wiederzugeben, mangelt ihm in der Regel die Zeit. Die gelegentlichen Niederschläge dieser Erfahrungen auf Fachveranstaltungen, Kongressen usw. bilden wohl eine Fundgrube für die Forschung, aber die innerhalb der deutschen Betriebswirtschaftslehre übliche Art der wissenschaftlichen Arbeit durch Kompilierung und Sammlung von Fundstellen aus der engeren Fachliteratur hat diese Bonanza der Kongreßberichte des CIOS, der EPA, der UEC, des IUC usw. usw. noch längst nicht erschlossen.

So bleiben für eine moderne Lehre und Unterweisung nur die beiden Wege über die Systematisierung der quantitativen Daten im Betriebe und über die denklogische Durchdringung von Kalkülformen, wobei die fortlaufende und ständige Überprüfung aller Voraussetzungen und Schlußfolgerungen auf die Institutionalisierbarkeit im Betriebe beachtet sein muß. Eine Systematisierung der quantitativen Daten versuchen die verschiedenen Vertreter der akademischen Disziplin Betriebswirtschaftslehre in durchaus verschiedener Form, und es ergeben sich dergestalt „Richtungen", die oft fälschlich als „Schulen" angesprochen werden (fälschlich deshalb, weil ja die Dominanz derartiger Richtungen kaum die Frist von ein, zwei oder höchstens drei Dezennien übersteigt). Es ist auch für eine Ausbildung nicht so wesentlich, in welcher Art systematisiert wird, wenn nur überhaupt eine zureichende Übersicht über die quantitativen Daten erreicht wird. Die Systematisierung der quantitativen Daten darf allerdings nicht Wege gehen, welche von der Zusammenfügung zu Datenkränzen und deren Einfügung in institutionalisierbare Denkschablonen abstrahiert. Eine Systematisierung „an sich" zu betreiben und sie durch Stoßseufzer über die „Buchhalter"arbeit, welche die wissenschaftliche Tätigkeit innerhalb der Betriebswirtschaftslehre behindert, zu bemänteln, kann allzu leicht und in mißverstandener, weil der Realität nicht mehr entsprechender „Wissenschaftlichkeit", zur glatten Negierung einer betrieblichen Verrechnungslehre und zur Rückverweisung von deren Forschungen und Erkenntnissen in den Bereich reiner Fertigkeiten führen (als ob es auf dem Gebiete einer Realwissenschaft, welche die Betriebswirtschaftslehre nun einmal ist, ein Wissen ohne Fertigkeit und wissensleere, schablonenhafte Fertigkeiten geben könnte).

Es tritt somit der Weg über die denklogische Untersuchung der institutionalisierten Formen recht nachhaltig ans Licht, wenn eine wissenschaftlich fundierte betriebliche Verrechnungslehre angestrebt wird. Methodisch didaktisch steht dieser Weg *neben* der von allen Richtungen der Betriebswirtschaftslehre betriebenen Systematisierung der quantitativen Daten. Diese Systematisierung liefert den Rohstoff, der an Hand einer enzyklopädischen Übersicht über die generellen Elemente der

Betriebsorganisation und an Hand einer exemplifizierenden Auswahl der Geräte in die stabilisierten Denkschablonen und die dazu gehörenden Verfahrensvorschriften umzuwandeln ist.

Von den vier Wegen: über das Gerät, über Betriebsorganisation, über Wissenschaftssystematik, über Denklogik, zeigt sich als der fruchtbarste im akademischen Bereich somit der vierte; er hat den Vorteil, daß im Rahmen der wissenschaftlichen Bemühungen auf jede bereits vorgenommene Systematisierung der quantitativen Daten aufgebaut werden kann. Allerdings bedarf es eines reichen Anschauungsmaterials von Gerät und betriebsorganisatorischen Befunden.

Der Verfasser hofft damit klargelegt zu haben, daß eine betriebliche Verrechnungslehre nichts mit der elementaren Propädeutik eines sogenannten „Buchhaltungsunterrichts" zu tun hat, sondern daß die breite Entfaltung der Lehre von den quantitativen Daten ihre Voraussetzung ist.

Bei diesem Standort, hochschulorganisatorisch also in den höheren Semestern, in der Instituts- und Referatsarbeit, kann sie nur an Hand einer Apparatur betrieben werden, welche in repräsentativer Form aus den Aggregaten der Wirtschaftspraxis jene „Modelle" auswählt, die institutionalisierte „Denkschablonen" hinsichtlich ihrer Verfahrensregeln nicht nur aneignen, sondern auch erforschen lassen. Eine betriebliche Verrechnungslehre rein literarisch, nur durch das Wort zu betreiben, ohne die heute unumgängliche mechanische, optische, kodifizierte, ja elektronische Realisation kennenzulernen oder zur Kenntnis zu nehmen, ist abwegig; sie nähme ihr den Mutterboden institutionalisierbarer Abläufe.

Wenn zum Schluß noch eine Literaturstelle herangezogen werden soll, so sei es *Schönpflug*[23], der einmal ausführte: „Keine unmittelbare logische Verbindung besteht ferner zwischen Betriebswirtschaftslehre und Verrechnungstechnik ... Entweder wird die Betriebswirtschaftslehre durch die Verrechnungslehre oder die Verrechnungslehre durch die Betriebswirtschaftslehre unterdrückt." Die vorgelegten Gedanken erweisen die Unhaltbarkeit dieser These, welche übersieht, daß die Betriebswirtschaftslehre als Wissenschaft nur bestehen kann, wenn sie als echte Realwissenschaft mit der denklogisch richtigen Verknüpfung von in der Erfahrung nachweisbaren Elementen sich befaßt, also eine rationale Nachkonstruktion von Lebensvorgängen versucht.

---

[23] Schönpflug, Untersuchungen über den Erkenntnisgegenstand der allgemeinen und theoretischen Betriebswirtschaftslehre, Stuttgart 1936, S. 162.

Leitende Gesichtspunkte für den Kapitaleinsatz im Industriebetrieb

von

Privatdozent Dr. *H. Jonas*, Mannheim

1. Übersicht

Die Investitionspolitik wird im Industriebetrieb von drei Motiven beherrscht:

— dem Streben nach Vermögenserhaltung,
— dem Streben nach Wachstum,
— dem Streben nach Kapitalerhaltung.

Alle diese drei Motive sind im wesentlichen gleichgeordnet; sie können nicht jedes für sich, sondern nur gemeinsam erreicht werden. Wenn es so auch Akzente geben mag, die je nach Betriebsgröße, wirtschaftlicher Entwicklung und Geschäftspolitik das eine oder andere Motiv in den Vordergrund treten lassen, so ist es doch nicht dauernd möglich, ein Motiv vor den anderen zu bevorzugen.

Ungeachtet dieses sachlichen Verbundes gibt es jedoch eine logische Rangordnung, die sich einmal aus den sachlichen Beziehungen zwischen diesen Motiven, aus deren Relation zum Zeitablauf und aus ihrer sinngemäßen Reihenfolge ergibt.

Zunächst der sachliche Zusammenhang: Vermögenserhaltung ist die Grundlage der Kapitalerhaltung und daher in diesem Sinne der Kapitalerhaltung übergeordnet. Vermögens- und Kapitalerhaltung sind wiederum die Grundlagen betrieblichen Wachstums. Von Wachstum kann überhaupt nur gesprochen werden, wenn Vermögen und Kapital erhalten sind. Diese Zusammenhänge sind jedoch nicht eindeutig kausal; sie sind es zwar auf lange Sicht, kurzfristig kann aber nur von einem funktionalen Zusammenhang zwischen Vermögenserhaltung, Kapitalerhaltung und Wachstum gesprochen werden.

Der zeitliche Zusammenhang: Das Streben nach Wachstum bedingt ex definitione ein Denken in Zeiträumen, wobei der Schwerpunkt auf einer langfristigen Betrachtungsweise liegt. Nicht die mehr oder weniger kurzfristigen Fluktuationen in der Vermögensentwicklung oder bei den Umsätzen und Beschäftigten können zum Kriterium betrieblichen Wachstums gemacht werden, sondern nur der langfristige Trend, in dem sich die Unternehmung befindet. Da die Wege betrieblichen Wachstums sehr verschlungen sind, besteht die Aufgabe der Investitionspolitik unter diesem Gesichtspunkt nicht einfach darin, möglichst viel Kapital oder Umsatz an die Unternehmung heranzuziehen, sondern durch eine sorgfältige Balance zwischen Gegenwart und Zukunft ein Optimum an Gegenwarts- und Zukunftswirkung des innerbetrieblichen Kapitaleinsatzes zu erreichen.

Auch das Streben nach Vermögenserhaltung ist eine Zielsetzung, die nur über eine lange Periode beurteilt werden kann. Nicht die kurzfristigen Schwankungen im Vermögenswert sind das hauptsächliche Problem — wenn sie auch Schwierigkeiten genug verursachen können —, sondern die Erhaltung der Lebenskraft des Vermögens, seiner Fähigkeit, sich ständig zu regenerieren und weiter zu wachsen. So kann ein hohes Aufwandsvolumen dem Vermögen in der Gegenwart große Bestandteile entziehen, aber gerade dadurch mag die Basis zu seiner Erhaltung und Erweiterung gelegt werden. Auch Verluste und Zerstörungen können sich als eine Quelle schöpferischer, produktiver Energie erweisen; die deutsche Industrie hat zweifellos durch die Bombenschäden und Demontagen auch Vorteile gehabt. Wer sich also mit den Problemen der Vermögenserhaltung beschäftigt, muß weiter sehen als ein Jahr oder auch nur einige Jahre. Investitionen unter dem Gesichtspunkt der Vermögenserhaltung lenken, heißt also nicht, in materialistisch-äußerlicher Betrachtungsweise auf nominelle oder auch auf reale Substanzerhaltung bedacht sein; diese Gesichtspunkte sind unzureichend für eine langfristig orientierte, schöpferische Betriebspolitik; sie sind wohl ausreichend für eine rechnungstechnische Verdeutlichung der Probleme, vielleicht auch für kurzfristige Dispositionen. Worum es aber in Wirklichkeit geht, ist nicht die Balance zwischen Zahlen- und Wertgrößen, sondern die Erhaltung der produktiven Kraft der Unternehmung. „Die Kraft, Reichtümer zu schaffen, ist wichtiger als der Reichtum selbst." (F. List)

Die Kapitalerhaltung schließlich ist mehr ein kurzfristiges Problem. Hier geht es um die betriebliche Liquidität und um die Sicherung der Kapitalbasis der Unternehmung durch ausreichende Kapitalrentabilität und Kapitaldeckung. Die Verzahnung von Gegenwart und Zukunft in der Investitionspolitik der Unternehmung wird hier besonders deutlich; denn Kapitalerhaltung auf lange Sicht setzt Gegenwartskasse und Gegenwartsgewinne voraus. Mit schönen Zukunftsgewinnen läßt sich kein Kapital in der Gegenwart bedienen. Das hohe Streben der langfristigen Unternehmungspolitik wird hier brutal mit den Trivialitäten der Zahlungsströme, Bankguthaben und Bankschulden, Dividendenansprüche und Zinsforderungen konfrontiert. Das ist mitunter sehr heilsam; es zwingt in der Investitionspolitik zu einem nüchternen Realismus und senkt Mehltau auf phantasievolle Blütenträume. Letzten Endes lebt eine Unternehmung aber von ihrer schöpferischen Phantasie, nicht von dem Rechenstift des Betriebswirts.

Und schließlich der sinngemäße Zusammenhang der Investitionsmotive: Das Streben nach Wachstum gibt dem Streben nach Vermögens- und Kapitalerhaltung seine Richtung und Zwecksetzung. Vermögens- und Kapitalerhaltung sind als Voraussetzungen betrieblichen Wachstums letztlich nur Mittel zum Zweck eines Prozesses kontinuierlicher Fortentwicklung, in der die Unternehmung, wie alle von menschlichem Handeln geleiteten Bestrebungen, ihren letzten Zweck findet.

2. Vermögenserhaltung

Das Streben nach Vermögenserhaltung ist in großen Unternehmen das primäre Investitionsmotiv, und zwar deswegen, weil die Masse des über Jahrzehnte gewachsenen Vermögens gegenüber dem, was in jedem Jahr neu zu diesem Vermögen aus dem Gewinn oder Neufinanzierung hinzutritt, verhältnismäßig groß ist. Die Sicherung und Erhaltung des Vorhandenen ist daher zunächst wichtiger als der Neuerwerb eines verhältnismäßig kleinen Vermögens; es steht hier verhältnismäßig viel mehr auf dem Spiel als dort. In einem kleinen Unternehmen mag das Streben nach Vermögenserhaltung gegenüber dem nach Wachstum in den Hintergrund treten, da hier das investierte Vermögen im Verhältnis zu den Gewinnchancen, die es bietet, klein ist und andererseits den Risiken, denen das Vermögen hier ausgesetzt ist, am besten durch rasches Wachstum begegnet werden kann. Dort, wo die Unternehmung so klein ist, daß ein stabiler Geschäftsbetrieb auf die Dauer nicht möglich ist, ist schnelles Wachstum — oft begleitet von strenger Enthaltsamkeit der Geschäftsinhaber — die einzige Möglichkeit, das investierte Vermögen vor dem Verfall zu retten und zu erhalten. Eine große Unternehmung, die seit vielen Jahren gewachsen ist, steht jedoch vor anderen Problemen. Das in ihr angesammelte Vermögen gleicht einem Meer, dessen Oberfläche von den Brisen und Stürmen des wirtschaftlichen Lebens wohl in steter Bewegung gehalten wird, dessen Gesamtvolumen aber von diesen Bewegungen an der Oberfläche weniger bedroht oder begünstigt ist als von den langfristigen Strömungen, den Grundseen, die es durchziehen. Wenn nur auf genügend lange Sicht planmäßig gearbeitet wird, so kann auch eine kaum merkliche günstige Strömung ausreichen, große Vermögen anzuhäufen, die auch von den heftigsten Stürmen nicht gefährdet werden können. Große, jahrhundertealte Institutionen wie die Kirche haben in ihrer Investitionspolitik langsam wachsende Anlagen geringer Rendite wie Wald und Grundstücke vor denen, die kurzfristig einen höheren Gewinn versprachen und damit schnelleres Wachstum in Aussicht stellten, bevorzugt; und während riesige Vermögen mittelalterlicher Kaufleute zerfallen sind, verfügt die Kirche heute noch über jahrhundertealten Besitz. Windfall und Schädlinge, Feuer und Raub vernichten auch große Wälder; aber das langsame, für das Auge unsichtbare Wachsen der Bäume gleicht in der Regel diese Verluste aus. Grundstücke können enteignet werden, sie sind den vielfältigen Abgaben unterworfen; aber wenn nur genügend Zeit verstreicht, so steigt ihr Wert so sicher, wie die Bevölkerung eines Landes zunimmt. Der hohe Gewinn aus dem heimkehrenden Pfefferschiff ist längst aufgezehrt, vergeudet, vernichtet, geraubt, wenn der Wald noch wächst und das Grundstück, auch wenn es keinen Ertrag bringt, noch wirtschaftlichen Wert und die hohe Wahrscheinlichkeit einer Wertsteigerung in sich verkörpert. Manche Kirche, die seit vielen Jahrzehnten mit kleinen Spenden erhalten und instand gesetzt wird, wird noch bestehen, wenn die Fabrikhallen einer Unternehmung, die heute noch hohe Gewinne abwirft, längst abgerissen und die Gewinne selbst zerronnen sind.

Die Investitionspolitik in großen Unternehmen kann viel von so alten und ehrwürdigen Institutionen lernen, die es verstanden haben, mit einfachen Überlegungen große Vermögen zu sammeln und zu bewahren. Das Streben nach höchstmöglichem Periodengewinn verliert hier an Bedeutung angesichts der Proportionen, um die es geht. Denn was in dem einen oder anderen Jahr an Gewinn diesen großen Vermögen zugefügt werden kann oder durch Verluste verzehrt wird, ist ja gering gegenüber der Masse, die bereits vorhanden ist. Vermögen und Bestand großer Unternehmen werden kaum bedroht von den Wechselfällen des wirtschaftlichen Lebens. Die Erfahrungen gerade nach den großen Katastrophen der letzten Jahrzehnte zeigen, daß diese großen Vermögen zusammenbleiben, wiederaufgebaut werden und eine ganz erstaunliche Lebenskraft besitzen. Was in solchen Zeiten wechselt, sind die Menschen, die das Vermögen verwalten. Was bleibt oder wieder errichtet wird, ist das Vermögen.

Nun sind in einem Industriebetrieb diesem Streben, das Vermögen zu erhalten, durch den Zwang, das Vermögen zweckentsprechend einzusetzen, Grenzen gezogen und Richtungen vorgegeben. Ein Industriebetrieb kann wesentliche Teile seines Vermögens weder in der Forstwirtschaft noch im Grundbesitz anlegen; selbst wenn er es könnte, würde er es auf diese Weise schwerlich erhalten. Denn so richtig es ist, daß es sichere und unsichere Kapitalanlagen gibt und daß die Anlage in Grundstücken und Wald zu den ersten, die Anlagen in der Industrie zu den zweiten gehören, so ist das doch auch recht äußerlich gedacht und sicher nicht die letzte Einsicht. Auch die Kirche hat — um bei diesem Beispiel zu bleiben — ihr Vermögen nicht nur in „sicheren" Kapitalanlagen investiert, sondern auch Anlagemöglichkeiten gesucht, die einen höheren Gewinn versprachen. So ist die stille Beteiligung des Fürstbischofs von Brixen, Melchior von Meckau, den Fuggern erst ihr großes finanzpolitisches Spiel ermöglicht. Und andererseits haben die Fugger, anstatt sich eine führende Stellung im Indienhandel zu sichern, die Grafschaft Kirchberg bei Ulm an der Donau im Jahre 1507 erworben und vorher noch hohe Beträge zum Erwerb von Diamanten aus dem Schatz Karls des Kühnen aufgewandt. Kirche und Kaufmann haben so sehr wohl die Unterschiede zwischen sicherer und unsicherer Vermögensanlage, zwischen langsamem, stetem Wachstum und schnellen, spekulativen Gewinnen erkannt. Aber es ist offenkundig, daß die Kirche auch heute noch über beträchtliche Vermögen verfügt, während von den Vermögen vieler mittelalterlicher Kaufleute kaum mehr als Denkmäler blieben.

Die materielle Form der Anlage eines Vermögens mag wohl für kurze Zeit Schutz bieten, erhält aber kein Vermögen über einen längeren Zeitraum. Auch Gold kann im Wert schwanken, gestohlen, enteignet oder einfach verbraucht werden. Was ein Vermögen in Wirklichkeit erhält, ist nicht die Form seiner Anlage, sondern seine Zweckdienlichkeit, seine Fähigkeit, menschliche Bedürfnisse zu befriedigen. Dieser Zweck verkörpert sich in der Institution, die Träger des materiellen Vermögens ist. Und gleich, ob es sich nun um physische oder metaphysische Bedürfnisse handelt: solange eine Institution zu ihrer Befriedigung benötigt wird und diese selbst wieder zur Erreichung des ihr gesetzten Zweckes des Vermögens bedarf, solange ist auch die Erhaltung dieses Vermögens gesichert. Die Art der Vermögensanlage und auch die Gewinne, die ein Vermögen abzuwerfen vermag, können auch nicht im entferntesten diesen Schutz bieten. Auch die sicherste Anlage ist nicht sicher vor dem Risiko; auch der größte Gewinn wird einmal aufgezehrt. Was allein die Erhaltung des Vermögens sichert, ist seine Fähigkeit, menschlichen Bedarf zu decken, und zwar um so mehr, je notwendiger es hierfür ist.

Daher braucht es uns nicht besorgt zu machen, daß ein Industrieunternehmen weder in der Forstwirtschaft noch im Grundbesitz oder Gold wesentliche Teile seines Vermögens anlegen kann. Trotzdem kann es sich bei der Vermögensanlage innerhalb seines Geschäftskreises von Grundsätzen leiten lassen, die den Bestand seines Vermögens über lange Zeiträume hinweg zu sichern vermögen.

Die Erhaltung großer Vermögen über lange Zeiträume hinweg hängt von einfachen Überlegungen ab, nicht von raffinierten Systemen, die schon deswegen nicht von Dauer sein können, weil ihre Weitergabe von einer Generation auf die andere zu unsicher ist. Hier kommt es weniger darauf an, ein Vermögen vor jedem möglichen Verlust zu bewahren; ein derartiger Zustand der Perfektion ist nicht erreichbar, und wäre er es, so ist er nicht wünschenswert, weil Perfektionismus die produktive Unruhe tötet, aus der schöpferisches Handeln kommt. Worauf es vielmehr ankommt, ist, die Quelle der Kraft zu erkennen und zu pflegen, aus der dauernde Erhaltung und stetes Wachstum entspringen — unbeirrt von Marktchancen hier — Marktrisiken dort — Verlusten heute und Gewinnen morgen.

Die Lebensnot, die den Menschen zum Wirtschaften zwingt, hat im Bereich der Technik immer neue Lösungen und Entwicklungen vorgeschrieben. Hier im Bereich der Technik muß diese Kraft gesucht werden, welche dauernde Erhaltung und stetes Wachstum sichert; in einer Technik freilich, die sich nicht stolz zum Selbstzweck macht, sondern stets dem Ziel, menschlichen Bedarf zu decken, dienend untergeordnet bleibt. In dieser Einordnung des Vermögens in seine Bedarfsdeckungsfunktion, seiner Orientierung an der dem Menschen dienenden Technik liegt der Grund seiner Erhaltung und die Quelle ständigen Wachstums. Ein Vermögen, dem es gelingt, sich der technischen Entwicklung gefügig einzupassen, wird niemals entwertet werden, denn — gleich wer seine Eigentümer sein mögen — es wird stets gebraucht, um den Bedarf der Menschen zu decken. Mißwirtschaft und falsche Kalkulationen, politische Einflüsse und Naturkatastrophen können einen Wechsel in der Vermögensverwaltung erzwingen; sie können das Vermögen stark beeinträchtigen. Aber solange seine technischen Eigenschaften unangetastet bleiben, solange ist sein Wiederaufbau sicher und sein Bestand nicht gefährdet. Für die Erhaltung großer Vermögen über lange Zeiträume, politische Krisen, Naturkatastrophen, Kriege, Wirtschaftskrisen und Geldentwertungen hinweg ist daher die technische Qualität in dem Betriebsablauf und die technische Tradition der Geschäftsleitung viel wichtiger als momentane Gewinne, Verluste und kaufmännische Kalkulationen über Marktchancen und Risiken. Denn was einer großen Unternehmung im wirtschaftlichen Bereich für Risiken drohen, kann sie wohl in arge Bedrängnis bringen, sogar einen Wechsel in der Geschäftsleitung erzwingen, aber ihr Vermögen wird dadurch nicht in seinem Bestand gefährdet. Was verlorenging oder verschwendet wurde, kann wieder ersetzt, und was zerstört wurde, wieder aufgebaut werden, weil die menschliche Gesellschaft auf diese großen, im Bereich der Wirtschaft eingesetzten Zweckvermögen nicht verzichten kann. Das Problem der Vermögenserhaltung im Industriebetrieb läuft also auf die Forderung hinaus, daß die großen Vermögen in erster Linie dem technischen Fortschritt zu folgen haben: daß alles, was diese Aufgabe erleichtert, die Vermögenserhaltung sichert, auch dann, wenn es augenblicklich Verluste bringen sollte. Eine große Unternehmung geht nicht daran zugrunde, daß sie die Kosten des technischen Fortschritts auf sich nehmen muß — aber sie entgeht diesem Schicksal bestimmt nicht, wenn sie versucht, diesen Kosten auszuweichen. Die Fähigkeit einer Unternehmung, über die zur wirtschaftlichen Leistungserstellung erforderlichen Kosten hinaus Aufwendungen auf sich zu nehmen, die ihr nur indirekt, in einer ungewissen Zukunft wieder als Ertrag zufließen mögen, ist ein getreuer Maßstab ihrer Größe und ihrer Fähigkeit, ihr Vermögen über einen langen Zeitraum zu erhalten. Nur große Unternehmen haben die finanzielle Kraft, Ausgaben für Investitionen und Betriebsaufwand aufzubringen, die ihnen weder in der Gegenwart noch in naher Zukunft, ja vielleicht niemals einen Nutzen bringen und die in keinem direkten Zusammenhang zur laufenden betrieblichen Leistungserstellung stehen; aber gerade diese Fähigkeit, jenseits des ständigen Wechsels der Marktchancen die große Linie der technischen Entwicklung zu verfolgen, ist es, die ihre Größe sichert und die Werterhaltung des in ihnen investierten Vermögens verbürgt. Vermögenserhaltung und wirtschaftliches Handeln, im Sinne der Erstellung einer gegebenen Leistung mit den geringsten Kosten, sind daher nicht ohne Widersprüche. Denn genauso wie im menschlichen Bereich zur Größe Großzügigkeit gehört, so gehört auch im wirtschaftlichen Bereich zur Größe die Fähigkeit, mehr aufzuwenden als zur Erstellung einer Leistung innerhalb einer Periode unbedingt notwendig ist. Die sieben Weltwunder — so sagte Keynes einmal — sind nicht durch Sparsamkeit zustande gekommen, und die Motive der Geschäftsleitung großer Unternehmen sind nicht die des „petty salesman" von Adam Smith. Die Erhaltung der technischen Leistungsfähigkeit eines Vermögens verlangt Dispositionen, die im Rahmen einer Wirtschaftlichkeitsrechnung nicht erfaßt werden können. Hier, jenseits des Bereichs der Wirtschaft, liegt die Sicherheit für die Erhaltung des Vermögenswertes; das kaufmännische Kalkül setzt erst an einem Punkte ein, der viel weiter an der Oberfläche liegt.

3. Wachstum

Vermögenserhaltung ist nicht genug; sie ist nur die Grundlage für die ständige technische, wirtschaftliche und organisatorische Weiterentwicklung der Unternehmung. So ist das Streben nach Vermögenserhaltung wohl das primäre Investitionsmotiv, aber das Streben nach Wachstum ist es, das der Investitionspolitik ihre Zielrichtung gibt.

Als leitendes Investitionsmotiv ist das Streben nach Wachstum viel schwerer verständlich als Vermögenserhaltung; die Bedeutung der wertmäßigen Erhaltung der Betriebssubstanz ist in der Betriebswirtschaftslehre immer wieder betont worden, und es gibt kein besseres Argument für die Notwendigkeit der Erhaltung des Vorhandenen als eben dieses Vorhandene selbst. Nicht so einfach ist es, Ursachen, Bedeutung und Eigentümlichkeit des Wachstums zu erklären.

Zunächst liegt eine Ursache des industriellen Wachstums in der Entwicklung der Technik, die zu einer ständigen Erneuerung der Sachanlagen zwingt. Von einem Vermögen, das nicht ständig wächst, kann auf die Dauer nicht erwartet werden, daß es imstande ist, dem technischen Fortschritt zu folgen. Theoretisch mag es zwar möglich sein, dem technischen Fortschritt auch durch Umschichtungen innerhalb des Vermögens Genüge zu tun; allein, die Möglichkeiten zu einer solchen Umschichtung sind praktisch begrenzt, und dieser Lösung steht auch der Trend zu steigendem Vermögenseinsatz als Produktionsfaktor entgegen sowie die Verluste, die mit derartigen Vermögensbewegungen verbunden sind.

Wesentlicher noch sind die Ursachen, die sich aus dem wirtschaftlichen Bereich für das vermögensmäßige Wachstum der Unternehmung ergeben. In einer Zeit ständigen Wirtschaftswachstums ist Kapitaleinsatz im Unternehmen eine wesentliche Voraussetzung für die Teilnahme an diesem Wachstumsprozeß. Die Investition innerhalb der Unternehmung sichert zwar nicht aus sich selbst heraus dieser auch einen entsprechenden Marktanteil, schafft aber hierfür die Voraussetzung. Auch wenn sich hieraus noch keine unmittelbaren Gewinne für die Unternehmung zu ergeben brauchen, so ist wenigstens die Grundlage für eine mögliche Renditenverbesserung in der Zukunft gelegt. Von noch größerer Bedeutung als diese außerbetriebliche Wirkung des Kapitaleinsatzes ist die innerbetriebliche. Kapitaleinsatz ist eine wesentliche Ursache der Kostendegression, die immer stärker an Gewicht gewinnt, je mehr sich der Wettbewerb im Markt verschärft. Die durch Kapitaleinsatz erreichten Kosteneinsparungen sind auch nicht, wie bei dem Produktionsfaktor Arbeit, durch steigenden künftigen Aufwand bedroht; im Gegenteil: In Zeiten stets steigender Arbeitskosten besteht durch Kapitaleinsatz die Möglichkeit, eine Differentialrente in Höhe des Kostenunterschiedes zwischen gegenwärtiger und vergangener Arbeit zu beziehen.

Eine dritte Ursache des industriellen Wachstums ist das Verwertungsstreben des Kapitals, das klassische Investitionsmotiv, aus dem sich über die genannten Antriebskräfte hinaus starke Wachstumsimpulse ergeben. Das Verwertungsstreben des Kapitals zeigt sich im Industriebetrieb zunächst in dem Bestreben, die aus dem Umsatzprozeß wiedergewonnenen Abschreibungen der Unternehmung laufend wieder neu zuzuführen. Hieraus ergeben sich besonders bei der degressiven Abschreibung starke Wirkungen auf die Investitionspolitik der Unternehmung. Eine zweite Quelle innerbetrieblicher Kapitaldynamik entspringt dem Sozialbereich die Anlage der aus Rückstellungen für Altersversorgung, aus den Fonds von Versicherungsträgern zur Verfügung stehenden Mitteln, wobei allerdings gegebenenfalls die gesetzlichen Vorschriften über die Kapitalanlage von Versicherungsgesellschaften zu beachten sind. Und schließlich darf auch die klassische Selbstfinanzierung nicht übersehen werden, der heute wohl infolge der gespaltenen Körperschaftsteuersätze eine geringere Bedeutung zukommt, die aber doch als ständiger Beitrag zur Abdeckung des Investitionsrisikos nicht unterschätzt werden sollte. Durch diese Dynamik des innerbetrieblichen Kapitals wird die Investitionspolitik der Unternehmung wesentlich beeinflußt. Die Investitionspolitik ist nicht nur — wie oft in der Theorie angenommen wird — von dem Bestreben beherrscht, aus der Masse des Kapitalbedarfs einige wenige Projekte zur Kapitalzuteilung zu qualifizieren; in erster Linie hat sie die Aufgabe, Kapital innerhalb der Unternehmung in möglichst steigendem Umfange werbend einzusetzen. Es gibt viele Beispiele in der Geschichte von Unternehmen, die zeigen, wie sich dieses Streben des Kapitals nach Verwertung in den betrieblichen Investitionen auswirkt. Kapital bedeutet Erwerb, und Erwerb heißt Wachstum; jeder Stillstand ist schon ein Rückschritt.

Aber auch wenn der Zwang, dem technischen Forschritt zu folgen, den Marktbesitz zu erweitern, um die Vorteile der Kostendegression auszunutzen, nicht bestünde und der Wiedereinsatz des aus dem Umsatzprozeß der Unternehmung zuströmenden Kapitals keine Aufgabe für die Investitionspolitik wäre, so könnte die Investitionspolitik doch an der Bedeutung des Wachstumsprozesses für das wirtschaftliche Schicksal der Unternehmung nicht vorbeisehen. Kein Vermögen kann sich über einen längeren Zeitraum halten, ohne zu wachsen. Steht es still, so wird es früher oder später von den Risiken, denen es ausgesetzt ist, vernichtet. Die Sicherheit eines Vermögens wird nicht durch seine Größe verbürgt, sondern durch seine Kraft, ständig zu wachsen; sie allein verbürgt die Erhaltung des Vorhandenen und den Ersatz des Verlorenen. Ein Vermögen, dem nichts hinzugefügt wird, wird auf die Dauer keinen Ertrag abwerfen; es wird aufgezehrt oder durch die wirtschaftlichen Risiken vernichtet. Nur ständiges Wachstum bietet Sicherheit für den Bestand der Unternehmung, nicht die Höhe des angehäuften Vermögens. Auf lange Sicht gesehen ist Wachstum die einzige Möglichkeit, um den Risiken, die eine Vermögensanlage im Bereich der Wirtschaft mit sich bringt, zu begegnen.

Und schließlich ergeben sich die wesentlichsten Impulse für das bebetriebliche Wachstum aus dem menschlichen Bereich. Der Betrieb ist kein Organismus, der aus Naturgesetzen herauswächst oder notwendigerweise einem blinden Marktautomatismus unterworfen wäre. Betriebliches Wachstum ist das Produkt der unternehmerischen Leistung und der Initiative auf allen Betriebsebenen. Solange Unternehmen von Menschen geführt werden, werden in ihrer Politik auch die Motive menschlichen Handelns Ausdruck finden, wie das Streben nach Macht, Einfluß und Größe. Eine Unternehmung, die den Willen hat zu wachsen, wird auch Mittel und Wege hierzu finden, und vor allem wird sie in der Lage sein, Mitarbeiter an sich heranzuziehen, die diesen von der Unternehmungsleitung ausgehenden Impuls auf allen betrieblichen Ebenen in die Wirklichkeit umsetzen.

Diese verschiedenen Ursachen des Wachstums finden ihren Ausdruck in dem ständigen Streben, durch eine entsprechende Investitionspolitik die materiellen Grundlagen der Unternehmung zu erweitern; zugleich ergeben sich aber auch aus dem Antagonismus dieser Wachstumstendenzen die hauptsächlichsten Probleme der Investitionspolitik:

Offensichtlich ist die Antinomie zwischen technischem und wirtschaftlichem Wachstum, zwischen technischer Leistung und wirtschaftlichem Nutzen; eine Unternehmung kann nicht von technischen Großtaten leben, die erst in ferner Zukunft, wenn überhaupt, einen wirtschaftlichen Nutzen bringen; zur Verzinsung und Bedienung des in der Unternehmung gebundenen Kapitals ist ein laufender Ertragsüberschuß notwendig. Dieser Ertragsüberschuß ist die Grundlage für das wirtschaftliche Wachstum der Unternehmung. Durch eine entsprechende Investitionspolitik muß also verhindert werden, daß zu schnelles technisches Wachstum zu einem zu starken Renditenverfall führt, der die Kapitalbasis der Unternehmung in der Gegenwart untergräbt.

Aber auch unter wirtschaftlichen Gesichtspunkten ist der Kapitaleinsatz nicht ohne Probleme. Wer den Fabrikbesitz vergrößert, um die Vorteile der Verbundwirtschaft und der Kostendegression voll auszunutzen, muß entsprechende Aufwendungen auf sich nehmen, um den Marktbesitz der Unternehmung zu erweitern. Der Vorteil einer Kostendegression innerhalb der Unternehmung wird oft mit einer entsprechenden Erlösdegression im Markt erkauft. Die Investition innerhalb der Unternehmung bedingt Kapitaleinsatz im Markt, der keinen unmittelbaren Nutzen in Form einer Erlösmehrung oder Kostensenkung bringt. Ähnliches gilt für den Vermögenseinsatz zur Vermeidung künftiger Risiken und Verluste. Dieser Kapitaleinsatz ist wohl dadurch gerechtfertigt, daß er dazu beiträgt, die Verluste der Unternehmung möglichst klein zu halten; aber er bringt selbst noch keine Gewinne, aus denen das so investierte Kapital bedient werden kann. Der indirekte Nutzen einer Investition — typisches Merkmal einer strategischen Investition — kann nicht in derselben Weise zur Rechtfertigung des Kapitaleinsatzes herangezogen werden wie der direkte Nutzen durch Gewinnerhöhung, und zwar obwohl sachlich und rechnerisch diese Vergleichbarkeit gegeben ist. Eine Unternehmung lebt nicht davon, daß sie Verluste vermeidet, sondern davon, daß sie Gewinne macht. Auch hier steht die Investitionspolitik vor schwierigen Problemen.

Problematisch wird auch das Verwertungsstreben des Kapitals in einer dynamischen, vielseitig verflochtenen Wirtschaft. Bei der Investition im industriellen Betrieb besteht oft nicht eine eindeutige Relation zwischen Kapitaleinsatz und Gewinn, wie sie Voraussetzung für das Wandern des Kapitals zu dem Ort höchster Rendite ist. Der betriebliche Leistungsverbund, in den die Investition eintritt, bringt auf der Seite der Kostenzurechnung erhebliche Unschärfen mit sich und macht eine genaue Ertragszurechnung oft unmöglich. Die Rendite der Einzelinvestition ist oft eine außerordentlich problematische Größe, wenn man an die Grundlagen ihrer Ermittlung herangeht[1].

Hinzu kommt die Verlagerung der Gewinnperiode der Investition in die Zukunft, ein typisches Zeichen des Kapitalwettbewerbs; denn durch diese Verlagerung werden kapitalschwache Konkurrenten aus dem Markt gedrängt. Diese Verlagerung kann in den verschiedensten Formen auftreten, beispielsweise durch hohe Anlaufsverluste, die aufgewandt werden müssen, bis ein technisch optimaler Leistungsprozeß erreicht ist, durch hohen Kapitaleinsatz für Markenwerbung als Voraussetzung für die Sicherung eines Marktanteils, oder es wird überhaupt auf einen unmittelbaren Nutzen der Investition verzichtet, in der Hoffnung, daß es später, wenn entsprechende Erfahrungen aus dem Leistungsprozeß gesammelt sind, gelingen wird, die Kosten zu senken oder der erzeugten Leistung neue Einsatzmöglichkeiten und Märkte zu erschließen. Durch diese Verlagerung der Gewinnperiode in die Zukunft ergibt sich nicht nur ein erhebliches Risiko für das Erwerbsstreben des Kapitals, dieses Erwerbsstreben verliert auch die geradlinige Kausalität zwischen Chance und Kapitaleinsatz. Denn das Kapital folgt nicht nur der Erwerbschance, wie es dieses klassische Investitionsmotiv voraussetzt, es schafft diese Chance auch selbst durch seinen Einsatz. Auch hieraus folgen für die Investitionspolitik vielfältige Widersprüche und Probleme.

Schließlich ergeben sich aus dem Einfluß des Menschen auf den Investitionsprozeß in einer dynamischen Wirtschaft weit höhere Risiken als in einer statischen. Wirtschaftlich gerechtfertigtes Wachstum kann zum Selbstzweck, zur Megalomanie entarten, und das um so leichter, als bei zunehmender Indirektheit der Ertragsfunktion des betrieblichen Kapitals, einem zunehmenden Anteil der strategischen Investition an der gesamten Investition, die Rechtfertigung des Kapitaleinsatzes durch eine klassische Renditenrechnung immer schwieriger wird.

Aus diesen Eigentümlichkeiten des dynamischen Wachstums und Investitionsprozesses, ihren inneren Widersprüchen zwischen dem Streben nach technischer Perfektion und wirtschaftlichem Nutzen, innerbetrieblicher Kostendegression und Erlösdegression im Markt, Erwerbsstreben

---

[1] Eine Tatsache, die in einer wirklichkeitsfernen, abstrakten betriebswirtschaftlichen Theorie ignoriert wird.

des Kapitals und vermögensmäßigem Wachstum, ergibt sich die Bedeutung des dritten Investitionsmotivs: des Strebens nach Kapitalerhaltung.

4. Kapitalerhaltung

Dauerndes, ungestörtes vermögensmäßiges Wachstum ist nur bei Vorhandensein ausreichender Reserven möglich, die eingesetzt werden können, wenn unvorhergesehene Verluste das Vermögen treffen oder technische und wirtschaftliche Entwicklungen die Unternehmung zu besonderem Kapitaleinsatz zwingen. Genauso wie eine Fabrik nicht ständig voll ausgefahren werden kann, wenn nicht Reservekapazitäten vorhanden sind, die eine volle Betriebsleistung auch bei Eintreten unvorhersehbarer Risiken sichern, genauso kann auch die ständige Erweiterung und Metamorphose des betrieblichen Vermögens nicht reibungslos vonstatten gehen, ohne daß auf der Kapitalseite Reserven vorhanden sind, die diesen Prozeß gegen die Risiken, die hier auftreten können, absichern.

In normalen Zeiten ist dies Aufgabe der betrieblichen Liquidität. Denn wenn diese Liquidität gesichert ist, ist es stets möglich, den vermögensmäßigen Wachstumsprozeß schnell zu alimentieren, um so erhöhte vermögensmäßige Anforderungen oder Wertverluste auszugleichen. Der Schutz vor dem wirtschaftlichen Risiko, den die Liquidität bietet, ist deswegen so unvergleichlich vollkommen, weil Geld unter normalen Umständen in jedes wirtschaftliche Gut umgewandelt werden und dieser Prozeß ohne Zwischenstadien sofort erfolgen kann.

Hieraus ergibt sich die Bedeutung ständiger ausreichender Liquidität und ausreichender Kapitalrentabilität und Kapitaldeckung. Von der Unternehmung aus gesehen ist die Forderung nach Kapitalrendite und Kapitaldeckung nur eine Folge des Strebens nach ständiger Liquidität. Wäre die Unternehmung in der Lage, ständig Kapital an sich heranzuziehen, ohne es ausreichend zu bedienen und seine Sicherheit durch ausreichende Deckungsverhältnisse zu garantieren, so bestünde weder für Kapitalrendite noch für Kapitaldeckung eine Notwendigkeit. Aber genausowenig wie es die Unternehmung verhindern kann, im Verfolg ihres Erwerbsstrebens den Markt zu versorgen, genausowenig kann sie umhin, dem in ihr investierten Kapital angemessene wirtschaftliche Bedingungen zu bieten, wenn sie sicher sein will, daß diese für sie lebenswichtige Quelle ihres Wachstums nicht versiegt.

Besonders wichtig ist dieser Gesichtspunkt in Zeiten dynamischen Wirtschaftswachstums. Ohne eine in ihrer Grundlage gesunde Kapitalstruktur und eine ausreichende, diese Kapitalstruktur tragende Ertragskraft kann eine Unternehmung nicht auf die Dauer den Spannungen und Risiken dieses Wachstumsprozesses ausgesetzt werden. Auf lange

Sicht gesehen ist freilich die Kapitalerhaltung eine Folge der betrieblichen Investitionspolitik; die Möglichkeiten des innerbetrieblichen Kapitaleinsatzes und ihre Ergiebigkeit bestimmen auf die Dauer Sicherheit und Ertragskraft des Kapitals der Unternehmung. Aber eine Unternehmung kann auf die Dauer in ihrer Vermögensanlage nicht gesund sein, wenn ihre Kapitalstruktur wesentliche Schäden aufweist. Fehler in der Anlage der Kapitalstruktur führen zu chronischen Krankheiten, welche die Entwicklung des Vermögens schon dadurch beeinträchtigen, daß die Geschäftsleitung hier gezwungen wird, sich über Gebühr lange mit diesen Fragen und nicht mit der Entwicklung der Produktionsgrundlage der Gesellschaft zu beschäftigen. Daher ist es notwendig, dem Gesichtspunkt der Erhaltung und des Wachstums des betrieblichen Vermögens den der Kapitalerhaltung als leitendes Motiv der Investitionspolitik gleichwertig beizuordnen; man muß sich nur über die Akzente im klaren sein. Worauf es in erster Linie ankommt, ist die Vermögensanlage, die Sicherung und Erweiterung der Produktionsgrundlagen der Unternehmung. Hierauf gründet sich das gesamte betriebliche Dasein. Alles andere ist letztlich nur supplementär.

Zur Abschirmung dieses Wachstumsprozesses ist es aber notwendig, die Investitionspolitik auch unter der Maxime ausreichender Kapitalrentabilität, Kapitaldeckung und Liquidität zu betreiben. Denn diese Forderungen werden keineswegs von selbst nur dadurch erfüllt, daß Vermögenserhaltung und vermögensmäßiges Wachstum angestrebt wird. Technisch einwandfreier Zustand der betrieblichen Anlagen und Anpassungsfähigkeit des Vermögens an den Trend der technischen Entwicklung sind zwar auf lange Sicht die Grundlagen für die Erhaltung des Vermögenswertes, damit auch der materiellen Grundlagen des Kapitalwertes; aber die Erhaltung der Wertsubstanz ist nicht genug für das Kapital, dessen Wesen im Streben nach dem Mehrwert besteht. Dieser Mehrwert, die Kapitalrendite, ergibt sich nicht aus der reinen Erhaltung des Vermögens, auch nicht notwendigerweise aus vermögensmäßigem Wachstum. Die Kapitalrendite muß den betrieblichen Investitionen abgezwungen werden; hierin liegt die Bedeutung der Investitionsrechnung als Renditenrechnung, da sie das Wuchern des Vermögens verhindern kann, wenn sie richtig angewandt wird. Vermögensmäßiges Wachstum ist zwar das oberste Ziel der Investitionspolitik, aber wirtschaftlich unkontrolliertes Wachstum muß zur Megalomanie und schließlich zum Ende des betrieblichen Lebens führen. Das gleiche gilt für das Streben nach ausreichender Kapitaldeckung und Liquidität. Auch diese Forderungen werden nicht automatisch von einer an den beiden erstgenannten Motiven orientierten Investitionspolitik erfüllt; um ihr Genüge zu tun, muß auch bei zweckmäßiger Finanzierungspolitik die Investitionspolitik der Unternehmung entsprechend ausgerichtet werden. Ein für das wirtschaftliche Wachstum der Unternehmung angemessener Grad der Kapitalbindung in ihren Sachanlagen ergibt sich nicht von selbst, wenn er nicht den Investitionen vorgegeben wird.

Das Streben nach Kapitalerhaltung ist als solches kein originäres Investitionsmotiv; es dient dazu, den vermögensmäßigen Wachstumsprozeß der Unternehmung auf ein mit ihrer Kapitalbasis vereinbares Maß abzubremsen. Dies ist die Aufgabe der Investitionsrechnung, in deren Rahmen die verschiedensten Komponenten technischer und wirtschaftlicher Art gegeneinander abgewogen und auf ihren Kapitalwert hin beurteilt werden; hieraus ergibt sich aber auch ihre Grenze. Als eine unter finanziellen Gesichtspunkten aufgebaute selektive Rechnung dringt sie weder bis zu den letzten Ursachen des betrieblichen Wachstums vor, noch kann sie in ihren beiden Komponenten, der Kapitalrendite und der Auszahlungszeit, einen vollständigen Ausdruck für ein Problem geben, das so viele unterschiedliche Facetten aufweist wie die betriebliche Investitionspolitik.

Einige Bemerkungen zur Frage „Wie gewinnt der Betrieb das notwendige statistische Ausgangsmaterial?"

von

Prof. Dr. *Hans Kellerer,* München

Seit einigen Jahren wird in Großbetrieben die *Aufbereitung* und *Interpretation* von umfangreichem, statistischem Ausgangsmaterial durch den Einsatz elektronischer Datenverarbeitungsmaschinen wesentlich vertieft und beschleunigt. Bei aller Anerkennung dieses großen Fortschritts darf aber doch betont werden, daß der rationellen Gewinnung von möglichst einwandfreiem und aussagekräftigem, statistischem Ausgangsmaterial nach wie vor entscheidende Bedeutung zukommt. Unter diesem „Urmaterial" werden dabei die einzelnen Werte verstanden, die zu Tabellen konzentriert und mit geeigneten Methoden analysiert und interpretiert werden.

Bevor wir auf unser eigentliches Thema eingehen, sei eine kurze Übersicht über die *Zweckbestimmung* statistischer Arbeiten im Betrieb gebracht:

a) Mithilfe bei der Vorbereitung von Entscheidungen,
b) quantifizierte Kontrolle der Betriebsvorgänge,
c) Erfüllung von Public-Relations-Aufgaben (statistische Tabellen, graphische Darstellungen und Kennzahlen für Geschäftsberichte, Mitteilungen an die Wirtschaftspresse, u. ä.),
d) Weitergabe von statistischem Ausgangsmaterial an die Träger der amtlichen Statistik (Statistische Landesämter, Statistisches Bundesamt), an Verbände, wirtschaftswissenschaftliche Forschungsinstitute, usw.

Die Punkte a) bis c) beinhalten im wesentlichen die mikroökonomische Aufgabenstellung; bei d) steht die Lieferung von Bausteinen für die Durchführung der amtlichen Statistik im Vordergrund. Der wichtigste der vier aufgeführten Punkte ist a). Es gilt, der Betriebsführung statistische Ergebnisse zu liefern, um richtige Entscheidungen zu treffen bzw. das Risiko von Fehlentscheidungen möglichst klein zu halten. Punkt b) hängt eng damit zusammen; hierbei werden u. a. die Auswirkungen von betrieblichen Maßnahmen laufend verfolgt. Damit wird Material gewonnen für die Klärung der Frage, ob im Betrieb Änderungen vorgenommen werden müssen. Eine untergeordnete Bedeutung kommt c) zu. Im Hinblick auf d) ist die betriebsinterne statistische Arbeit so zu organisieren, daß die statistischen Berichte an dritte Stellen nur unwesentliche zusätzliche Kosten verursachen.

A) Sekundärstatistisches Material und Primärerhebungen

Die Methodenlehre der Statistik unterscheidet zwischen sekundärstatistischem Material einerseits und Primärerhebungen andererseits.

a) Sekundärstatistisches Material

Darunter versteht man für andere Zwecke — also nicht primär für statistische Belange — anfallende Daten, die statistisch aufbereitet und analysiert werden. Eine besonders ergiebige sekundärstatistische Quelle stellt das *betriebliche Rechnungswesen* dar. Personal-, Anlagen-, Beschaffungs-, Lager-, Absatz-, Leistungs-, Kosten-, Finanzstatistik und andere Teile der betriebsinternen Statistik haben weitgehend sekundärstatistisches Gepräge. Das hat den Vorteil, daß wir hierfür ein meist recht zuverlässiges und relativ rasch vorliegendes Material nur in Besitz zu nehmen und einer statistischen Auswertung zuzuführen brauchen. Vom Standpunkt der Aufbereitung aus gesehen ist die Situation dann besonders günstig, wenn das Urmaterial bereits auf Lochkarten festgehalten ist; dieser Sachverhalt liegt in Großbetrieben oft vor.

Der Betrieb gibt nicht nur Zahlenmaterial an andere Stellen; er kann auch von außen Material beziehen, das er in geeigneter Weise in seine eigene Statistik einbaut. So wird sich ein exportintensiver Betrieb zur Beurteilung der Markt- und Wettbewerbssituation auf den Auslandsmärkten entsprechendes Zahlenmaterial aus der Ein- und Ausfuhrstatistik der verschiedenen Länder beschaffen, also die amtlichen Außenhandelsstatistiken als eine sekundärstatistische Quelle benutzen.

b) Primärerhebungen

Von Primärerhebungen sprechen wir dann, wenn Daten speziell für statistische Zwecke ermittelt werden. Damit verbindet sich oft der Vorteil, daß besser als bei sekundärstatistischem Material eine Anpassung an die statistische Fragestellung vorgenommen werden kann. Freilich steht dem der Nachteil gegenüber, daß primärstatistische Erhebungen meist recht kostspielig und langwierig sind.

Die Grenzen zwischen Primär- und Sekundärstatistik können gelegentlich nicht scharf gezogen werden. So genügt es bei der Lagerinventur vom Standpunkt des betrieblichen Rechnungswesens aus, je Position die Menge und den Einkaufs- (bzw. Tages-)Wert festzuhalten. Damit ist eine statistische Aufgliederung nach Warenarten bzw. -gruppen durchführbar (sekundärstatistische Komponente der Inventur). Weitere statistische Auswertungsmöglichkeiten bekommt man, wenn man jeweils auch das Eingangsdatum und den Kalkulationsaufschlag festhält. Dann kann man den Warenbestand zusätzlich nach der bisherigen Lagerdauer bzw. dem Kalkulationsaufschlag aufgliedern, d.h. die beiden entsprechenden Häufigkeitsverteilungen ermitteln (primärstatistische Komponente).

Je nach dem Vorgehen bei einer primärstatistischen Erhebung unterscheidet man zwischen der schriftlichen Befragung, der mündlichen Befragung (Interview) und der Beobachtung bzw. dem Experiment.

Schriftliche Befragung: Im Gegensatz zur amtlichen Statistik spielt die schriftliche Befragung für die Betriebe eine recht untergeordnete Rolle, weil die Ausfüllung der Fragebogen dem freien Ermessen der Befragten überlassen bleiben muß. Trotz Erinnerungsschreiben liegt infolgedessen die Antwortquote meist unter 20 %. Bei einer großen Masse von Befragten könnte das allenfalls in Kauf genommen werden, wenn es sich bei den Antwortbereiten in guter Annäherung um einen repräsentativen Querschnitt der zugrunde liegenden Gesamtheit handeln würde. Erfahrungsgemäß trifft dies aber meist nicht zu. Einem derartig gewonnenen Zahlenmaterial kann daher im allgemeinen kein ausreichender Aussagewert zugesprochen werden. Mit Recht verwendet man daher für Marktforschungsaufgaben und für Belegschaftsbefragungen nur in besonders gelagerten Ausnahmefällen die schriftliche Methode.

Vor *Fehlschlüssen*, wie sie das folgende Modellbeispiel skizziert, sei gewarnt. Auf eine einfache Frage soll schriftlich nur eine der drei Antworten: ja, nein, unentschieden, gegeben werden. Nach je 500 eingegangenen Antworten wird für jeden der drei Fälle der kumulierte vH-Satz ermittelt; das Ergebnis für die ersten 2000 Antworten zeigt folgende Übersicht.

Zahl der eingegangenen Antworten	Antworten in %		
	Ja	Nein	Unentschieden
500	52	31	17
1000	57	24	19
1500	55	26	19
2000	56	26	18

Falsch wäre es, zu schließen: „Ab 1000 und noch mehr ab 1500 zeigt sich eine weitgehende Konstanz der vH-Zahlen; also liegen die *wahren* Werte in der Nähe von 56%, 26% und 18%." Tatsächlich ist die beobachtete annähernde Stabilität der Ergebnisse nur ein Zeichen dafür, daß bei *diesem* Vorgehen eine noch größere Stichprobe keine wesentliche Verbesserung der Ergebnisse bringen würde. Die Konstanz bestätigt aber nicht, daß die Teilmasse der Antwortenden ein repräsentatives Bild der Gesamtheit ist.

Insbesondere Herstellern von Markenartikeln wird von Marktforschungsinstituten nahegelegt, sich die laufenden Ergebnisse einer *„Panel"-Umfrage* für die sie speziell interessierenden Konsumgüter käuflich zu erwerben. Unter einem Panel versteht man dabei einen ständigen Berichterkreis von repräsentativ ausgewählten Haushalten die etwa in monatlichen Abständen ihre Einkäufe von Konsumgütern, unterteilt nach Fabrikaten und Packungsgrößen, mengen- und wertmäßig an das Forschungsinstitut melden. Der Wert solcher Unterlagen für die Beurteilung der Absatz- und Wettbewerbssituation leuchtet ein, die Richtigkeit der ermittelten Zahlen vorausgesetzt. Letzteres trifft aber nur zu, wenn es gelingt, eine repräsentative Auswahl von Haushaltungen dazu zu bewegen, auf freiwilliger Grundlage die entsprechenden Aufzeichnungen gewissenhaft zu machen. Dabei liegt die Schwierigkeit nicht so sehr darin, eine echte („unverzerrte") Auswahl zu treffen; dafür stehen geeignete Verfahren zur Verfügung. Das eigentliche Problem ist, die in die Auswahl gekommenen Haushalte zur Mitarbeit zu gewinnen und sie sich für längere Zeit treu zu erhalten.

Mündliche Befragung: Der Hauptvorteil der mündlichen Befragung besteht darin, daß man hierbei eine viel *höhere Antwortquote* als bei einer schriftlichen Befragung erhält; dies besonders dann, wenn man trotz der damit verbundenen zusätzlichen Kosten bei den zunächst nicht angetroffenen Personen eine oder mehrere Besuchswiederholungen macht. Dadurch gelingt es im allgemeinen, den Prozentsatz der erfolgreich durchgeführten Interviews auf 85 bis 90% und gelegentlich noch mehr zu steigern. Der Rest verteilt sich auf diejenigen Personen, die trotz Besuchswiederholungen nicht erreicht werden sowie auf diejenigen der Angetroffenen, die eine Antwort verweigern oder dazu unfähig sind. Als weitere Vorteile der Interviewer-Methode sind u.a. zu nennen: Man kann viel tiefergehend fragen; Mißverständnisse des Befragten können an Ort und Stelle ausgeräumt werden.

Das für diese Methode der Zahlengewinnung wichtigste Teilgebiet der Betriebsstatistik ist die *Marktforschung.* Hierbei wird eine Anzahl von Haushalten oder Betrieben aufgesucht, um dort auskunftsfähige Personen über interessierende Tatbestände, Ansichten, Einstellungen und Pläne zu befragen. Da sich diese Interviews meist auf ein großes Gebiet — vielfach die gesamte Bundesrepublik und Westberlin — erstrecken müssen, ist ein räumlich gut verteiltes Interviewernetz nötig. Das ist einer der Gründe dafür, daß sich besondere Institute gebildet haben, die Aufträge von einer

Reihe von Betrieben übernehmen und so eine gute Auslastung ihrer „Feldorganisation" erreichen. Sie sind dadurch finanziell in der Lage, ihre Interviewer gut auszuwählen, zu schulen und bei ihrer Tätigkeit („Feldarbeit") zu überwachen. Nur einige große Industriefirmen haben sich ein eigenes Interviewernetz geschaffen. Der Verfasser dieser Zeilen hat den Eindruck, daß manche Firmen Aufträge, die viele Tausende DM an Kosten verursachen, erteilen, ohne sich zu vergewissern, ob eine gründliche methodische Planung und Durchführung durch das betreffende Institut gewährleistet sind. Sie übersehen dabei, daß es dank der guten Konjunktur für Marktforschungsaufträge neben zahlreichen einwandfreien Instituten auch einige weniger solide gibt[1].

Auch auf anderen Gebieten wird die mündliche Befragung gelegentlich angewandt, etwa um die Einstellung der Belegschaft zu vorhandenen oder geplanten sozialen Einrichtungen oder zu einer vorgesehenen Ausgabe von Belegschaftsaktien zu erkunden.

An dieser Stelle eine Bemerkung, die in gleicher Weise für die schriftliche wie mündliche Befragung gilt: Es ist keineswegs leicht, einen guten, dem vorliegenden Problem richtig angepaßten *Fragebogen* zu entwerfen. Bei Heranziehung eines fremden Instituts ist eine aufgeschlossene und gründliche Zusammenarbeit zwischen diesem und der auftraggebenden Firma unerläßlich. Das Befragungsprogramm muß bei einer kleinen Gruppe auf seine Brauchbarkeit geprüft werden, bevor es allgemein zur Verwendung kommt. Meistens zeigt sich hierbei, daß die Fragen besser formuliert werden müssen. Eine genügende Vorbereitungszeit muß daher im Terminplan einkalkuliert sein. Es ist auch keineswegs gleichgültig, in welcher Reihenfolge die Fragen aufeinanderfolgen, wie entsprechende Experimente wiederholt bestätigten.

Wichtig ist es, daß die Interviewer neutral fragen und die Antwort objektiv registrieren. Diese Forderung wurde gelegentlich so umschrieben: Der Interviewer soll einerseits wie ein Sendegerät, andererseits wie ein Empfangsgerät arbeiten; eigene Ansichten und Stimmungen dürfen nicht mitschwingen. Andernfalls ist eine Verzerrung der Ergebnisse, ein sog. Interviewerbias, zu befürchten.

Beobachtung und Experiment: Auf die Gewinnung statistischen Urmaterials ausgerichtete Beobachtungen und Experimente haben gegenüber Befragungen den großen Vorteil, daß hierbei die Gefahr einer bewußt oder unbewußt falschen Auskunft entfällt. Diese Art der Zahlenbeschaffung treffen wir vor allem in der *industriellen Fertigung,* und hier speziell in der Massenfertigung, an. Drei Ziele stehen im Vordergrund:

Die *Einflußgrößenrechnung* klärt anhand empirischer Daten Probleme

---

[1] Siehe dazu z. B. E. Noelle-Neumann: Kunden oder Klienten? in: GFM-Mitteilungen zur Markt- und Absatzforschung, Jg. 1961, Heft 1, S. 4—9.

folgender Art: Ein Wert y (z. B. die Härte des Stahls) hängt von einer Reihe anderer Größen, den sog. Einflußgrößen, ab. Aufgabe der statistischen Versuchsforschung ist es, zu ermitteln, welche Einflußgrößen wesentlich sind und wie diese auf die Zielgröße y wirken, um so annähernd die optimale Einflußgrößen-Kombination herauszufinden. Besonders bemerkenswert ist es, daß im Gegensatz zu früheren Zeiten der Statistiker nicht erst herangezogen wird, wenn das zahlenmäßige Ergebnis der Versuche vorliegt. In gut geführten Fertigungsbetrieben hat jetzt der Statistiker bereits in der Versuchsanlage ein gewichtiges Mitspracherecht, weil er kostensparende und doch sehr aussagekräftige Versuchsanordnungen anbieten kann.

Die statistische *Qualitätskontrolle* soll *während* der Fertigung darüber Aufschluß geben, ob der Fabrikationsprozeß unter Kontrolle ist, also entsprechend der Planung verläuft. Durch die Verwendung von statistischen Kontrollkarten werden rechtzeitig Warnsignale aufgezogen, wenn ein unerwünschter Produktionsverlauf vorliegt. Man kann dann sofort eingreifen und damit den Ausschuß wesentlich reduzieren.

Auf die beiden Stufen der Produktionsplanung und der eigentlichen Fertigung folgt der Absatz. Wird eine umfangreiche Partie vom Fabrikanten an den Abnehmer verkauft, so empfiehlt es sich bei hohen Prüfkosten oder langer Prüfdauer, die Güte des gesamten Postens durch eine gut angelegte Stichprobe zu ermitteln (*Annahmeprüfung*).

Da in allen drei Fällen die wahrscheinlichkeitstheoretisch orientierte Statistik heranzuziehen ist, ist hier in erhöhtem Maße der Einsatz von mathematischen Statistikern erforderlich. Erfreulich ist es, daß ein gutes Schrifttum über den Einsatz der Statistik im Fertigungsbereich vorliegt und daß von einer Reihe von Stellen eine praxisnahe Einführung in dieses neue Anwendungsgebiet der mathematischen Statistik vermittelt wird.

Daß der Beobachtung auch auf anderen Teilgebieten eine Rolle für die Gewinnung von statistischem Urmaterial zukommt, mögen die folgenden Andeutungen zeigen. In Einzelhandelsgeschäften — und hier insbesondere bei Kaufhäusern — kann durch eine geeignete Beobachtung bzw. Registrierung statistisches Ausgangsmaterial für die Beantwortung folgender Fragen erhalten werden: Tageszeitliche Verteilung der Kunden, Verhalten von Käufern und Verkäufern beim Kaufvorgang, Wirkung einer neu dekorierten Schaufensteranlage auf die potentiellen Kunden. Besonders günstig liegt der Fall, wenn durch den Einsatz von automatischen Registriergeräten das statistische Ausgangsmaterial — etwa für die Ermittlung der unterschiedlichen Belastung eines Elektrizitätswerkes in den einzelnen Tagesstunden — fast ohne Kosten anfällt.

Um den Absatz von Markenartikeln von den Einzelhändlern an die Letztverbraucher laufend — etwa in zweimonatlichen Abständen — zu ermitteln, kann man nachstehende Methode anwenden. Mit einer Anzahl repräsentativ ausgewählter Geschäfte wird eine Vereinbarung folgender Art getroffen: Etwa alle zwei Monate kommt ein Beauftragter der Marktforschungsfirma zu diesen Geschäften und ermittelt je Artikel und Pakkungsgröße durch eine Bestandsaufnahme den Vorrat, ferner durch Einsichtnahme in die eingegangenen Rechnungen die Menge der seit dem letzten Besuch neu auf Lager genommenen Waren (=Zugang). Die rechnerische Größe „Anfangsbestand+Zugang—neuer Bestand" ergibt den Absatz in den letzten zwei Monaten. Der große Vorteil dieses *„shop audit"*-Verfahrens ist, daß die Ergebnisse auf einer von subjektiven Einflüssen freien Grundlage gewonnen werden. Hierbei erhält man auch einen Einblick in die zeitliche Veränderung der Lagerhaltung, aufgegliedert nach Marken, Verpackungsgrößen usw. Genau wie bei einem Panel ist eine richtige Auswahl von Geschäften entscheidend für die Brauchbarkeit dieser Methode.

Der englische Statistiker *Tippett* hat seit 1934 eine neuartige Methode, das *„Multimoment-Verfahren"*, vorgeschlagen und erprobt, um Fragen folgender Art zu beantworten: Wie lange sind in einer Weberei die z.B. 50 vorhandenen Webstühle täglich effektiv im Betrieb und wieviel Minuten stehen sie still; wie verteilen sich außerdem die Stillstandszeiten auf verschiedene Ursachengruppen? Nach Tippett kann man die Antwort anstelle der im allgemeinen üblichen Aufschreibungen durch zeitliche Stichproben finden. Ein Angestellter geht im Laufe des Tages wiederholt so durch den Websaal, daß er an allen Webstühlen vorbeikommt. Hierbei notiert er für jeden Webstuhl, ob er beim Zeitpunkt des Passierens arbeitet (Fall I) oder stillsteht (Fall II). Im zweiten Falle wird auch die Ursache mit vermerkt. Das Ergebnis von 24 Rundgängen, also $24 \cdot 50 = 1\,200$ Beobachtungen sei: Auf den Fall I treffen 1 044 Beobachtungen = 87%, auf den Fall II entfallen 156 Beobachtungen = 13%. Von letzteren 156 Beobachtungen treffen 72, 48 und 36 auf die drei Ursachen a, b, c. Bei 8 Stunden Sollarbeitszeit, also bei $8 \cdot 50 = 400$ Webstuhl-Sollstunden, können die Schätzwerte „$400 \cdot 0{,}87 = 348$ effektive Arbeitsstunden und 52 Ausfallstunden" berechnet werden. An letzteren sind die drei Ursachen mit 24, 16 bzw. 12 Stunden beteiligt. Die Brauchbarkeit dieses Vorgehens setzt wiederum einwandfreie und genügend umfangreiche Stichproben sowie eine strikte Einhaltung gewisser Beobachtungsregeln voraus[2].

Abschließend sei die Frage berührt, welche unterschiedliche Bedeutung den vier skizzierten Möglichkeiten der Zahlengewinnung in der amtlichen

---

[2] Das Verfahren wurde von Tippett mit „snap reading method" bzw. mit „ratio delay method" bezeichnet. Im englischen Sprachgebiet bürgert sich mehr und mehr der Name „work sampling" ein. Aus der reichhaltigen Literatur seien genannt:

und in der Betriebsstatistik zukommt. Teilen wir jeder von ihnen eine der 4 Rangziffern 1 bis 4 zu, wobei die Ziffern 1 bzw. 4 der jeweils meist verwandten bzw. am wenigsten benutzten Methode zugeordnet sind, so ergibt sich folgende Übersicht:

Art der Zahlengewinnung	Rangziffer	
	amtliche Statistik	Betriebsstatistik
sekundärstatistisches Material	2	1
schriftliche Befragung	1	4
mündliche Befragung	3	2,5[3]
Beobachtung und Experiment	4	2,5[3]

B) Teilerhebungen anstelle von Vollerhebungen

Im Abschnitt A wurde wiederholt von Stichproben gesprochen, also von dem Verfahren, sich anstelle von Vollerhebungen mit Teilerhebungen zu begnügen. Nachstehend bringen wir nur skizzenhaft einige Ausführungen zur Frage der Gewinnung statistischen Urmaterials durch Stichproben[4].

a) Einige grundsätzliche Bemerkungen

Einen der wesentlichsten Fortschritte in der Theorie und Technik der Statistik bedeutet die ständig zunehmende Verwendung von Teilerhe-

---

Bertrand L. Hansen: Work Sampling for Modern Management. Prentice-Hall, Inc. Englewood Cliffs, N. J., 1960, XV, 263 S.;

J. R. de Jong: Multimoment-Aufnahmen. Sonderdruck der Fortschrittlichen Betriebsführung. Herausgegeben vom Verband für Arbeitsstudien, REFA e. V., Darmstadt, 22 S.;

R. Schroeder: Mathematisch-statistische Grundlagen der Zeitstudie. Sonderheft der REFA-Nachrichten. Herausgegeben vom Verband für Arbeitsstudien, REFA e. V., Darmstadt, 34 S.

[3] Dieser Wert (= Durchschnitt von 2 und 3) deutet an, daß in der Betriebsstatistik der mündlichen Befragung ungefähr die gleiche Bedeutung zukommt wie der Beobachtung und dem Experiment; erstere spielt eine größere Rolle im Absatzsektor, die zweite Art überwiegt im Fertigungsbereich.

[4] Hinsichtlich weiterer Ausführungen zur Theorie und Technik des Stichprobenverfahrens sei auf die entsprechende umfangreiche Literatur verwiesen. Für den Betriebswirt besonders interessant ist das Buch von E. W. Deming, Sample Design in Business Research. John Wiley and Sons, New York London), 1960, XX, 517 S. Eine erste, allerdings im Hinblick auf den knappen Umfang sehr elementare Einführung bringt das Buch: „Moderne Stichprobenverfahren in der Betriebspraxis", herausgegeben vom Hessischen Institut für Betriebswirtschaft e. V., Gabler, Wiesbaden 1961, 129 S.

bungen[5]. Eine umfangreiche Theorie sowie die praktische Erprobung auf den verschiedensten Anwendungsgebieten der Statistik haben das Stichprobenverfahren auf eine solide Grundlage gestellt. Zwei Vorteile, nämlich geringere Kosten und größere Schnelligkeit der Erhebung, dürften gerade dem kostenorientierten und ständig vor raschen Entscheidungen stehenden Betriebswirt besonders einleuchten. Ein weiterer Vorzug ist weniger bekannt: Stichproben gestatten es, sowohl auf der Erhebungs- wie auf der Aufbereitungsstufe gründlicher vorzugehen, so daß damit manchmal sogar eine größere Genauigkeit als bei einer Totalstatistik erzielt werden kann.

Gerade auf dem betrieblichen Anwendungsgebiet der Statistik steht uns vielfach nur der eine Weg offen, mit gut angelegten Stichproben zum Ziele zu kommen. In der Massenfertigung geht teilweise mit der Prüfung eines Gegenstandes seine Zerstörung Hand in Hand, so daß sogar versucht werden muß, eine Lösung mit möglichst kleinen Stichproben zu erreichen. Soll beispielsweise die Lichtempfindlichkeit von Fotopapier geprüft werden, so bedeutet das Suchen nach einer Antwort ein Unbrauchbarmachen des Films. Will man die Häufigkeitsverteilung „Brenndauer einer Glühlampenserie" exakt ermitteln, so kann man zwar jede Glühlampe so lange unter Strom setzen, bis sie ausgebrannt ist. Damit haben wir eine völlig einwandfreie Antwort, aber auch lauter unbrauchbare Glühlampen. Oder ein Beispiel aus der betriebswirtschaftlichen Marktforschung: Der Plan eines Kühlschrankherstellers, im Rahmen der Absatzplanung alle Haushalte und alle in Frage kommenden Betriebe interviewen zu lassen, scheitert an den Erhebungskosten sowie an dem Fehlen einer genügenden Zahl von Ermittlern. Dazu kommt, daß wegen der Dynamik des Marktes derartige Umfragen von Zeit zu Zeit wiederholt werden müssen.

Die Tatsache, daß Stichprobenergebnisse meistens mit Fehlern behaftet sind, ist aus folgenden Gründen kein echter Einwand: Im allgemeinen braucht der Unternehmer für die Vorbereitung von Entscheidungen und für die Kontrolle keine absolut genauen statistischen Daten. Es genügt, wenn der Fehler mit einem hohen Sicherheitsgrad ein gewisses Ausmaß nicht überschreitet, was bei einer geschickt angelegten Stichprobe möglich ist. Außerdem weisen auch Totalerhebungen Fehler bzw. Unschärfen auf. Beispielsweise kann eine Lagerinventur wegen der jeder Bewertung anhaftenden subjektiven Komponente nie völlig genau sein. Das könnte dadurch bestätigt werden, daß man zwei Arbeitsgruppen unabhängig voneinander das gleiche Warenlager aufnehmen läßt. Schließlich kann man bei Zufallsstichproben Aussagen über den Stichprobenfehler machen.

[5] Das Stichprobenverfahren spielt auch auf der Aufbereitungsstufe eine Rolle. Unter gewissen Umständen kann es z. B. durchaus genügen, nur jeden 10. Beleg oder jede 5. Lochkarte statistisch aufzubereiten.

Richtig ist allerdings, daß Stichproben versagen, wenn sehr detaillierte Aussagen verlangt werden. Werden z.B. 2000 repräsentativ über die ganze Bundesrepublik verstreute Haushalte befragt, ob sie einen Kühlschrank besitzen, so kann man mit brauchbarer Genauigkeit zwar berechnen, wie groß in der gesamten Bundesrepublik der Anteil der „Kühlschrank-Haushalte" ist, gemessen an der Gesamtzahl der überhaupt vorhandenen Haushalte. Ähnliche Aussagen anhand der gleichen Stichprobe sind aber mit genügender Genauigkeit nicht mehr getrennt für jedes der 10 Länder und hier nochmals unterteilt nach 4 Gemeindegrößenklassen möglich; die $10 \cdot 4 = 40$ Tabellenfelder sind dann zu schwach besetzt.

b) *Verschiedene Auswahlverfahren*

Bevor man die Auswahl durchführt, muß die *Untersuchungsgesamtheit* (Grundgesamtheit), aus der die Stichprobe gezogen werden soll, festgelegt werden. Handelt es sich etwa darum, einen statistisch fundierten Einblick in den Umfang des Waschmittelverbrauchs in der Bundesrepublik, unterteilt nach Fabrikaten, zu erhalten, so kann es dem Auftraggeber entweder darauf ankommen, nur den Verbrauch der Haushalte zu ermitteln oder aber darauf, auch die sonstigen Verbraucher mit in die Untersuchung einzubeziehen. Im ersten Fall besteht die Untersuchungsgesamtheit aus den Haushalten; im zweiten Falle kommen Krankenhäuser, Hotels und sonstige Mittel- und Großbetriebe — Kleinbetriebe wird man außer Acht lassen — dazu. Dabei empfiehlt es sich, aus jeder der beiden Teilgesamtheiten „Haushalte" und „sonstige Verbraucher" getrennt Stichproben zu ziehen.

Ein für den Stichprobentheoretiker wie den Praktiker gleichermaßen interessanter wie wichtiger Sachverhalt entsteht dadurch, daß es für eine spezielle Aufgabe eine ganze Reihe von Stichprobenplänen gibt, darunter gute und schlechte. Es leuchtet ein, daß man wenigstens annähernd den Auswahlplan nehmen muß, der bei vorgegebenem Kostenbetrag optimale Ergebnisse liefert, d.h. solche Aussagen, die mit hoher Sicherheit die wahren Verhältnisse in der Gesamtheit wiedergeben bzw. hochzurechnen gestatten; unter Hochrechnung wird dabei die Ermittlung von Werten, die sich auf die Gesamtheit beziehen (z. B. gesamter Waschmittelverbrauch aller Haushalte), anhand der Stichprobenergebnisse verstanden. Natürlich kann man dieser Forderung auch die Formulierung geben: Der Auswahlplan ist so zu entwerfen, daß eine vorgegebene Güte der Ergebnisse mit möglichst geringen Kosten erzielt wird.

Wird in unserem Waschmittelbeispiel aus Kostengründen die Zahl der Interviews mit 2500 festgelegt, so wäre es verfehlt, etwa 2200 Haushaltungen und 300 Großverbraucher willkürlich (*aufs Geratewohl*, auf gut Glück) auszuwählen und zu befragen und dann die dabei gefundenen

Ergebnisse auf die beiden Teilgesamtheiten „hochzurechnen". Bei diesem Vorgehen kann der Ausdruck „Auswahl auf gut Glück" nur bedeuten, daß man hierbei sowohl Glück als auch Pech haben kann, und zwar in Hinblick auf das Ziel, einen für die Gesamtheit repräsentativen Querschnitt zu bekommen. Aber wie soll man auf einer derartig unsicheren Grundlage betriebliche Entscheidungen treffen? Tatsächlich kommen nur zwei Arten von Auswahlverfahren in Frage, die bewußte und die zufallgesteuerte Auswahl.

Der Ausdruck *„bewußte Auswahl"* soll andeuten, daß man auf Grund einer guten Sachkenntnis die Auswahl so zu steuern versucht, daß sie möglichst repräsentativ ausfällt. In der Marktforschung wird sie vor allem in der Form der „Quotenauswahl" durchgeführt[6]. Da die bewußte Auswahl nicht frei von subjektivem Ermessen ist, kann die Genauigkeit der Ergebnisse nicht berechnet werden.

Anders beim *zufallgesteuerten* Stichprobenverfahren. Hier können Art und Umfang der Auswahl so angelegt werden, daß der Fehler, der darauf beruht, daß man nur einen Teil der Elemente einbezieht (sog. Stichprobenfehler), ein vorgegebenes Ausmaß mit einem ebenfalls festgelegten Sicherheitsgrad nicht überschreitet. Es sind also Aussagen folgender Art möglich: Der „wahre" Wert eines Warenlagers beträgt mit 99% Sicherheit 3,12 ± 0,02 Millionen, also mindestens 3,10 und höchstens 3,14 Millionen DM. Der tiefere Grund für diese Möglichkeit ist darin zu suchen, daß beim zufallgesteuerten Stichprobenverfahren eine Auswahl im Sinne eines *Urnenmodells*[7] erfolgt. Damit bekommt das Verfahren einen wahrscheinlichkeitstheoretischen Charakter.

Die Firma Siemens und Halske z.B. ermittelt den gesamten *Inventurwert* ihrer Halbfabrikate — etwas vereinfacht dargestellt — teilweise folgendermaßen[8]: Zunächst wird für jeden Posten grob geschätzt, in welche der folgenden Werteklassen er fällt: bis 100 DM; mehr als 100 bis 150 DM; mehr als 150 bis 200 DM; mehr als 200 bis 250 DM; mehr als 250 DM. Nachdem so die Gesamtheit in 5 in sich homogenere Teilgesamtheiten („Schichten") aufgegliedert ist, werden nach einem Zufallsprinzip aus der 1. Schicht 6, aus der zweiten 16, aus der dritten 20 und aus der vierten Schicht 33¹/₃% ausgewählt. Die letzte Schicht wird total berücksichtigt. Jedes Stück der so gewonnenen Stichprobe wird nun von Spezialisten bewertet. Umfaßt die i-te Teilgesamtheit N_i Posten ($i = 1$

[6] Näheres hierüber siehe z.B. H. Kellerer, Statistik im modernen Wirtschafts- und Sozialleben. Rowohlt, Hamburg 1960, rde. 103/04, S. 157—159. Dort ist daran anschließend eine weitere Variante der bewußten Auswahl, nämlich die nach dem Konzentrationsprinzip, erwähnt.

[7] Die folgenden Ausführungen deuten an, was darunter zu verstehen ist.

[8] H. Bujack und L. Roth: Schätzverfahren in der Inventur. In: Der Betrieb, Jg. 12, Heft Nr. 21, S. 577—579 und Heft Nr. 22, S. 601—603.

2, . . ., 5) und ergibt sich für die Elemente der daraus gezogenen Stichprobe der Durchschnittswert $\overline{x}_i$, so nimmt man den Ausdruck $\Sigma N_i \overline{x}_i$ als Schätzgröße für den Gesamtwert der Halbfabrikate. Außerdem ist es möglich, etwa für den Sicherheitsgrad 95,5% einen „Vertrauensbereich" zu berechnen, in dem der wahre Wert liegt.

Bujack und Roth bringen folgendes, der Wirklichkeit entnommenes Zahlenbeispiel: Gesamtzahl der Posten rund 52 000, exakter Inventurwert 11,032 Mill. DM[9], auf Grund der Stichprobe errechneter Inventurwert 11,024 Mill.; berechneter Vertrauensbereich bei einem Sicherheitsgrad von 95,5% 10,972 bis 11,076 Mill. DM.

Das zu diesem Beispiel gehörige *Urnenmodell* ist folgendes: Wir haben 5 Urnen, jede gefüllt mit gleich großen Kugeln, und zwar die i-te Urne mit N_i Stück. Auf jeder Kugel ist eine Zahl vermerkt. Der Inhalt jeder Urne wird sehr gut durchmischt. Dann werden aus den einzelnen Urnen 6%, 16%, 20%, 33⅓% und 100% gezogen und der Durchschnittswert $\overline{x}_i$ je Urne berechnet. Damit ist gewährleistet, daß jedes Element der Gesamtheit eine bestimmte, von Null verschiedene Chance hat, in die Auswahl zu kommen. Das ist aber gerade das, was eine Zufallsstichprobe auszeichnet und die Berechnung von Vertrauensbereichen für den wahren Wert ermöglicht.

Tatsächlich steht uns eine Reihe von Urnenmodellen zur Verfügung. Wir nennen andeutungsweise nur einige Grundtypen:

Einfache Stichproben: Die Gesamtheit wird nicht weiter aufgespalten. Zugehöriges Urnenmodell: eine einzige Urne, aus der Zufallsziehungen gemacht werden. Beispiel: Debitorenkartei, die für Stichprobenziehungen nicht weiter unterteilt wird.

Geschichtete Stichproben: Die Gesamtheit wird in wenige, in sich homogenere Teilgesamtheiten aufgespalten, um einen kleineren Fehlerbereich für die gesuchten Werte zu bekommen. Aus jeder Teilgesamtheit (Schicht) wird eine Zufallsstichprobe gezogen. Urnenmodell: siehe obiges Inventurbeispiel.

Klumpenstichproben: Die Gesamtheit wird in sehr viele Teilgesamtheiten (Klumpen) aufgespalten und dann eine Zufallsstichprobe von derartigen Klumpen gezogen. Urnenmodell: viele Urnen; zufallgesteuert wird ein Teil von ihnen herausgegriffen und jede in dieAuswahl gekommene Urne *total* in die Erhebung einbezogen. Beispiel: Ein Treibstoffkonzern beliefert 4000 Tankstellen. Für eine geplante Erhebung im Interviewerverfahren unterteilt er sie in etwa 400 Gruppen („Klumpen") zu jeweils rund 10 einander geographisch benachbarten Tankstellen. Aus ihnen werden zufallgesteuert 50 herausgegriffen und die dazugehörigen

[9] Dieser Wert wurde nur ermittelt, um die Brauchbarkeit des Stichprobenplans zu veranschaulichen.

rund 500 Tankstellen in die Stichprobe einbezogen. Damit konzentriert sich die Feldarbeit auf 50 kleine geographische Gebiete, was eine erhebliche Kostenersparnis bedeutet.

Mehrstufige Stichproben: Wie Klumpenstichproben, jedoch wird aus jeder ausgewählten Urne nur eine *Zufallsstichprobe* gezogen; also erster Schritt Auswahl von Teilgesamtheiten, zweiter Schritt Unterauswahl in diesen Teilgesamtheiten. Urnenmodell: Viele Urnen, daraus werden zufällig einige ausgewählt und aus diesen jeweils eine Unterstichprobe gezogen. Beispiel: Die sehr umfangreiche Adressenkartei eines Versandgeschäfts bestehe aus 450 Karteikästen. Von diesen werden 50 zufällig herausgegriffen — etwa jeder 9. Kasten — und innerhalb eines jeden der ausgewählten Kästen wird jede 20. Karteikarte gezogen, so daß sich die endgültige Stichprobe auf den 180. Teil der Gesamtheit beläuft.

Diese und andere Grundtypen können miteinander kombiniert werden, womit sich eine sehr große Zahl möglicher Stichprobenpläne ergibt.

C) Organisatorische Fragen

In Großbetrieben lohnt es sich im allgemeinen, ein eigenes *statistisches Zentralreferat* einzurichten. Welche Rolle soll ihm im Rahmen der statistischen Datengewinnung zugewiesen werden? Hauptaufgabe muß es sein, dafür zu sorgen, daß unter Berücksichtigung wirtschaftlicher Gesichtspunkte ein für das Betriebsgeschehen optimales statistisches Gesamtbild entsteht. Das bedeutet u. a., daß nur so viel Zahlen wie unbedingt nötig gesammelt werden. Regelmäßig, z. B. in halbjährlichen Abständen, muß überprüft werden, ob gewisse Einschränkungen der statistischen Arbeiten angebracht sind, sei es, daß der ursprüngliche Grund für ihre Erstellung weggefallen ist oder die Ergebnisse sich von Periode zu Periode kaum geändert haben.

Der Leiter des statistischen Zentralreferats muß eine genaue Kenntnis aller im Unternehmen anfallenden Belege, die als sekundärstatistische Quelle dienen können, haben. Ihm muß auch bei dezentraler Sammlung des statistischen Urmaterials ein Mitspracherecht in allen die Statistik berührenden Fragen gegeben werden, so etwa gegenüber der Personal- oder der Marktforschungsabteilung. Eine weitgehende Selbständigkeit kann allenfalls den Fertigungsstellen auf dem Teilgebiet der Einflußgrößenrechnung, der statistischen Qualitätskontrolle und der Abnahmeprüfung zugestanden werden, weil hier methodische Sonderprobleme vorliegen.

Oft ist es durch eine kleine Erweiterung oder Abänderung von Formularen möglich, wesentliche zusätzliche statistische Erkenntnisse zu gewinnen. Es gehört einerseits ein psychologisches Geschick des Statistikers, andererseits eine Unterstützung durch die Betriebsleitung dazu, die verschiedenen Betriebsabteilungen zu einer guten Mitarbeit bei statistischen Aufgaben zu gewinnen und gleichzeitig zu verhüten, daß überflüssige oder methodisch nicht haltbare statistische Arbeiten durchgeführt werden. Auf eine eindeutige und betriebsnahe Festlegung der jeweiligen statistischen Gesamtheit und ihrer Einheiten (z. B. Beschäftigte, Kunden) und der an letzteren interessierenden Merkmale ist besonderer Wert zu legen. Soweit es sich hierbei um die Gewinnung von statistischem Material handelt, das auch an die Träger der amtlichen Statistik weitergeleitet werden muß, ist eine Abstimmung mit den von diesen Sellen festgelegten Begriffen und Einteilungen (z. B. Umsatzbegriff, Aufgliederung der industriellen Fabrikation nach Artikeln) erforderlich oder zumindest wünschenswert.

Für das Unternehmen wichtiges sekundärstatistisches Material, das außerhalb des Betriebes anfällt, ist systematisch zu sammeln. Um seinen Aussagewert richtig beurteilen zu können, muß man sich auch darüber orientieren, wie die betreffenden Daten gewonnen wurden

Eine besonders verantwortungsvolle, aber auch meist recht reizvolle Aufgabe fällt dem statistischen Zentralreferat bei der Planung und Durchführung von Primärerhebungen zu, dies wegen der recht hohen dabei anfallenden Kosten. In schwierigen Fällen sollte hierbei der Rat eines statistischen Spezialisten eingeholt werden. Ein in der amtlichen Statistik bewährtes Verfahren sollte auch der Betrieb bei seinen Primärerhebungen befolgen: Gleichzeitig mit dem Befragungsprogramm sind auch die Tabellenschemata für die Aufbereitung zu entwerfen. Damit wird rechtzeitig, d. h. noch vor der Durchführung der Erhebung, vermieden, daß man zu viel oder zu wenig fragt.

Die Einstellung, die ein Betriebsstatistiker zu seiner Arbeit haben muß, hat vor einigen Jahren anläßlich einer Gastvorlesung an der Universität München Professor M. G. Kendall, London, treffend so ausgedrückt[10]:

„Der Statistiker versucht gar nicht, einen Überblick über alles zu gewinnen. Seine Technik besteht vielmehr darin, die benötigten Informationen auf dem Wege zu erhalten, der unter allen möglichen das geringste Ausmaß an tatsächlicher Einsichtnahme erfordert — das heißt, er zieht eine Stichprobe. Aus diesem Grunde ist ein großer Teil seiner Ausbildung den Stichprobenverfahren und deren Zuverlässigkeit gewidmet. Es ist einfach nicht wahr, daß der Statistiker in der Praxis seine Zeit darauf verwendet, seine Umgebung zum Sammeln von Zahlenmaterial zu veranlassen. Er benötigt ganz im Gegenteil viel Zeit dazu, das Aufspeichern von Daten — jedenfalls von unnötigen — zu verhindern. So also bemüht er sich, das Aktenmaterial zu reduzieren, Formulare zu vereinfachen, jeden doppelten Aufwand zu vermeiden und die Leitung des Unternehmens dazu zu bestimmen, sich auf geschickt vorgenommene Stichprobenarbeiten anstatt auf Vollerhebungen oder umfassende Aufzählungen zu ver-

---

[10] M. G. Kendall: Moderne Statistik im Wirtschaftsleben. Metrika, Würzburg 1958, Band 1, S. 223—238.

lassen. Im Gegensatz zu der in dieser Hinsicht bestehenden populären Vorstellung schwelgt der Statistiker nicht in einer Unmenge von Zahlen. Nichts bereitet ihm ein größeres Vergnügen, als eine benötigte Aussage ohne das Ansammeln von Zahlen machen zu können. Er behandelt numerische Informationen sozusagen im Sinne des ökonomischen Prinzips.

Auf Grund seiner Fähigkeit, repräsentative Daten auf Stichprobenbasis zu ermitteln, ist der Statistiker innerhalb der Unternehmung oftmals eine Art „Mädchen für alles". Er beschränkt sich nicht darauf, auf dem Routineweg einlaufende Zahlen zu analysieren; er geht vielmehr hinaus in den Betrieb, sammelt Informationen und berichtet über Dinge, die unter normalen Umständen unberücksichtigt geblieben wären. Er kann jederzeit dazu aufgefordert werden, einen Bericht abzugeben zum Beispiel über den Verbleib von Lagerbeständen in den Filialbetrieben, über die Ursache des außergewöhnlichen Verlaufes des Arbeitsplatzwechsels, über die Frage, ob die Unfallrate von der Verwendung neuartiger Maschinen beeinflußt wird, über die Eignung der in dieser oder jener Schule ausgebildeten Stellenbewerber, über Art, Vorkommen und Ursache der Engpässe und über eine große Anzahl von anderen Problemen. Dazu kommt ein Punkt, der oftmals sehr wesentlich ist: Der Statistiker wird beauftragt, über Fragen der geschilderten Art s c h n e l l Auskunft zu geben..."

Die Statistik hat in den letzten Jahrzehnten eine früher nicht einmal geahnte Bedeutung für die Groß- und Mittelbetriebe bekommen. Da eine gut durchdachte Statistik eine wertvolle Hilfestellung für betriebliche Entscheidungen und Kontrollen leisten kann, wird die Nachfrage nach guten Betriebsstatistikern immer stärker. Daraus folgt u. a. die Notwendigkeit einer engeren Zusammenarbeit zwischen den Hochschulinstituten für Statistik und der Praxis sowie zwischen den betriebswirtschaftlichen und statistischen Lehrstühlen. Nur durch den Einsatz von in der statistischen Methodenlehre sowie in der Betriebswirtschaftslehre geschulten Kräften kann ein betriebliches Optimum bei der Gewinnung des statistischen Ausgangsmaterials, seiner Aufbereitung, Analyse und Interpretationen sowie insbesondere seiner Verwertung für das Betriebsgeschehen angesteuert werden.

Die Nachbarwissenschaften der Betriebswirtschaftslehre, gesehen unter den Auspizien der Trinität von Markt, Unternehmung und Betrieb

von

Prof. Dr. *H. Linhardt*, Erlangen-Nürnberg

Die Betriebswirtschaftslehre ist ein Zweig der Wirtschaftswissenschaften. Diese gehören nach herrschender Ansicht und nach der von Rickert und Dilthey getroffenen Unterscheidung von Natur- und Geisteswissenschaften zu den Geisteswissenschaften. Die Einteilung in nomothetische und idiographische Wissenschaften nach Windelband würde die Betriebswirtschaftslehre vorwiegend, aber nicht ausschließlich zu den ersteren rechnen. Mitunter wird die Ansicht vertreten, die Betriebswirtschaftslehre bilde mit der Volkswirtschaftslehre bereits eine Einheit. Diese Ansicht wird stärker von volkswirtschaftlicher als von betriebswirtschaftlicher Seite vorgetragen, wenn auch Erich Gutenberg, Erich Kosiol, Martin Lohmann ebenfalls dazu neigen. Im anderen Fall dürfte ein Wunschdenken vorliegen, da die deutsche Volkswirtschaftslehre an Geltung eingebüßt hat, seitdem sie eine innere Krise nach dem Anpassungs- bzw. Emigrationsprozeß während des Dritten Reiches und nach dem Anschluß an den internationalen Stand der Forschung durchzustehen hat, der nunmehr eine Neuorientierung folgt.

Aber diese Neuorientierung vermittelt kein einheitliches Bild der Volks- und Betriebswirtschaftslehre im Ausland und schon gar nicht den Eindruck einer die beiden Disziplinen umfassenden, einheitlichen Wirtschaftswissenschaft. Ja, man kann sogar von einer betonten Sonderentwicklung in den USA durch Pflege der Business Economics neben der Business Administration vor allem an den ältesten und größten Universitäten der Oststaaten, seit Jahrzehnten nicht minder an den neueren Universitäten des Westens sprechen. Eine ähnliche Distanzierung zwischen Volks- und Betriebswirtschaftslehre unter Betonung der letzteren läßt sich auch in England sowohl an den ältesten Universitäten wie an den neueren feststellen. Parallelen zu dieser Entwicklung bestehen in Frankreich, Italien, noch stärker in den Teilen Europas wie Schweden, Holland, Österreich und der Schweiz, die noch auf ein mit Deutschland gemeinsames historisches Bildungs- und Sprachgut zurückgreifen.

Solange Individuum und Gesellschaft andere Formen ausbilden und verschiedene Ziele des Wirtschaftens verfolgen, wird es auch keine einheitliche Wirtschaftswissenschaft geben können. Selbst wenn die Neugestaltung der nachbarlichen Beziehungen beider Disziplinen zu den angrenzenden Wissenschaften Berührungen und Querverbindungen in größerem Umfang als bisher schaffen sollte, würde doch ein echter Fortschritt kaum anders als in der Herausarbeitung der verschiedenartigen Problemstellung, noch mehr aber in der Unterscheidung der verschiedenen Objekte beider Disziplinen erwartet werden können[1]. Im folgenden sollen diese nachbarlichen Beziehungen betrachtet werden. Dabei sind als Nachbarwissenschaften die Volkswirtschaftslehre, Soziologie, Geschichte, Politikwissenschaften, Rechtswissenschaften und die Psychologie zu würdigen. Sie bilden mit den Sprachwissenschaften, der Geographie und der Philosophie zusammen die Nachbarschaft der Betriebswirtschaftslehre in den Wirtschafts- und Sozialwissenschaftlichen Fakultäten. Auf die Betrachtung der Disziplinen der zuletzt genannten Gruppe konnte verzichtet werden, weil sie im Verhältnis zu der Betriebswirtschaftslehre und zu den übrigen Disziplinen keine besonderen Probleme aufwerfen oder Aufschlüsse gewähren, auch weil sie eben durch dieses Verhältnis weniger gekennzeichnet sind als die Disziplinen der zuerst genannten Gruppe. Ihr aber, der die Betriebswirtschaftslehre das meiste verdankt und am meisten bedarf, soll sogleich die Würdigung unter dem dreifachen Aspekt des Marktes, der Unternehmung und des Betriebes angedeihen, unter dem sie selbst steht. Eine solche Betrachtung erweist zugleich, wie eigenständig jede Disziplin ist und wie verschieden der Begriffsinhalt von Markt, Unternehmung und Betrieb — jener Trinität unter der alles wirtschaftliche Sein in der freien Welt steht und deren besserer Erkenntnis jede Disziplin auf ihre Weise dient, unbekümmert darum, ob sie selbst der anderen Disziplin gleichrangig oder als Herrin oder Dienerin gegenübersteht.

Die Volkswirtschaftslehre betrachtet den Markt als die Veranstaltung des Tausches unter der Voraussetzung wirtschaftlicher Freiheit. In ökonomischer Betrachtung ist der Markt diejenige ständige Tauschorganisation, bei der sich Angebot und Nachfrage treffen. Darin ist zugleich die abstrakteste Definition des Marktes im ökonomischen Sinn gegeben. Diese abstrakteste Auffassung vom Markt kann nicht zugleich die wirklichkeitsnächste sein. In Wirklichkeit treffen sich Anbieter und Nachfrager, d. h. Personen und Firmen, die Ware gegen Geld oder Geld gegen Ware hinzugeben bereit sind. Die einen sind Kaufinteressenten, die anderen Verkaufinteressenten. Aus den Interessenten werden durch den Kaufabschluß

---

[1] vgl. H. Linhardt, Das Objekt der Wirtschaftswissenschaft, Z. f. B. April 1956, S. 197—218.

Käufer und Verkäufer. Soweit findet ein ständiger Ausgleich zwischen Angebot und Nachfrage statt. Hierin erfüllt sich die gesamte wirtschaftliche Aufgabe des Marktes.

Zur ökonomischen Marktlehre gehören die Grundfragen der Marktformen, der Preisbildung, der Anpassung von Angebot und Nachfrage durch den Preis und die von ihm aus gesteuerten Änderungen in den Kosten der Erzeugerbetriebe, in der Art und Menge der erzeugten Waren. Die ökonomische Marktlehre ist an bestimmte wissenschaftliche Voraussetzungen gebunden. Sie untersucht nicht den konkreten, an Ort und Zeit gebundenen Markt bestimmter Käufer und Verkäufer, bestimmter Güter, sondern den abstrakten Markt in dem oben beschriebenen Sinn. Örtliche Umstände und zeitliche Besonderheiten, wie auch sachliche Beschränkungen bleiben grundsätzlich außer Betracht, wenn die auf die Dauer wirksamen Kräfte des Marktausgleichs aufgezeigt werden und die ständige Wiederholung der Marktvorgänge bei ständiger Begegnung der Marktpartner in ständiger Reproduktion der Marktgüter untersucht wird. Anders ist das Verhältnis der Betriebswirtschaftslehre zum Markt. Hier steht nicht das Marktgleichgewicht, die Marktanpassung, auch nicht die Untersuchung der Marktformen zur Diskussion, sondern der Markt vom Standpunkt der Unternehmung. Dabei sind die in der Volkswirtschaftslehre seit J. B. Say zugrunde gelegten drei Phasen der Produktion, Distribution und Konsumtion wegen ihres höchsten Abstraktionsgrades nicht brauchbar[2]. Somit ergeben sich in der Natur der Sache begründete, nicht nach der Forschungsmethode oder Betrachtungsweise verschiedene Abweichungen zwischen den beiden Disziplinen. Sie sind geringer bei der Privatwirtschaftslehre, weil diese von aller Produktion nur die Verwertungsproduktion, von aller Verteilung nur die Ertragsverteilung, von aller Konsumtion nur den Einkommensverbrauch als Objekt betrachtet, also jeden der drei Grundvorgänge als Marktvorgang sieht, jedesmal vom Standpunkt der Unternehmung, folglich anders als die Volkswirtschaftslehre, deren neuere Richtung die Unternehmungsforschung im Gegensatz zur älteren Richtung kaum noch pflegt[3]. Die Betriebswirtschaftslehre hingegen neigt dazu, das wissenschaftliche Arbeitsfeld zwischen Unternehmung und Markt zu vernachlässigen, sogar jenes zwischen Unternehmung und Betrieb zu übersehen und sich einseitig mit internen Betriebsvorgängen zu beschäftigen (Rechnungswesen, Kostenrechnung, Betriebsorganisation, Betriebsverwaltung usw.). Es steht zu erwarten,

---

[2] vgl. H. Linhardt, Die Betriebswirtschaftslehre, Z. f. B. 1955, S. 129—141, ders., „Objektivation und Subjektivation der Beziehungen von Mensch und Markt" in „Der Mensch im Markt", S. 191—209, Festschrift für G. Bergler, 1960, Duncker & Humblot, Berlin.

[3] vgl. hierzu: H. Linhardt, Volkswirtschaftliche Lehrmeinungen über die Betriebswirtschaftslehre, Bülow-Festschrift, Berlin 1960.

daß der weitere Kontakt der deutschen Betriebswirtschaftslehre mit dem Ausland zu einer Neubesinnung auf die Unternehmung hinführt, anders wäre auch eine gegenseitige Befruchtung von In- und Ausland im Bereich dieser Disziplin nicht zu erhoffen.

Das dritte Gebiet wirtschaftswissenschaftlicher Forschung ist der Betrieb, verstanden als Glied der Unternehmung, nicht jedoch als Haushalt im Sinne des Verbrauchs. Hier sind zwar gelegentlich Versuche unternommen worden, die aber eher als Fachanspruch und weniger als wissenschaftliche Leistung zu gelten haben (Mellerowicz, Seyffert, Kosiol).

Die Soziologie hat Aussicht und Anspruch, als nächststehende Nachbarwissenschaft der Betriebswirtschaftslehre gewürdigt zu werden. Sie findet ihrerseits ihre Ergänzung durch die Anthropologie, Ethnographie und ihren Schwerpunkt in der Wirtschaftssoziologie. Es ist nicht von der Hand zu weisen, daß gerade dieser Zweig und seine zahlreichen Untergliederungen und Nebenzweige nicht sehr intensiv gepflegt werden. Verständlich wird dies aus den vorhandenen Vorleistungen der Nationalökonomie und dem dabei unverkennbaren soziologischen Einschlag wie etwa bei Karl Marx, Werner Sombart, Max Weber, K. Mannheim, G. Weippert, A. Müller-Armack. Immerhin ist es verwunderlich, daß keine befriedigenden und in sich geschlossenen Leistungen einer Wirtschaftssoziologie oder gar der Marktsoziologie. Kreditsoziologie usw. vorliegen. In der Wirtschaftstheorie herrscht noch immer die Abstraktion des isolierten Individuums, während die Gesellschaftsformen in Recht und Wirtschaft, ihre gegenseitige Durchdringung, die Zweckmäßigkeit ihrer Formen und Anwendungen je nach der soziologischen Gruppe, je nach ihrer Ideologie, Mitgliederzahl, nicht genügend gewürdigt werden. Die Schulökonomik beachtet noch immer zu wenig, daß die Wirtschaft innerhalb der menschlichen Gesellschaft und in deren Austauschformen vor sich geht. Der Tauch als der eigentliche wirtschaftliche Grundbegriff ist nur soziologisch zu erklären, der Markt nicht anders und so der Unterschied von Stadt und Land, von Warenhaus und Versandhaus, von Massen- und Markenartikel. Die Soziologie kann demnach nicht erst eine spätere Beigabe oder Ergänzung zu ökonomischen Grundbegriffen, sondern muß bereits ein integrierender Bestandteil der Problematik und Thematik am Anfang aller wirtschaftstheoretischen Fragen sein.

Sie wendet auf die Marktgruppen das von ihr erarbeitete wissenschaftliche Rüstzeug an, indem sie die Marktpartner nach Alter und Geschlecht, Beruf, Stand, Einkommen, ländlicher und städtischer Herkunft, einfacher und gehobener Bildungsschicht gliedert und das verschiedenartige Marktverhalten einzelner Gruppen zu analysieren versucht. Es liegt nahe, eine Wirtschaftssoziologie in die Teile des Marktes, der Unternehmung und des Betriebes zu untergliedern, d. h. die zwar bisher noch wenig entwickelte Marktsoziologie durch die Unternehmungssoziologie und die Betriebssoziologie zu ergänzen. Dabei bedarf es der Durchtränkung soziologischer Betrachtung mit ökonomischer Substanz an Stelle der bisher allzu zurückhaltenden Distanz. Es bedarf eher jener durchdrungenen ökonomischen Soziologie Johann Plenges als der betont neutralen Leopold von Wieses. Die engsten Berührungen zwischen der Betriebswirtschaftslehre und der Soziologie ergeben sich innerhalb der Betriebssoziologie, denn hier geht es um den Menschen in seiner beruflichen Tätigkeit, seiner Erwerbsarbeit, seiner Eingliederung in die Wirtschaftsgesellschaft und in die Arbeitsgruppe, um die Arbeitsgestaltung, Arbeitsvorbereitung, Arbeitsleistung und vieles außerdem, was nur noch aus der Zusammenarbeit des Betriebswirts mit dem Soziologen, Ingenieur, Pädagogen, Psychologen künftig gewonnen werden kann.

Nicht daß die Unternehmungssoziologie weniger wichtig wäre und zur Zusammenarbeit mit der Betriebswirtschaftslehre weniger Gelegenheit böte — hier liegen die Probleme der Beziehungspflege, Unternehmungsführung, Leitungsorganisation, Kompetenzabgrenzung, Befugnisdelegierung, der Information, Kommunikation, Zielfunktion und vieles andere —, aber die Betriebsprobleme sind schon wegen des geringeren Abstraktionsgrades, der größeren Vielgestaltigkeit der Wirtschaftsbranchen, Betriebsgrößen und der Betriebsfunktionen unendlich zahlreicher und schwieriger als die vorwiegend finanzielle und kontraktuelle Unternehmungsführung. Noch ist innerhalb der Wirtschaftssoziologie nicht erkennbar, ob sie sich hilfreich und gut vom Markt über die Unternehmung zum Betrieb herabläßt und wiederum mit weichem Flügelschlage vom Betrieb über die Unternehmung zum Markt erhebt, ohne sich auf ökonomischen Gemeinplätzen niederzulassen oder in ökonomischen Vorstellungen aufzuhalten und in ökonomischen Begriffen lediglich zu wiederholen.

Die Marktsoziologie vertieft die Marktökonomik, bestärkt die empirische Marktbeobachtung, erweitert die systematische Marktbearbeitung und vermehrt die auswertbare Marktsymptomatik. Wo die ökonomische Fragestellung aufs Ganze gehen muß, wenn sie Mengen- und Preisbeobachtungen vornehmen und Gesetzmäßigkeiten erkennen will, etwa solche der Marktelastizität im Verhältnis zur Betriebsgröße und zur Kapitalstruktur der Unternehmung, vermag die Marktsoziologie das verschiedenartige Marktverhalten des Individuums in der Gruppe, der Gruppe in der Gesellschaft, der Gesellschaft im Rechts- und Wohlfahrtsstaat zu erforschen. Hierbei wird ihr die Individual- und Sozialpsychologie wirksam zu Hilfe kommen; von ihr ist noch die Rede.

Die Geschichtswissenschaft untersucht den Markt wie die Unternehmung und auch den Betrieb. Für sie ist der Markt ein Faktum ersten Ranges. Sie führt zur glücklichen Ergänzung marktökonomischer und marktsoziologischer Fragestellung. Was einmal war, ist weder durch Leugnen noch durch Widerspruch ungeschehen zu machen und der Versuch der auf- und abwertenden Fehlinterpretation, die Umdeutung von Niederlagen in Siege, von Missetaten in Segnungen hält nicht länger vor als die Macht der Interessenten. Dies gilt für den Markt als historisches Faktum nicht minder als für Schlachten, Reiche und Kronen.

Die Marktgeschichte ist vornehmlich Stadtgeschichte wie in Babylon, Ägypten, Athen und Rom. Der Mittelpunkt der mittelalterlichen Stadt ist der Markt. Ihre Peripherie sind die Mauern, Türme und Tore. Am Markt finden wir das Rathaus und die Kathedrale als Sitz der weltlichen und geistlichen Obrigkeit, zeitlich sogar das Kaufmannshaus (Gildehaus) noch vor dem Rathaus, wie Fritz Rörig für Lübeck und andere für Köln, Freiburg, Soest, Goslar u. a. nachgewiesen haben. Der Marktplatz ist durch stattliche Bürgerhäuser, Zunfthäuser als Sitz stolzer Kaufmannsgeschlechter und weiter Geschäftsbeziehungen gekennzeichnet. Die Marktgeschichte ist der Kern der Stadtgeschichte, die Stadtgeschichte der Kern der politischen Geschichte überhaupt, angefangen von der Gründung, den Privilegien, den verbrieften oder wiederholt bestätigten und auch erweiterten Rechten des Rates und Patriziates. Das Magdeburger Stadtrecht ist jahrhundertelang das Vorbild für neue Stadtgründungen, vor allem während der Kolonisation der deutschen Ostgebiete, das Lübecker Stadtrecht ist Vorbild bei der Gründung und Sicherung der Ostseestädte bis Nowgorod gewesen. Das Stadtrecht regelt das Marktgeschehen, verbürgt die Marktprivilegien, die Sicherheit des Lebens und Eigentums (in erhöhtem Maße während der Marktzeit), auf dem Markt erfolgt die Verkündung der Ratsbeschlüsse, am Markt findet sich der Roland als Wahrzeichen der Herrschaft, der Pranger als Warnung für Übeltäter.

Am Streitobjekt des Marktes haben sich nicht nur die Geister der zünftigen Historiker entzündet (Fritz Rörig gegen Georg von Below), an ihm haben sich auch die Gegensätze der Historiker und Ökonomen befruchtend entwickelt (Eduard Mayer gegen Karl Bücher). Zum Glück werden solche Gegensätze bei Heranziehung der Markthistorie nicht verdreifacht, sondern vereinfacht. Die Historie ist unbestechlich. Sie stellt sich nicht auf die ökonomische oder die soziologische Seite und läßt sich von keiner unterwerfen. Ihr Eigengewicht wirkt ausgleichend auf der Waage ökonomischer und soziologischer Marktbetrachtung. Während die Soziologie auf dem Gebiet der Marktlehre frei schaffen, eigene Begriffe bilden, selbständige empirische Nachweise führen kann, ist die Markthistorie wie jede Historie an Ort und Zeit und Sprachgebrauch gebunden. Was sie an Erkenntnissen des Marktgeschehens gewinnt, dient zur Überbrückung, mitunter zur Klärung und Einschränkung ökonomischer und soziologischer Markterkenntnisse (vgl. die Markttopologie von Lübeck, Köln u. a.).

In der Pflege der Markthistorie liegen die echten Verdienste der deutschen historischen Schule der Nationalökonomie. Ihre älteren Vertreter haben sich intensiv mit dem Patriziat und den Zünften (Venedig, Florenz, Straßburg, Basel, Augsburg, Nürnberg) und mit den Herrschafts- und Regierungsformen der italienischen Stadtrepubliken und der deutschen Reichs- und Hansestädte beschäftigt.

Nicht minder bedeutsam, aber weniger entwickelt ist bisher die Unternehmungs- und Betriebsgeschichte. Hier verdanken wir einer neueren Richtung innerhalb der amerikanischen Geschichtsforschung wesentliche Antriebe und großartige Leistungen wie sie etwa in den Forschungen der Institute für Unternehmungsgeschichte (Institute of Enterpreneurial History der Universitäten Yale, Columbia, Harvard (H. Redlich) oder in den jüngsten Veröffentlichungen zur Wirtschaftsgeschichte des Altertums und des Mittelalters vorliegen (Raymond, Lopez u. a.) oder in den Beiträgen zur Cambridge Economic History (Postan u. a.) sowie in den jüngeren Forschungsarbeiten von M. Rostovtzeff, Ashton, Sayers, abgesehen von den Konzeptionen des geschichtlichen Ablaufs bei A. Toynbee, Trevelyan und von einigen neueren deutschen Historikern wie L. Beutin, B. Kuske, H. Kellenbenz, G. von Pölnitz.

Die amerikanische Geschichtsforschung der Unternehmung und des Betriebes ist schon aus nationalen Gründen stark soziologisch fundiert und orientiert. Die ältesten Wirtschaftspioniere waren vielfach die Begründer wirtschaftlicher Dynastien, aus deren Ursprung und Entwicklung die Gegenwart rückblickend historische Interessen gewinnt (Harriman, Vanderbilt, Astor, Rockefeller, Ford usw.). Eines der umfangreichsten monographischen Werke dieser Art von Gustavus Myers[4] ist von Franz Oppenheimer bei Erscheinen der deutschen Übersetzung eingeleitet worden. Die Unternehmerbiographien und Unternehmungsmonographien amerikanischer Familien und Konzerne haben immer wieder neue Bearbeiter gefunden (Samuel Crowther u. a.). Die deutsche Betriebshistorie harrt bisher noch einer angemessenen Bearbeitung, wenn auch zahlreiche wertvolle Monographien aus dem 19. und 20. Jh. bereits vorliegen, darunter diejenigen von B. Kuske, W. Däbritz, während die Vertreter der Betriebswirtschaftslehre zu keiner Zusammenarbeit mit zünftigen Historikern, auch nicht zu selbständigen Leistungen gelangt sind.

Die Pflege der Betriebsgeschichte innerhalb der Betriebswirtschaftslehre ist noch nicht über den ersten zaghaften Schritt hinausgekommen. Zwar haben Autoren wie B. Penndorf, R. Seyffert, J. Löffelholz erhebliche Verdienste um den geschichtlichen Anschluß der Betriebswirtschaftslehre, um den vor ihnen bereits die Vertreter der ältesten Generation, E. Schma-

---

[4] Myers, Gustavus, Die Entstehung der großen amerikanischen Vermögen, 2 Bd., Berlin 1916.

lenbach und E. Walb, insbesondere auf dem Gebiet der Kameralistik sich bemüht haben, aber diese historischen Bemühungen galten nicht der eigentlichen Betriebsgeschichte, sondern überwiegend der Geschichte der Betriebswirtschaftslehre[5]. Was unter Betriebsgeschichte bisher erarbeitet wurde, sind die größeren Jubiläumsschriften anläßlich des 100(75-, 125)-jährigen Bestehens solcher Firmen wie Bochumer Verein, Hanomag, Bayerische Staatsbank, Essener Credit-Anstalt, Bayerische Hypotheken- und Wechsel-Bank, Reichsbank, Vereinsbank Hamburg usw. Solche Denkschriften sind in ihrem Umfang und Gehalt sehr ungleichwertig, vor allem dann, wenn sie nicht die Handschrift eines geschulten Historikers tragen.

Zur Betriebsgeschichte gehört die Vorbereitung, Sammlung und Sichtung historischen Materials, wie es im Leben eines Betriebes anfällt: Verträge, Dokumente, denkwürdige Ereignisse. Dazu bedarf es des Werks- oder Betriebsarchivs wie es bei größeren und älteren Firmen (Krupp, Mannesmann, Siemens) seit Jahrzehnten bereits geführt wird oder auch bei den größten Verbänden und Berufsvereinigungen (VDMA, VDI). In Verbindung mit der Betriebsmonographie fehlt die hinreichende Pflege der Unternehmerbiographie zur Überlieferung persönlicher Leistungen echter Wirtschaftspioniere, wie sie C. Matschoß[6], R. Baumgardt[7] in verdienstvoller Weise bearbeitet haben[8].

Wendet man die trinitäre Unterscheidung von Markt, Unternehmung und Betrieb auf die Rechtswissenschaften an, so entfällt der weitaus größere Teil rechtlicher Regelungen auf den Markt, der zweitgrößte Teil auf den Betrieb, der geringere auf die Unternehmung. Das Marktrecht gilt dem Wettbewerb und Wettbewerbsschutz, das Betriebsrecht dem Arbeits- und Sozialverhältnis, das Unternehmungsrecht dem Vertrag (Kauf-, Pacht-, Mietvertrag, Schuldverhältnis).

Ohne Zweifel steht der wirtschaftende Mensch von heute in zahlreicheren rechtlichen Beziehungen als der wirtschaftlich in stärkerem Maße autarke oder in sozial größerem Maße abhängige Mensch vor 50 oder 100 Jahren. Damals spielten noch gesellschaftliche und örtliche Bindungen zwischen Herrschaft und Dienerschaft, ständische Ordnungen unter Beamten und Bürgern, Arbeitern und Bauern eine größere Rolle. Der heutige Wirtschaftsmensch begründet und beendet tagtäglich Dutzende von Rechtsverhältnissen, wie sie beim Einkauf von Waren, bei Benutzung öffentlicher Verkehrsmittel, beim Besuch von Gaststätten, Kinos und Theatern vorkommen. Er steht außerdem in zahlreichen ständigen Rechts-

---

[5] H. Linhardt, Volkswirtschaftliche Lehrmeinungen über die Betriebswirtschaftslehre, Bülow-Festschrift, Berlin 1960, S. 237—255, insbes. S. 247.

[6] Conrad Matschoß, Große Ingenieure, 3. Aufl. München 1942.

[7] R. Baumgardt, Das Fundament, Berlin 1941.

[8] H. Linhardt, Das Betriebsarchiv, Westfälische Wirtschaft, Dortmund, 4. Jg. H. 13 v. 22. 6. 1940.

verhältnissen aus Miet-, Pacht- und Dienstleistungsverträgen (Teilzahlung, Versicherung), die sich auf Personen und Tiere, Haus, Fahrzeug, Mobiliar beziehen mögen. Dazu kommen die Mitgliedschaften in geselligen, kulturellen, karitativen Vereinigungen einschließlich Buch-, Film-, Phono- und Fotoklub mit den hieraus resultierenden Mitgliedschafts- und Beitragsverpflichtungen.

Je mehr die Wirtschaft aus dem Rahmen der Selbstgenügsamkeit herausfällt, je öfter der wirtschaftende Mensch mit seinesgleichen in Beziehung tritt, um so stärker entwickeln sich die gemeinhin unter dem Begriff der Arbeitsteilung verstandenen, anscheinend wirtschaftlichen, in Wirklichkeit rechtlichen Beziehungen. Man produziert für andere, bezieht von mehreren, vielleicht sogar von zahlreichen, sachlich und räumlich verschiedenen Quellen. Selbst ein kleiner Privathaushalt verfügt über Dutzende verschiedener Bezugsquellen des Einzelhandels (Ladengeschäft, Kaufhaus, Versandhaus), ein Großunternehmen hat Tausende von Bezugsquellen, Hunderte für einen einzigen Artikel; die Automobilfabrik Daimler-Benz berichtet von über 13 000 Zulieferbetrieben, die General Electric Co., New York, beziffert ihre Zulieferbetriebe auf ca. 40 000, ihre Vertragshändlerfirmen auf über 400 000[9].

Beim heutigen Marktrecht steht nicht mehr wie in der Vergangenheit die Rechtsbegründung oder Rechtsausdehnung, sondern der Rechtsgedanke der förmlichen Gleichheit, die Startgleichheit und Gleichberechtigung im Marktzugang im Vordergrund. Was man gemeinhin Geschäfts- oder Wirtschaftsbeziehungen nennt, sind genau gesehen Rechtsverhältnisse, in denen sich die Beziehungen der Tauschpartner und die darin eingeschlossenen Tauschvorgänge vom Unternehmen bis zum Letztverbraucher, vor allem aber die zumeist übersehenen Rechtsbeziehungen der Unternehmungen untereinander als Käufer und Verkäufer, als Mitglieder von Arbeitgeber-, Markt- und Wirtschaftsverbänden abspielen. Jeder Warenumsatz, ob bei Hingabe eines Pfennigartikels oder bei Errichtung eines Kraftwerks ist Gegenstand eines Kaufvertrages. Beim Pfennigartikel erfolgt die Vertragschließung durch „Einigung und Übergabe" ohne Form und Feierlichkeit, indem das Geld und die Ware über den Ladentisch ("over the counter") gereicht werden. Jede Förmlichkeit oder Feierlichkeit, wie sie früher beim Viehkauf, Hauskauf, bei der Einstellung eines Dienstboten oder bei Gewährung eines Darlehens üblich war, ist weggefallen, der Handschlag, der Umtrunk, der Schwur bei Gott und allen seinen Heiligen, bei Kerze und Bibel. Beim Kraftwerk arbeitet auf jeder Seite der Parteien ein Stab von Juristen an den Entwürfen von Vor-, Neben- und Hauptverträgen. Ihre Gestaltung mag sich über Jahre, ihr

---

[9] Lt. Bericht des Präsidenten der General Electric Co. an den US-Kongreß, Juli 1956 (Mitteilungsblatt der Deutschen Gesellschaft für Betriebswirtschaft).

Text über Hunderte von Seiten, ihre Erfüllung über weitere Jahre erstrecken, bis der leitende Ingenieur erklärt, das Werk sei getan, bis der letzte Mann die Arbeitsstelle verläßt.

Die Marktwirtschaft erschließt ihre farbigen Seiten und reizvollen Spannungen, die hinter der Einheit der Rechtsform liegen, erst in der soziologischen Betrachtung. Jeder Verkehrsakt der Wirtschaft, der eine Übertragung von Gütern, Leistungen und Nutzungen bezweckt, ist eo ipso ein Rechtsakt; er bezweckt und bewirkt eine Veränderung der Rechtsverhältnisse unter den Beteiligten. Im Krämerladen genügen dazu zwei Personen. Im Falle der Ausschreibung und Vergabe von Baulosen einer Gemeinde, eines Kreises, sind es Dutzende auf der Angebotsseite gegenüber einem einzigen Auftraggeber. Im Fall der Holzversteigerung aus Staatsforsten sind es Dutzende von Nachfragern gegenüber einem einzigen Anbieter. Im Falle der Auflegung einer öffentlichen Anleihe durch Land oder Bund oder der Ausgabe einer Pfandbriefemission durch eine öffentliche oder private Hypothekenbank mögen es auf Seiten der Gläubiger Tausende, sogar Hunderttausende und Millionen von Wertpapierzeichnern und späteren (der Person nach nicht mehr identischen) Wertpapierinhabern sein.

Mittlerweile hat der Begriff der Masse auch das Aktienwesen in Westdeutschland erfaßt. Die VW-AG hat nach der Privatisierung im Frühjahr 1961 1,5 Mill. Aktionäre und erreicht bei der Hauptversammlung am 1. 7. 1961 ca. 30 000 Teilnehmer. Andere Aktiengesellschaften erreichten in den letzten Jahren eine Gesamtzahl von 2—300 000 Aktionären und eine Besucherzahl ihrer Hauptversammlungen von 2—3000 Personen. Das Aktienrecht nimmt von diesen revolutionären Wandlungen auch in den vorliegenden Entwürfen (Referentenentwurf vom Oktober 1958, Regierungsentwurf vom März 1960) keine Notiz, die Satzungen bleiben hinsichtlich der Mitwirkung der Aktionäre noch immer unverändert, weil man bei Anwendung neuerer Formen der Mitwirkung und Beratung Machtbeschränkungen bei den Verwaltungen und Banken befürchtet[10].

Zum Marktrecht gehört nicht nur die staatliche Wettbewerbsordnung und ihre Sicherung durch Gesetz und Rechtsprechung, sondern auch das Privatrecht der Wirtschaftsverbände in ihrer weiten Verzweigung und einem immer noch zunehmenden Formenreichtum der Orts-, Landes- und Berufsverbände der Industrie, des Handwerks, des Handels, der Spitzenverbände, der freien Berufe (Ärzte, Architekten, Rechtsanwälte, Steuerberater, Wirtschaftsberater), der Vereinigungen wirtschaftlicher Interes-

---

[10] H. Linhardt, „Zur Aktienrechtsreform", Die Aussprache Okt. 1958; ders., „Mitbestimmung der Aktionäre", BfuP Januar 1961, ders., „Zur Bildung von Aktionärsausschüssen, ebenda Jan. 1961 vgl. Beilage zum „Volkswirt" über VW-Aktionärausschüsse v. 27. 5. 1961.

senten, der lockeren Zwischenformen wie den freiwilligen Handelsketten, Arbeits- und Bürogemeinschaften und den höheren Formen, wie Kartellen, Konzernen, Holdinggesellschaften.

Die wirtschaftlichen Fortschritte, die ohne die Technik der industriellen Produktion, des Verkehrs und der Energiewirtschaft nicht denkbar sind, hätten ohne die Entwicklung des Rechtes nicht verwirklicht werden können. Wo der Erzeuger nicht den Rechtsschutz seines Eigentums und die Sicherung im Schuldrecht findet, vermag er nicht nach dem Prinzip der Verkehrswirtschaft zu handeln, indem er für andere produziert, mit anderen tauscht. Wo in einem Land kein zureichender Rechtsschutz für Leben und Eigentum geboten ist oder dieser Rechtsschutz durch politische Wirren beeinträchtigt wird, wendet sich der ausländische Kaufmann und Kapitalgeber ab. Es genügt nicht, das Recht als Grundlage des Staates und Garantie der Freiheit zu bezeichnen, denn das Recht durchzieht alle Fasern und Zellen des Wirtschaftskörpers, es stellt eine Art Bindegewebe innerhalb des lebenden Wirtschaftsorganismus dar. Ohne die Weiterbildung des Rechts gibt es auch keine Ausdehnung des Marktes. Bester Beweis hierfür ist die Kodifizierung des Rechtes der Handelsgesellschaften in Europa seit Anfang und Mitte des 19. Jh., die Kodifizierung des Wechsel-, Bank- und Wertpapierrechts einige Jahrzehnte später. Wenn man von einer Kommerzialisierung der Wirtschaft seit Mitte des 19. Jh., einer Industrialisierung der Produktion schon seit Mitte des 18. Jh. spricht und die Wirtschaftsstufen nach dem Grad der Marktbildung und Marktentfaltung einteilt (G. Schönberg, K. Bücher, J. Plenge, H. Proesler), so ist mit der Nachzeichnung der wirtschaftlichen Entwicklung zugleich die Entfaltung der Rechtsformen und die Vermehrung vielfältiger Rechtsverhältnisse gegeben (W. Endemann, M. Weber, L. Goldschmidt). Die moderne Wirtschaftstheorie von heute würdigt die rechtliche Seite der Wirtschaft weniger als dies noch in der Historischen Schule der deutschen Nationalökonomie geschah (G. Schmoller, R. Ehrenberg, H. Sieveking, L. Brentano), von denen führende amerikanische Nationalökonomen als Hörer und Leser Entscheidendes gelernt haben (J. B. Clark, Th. Veblen, W. C. Mitchell). Das Marktrecht steht so lange vor neuen Aufgaben, wie Technik und Erfindungsgeist neue Formen der industriellen Produktion, Gewinnung und Stoffverarbeitung, aber auch der Beförderung, Vermittlung und Versorgung entwickeln. Dies gilt für den Flugverkehr wie das Seerecht, die Kreditwirtschaft wie die Atomenergie, das Versicherungswesen wie für neuartige Formen der Wirtschaftsberatung[11], der Finanzierung und der Einschaltung von Unternehmungen auf beiden Seiten.

---

[11] H. Linhardt, Wirtschaftsberatung und Wirtschaftsprüfung, Vortrag im VDDK, Nürnberg am 2. 3. 1961, abgedruckt im Mitt.-Bl. Betriebswirtschaftl. Umschau April 1961.

Das Marktrecht ist wie jedes Recht die formale Seite der Willenserklärung und Beziehungsregelung. Sie ergänzt sich mit dem materiellen Inhalt der Güterverteilung und Dienstleistung. Das Unternehmensrecht, wesentlich als Vertragsrecht verstanden, dient der Errichtung und Führung von Unternehmungen durch Satzung, Gesellschaftsvertrag, Geschäftsbedingungen und schematische Regelung der Kauf-, Pacht-, Pfand-, Versicherungs-, Spar-, Bauspar-Verträge. Ein großer Raum rechtlicher Regelung wird von den Verbandsbedingungen und Verbandsbestimmungen (Energie, Transport, Kredit, Versicherung) eingenommen. Die „Allgemeinen Geschäftsbedingungen" übersteigern die Rechtseinheit und reduzieren die Willensentscheidung der Vertragspartner, wie es bei den Banken der Fall ist. Juristische Fachkräfte sind bei Unternehmungen, Verbänden und Kammern im Unternehmungsrecht tätig. Die Vernachlässigung der Rechtswissenschaften oder auch nur ihre Zurückdrängung durch die Vorwegnahme der Rechtsprüfung beim kaufmännischen und volkswirtschaftlichen Diplom bringt die Brücke zwischen Wirtschaft und Recht ins Wanken. Auch die Überbetonung der Güterwirtschaft gegenüber der Finanzwelt, der Produktivität gegenüber der Rentabilität, der Haushalte gegenüber den Unternehmungen hat in der Vernachlässigung des Rechts als der formalen Seite der Verkehrswirtschaft und seiner formbildenden Kraft ihre tieferen Wurzeln. Dies gilt für das Marktrecht wie für das Unternehmungsrecht. Hier ist Adolf Weber zuzustimmen, wenn er feststellt, der Versuch der „Neuen Wirtschaftstheorie", eine ausgeweitete Privatwirtschaftslehre an die Stelle der Volkswirtschaftslehre zu setzen, sei gescheitert[12].

Das Betriebsrecht unterliegt am stärksten den Einflüssen der politischen Ideologie. Im Arbeitsrecht streiten sich die Geister um dessen öffentlichen oder privaten Charakter, im Sozialrecht begegnen sich die beiden Materien in der gesetzlichen und freiwilligen Altersversorgung und der Versicherung gegen Unfall, Krankheit und Invalidität. Der Betrieb ist der Rahmen und Schauplatz der wirtschaftlichen Verwertung menschlicher Arbeitskraft. Der Betrieb als Glied der Unternehmung unterliegt deren Rechtswillen. Über der Betriebsleitung steht die Unternehmungsleitung. Das Betriebsrecht regelt die Rechtsverhältnisse zur Belegschaft (Einstellung, Beschäftigung, Entlohnung, Kündigung), zu Kunden und Lieferanten (Auftrag, Lieferung, Bezahlung), zu Agenten, Kommissionären (Maklern, Vertretern, Inkasso-Bevollmächtigten) neben den sonstigen Rechtsbeziehungen wie im Bank-, Speditions- und Versicherungsgeschäft. Hier hat

---

[12] Adolf Weber, Geld und Kredit, Banken und Börsen, 7. Aufl. Heidelberg 1959, Vorwort; ders., Stand und Aufgaben der Volkswirtschaftslehre in der Gegenwart, erweiterter Vortrag an der Technischen Universität Berlin am 17. 11. 1955 (Berlin 1956).

das Betriebsrecht die Individualität des Auftraggebers, Einlegers, Arbeitnehmers, Versicherungsnehmers zu respektieren, jeder Arbeiter hat Anspruch auf Abrechnung und Auszahlung seines Arbeitsverdienstes, jeder Sparer und Depotkunde, jeder Versicherte in der Lebens- und Sachversicherung erwartet die Einhaltung und Erfüllung des mit ihm geschlossenen Individual-, Kontokorrent-, Spar-, Depot-, Versicherungsvertrages.

Die politischen Wissenschaften, mit den Rechtswissenschaften am engsten verwandt und von ihnen am entschiedensten abgelehnt, gewinnen ein immer engeres Verhältnis zur Betriebswirtschaftslehre. Folgt man auch hier der Unterscheidung von Markt, Unternehmung und Betrieb, so erfüllt die Marktordnung einen erheblichen Teil dessen, was in der politischen Wissenschaft als Ordnung des politischen Lebens und Gemeinwesens verstanden wird. Die politischen Körperschaften von Bund, Ländern und Gemeinden sind die wichtigsten Träger politischer Ordnung. Die Struktur der Bundesrepublik als Bundesstaat mit wirtschaftlich ungleich stärkeren Gliedstaaten verschiedenartiger Wirtschaftsstruktur auf engstem Raum, birgt zahlreiche Spannungsmomente und bietet immer wieder neue Reibungsflächen wie auf dem Gebiet der Finanz-, Kultur- und Verkehrspolitik. Die jüngsten Auseinandersetzungen über die Regierungsvorlage zur Neufassung des Kreditwesengesetzes (vom 5. 12. 1934 in der Fassung vom 25. 9. 1938), vorgelegt im Mai 1959, läßt erkennen, daß kein leichter Ausweg aus der Kontroverse über die angestrebte Bundesbankenaufsicht und die bisherige Landesbankenaufsicht gangbar scheint. Das föderalistische Prinzip, welches der provisorischen Bonner Bundesverfassung von 1949 zugrunde liegt, hat sich schnell abgenützt und in seiner überspitzten Anwendung im Kulturbereich und in anderen Verwaltungsbereichen als schädlich erwiesen. Der Streit um das zweite Fernsehprogramm ist dafür ebenso aufschlußreich wie das Tauziehen um die Kulturpolitik von Bund und Ländern und die Bereitstellung von Etatmitteln für die Forschung. Noch im Oktober 1959 hat das Bundesinnenministerium die Ergebnislosigkeit aller bisherigen Konferenzen der Kultusminister der Länder und der Rektoren der westdeutschen Hochschulen festgestellt. Dabei beträgt nach der Kopfzahl der Anteil der Studierenden an der Gesamtbevölkerung in der Sowjetunion mehr als das Doppelte desjenigen in den USA und in Westdeutschland erheblich weniger. Über die Qualität der sowjetischen wissenschaftlichen Ausbildung ist ebensowenig zu streiten wie über den Zugang, Eifer und die Auslese.

Die politischen Wissenschaften, gesehen unter dem Aspekt des Marktes, führen über die Landesgrenzen hinaus zu internationalen Gebilden, Verflechtungen und Verpflichtungen. Das militärische Bündnis der Nato zieht solche Verpflichtungen für die Bundesrepublik nach sich. Die wirtschaftlichen Abmachungen des EWG-Vertrages vom Januar 1958 mit den übrigen fünf Vertragspartnern sehen Etappen des Gemeinsamen Marktes vor, die bisher in kürzerem Zeitraum zurückgelegt wurden, und die offenen Probleme der Agrar-, Verkehrs- und Industriepolitik, der Kredit- und Versicherungswirtschaft um so näher rücken. Das Verhältnis der 6 EWG-Länder zu den 7 EFTA-Ländern ist seit Jahren und Monaten das ständige Gespräch der westeuropäischen Politiker. Die 1952 als Hilfsorganisation zur Erleichterung westeuropäischer Zahlungen geschaffene Europäische Zahlungsunion (EZU) beendete 1958 ihre Tätigkeit und fand unter Ausweitung der bis dahin geschaffenen Europäischen Wirtschaftsorganisation (OEEC) eine Umbildung in der OECD, die unter Einbeziehung der USA und Kanadas Pläne zur Verminderung oder wenigstens Überwindung von Konjunkturrückschlägen durch Bildung gemeinsamer Konjunkturreserven verfolgt[13].

Die politischen Wissenschaften wirken da mit, wo es um die Idee der Freiheit, die soziale Verpflichtung des Unternehmers, seine politische Aktivierung, sein Verhältnis zur Belegschaft (Mitbestimmung, Mitbeteiligung, Eigentumsstreuung, Belegschaftsaktien) geht. Der Unternehmer von heute wird durch die Verbände belehrt und unterrichtet, die ihrerseits den Kontakt zur Gesetzgebung und Verwaltung suchen, sei es in der erwünschten Form der sachlichen Beratung und Vorbereitung, sei es in der unerwünschten Form der pressure groups und der lobby oder auch in der Form der Zusammenarbeit und gemeinsamen Stellungnahme, wie es die Bundesverbände der Industrie, Banken, Versicherungen in ihrer Stellung zur Aktienrechtsreform (1959) erreicht haben. Erinnert man sich an die jahrelange heftige und hitzige „Kartelldebatte" (Name eines Publizitätsorganes) und die nicht immer glimpflichen Attacken gegen die prominentesten Vertreter der Wettbewerbswirtschaft wie Ludwig Erhard, Wilhelm Röpke, Franz Böhm, so ist mit diesen Hinweisen auf das Kampfobjekt und die Kampftruppen auch der politische Akzent gesetzt, und gerade hier war es ein ungewöhnlich kräftiger Akzent.

Die politischen Wissenschaften finden im Betrieb den Menschen in verschiedenster Zusammenfassung und Gruppierung nach Alter, Beruf, Geschlecht und Vorbildung. Sie treffen auf die Probleme der Mitbestimmung, der gewerkschaftlichen Organisation, der Vertrauensperson und Betriebsräte, der Unterwanderung durch verbotene politische Parteien und ihre Tarnorganisationen. Sie interessieren sich für das Problem der politischen Bildung und Reife, welches nicht nebensächlich mit den betrieblichen Einrichtungen zur Ausbildung, Fortbildung und Erwachsenenbildung im Betrieb einhergeht. Die Demokratie erwartet von dem Mit-

---

[13] Vgl. Reinhold Henzler, Die Marktunion — eine betriebswirtschaftliche Wende, Köln 1958; vgl. A. Müller-Armack, Vorschläge für eine übereuropäische Konjunkturstabilisierung, 1958 f.

bürger ein politisches Verhalten, das man als Wohlverhalten (W. Flume) bezeichnen kann, vor allem, wo das Gegenteil eines solchen Verhaltens nicht eindeutig oder nachweislich die geltenden Bestimmungen des Strafgesetzbuches berührt, wie dies in solchen Angelegenheiten der Fall sein kann, die an Bestechung, Landesverrat, Verschwörung, Erpressung grenzen. Wenn man an die zahlreichen Äußerungen eines Vertreters dieser politischen Wissenschaften, des Tübinger Professors Th. Eschenburg, an seine Rektoratsrede zu Beginn des WS 1960/61, an seine Presseäußerungen und Fernseh- sowie Rundfunkkommentare zur Frage der politischen Parteien, ihrer finanziellen Unterstützung aus Steuermitteln, zur Frage des 2. Fernsehprogramms, der Außenpolitik, des Kanzlernachfolgers, der Verbände und ihrer Einflußnahme auf die Gesetzgebung hinweist, ist leicht ersichtlich, welch engen Zusammenhang gerade die politischen Wissenschaften mit dem Betrieb haben. Ein Teil ihrer Fragestellung entspricht den im angelsächsischen Ausland von den Political Sciences verfolgten Problemen, wie es etwa in den USA der Kampf um die politische und wirtschaftliche Freiheit, der Kampf gegen die Monopolbestrebungen der Großindustrie, gegen die Korruption in der Privatwirtschaft, im politischen Leben, in den Gewerkschaftsorganisationen ist (Hoffa).

Schließlich gehört die Psychologie zu den Nachbarwissenschaften der Betriebswirtschaftslehre. Die Marktpsychologie befaßt sich mit dem Behauptungswillen, Macht- und Erfolgsstreben, dem Prestige der Unternehmung und ihrer Verbände. Dazu gehört das Ansehen einer Firma, der Ruf ihrer Fabrikate, ihre Tradition über Jahrzehnte und Jahrhunderte hinweg. Die Unternehmungen bedienen sich bewußt der Massenpsychologie (Le Bon, Ortega y Gasset) zur Sicherung und Stärkung ihres Einflusses im Bereich der Beziehungspflege (Public Relations), der Werbefeldzüge und der Anwendung und Kombination einzelner Werbemittel.

Die Unternehmungspsychologie betrifft die Probleme der Führung, bei privaten Unternehmungen auch der Kontinuität der Besitzerfamilien, im übrigen vor allem die Probleme der Durchsetzung rationaler Unternehmungsziele und der Anwendung geeigneter Methoden der Organisation, Marktanalyse, Massenbeobachtung, Meinungsforschung und Meinungsbefragung. Im sozialen Zeitalter gilt nicht mehr der nackte Erfolg und das rücksichtslose Gewinnstreben[14]. Die Unternehmungen sind bemüht, ihre soziale Verantwortung unter Beweis zu stellen, nach außen durch Betonung der nationalen Solidarität, der gemeinsamen Verantwortung gegenüber wirtschaftlichen Schwankungen, durch Zurückhaltung im Aufschwung und gemeinsame Initiative zur Überwindung von Rückschlägen, nach innen durch Einrichtungen und Maßnahmen der betrieblichen Sozial-

[14] „To be rich and nothing else, is nowadays a disgrace" (Will Rogers, New York Times, 1929).

politik[15]. Die Begriffe der Selbstkontrolle wie sie etwa in der Filmindustrie oder in den Programmen der Rundfunkanstalten vorkommen, die Begriffe des freiwilligen Selbstverzichts wie sie in der amerikanischen Bankwirtschaft versucht worden sind (Voluntary Credit Restraint) sind Ausdruck solcher Bemühungen.

Ein entscheidendes psychologisches Moment innerhalb der Unternehmungswirtschaft ist das Verhältnis von Führung und Gefolgschaft unter den Unternehmungen und die Nachahmung. Hierauf hat vor Jahrzehnten Götz Briefs eingehend hingewiesen. Der gleiche Zusammenhang tritt bei den Übertretungen der Gesetze zum Schutz des Wettbewerbs in zahlreichen, oftmals knifflig ausgedachten Formen und Verkleidungen auf, um dadurch die Verletzung gesetzlicher Bestimmungen zu vermeiden. Die Unternehmerpsyche ist in der Zeit der sozialen Marktwirtschaft stärker umstritten als nach dem 1. Weltkrieg, wo sie bereits einer äußerst strengen und überwiegend negativen Kritik ausgesetzt war[15]. Die Betriebspsychologie befaßt sich mit Zuständen und Abläufen im Betrieb, mit den Betriebsangehörigen als Individuen und als Zugehörige bestimmter Arbeitsgruppen. Sie untersucht die psychischen Umwelteinflüsse, die äußeren Arbeitsbedingungen, die Einwirkungen der Arbeitshandlung auf das Seelenleben; sie unternimmt die Beratung der Unternehmungsführung bei Auswahl und Einstellung von Arbeitskräften, entwickelt Beobachtungs- und Untersuchungsverfahren und Kurzverfahren (Tests) zur Beurteilung allgemeiner Eigenschaften, die für bestimmte Arbeiten und Berufe von Bedeutung sind[16]. Das sog. Betriebsklima wird nach psychologischen Erkenntnissen untersucht, um Spannungen und Reibungen zu vermeiden, die Arbeitsfreude zu heben und den Arbeitsertrag zu steigern, wie dies in amerikanischen empirischen Untersuchungen erreicht werden konnte (E. Mayo, Röthlisberger). Das Betriebsklima soll eine gewisse Neutralisierung durch Herabsetzung solcher Reibungen erfahren und doch die menschliche Wärme nicht entbehren (Humanisierung der Betriebsarbeit). Zur Neutralisierung dienen die Maßnahmen der Stellenbesetzung, der Dienststellenplan, die objektiven Einrichtungen betrieblichen Vorschlagswesens, die man auch mitunter als innerbetriebliche Werbung bezeichnet.

Träger solcher psychologischen Empfehlungen und Maßnahmen sind vielfach Betriebspsychologen, die als freiberufliche Berater selbständig tätig sind oder großen Unternehmungsberaterfirmen angehören. Die Neu-

[15] Vgl. die Äußerungen von J. M. Keynes in seinem Werk „Die wirtschaftlichen Folgen des Friedensvertrages", deutsch 1920, zit. bei H. Linhardt „Unternehmertum und Sozialpolitik", S. 7 Vortrag, gehalten am 19. Dezember 1947 vor den Vereinigten Arbeitgeberverbänden von Nordrhein-Westfalen, Düsseldorf.

[16] Vgl. Th. Scharmann, Arbeit und Beruf, Tübingen 1956. A. Dörschel, Arbeit und Beruf in wirtschaftspädagogischer Betrachtung, Freiburg 1960.

tralisierung des Betriebsklimas und die Humanisierung der Betriebsarbeit können nicht um ihrer selbst willen betrieben und verfolgt werden, solche Bestrebungen lassen sich nicht von dem unverzichtbaren Ziel des Gewinnstrebens ablösen[17]. Aber es wäre falsch, zu unterstellen, daß die Unternehmungen sich der Beratung durch den Betriebspsychologen nur bedienen, um ihr Gewinnstreben zu bemänteln oder durch die Salbung mit sozialem Öl glatter und reibungsloser zu machen, ebenso falsch wie die Unterstellung, die Betriebspsychologen würden eine solche Einstellung zwar kennen, aber daran keinen Anstoß nehmen. Objektiv ist die Erkenntnis vor allem seit der Weltwirtschaftskrise (1929/32) in Unternehmerkreisen gewachsen, daß ein gutes Einvernehmen mit der Belegschaft sich auch gut bezahlt macht, aber auch die Ansicht ist im Wachsen begriffen, daß die Pflege der menschlichen Beziehungen im Betrieb, der Human Relations und Industrial Relations an sich und ohne Rücksicht auf das Erfolgskonto einen Aktivposten der Volkswirtschaft darstellt. Kein Wunder, wenn an der Stärkung dieses Aktivpostens die Betriebspsychologie beteiligt ist.

[17] H. Linhardt, Grundlagen der Betriebsorganisation, Essen 1954.

Die deutschen Effektenbörsen in ihrer gegenwärtigen Problemstellung

von

Senatsdirektor Prof. Dr. Dr. *Werner Löffler*, Staatskommissar bei der Berliner Börse

Die Börse hat für den Außenstehenden, selbst für den wirtschaftlich Erfahrenen, manches geheimnisvoll Erscheinende. Aus der zweifellos einwandfreien Definition des Börsenbegriffs als „regelmäßige Veranstaltungen (Märkte), auf denen nach einer fest vereinbarten, vertraglichen Ordnung Handelsgeschäfte in vertretbaren Wirtschaftsgütern abgeschlossen und die Preise regelmäßig amtlich festgestellt werden"[1] oder als „ein Markt für vertretbare Werte"[2] glauben manche am Börsengeschehen Interessierte ein zu wenig farbiges Bild zu erhalten von dem, was an der Börse selbst geschieht. Auch Feststellungen, wie sie Gustav Schmoller als „den Markt aller Märkte" oder „das Gehirn der Volkswirtschaft" trifft[3], trugen zu einer festen Umreißung des Begriffs ebensowenig bei wie die Meinung von Ruhland, daß die Börse „ein Monte Carlo ohne Musik" sei[4], oder die Äußerung von Colin Roß, der hinsichtlich der Börse von einem „Weizenroulette" spricht[5], wobei sich dieser Beurteiler des Börsenlebens insbesondere wohl auf die Verhältnisse der Weizenbörse in Winnipeg/Kanada bezieht.

Es ist deshalb verständlich, daß eine ganze Anzahl von Wissenschaftlern und auch Praktikern in Anerkennung der überragenden Stellung insbesondere der Effektenbörsen für das wirtschaftliche Geschehen Wünsche dahin geäußert hat, daß auch den Außenstehenden und insbesondere dem großen Publikum die Börsenvorgänge durch eine größere Publizität nähergebracht werden sollten. Je mehr das Publikum, insbesondere in der Gegenwart die zahlreichen Sparer, die vielfach ihre Gelder auch in Wertpapieren anlegen, mit dem Wesen der Börse in Berührung kommen, um so mehr verdichten sich die Forderungen nach einer leichteren Einsicht-

---

[1] Behrens: Handwörterbuch der Betriebswirtschaft, III. Auflage, Band I, S. 1195.

[2] Richard Lewinsohn und Franz Pick: Sinn und Unsinn der Börse, S. Fischer-Verlag Berlin 1933.

[3] zitiert nach Adolf Weber: Geld — Bank — Börsen, IV. Auflage, München 1951, S. 291.

[4] Zitat bei Adolf Weber a. a. O., S. 281.

[5] Adolf Weber a. a. O., S. 293.

nahme in die Börsenvorgänge; man wünscht verschiedenfach, wie man sagt, „größere Transparenz" durch Umsatzveröffentlichungen oder gar durch Börsenzwang, also daß die Banken möglichst alle Aufträge in Aktien und festverzinslichen Werten über die Kursmakler der Börse geben, so daß der immer sich erweiternde Kreis der Wertpapierinteressenten viel mehr als bisher von dem Börsenhandel und den Kursgestaltungsgegebenheiten zu erfahren in der Lage ist.

Zu diesen Wünschen muß man sich die gesetzlich gegebenen Bestimmungen und die börsenwirtschaftlichen Vorgänge nach verschiedenen Richtungen hin vor Augen halten. Die Banken besitzen bei Abschluß ihrer Kommissions- und Eigengeschäfte die freie Wahl des anderen Vertragspartners. Die Vertreter der Banken können mit anderen Börsenhändlern an der Börse sowohl Kauf- wie Verkaufsverträge abschließen, aber auch über amtliche Kursmakler Geschäfte zur Durchführung bringen oder auch einen anderen freien Makler, der den Maklerbestimmungen des Handelsgesetzbuches unterliegt, mit der Durchführung von Geschäften beauftragen. Die Vermittlungsmakler haben somit die Aufgabe, im Interesse ihres Kommittenten mit einem Dritten ein Geschäft zustande zu bringen. Es werden aber an der Börse auch sogenannte Propre-Geschäfte abgeschlossen, in denen der Makler als Eigenhändler auftritt und für seine eigene Rechnung Geschäfte macht. Das kann sowohl beim Kauf wie beim Verkauf geschehen insofern, als er aus seinem eigenen Depot Waren abgibt oder solche in sein Eigendepot nimmt. Der Makler hat also die Möglichkeit, auch ohne Inanspruchnahme des amtlichen Kursmaklers im Wertpapiergeschäft tätig zu werden. Der amtliche Kursmakler hinwiederum ist zwar Kaufmann mit eingetragener Firma, hat aber eine Sonderverpflichtung durch staatliche Beauftragung, etwa wie ein Rechtsanwalt als Notar amtliche Funktionen hat, denn über ihn läuft ein erheblicher Teil der Geschäfte in amtlich zugelassenen Papieren, wobei er zugleich die Verpflichtung der amtlichen Kursermittlung für diese Papiere hat.

In der heutigen Zeit tritt der immer wieder geäußerte Wunsch auf, daß die Großbanken mit ihren zahlreichen Depositenkassen nicht mehr in sich kompensieren möchten. Sie sollen also in Zukunft möglichst alle Kauf- oder Verkauforders ihrer Kunden den amtlichen Kursmaklern zuleiten. Ferner, so führt man auch an, sollten, damit das Publikum einen Überblick über den Umfang des Börsengeschehens erhält, die Umsätze bei den amtlichen Kursmaklern öffentlich bekanntgemacht werden. Dabei wird zugleich teilweise die Forderung aufgestellt, eine Konzentration der Wertpapierumsätze an der Börse durch Schaffung eines Börsenzwanges für alle Aktienwerte mit dem Ziel zustande zu bringen, der Kurswahrheit zu dienen. Andererseits gibt es auch Bestrebungen, die die Börsen als einen echten Markt ohne jeden Börsenzwang, aber immerhin mit großer Publizitätsausstattung sehen wollen, wie es etwa auch vom Bundeswirtschaftsminister Prof. Dr. Erhard in einem Grußwort an die Börsen zum Jahreswechsel angedeutet worden ist, das betont, „daß, je mehr Fakten man kennt, desto leichter es sei, Fehlschlüsse zu vermeiden, und man deshalb prüfen solle, ob nicht auch in Deutschland künftighin die Börsenumsätze zu veröffentlichen seien"[6]. In Verfolg dieser Gedankengänge hat man beispielsweise bei der Rheinisch-Westfälischen Börse eine Meldepflicht an die Aufsichtsbehörde für den Umsatz bestimmter Aktienwerte angeordnet, und die Börsenvorstände in Berlin und Frankfurt haben in ähnlicher Weise Vorschriften erlassen.

Diese Maßnahmen werden aber nicht allseitig als ein zweckvolles Mittel angesehen, das etwa eine Transparenz der Börsenumsätze herbeizuführen geeignet ist. Man weist insbesondere von den Seiten verschiedener Börsenpräsidenten darauf hin, daß doch die Wertpapierbörsen nur einen Teilsektor des gesamten Kapitalmarktes darstellen würden, und daß eine amtliche Publizierung der Börsenumsätze leicht zu Mißverständnissen in der Öffentlichkeit führen würde. Schon Prion habe zur Frage der Umsatzveröffentlichungen sehr skeptisch Stellung genommen und den Aussagewert solcher Veröffentlichungen in seinen Ausführungen bezweifelt[7].

Diejenigen Kreise, die sich für die Umsatzveröffentlichungen einsetzen, behaupten dagegen vielfach, daß die Kompensationsgeschäfte innerhalb und zwischen den Banken die Papiere von dem Handel über die Börse fernhielten und damit einen Einblick in das wirkliche Geschehen des Börsenhandels gar nicht zulassen würden. Die Kompensationen sollten also mangels „echten Handels" über die Börse in Wegfall kommen, weil ihnen die Einflußnahme auf die Kursgestaltung versagt bleibt. Käme man zu einem Börsenzwang unter Vermeidung der Kompensationsgeschäfte, dann würde obendrein bei einer Umsatzveröffentlichung eine ausreichende Transparenz des Effektenmarktes geschaffen werden. Sämtliche Wertpapiere müßten, wenn sie den Eigentümer wechseln, eben über die Börse gehen, um dann auch — wie man meint — einen „echten Kurs" zustande zu bringen. Nur dann würde man sehen, wie stark das Publikum oder auch die Banken sich für die einzelnen Wertpapiere interessieren, und dieses Interesse müßte sich in der Kursgestaltung widerspiegeln. Die Kulisse, das sind Banken und freie Makler als Eigenhändler, würde sich dann auch, schon rein psychologisch gesehen, mit Papieren, die stark gefragt oder stark abgegeben würden, intensiver befassen. Wenn Kreditinstitute aber in sich kompensierten, würden sie sich wie eine Art „Nebenbörse" auswirken, und es würde eine ganze Anzahl von Orders da-

[6] „Börsenzeitung" Nr. 250/1959.

[7] W. Prion: Die Preisbildung an der Wertpapierbörse, II. Auflage, Duncker & Humblot 1929, S. 125.

durch nicht über den amtlichen Kursmakler gehen, die vielleicht sonst den Börsenpreis beeinflussen könnten. Gerade nach dieser Richtung hin mache sich eine Börsenreform durch Änderung des Börsengesetzes notwendig. Das läge auch im Sinne von § 29 Abs. 3 des Börsengesetzes, wonach „als Börsenpreis derjenige Preis festzusetzen ist, welcher der wirklichen Geschäftslage des Verkehrs an der Börse entspricht". Da diese gesetzliche Bestimmung sich nur beziehen kann auf die an der Börse selbst abgeschlossenen Geschäfte, müßten alle anderen Geschäfte unberücksichtigt bleiben, die außerhalb des Börsengeschehens sich etwa ergeben würden. Aus Börsenkreisen wird aber die Meinung vertreten, daß die Kompensations- oder In-Sich-Geschäfte der Banken oder die Selbsteintrittsgegebenheiten der Kommissionäre nach §§ 400 ff. des Handelsgesetzbuches heute auf den Börsenpreis keine Einwirkung haben würden. Dagegen ist von manchen Seiten die Forderung aufgetaucht, daß man die allgemeinen Kommissionärsrechte des Selbsteintritts für Wertpapiere durch Änderung des Handelsgesetzbuches gegebenenfalls beseitigen sollte, um die entsprechenden Geschäfte nur an der Börse abwickeln zu lassen. Wenn man dazu noch eine tägliche Veröffentlichung der Börsenumsätze vornähme, würden sich aller Wahrscheinlichkeit nach die Banken entschließen, einen erheblich größeren Teil ihrer Effektenaufträge über die Börse abzuwickeln. Hierdurch würde dann das anlagesuchende Publikum eine einwandfreie Einsicht in den Wertpapiermarkt erhalten[8].

Wieweit die Kursbekanntgabe sich für die Transparenz der Börse aber wirklich erfolgversprechend auswirken könnte, müßte noch einmal eingehend überprüft werden. Börsenkreise weisen darauf hin, daß die in den Jahren 1947 bis 1949 bei der Münchener Börse im Amtlichen Kursblatt täglich veröffentlichten Börsenumsätze die daran geknüpften Hoffnungen über eine Transparenz nicht erfüllt haben. München hat nämlich dieses Verfahren eingestellt, da es angeblich zu Unzuträglichkeiten führte. Anscheinend haben also die Erkenntniswerte aus der Bekanntgabe der Umsätze nicht mit den sich daraus ergebenden Schwierigkeiten in Einklang gestanden. Wahrscheinlich haben auch die Umsätze selbst zu Beschwerden von Kunden bei den einzelnen Kreditinstituten geführt, vielleicht gerade auch im Hinblick auf die Kompensationen im Wertpapiermarkt[9].

Ähnlich fordert Becker[10] einen „marktgerechten Preis, wobei die Börse nicht nur zu einer Art Einfuhr- und Vorratsstelle, die den Banken überschüssige Waren abnimmt, degradiert werden könnte". Auch Kalveram

---

[8] so Röder und Sauer: „Die deutsche Effektenbörse ist reformbedürftig", in: „Die Welt" vom 27. 1. 1960.

[9] „Industriekurier" vom 19. Januar 1961: „Diskussion um den Börsenzwang".

[10] Becker: „Schleier über den deutschen Börsen", in: „Welt der Arbeit" Nr. 50 vom 11. Dezember 1959.

wertet negativ, daß „die Mehrzahl der Effektenumsätze außerhalb der Börse erfolge"[11]. Ähnliche Gedankengänge werden von Schlegelberger[12] und Adolf Weber[13] geäußert.

Demgegenüber wird aber, insbesondere von seiten der Börsenpräsidenten, gefordert, daß von einer amtlichen Publizierung der Börsenumsätze Abstand genommen werden sollte, weil diese zu leicht zu Mißverständnissen in der Öffentlichkeit führen würde. Alle Kundenaufträge könnten nämlich gar nicht zu den Kursmaklern gelangen, eben weil das Selbsteintrittsrecht der Banken nicht ausgeschlossen worden wäre und diese also auf ihren eigenen Vorrat zum festgestellten Tageskurs Wertpapiere abzugeben berechtigt seien. Das widerspräche auch nicht den Bestimmungen des Börsengesetzes, denn schon beim Erlaß desselben sei das Usus und den einschlägigen Gesetzgebern bekannt gewesen. Im übrigen aber sei das Kommissionsgeschäft der Banken ein echtes Bankgeschäft, wobei sich die Banken eben gerade nach dem amtlich festgesetzten Kurs richten müßten. Jeder an der Börse zugelassene Börsenbesucher aber beteilige sich aktiv handelnd am Börsengeschäft und trüge so zur Kursgestaltung und Förderung des Effektenumsatzes bei, so daß bei Angebot und Nachfrage an der Börse eine einwandfreie Kursgestaltung an sich schon stattfinde, ohne daß etwa alle Aufträge über die Börse gingen. Mithin hätten die sogenannten Kompensationen überhaupt keinen Einfluß auf die Kursbildung, insbesondere da sie in ihrer Größe ganz bedeutsam überschätzt würden. Nach Feststellungen aus dem privaten Bankgewerbe würden Kompensationen im übrigen in aller Regel nur bei einer kontinuierlichen Börsentendenz durchgeführt werden und nur bei „bestens" oder „billigst" erteilten Aufträgen. Limitierte Aufträge könnten sowieso kaum kompensiert werden, sondern müßten über die amtlichen Kursmakler gehen, wobei geschätzt würde, daß die Kompensationen im allgemeinen unter 10 % des Gesamtordervolumens lägen.

Entsprechende Feststellungen sind von den großen Spar- und Giro-Organisationen vorgenommen worden, wobei zum Teil noch geringere Prozentsätze von Kompensationsgeschäften im Rahmen des Gesamtwertpapiergeschäftes genannt worden sind. Auch von den Öffentlich-Rechtlichen Kreditanstalten wird dies bestätigt. Besonders betont wird aber von den Gegnern einer nach dieser Richtung hin zielenden Reform, daß das Gesamtvolumen der einzelnen Wertpapierkäufe und -verkäufe für die Kursbildung gar nicht ausschlaggebend sein könne. Der Kurs gestalte sich nur im Rahmen der Spitzenbeträge, die bei Angebot und Nachfrage übrigbleiben. Allein der Überhang in beiden Fällen sei für die

---

[11] Kalveram: „Die Effektenbörse", in: „Die Bank" 1952, II. Band, S. 545.
[12] Schlegelberger: Handelsgesetzbuch, 1956, S. 1148 ff.
[13] Adolf Weber: „Geld, Bank, Börsen", 1948, S. 324 ff.

Kursbildung maßgeblich. Im übrigen müsse man, schon um durch zufällige Angebote oder Nachfragen nicht sprunghafte Kurse von einem Tag zum anderen zu erhalten, Deckungsgeschäfte innerhalb der beauftragten Bank selbst oder durch Kompensation ohne die Inanspruchnahme der amtlichen Kursmakler durchführen, gerade weil sonst zu leicht Beunruhigungen unberechtigter Art am Markte eintreten und diese eine für den Kunden ungünstige Kursbeeinflussung herbeiführen könnten. Eine uneingeschränkte Weiterleitung aller Kundenaufträge sei für die Wertpapierinteressenten alles andere als interessewahrend. Wenn im übrigen bei Börsengeschäften eine Repartierung erforderlich wird, sei für eine Kompensation sowieso kein Raum, weil die Kreditinstitute auch für die bei ihnen vorliegenden Kundenaufträge nur zu dem bei der Kursfeststellung errechneten Repartierungssatz die Orders erfüllen könnten.

Im übrigen müsse man, so meinen insbesondere die Börsenvorstände, sich davor hüten zu glauben, daß der Kurs irgendwie anders gestaltet werden könnte als durch rein rechnerische Gegebenheiten. Es sei nämlich gleichgültig, in welcher Handelsstufe die sich gegenseitig entsprechenden Orders zum Ausgleich gebracht werden, ob das nämlich schon im Rahmen der Kreditinstitute oder erst beim Kursmakler erfolge, denn auch für ihn seien nur die nicht gedeckten Spitzen bei der Kursermittlung von Wichtigkeit. Für sie müsse er einen Ausgleich suchen, und die Spitze mache somit eben dann den Kurs. Es werden bei solchen Begründungen mehrfach wegen der Allgemeinverständlichkeit sehr vereinfachte Beispiele gebracht, wie etwa folgendes: Eine Bank hat an einem Tage nominal 10 000 DM eines bestimmten Papieres zu kaufen und 10 300 DM des gleichen Wertes zu verkaufen. Die Bank könnte nun einmal in sich die 10 000 DM kompensieren und dem Kursmakler die überschießenden 300 DM als Verkaufsorder aufgeben, wofür der Kursmakler dann Deckung zu suchen hätte. Der Preis, zu dem ein Dritter diese 300 DM aufzunehmen bereit ist, bildet den Kurs. Oder die Bank gäbe ihren gesamten Auftragsbestand dem Kursmakler auf, und der täte das gleiche, was die Bank auch gemacht hätte, nämlich hinsichtlich der 10 000 DM eine „Glattstellung" vorzunehmen und für die 300 DM einen Abnehmer zu suchen, bei dem er die überschießenden 300 DM unterbringen kann, woraus sich dann ebenfalls der Kurs ergäbe. Also die Echtheit des Kurses sei durch die Kompensationsgeschäfte gar nicht beeinflußt. Das oft angeführte Interesse der Kulisse aber träte dabei gar nicht in Erscheinung, denn die Geschäfte über die Kursmakler, die zum Stillschweigen verpflichtet seien, würden anderen Börsenbesuchern außer den nach dieser Richtung hin Angesprochenen gar nicht bekannt werden.

Auch gegen die Umsatzveröffentlichungen bestehen in vielen Börsenkreisen weitgehende Bedenken. Sie beruhen einmal darauf, daß der sogenannte Pakethandel, also der Handel mit größeren Aktienbeträgen, im allgemeinen gar nicht über die Börse geht, wobei auch eine Definition des Begriffes „Pakethandel“ insofern schwierig ist, als sie nur den Handel mit größeren Aktienbeträgen der gleichen Gesellschaft umreißt. So wird beim Pakethandel der Preis der Wertpapiere im allgemeinen gar nicht unbedingt nach dem Kurswert am Tage der Übergabe des Aktienpaketes maßgeblich sein. Die Interessen derjenigen, die den Pakethandel durchführen, sind zum Teil ganz andere als etwa reine Kursfragen. Es spielen dabei Beteiligungs- und Beeinflussungswünsche oder die Absicht, bilanzmäßig bedingte Disponierungen unter Konzerngesellschaften vorzunehmen, eine oftmals viel wichtigere Rolle als etwa der Austausch zu irgendeinem gerade günstigen Kurs. Dieser Pakethandel müßte also schon bei Umsatzveröffentlichungen wegfallen und auch bei etwaiger Erfüllung von Wünschen des Börsenzwanges ausgeschieden werden. Ähnlich ist es mit dem Handel, den Privatpersonen untereinander selbst vornehmen. Auch dieser könnte, wenn auch geringfügig, gar nicht dem Börsenzwang und damit einer Veröffentlichungsnotwendigkeit unterstellt werden, denn niemand kann einen anderen hindern, daß er von Hand zu Hand seine Wertpapiere verkauft.

Auch die Eigenhändler würden, insbesondere beim vor- oder nachbörslichen Handel, ihre Umsätze kaum melden können. Im übrigen sollte man nur dann Vorschriften bringen, wenn deren Einhaltung kontrollierungsmöglich ist. Das würde aber bei diesen geforderten Meldungen kaum in Frage kommen. Man hat eine entsprechende Erfahrung in der Schweiz gemacht. Dort hat man bestimmt, daß monatlich seitens aller in einem bestimmten Kanton niedergelassenen und für den Wertschriftenhandel konzessionierten Banken und Firmen mittels Eintragung ins Stempelregister solche Geschäfte zu melden seien, die an der Börse getätigt worden sind, die außerbörslich vorgenommen wurden, und die im Ausland für Schweizer Rechnung an Börsen durchgeführt wurden. Weiterhin hat man in den Umsatzzahlen insbesondere auch Gratisaktien, Anleihe-Emissionen und Reports feststellen wollen. Man hat aber infolge der Technik, die dabei angewandt worden ist, erkennen müssen, daß die angegebenen Zahlen über die absolute Höhe der Umsätze nicht aussagefähig waren, und daß der der dortigen Börse zugeschriebene Umsatz von der Wirklichkeit abwich[14].

Nun behaupten die Vertreter der Meinung, daß eine größere Transparenz der Börsengeschäfte nötig sei, man brauche zu diesem Zweck in Deutschland nur die Umsatzveröffentlichung mit einem weitgehenden Börsenzwang zu koppeln, denn lediglich eine Umsatzmeldung ohne Bör-

[14] „Börsensplitter“, Zürich: „Umsätze, die keine sind.“ (betr. Umsätze des Jahres 1959).

senzwang würde die gewünschte Transparenz nicht herbeiführen können. Die Umsatzmeldung selbst hätte nämlich sonst zu wenig Aussagekraft. Eine Zentralisierung der Effektenumsätze in den Börsensälen aber würde, schon von der Börse selbst aus, eine jeweilige Veröffentlichung in den Kurszetteln der Börsen ermöglichen.

Demgegenüber erklären die Gegner solcher Gedankengänge, daß der Börsenzwang, wie schon nach der Verordnung vom 13. 10. 1941, die in der nationalsozialistischen Zeit einen solchen Börsenzwang vorsah, nach und nach zu einer Verödung des Wertpapiermarktes führen müsse. Eine Umsatzmeldung als solche käme für die Veröffentlichung im Kursblatt der Börse schon rein technisch zu spät, denn die Kurse müssen schnellstens nach Börsenschluß der Druckerei übergeben und eiligst herausgegeben werden.

Es fragt sich, ob nicht auch das Arbitragegeschäft unter einer solchen Maßnahme leiden müßte. Gerade aber diese dauernde telefonische oder durch Fernschreiber bestehende Verbindung zu und zwischen den anderen Börsen während der Börsenzeit ermögliche eine enge geschäftliche Verbindung zu den einzelnen Börsenplätzen, wobei der betreffende Börsenbesucher mit demjenigen der anderen Börse durch telefonische Geschäftsabmachung in bestimmten Wertpapieren zum günstigsten Kurs Ein- und Verkaufsmöglichkeiten wahrnimmt.

Bei einer Monopolisierung der Umsätze bei den Kursmaklern würde ferner besonders auch der Auslandsmarkt dabei gar nicht berücksichtigt werden können. Das zum Teil vor- oder nachbörsliche Auslandsgeschäft wäre dann nämlich kaum mehr in das Börsengeschehen einzubeziehen. Bei Einführung des Börsenzwanges sei der Kunde von amtlichen Papieren noch dadurch benachteiligt gegenüber demjenigen, der in Freiverkehrswerten Geschäfte macht, als bei letzteren ein solcher Börsenzwang nicht vorliege und er aus diesem Grunde viel freier in der Gestaltung seiner Geschäfte wäre. Im übrigen widerspräche der Börsenzwang auch der deutschen Wirtschaftsordnung, denn freier Wettbewerb zu günstigsten Kundenbedingungen und Preisen sei nun einmal das Wesen der deutschen Wirtschaftsgesetzgebung, während Börsenzwang planwirtschaftliche Prinzipien verfolge. Dabei dürfe man auch nicht die Manipulierungsmöglichkeiten auf dem Börsenmarkt übersehen, die dann bei derartiger zwangsweiser Erfassung von Angebot und Nachfrage, gegebenenfalls in Form der Marktbeeinflussung, möglich wäre. Man erinnert sich bei diesem Hinweis zweifellos der Auswirkungen des vorgenannten, in Deutschland 1941 eingeführten Börsenzwanges, der die freien Geldmittel von den Aktienmärkten abzog zwecks Anlage in gebundenen öffentlichen Werten, die planwirtschaftlichen Staatszwecken dienten. Ein Konzentrationszwang würde im übrigen einer sich in der Gegenwart immer mehr anbahnenden internationalen Verflechtung des Kapital- und Wertpapiermarktes entgegenstehen, schon deshalb, weil solche Auslandsgeschäfte im Direktgeschäft zwischen ausländischen und deutschen Kreditinstituten stattfinden würden. Bei den ausländischen Börsen, bei denen ein Börsenzwang mehr oder minder bestehe, machen sich bereits jetzt sehr starke Meinungen für die Lockerung beziehungsweise Auflösung eines solchen Börsenzwanges geltend.

Um diese Fragen, die in Deutschland gerade in den letzten Jahren immer wieder aufgetaucht sind, zu klären und dem Bundeswirtschaftsministerium entsprechende Forschungsergebnisse vorlegen zu können, ist von den Börsenaufsichtsbehörden eine „Arbeitsgruppe Wertpapierbörsen" ins Leben gerufen worden, die in mehrfachen Sitzungen die einzelnen einschlägigen Gegebenheiten überprüft hat. Sie hat sich dabei auch mit den verschiedensten Interessentengruppen, so mit der „Arbeitsgemeinschaft deutscher Wertpapierbörsen", mit einzelnen Maklerkammern sowie mit den Präsidenten und Geschäftsführern der verschiedenen Wertpapierbörsen in Verbindung gesetzt und eingehend die Probleme erörtert, um sie dann nach Abschluß der Beratungen dem Bundeswirtschaftsministerium, das zu den Besprechungen auch eine Vertretung entsandt hatte, zu unterbreiten.

Wenn das Wertpapier auch in Deutschland noch nicht eine so starke Popularisierung erhalten hat wie in USA, so haben doch die Bestrebungen der Bundesregierung auf weitgehende Streuung des Eigentums nach dieser Richtung hin sehr wesentliche Erfolge erzielt. Dazu kommt, daß die Investment-Organisationen ein sehr breites Publikum gefunden haben, da das Risiko, das mit dem Wertpapier nun einmal verbunden ist, dort durch internen Ausgleich dem Anleger in weitem Maße genommen wird. Aber gerade die Investment-Wertpapiergeschäfte haben in den letzten Jahren eben zweifellos auch mit zu Kurssteigerungen an den deutschen Börsen geführt. Es ist gerade durch alle diese Vorgänge verständlich, daß Fragen über die Kursbildung und die Umsätze an der Börse heute viel mehr Interesse in der Allgemeinheit erwecken als etwa vor mehreren Jahrzehnten. Je mehr seitens der Börsen selbst für Veröffentlichungen von Börsenvorgängen generell und im einzelnen Sorge getragen werden könnte, um so mehr werden, so wie nunmehr die Aktien volkstümlicher wurden, auch die Börse und ihr Geschehen volkstümlicher werden können. Es wäre zweifellos eine nicht zuletzt der Börse selbst dienende Maßnahme, wenn man das Börsengeschehen nicht nur zum geistigen Eigentum relativ weniger, zugelassener Börsenbesucher machen würde, sondern auch den Wertpapierinteressenten allgemein nahebrächte, wodurch das Vertrauen zur Börse und das Verständnis für börsenmäßige Vorgänge sicherlich erweitert würde.

Die vorstehenden Erörterungen der genannten „Arbeitsgruppe Wertpapierbörsen" werden bei Erwägungen über eventuelle Änderungen des Börsengesetzes oder von Börsenordnungen zweifellos als vielseitiges Material dienen können.

Das Börsengesetz selbst hat eine Definition des Begriffes „Börse" im Rechtssinne vermieden. Die Börsen-Enquete-Kommission von 1893 hat in ihrem Bericht an die Reichsregierung über die wirtschaftliche Bedeutung der Börse jedoch ausgeführt[15], daß die Börse dem betriebswirtschaftlichen Bedürfnis der Kaufleute entsprungen sei, die zur Erleichterung ihrer Handelsgeschäfte sich versammeln, daß aber die Börse längst über diesen Kreis der privatwirtschaftlichen Interessen des kaufmännischen Verkehrs hinausgewachsen und zu einem wichtigen Faktor der Volks- und Staatswirtschaft geworden sei; daß im übrigen die Effektenbörse einen notwendigen Markt für die zahlreichen mobilen Kapitalwerte darstelle, welche eine stetig zunehmende Bedeutung für das wirtschaftliche Leben der Nation erlangt hätten. Nur die Börse gewähre die Möglichkeit, die Aktien von Tausenden von Unternehmen mit verhältnismäßig geringen Kosten umzusetzen, und sie vermittle zwischen den kapitalbedürftigen Staaten, Gemeinden und Unternehmen einerseits und dem Kapital, welches Anlage suche, andererseits. Sie regele also die Kredit-, Geld- und Zahlungsverhältnisse im Staate selbst sowie der Staaten untereinander. Im übrigen erleichtere die Börse den Ausgleich nationaler und internationaler Zahlungsverbindlichkeiten, wobei dann die Ausführungen der Enquete-Kommission sich auch auf Zahlungsmittel, Wechsel und Wertpapiere beziehen.

Auch heute noch kann man den das Börsenwesen umschreibenden Ausführungen der Enquete-Kommission grundsätzlich folgen, die dann auch die Grundlage für das Börsengesetz vom 22. Juni 1896 gewesen sind und später auch auf die endgültige Fassung des Gesetzes vom 27. Mai 1908, wie es jetzt noch in Kraft ist, ausgestrahlt haben. Die Wertpapierbörse ist heute noch ihrer Funktion nach „vermittelnde Kapitalbeschaffungsstelle", wie es Obst einmal ausgedrückt hat[16], und „Kapitalumschlagsstelle"[17]. Will man nach der Richtung irgendwelcher Forderungen das Börsengesetz ändern, dann muß man ferner auch beachten, daß die Bestimmungen des § 29 Abs. 3 des Börsengesetzes gerade aber auch auf den Berichten der Neunten Kommission des ehemaligen Reichstages fußen[18], aus denen hervorgeht, daß die Kurse diejenigen Preise umfassen

---

[15] Drucksache der Börsen-Enquete-Kommission, „Berichte", S. 8

[16] Obst: Geld-, Bank- und Börsenwesen, 33. Auflage, Stuttgart 1951, S. 521.

[17] Oppermann: Börsen- und Wertpapiergeschäfte, Frankfurt/M. und Köln 1957, S. 20.

[18] Stenographische Berichte über die Verhandlungen des Reichstages, 2. Anlage-Band, S. 1451 ff.

sollen, zu welchen tatsächlich Geschäfte abgeschlossen worden sind, wobei solche Geschäfte, die durch besondere Verhältnisse des Käufers oder Verkäufers beeinflußt worden sind, unberücksichtigt bleiben sollen. Also in erster Linie sind die Geschäfte, die eben durch die Vermittlung der vereidigten Makler abgeschlossen wurden, für den Kurs als solchen wesentlich mitbestimmend. Eine Monopolstellung insoweit hat man zwar für die Makler nicht festgestellt, aber die Geschäftslage im Börsensaal ergibt sich doch grundsätzlich aus den Gegebenheiten, die bei den amtlichen Kursmaklern durch Angebot und Nachfrage vorliegen. Das entspricht auch dem § 31 des Börsengesetzes, wonach bei Geschäften in Waren oder Wertpapieren ein Anspruch auf Berücksichtigung bei der amtlichen Feststellung des Börsenpreises nur erhoben werden kann, wenn sie durch die Vermittlung eines Kursmaklers abgeschlossen sind. Allerdings sieht man in dem Paragraphen auch die Berechtigung des Börsenvorstandes beziehungsweise der Maklerkammer, andere Geschäfte mit zu berücksichtigen. Das dürfte aber zweifellos nach herrschender Meinung nur dann gestattet sein, wenn die von den Kursmaklern abgeschlossenen Geschäfte ein richtiges Urteil über die Lage des Marktes nicht gestatten. Es sind somit nicht nur abgeschlossene Geschäfte, sondern auch ein unbefriedigend gebliebenes Angebot oder eine entsprechende Nachfrage, also Geld- und Briefkurse, zu berücksichtigen[19].

Wenn man die Börsenumsätze wegen einer — wie man meint — „besseren Transparenz" des Börsengeschehens veröffentlichen wollte, müßte man, wie das auch wirtschaftsverwaltungsrechtlich unbestreitbar von der „Arbeitsgemeinschaft" festgestellt worden ist, auf Grund von § 4 des Börsengesetzes in die Börsenordnungen der Landesgesetze eine Bestimmung aufnehmen, wonach die festgestellten Kurse und die ihnen zugrunde liegenden Umsätze sofort durch das Amtliche Kursblatt bekanntzugeben wären. Falls sich der gleiche Gedankengang für den geregelten Freiverkehr durchsetzen sollte, müßte im gleichen Maße ein Hinweis auf eine entsprechende Anwendung in der Börsenordnung gegeben werden. Die Landesregierung hätte dann eine entsprechende Ergänzung der Börsenordnung nach den gleichen gesetzlichen Vorschriften zu genehmigen. Im übrigen wäre gegebenenfalls auch eine Änderung von § 29 des Börsengesetzes möglich. Eine Verwaltungsanordnung allein im Erlaßwege würde aber rechtlich als zweifelhaft erscheinen, da eine derartige Maßnahme die Aufsichtsbefugnisse der Börsenaufsichtsbehörden sicherlich überschreiten müßte.

Hinsichtlich der vorbesprochenen Kompensationsgeschäfte, soweit sie das Selbsteintrittsrecht von Maklern und Banken betreffen, würde sich eine Notwendigkeit der Änderung der §§ 400 ff. des Handelsgesetzbuches

---

[19] so auch Meyer-Bremer: „Börsengesetz", Berlin 1957, S. 79.

ergeben. Das würde, wirtschaftsrechtlich gesprochen, aber erstmalig einen Einbruch in das Gesamtprinzip der entsprechenden kommissionsgeschäftlichen Vorschriften bedeuten, indem man eben lediglich bei Wertpapiergeschäften dieses Selbsteintrittsrecht verhinderte. Nachdem die vorliegenden Ergebnisse über die Größe der Selbsteintritts- und In-Sich-Geschäfte bezüglich der Behauptung, daß man den Umfang derselben überschätze, noch nicht widerlegt sind, taucht die Frage auf, ob man eine so wichtige Änderung des Handelsgesetzbuches ohne Nachweis eines wirklich nicht, wie vermutet, großen Volumens der Kompensationsgeschäfte vornehmen sollte. Es wird dabei, rückwärts blickend, verschiedenfach als nicht allenthalben befriedigend bezeichnet, daß die Kompensationssteuer aufgehoben worden ist, weil sie gerade größeren Kreditinstituten als eine Hemmung diente, das Kompensationsgeschäft allzu sehr auszuweiten.

Das in der Gegenwart aber auch schon von den gesetzgebenden Körperschaften die Frage eventueller Börsenreformen interessiert beobachtet wird, geht aus Beratungen des Finanzausschusses des Bundestages in seiner 68. Sitzung am 20. Oktober 1960 hervor, in der der Wunsch laut wurde, möglichst viele Umsätze über die Börse laufen zu lassen, wobei sich der Ausschuß auch mit der Frage der Markttransparenz beschäftigt hat. Es besteht somit die Möglichkeit, daß der kommende Bundestag sich auch mit diesen Fragen, vielleicht gerade auf Grund der Ergebnisse der „Arbeitsgruppe Wertpapierbörsen", abgeben wird. Er wird dabei eventuelle gesetzliche Notwendigkeiten, gerade hinsichtlich Transparenz und Börsenzwang, zu überprüfen haben, wobei allerdings dabei zu hoffen steht, daß man neben dem Ziele erwünschter Transparenz sich auch die negativen Ergebnisse früheren Börsenzwanges in den parlamentarischen Gremien abwägend vor Augen führt.

Den deutschen Wertpapierbörsen stehen gewiß auch noch andere Probleme, die behandlungsinteressant sind, in nächster oder weiterer Zukunft bevor. Es sei nur an die eventuelle Wiedereinführung von Termingeschäften oder an eine Vereinheitlichung der Börsenpraxis im Rahmen der EWG-Staaten und an eine Übereinkunft hinsichtlich international interessierender Usancen erinnert. Ob und inwieweit der Gesetzgeber dabei auch die Beratung derjenigen Fragen, die, wie vorgeschildert, von manchen Kreisen als besonders gegenwartsinteressierend bezeichnet werden, alsbald ins Auge faßt und dabei vielleicht Modifizierungen in den gesetzlichen Vorschriften beschließt, wird sich dann aus der zu erwartenden Diskussion im parlamentarischen Rahmen ergeben.

Betriebswirtschaftliche Probleme der Kapitalerhaltung

von

Prof. Dr. *Hans Münstermann*, Köln

I. Zur Wahl des Themas

Drei Gründe veranlassen die folgende Erörterung betriebswirtschaftlicher Probleme der Kapitalerhaltung.

Zunächst ist es die uneingeschränkte Bedeutung dieses immanenten Postulats der Betriebswirtschaftslehre. Es betrifft alle Betriebe, das heißt jeden privaten und öffentlichen Produktionsbetrieb im weitesten Sinne sowie jeden privaten und öffentlichen Haushaltsbetrieb. Somit berührt die Kapitalerhaltung jedermann; denn wenigstens einem Betrieb gehört jeder an, und jeder kann Eigner eines zumindest Einmannhaushaltsbetriebes sein. Ferner hebt *Erich Gutenberg* mit Recht hervor: „Ich stehe nicht an, zu erklären, daß nach meinem Dafürhalten die Betriebswirtschaftslehre an dem Problem der Eliminierung von Geldwertschwankungen aus Bilanz, Kostenrechnung, Preispolitik und, wie ich hinzufügen möchte, an dem Versuch, die betrieblichen Führungs- und Kontrollinstrumente technisch zu verfeinern und auszugestalten, zu sich selbst als Wissenschaft gefunden hat. Ein neuer Abschnitt betriebswirtschaftlichen Denkens begann. Das Objekt, das es zu durchdenken und zu durchforschen galt, lohnte größten Einsatz"[1].

An zweiter Stelle sind es die gegenwärtig verhältnismäßig starken Preisschwankungen vieler Sachgüter und Dienstleistungen sowie die technischen Fortschritte, die die Kapitalerhaltung erschweren oder gar gefährden. Hierdurch erhalten deren Probleme eine besonders aktuelle Bedeutung.

Was die Preisschwankungen angeht, so läßt sich seit Jahrhunderten in sehr vielen Ländern ein steigender Trend des Preisniveaus beobachten. So hat beispielsweise der Wert selbst des Schweizer Franken als eines Repräsentanten besonders harter Währungen seit der letzten Jahrhundertwende jährlich um volle zwei Prozent abgenommen[2].

---

[1] Gutenberg, Erich: Betriebswirtschaftslehre als Wissenschaft, Kölner Universitätsreden 18, Krefeld 1957, S. 15.

[2] Vgl. Käfer, Karl: Zukunftsaufgaben des betriebswirtschaftlichen Rechnungswesens, in: Mitteilungen aus dem Handelswissenschaftlichen Seminar der Universität Zürich, Heft 113, Zürich 1961, S. 43.

Diese Preissteigerung verläuft allerdings nicht geradlinig, sondern in Wellenbewegungen. Darüber hinaus weichen die Preise der einzelnen Güter von der Entwicklung des Preisniveaus oft beträchtlich und vielfach in verschiedenem Maße ab. So sind beispielsweise die Kohlenpreise in der Bundesrepublik Deutschland seit der Währungsreform im Jahre 1948 besonders stark gestiegen wie die Preise für die Tonne Mager-Steinkohle Nuß III ab Zeche im Ruhrrevier vom Jahre 1948 bis Ende Februar 1961 kontinuierlich von 36,42 DM auf 96,50 DM, also um rund 165 vom Hundert[3]. Beispiele für relativ stabile Preise geben Erzeugnisse der chemischen Industrie, etwa kalzinierte leichte Soda 98/100% mit einem Erzeugerpreis ab Februar 1957 von 16,— DM je 100 kg bis Ende Februar 1961[4]. Die Industrie weist indes auch Beispiele für fallende Preise auf, wie beim Hüttenreinaluminium, dessen Erzeugerpreise bei geringen Oszillationen seit dem Jahre 1952 von 231,50 DM bis Ende Februar 1961 auf 216,— DM sanken[5].

Die meisten Güter, insbesondere landwirtschaftliche Erzeugnisse fluktuieren in ihren Preisen. In den letzten Jahren unterlag Hallertauer Hopfen besonders extremen Schwankungen. Die Preise für je 100 kg stürzten ab 1957 bis September 1959 um rund 88 vom Hundert von 2377,— DM auf 281,— DM, stiegen dann auf 600,— DM im Januar 1960. Nach Presseberichten ist der Hopfenmarkt unter einem neuen Preisrutsch (340,— DM je Doppelzentner) völlig zusammengebrochen[6]. Auch die Preise für einzelne Welthandelsgüter wie Baumwolle, Rohwolle, Kautschuk, Rohjute, Kaffee und Gewürze zeigen mitunter innerhalb weniger Wochen hektische Schwingungen. Zu größter Vorsicht bei ihren Einkaufsdispositionen werden die Gewürzmühlen gezwungen; sank doch der Preis des weißen Pfeffers Muntok je 100 kg cif Hamburg von 1950 bis 1957 um rund 90 vom Hundert, nämlich von 2550,— DM auf 290,— DM und kletterte bis zum Februar 1960 auf 841,— DM. Ein Jahr später wurde er nur mit 530,— DM notiert[7].

Ein krasses Beispiel für die verheerenden Wirkungen derartiger Preissprünge ist der Konkurs der alten Tuchfabrik Aachen Aktiengesellschaft im März 1952. Die aus Spekulationsmotiven mit Hilfe von Bankkrediten finanzierten hohen Garnvorräte von 160 000 kg gegenüber einem Eisernen Bestand von 60 000 kg führten infolge eines Preiseinbruches von 35,—

---

[3] Vgl. Statistisches Jahrbuch für die Bundesrepublik Deutschland 1957, S. 490 und 1961, S. 473.

[4] Vgl. ebenda 1959, S. 422 und 1961, S. 478.

[5] Vgl. ebenda 1959, S. 422 und 1961, S. 478.

[6] Vgl. Preissturz auf dem Hopfenmarkt, in: Frankfurter Allgemeine, Nr. 24, vom 28. 1. 1961, S. 7; Hopfenpreissturz, in: Frankfurter Allgemeine, Nr. 28 vom 2. 2. 1961, S. 17.

[7] Vgl. Statistisches Jahrbuch für die Bundesrepublik Deutschland 1961, S. 480.

DM je kg Garn auf 16,— DM zu einem Verlust von rund 2 500 000 DM und zur Zahlungseinstellung. Für die gesamte westdeutsche Wollindustrie wurden die Verluste aus diesem Preissturz auf mehr als eine Viertelmilliarde DM geschätzt[8].

Zu den augenblicklich starken Preisschwankungen gesellt sich als weiteres Phänomen für die Aktualität der Probleme der Kapitalerhaltung und als dritter Grund für deren folgende hauptsächlich betriebsökoskopische Erörterung der gegenwärtige rapide technische Fortschritt mit seinen vielen Bedarfsänderungen. Ihnen müssen sich die Betriebe zur Wahrung ihrer Wettbewerbsfähigkeit am Markte durch Veränderung des Produktionsprogrammes anpassen. Das erfordert Investitionen in neuartigen Anlagenaggregaten und Werkstoffen. Indes muß oft selbst bei unverändertem Produktionsprogramm der Produktionsapparat dem technischen Fortschritt angeglichen werden. Das mit diesen Anpassungsvorgängen zusammenhängende frühzeitige technische Veralten von Anlagen steigert die Kosten des Betriebes und kann zu Verlusten und somit Kapitalschwund führen.

Die Höhe der Kosten wird wesentlich durch ihre Bewertung bestimmt. Die betriebswirtschaftliche Wertungslehre und Kostentheorie gehören zu den wichtigsten der vielen Forschungsgebiete von *Konrad Mellerowicz*[9].

II. Die Begriffe Kapital und Kapitalerhaltung

Noch vor zwanzig Jahren wurde es in der Nationalökonomie für das sagenhafte Etwas, das da Kapital heißt, als äußerst fatal angesehen, daß ein und dasselbe Wort zur Bezeichnung von verschiedenen Begriffen verwandt wird. Die durch die divergentesten Kapitalbegriffe in der Volkswirtschaftslehre ausgelöste alte Fehde ist eingeschlummert. Die Nationalökonomie hat hier von der Betriebswirtschaftslehre gelernt und konvergiert heute beim Kapitalbegriff mit dem der Betriebswirtschaftslehre und zugleich mit dem der Wirtschaftspraxis; denn die Betriebswirtschaftslehre hat immer unter Kapital das verstanden, was man im täglichen Leben meint, wenn man Kapital sagt. Aber was meint man mit Kapital? Die Antwort lautet in Anlehnung an *Josef Schumpeter* und *Erich Preiser*[10]

---

[8] Vgl. Der Fall der Tuchfabrik Aachen, in: Frankfurter Allgemeine, Nr. 94 vom 22. 4. 1952, S. 7; Die Insolvenz der Tuchfabrik Aachen AG, in: Der Volkswirt, 6. Jahrgang (1952), Nr. 17, S. 24 ff.; Der Vergleich bei Aachener Tuch, in: Deutsche Zeitung und Wirtschaftszeitung, Nr. 95 vom 28. November 1953, S. 15. (Der Vergleich löste im Jahre 1953 das Konkursverfahren ab.)

[9] Mellerowicz, Konrad: Grundlagen betriebswirtschaftlicher Wertungslehre, Berlin 1926; Wert und Wertung im Betrieb, Essen 1952; Der Wert der Unternehmung als Ganzes, Essen 1952; Kosten und Kostenrechnung, Berlin und Leipzig 1933/36 und 3. Auflage, Berlin 1957/58.

kurz: Kapital ist Geld für Investitionszwecke. Oder mit anderen Worten: Kapital ist Bar- und Buchgeld in seiner Funktion als Finanzierungsmittel für Investitionen.

Mit der Aufnahme dieses Geldes als Finanzierungsmittels ist für den Betrieb der Kapitalbeschaffungsakt oder auch die Finanzierung im engeren, das heißt üblichen Sinne beendet. Der Kapitalbeschaffung des Betriebes folgt die Kapitalverwendung, also der Kauf der Gegenstände des Anlage- und Umlaufvermögens bis auf einen meist kleinen Restbestand von Bar- und Buchgeld. Das Kapital, das Geld zur Investierung, ist zu Vermögen geworden. Zum Vermögen gehören auch die bei der Illationsgründung des Betriebes eingebrachten Sachgüter. Sie sind schon vorher irgendwie durch Geld, d. h. Kapital vom Gründer beschafft worden. Ferner sind die durch thesaurierte Gewinne, also im Wege der Selbstfinanzierung erworbenen Teile des Vermögens mittels Kapitals gekauft worden; der Betriebseigner hat hierbei auf den Umweg über die Entnahme des Gewinnes und die Kapitaleinlage in gleicher Höhe verzichtet und den Gewinn dem Betriebe belassen.

Das Vermögen erscheint in der Bilanz auf der Aktivseite, das Kapital auf der Passivseite. Dieses Kapital, nach seiner Provenienz in Eigenkapital und Fremdkapital getrennt, ist indes kein konkretes Geld mehr. Die Passivseite der Bilanz weist vielmehr das Kapital des Betriebes als abstrakte Zahl zur Erinnerung an das dem Betriebe für die Finanzierung seines Vermögens zugeflossene Geld auf. Der Begriff „Vermögen" tritt an die Stelle des früheren volkswirtschaftlichen Begriffs „Sachkapital" oder „Realkapital", dem der heutige einheitliche monetäre Kapitalbegriff als „Geldkapital" oder „Erwerbskapital" gegenübergestellt wurde.

Kapitalerhaltung bedeutet im Sinne des einheitlichen volks- und betriebswirtschaftlichen sowie in der Praxis verwandten Kapitalbegriffs Bewahrung des ursprünglichen Geldkapitals, d. h. des für Investitionszwecke im Betriebe benutzten Geldes in seiner abstrakten Höhe vor Verlusten. Aus betriebszentrischer Schau gesehen und infolge seiner Garantiefunktion bezieht sich die Erhaltung auf das ursprüngliche Eigenkapital. Gewinn erhöht das Kapital, Verlust vermindert es

Die Antwort nun auf die Frage nach den letzten Gründen der Kapitalerhaltung und der Kapitalzunahme gehört zu den unbeweisbaren Hypothesen der Wirtschaftswissenschaft. Einem Diogenes von Sinope, dem Kyniker in der Tonne, oder sonst jedem anderen, der dem Spruche Salomos: „Vanitas vanitatum, et omnia vanitas" folgend in der Besitzlosigkeit

---

[10] Vgl. Schumpeter, Josef: Theorie der wirtschaftlichen Entwicklung, Berlin-Neukölln, 5. Auflage 1952, S. 173; Preiser, Erich: Der Kapitalbegriff und die neuere Theorie, in: Unternehmung im Markt, Festschrift für Wilhelm Rieger, Stuttgart und Köln 1953, S. 18.

das Glück sucht, kann die Wirtschaftswissenschaft den eigenen Wert des Postulats der Kapitalerhaltung nicht begründen. Die Wirtschaftswissenschaft ist hier in ähnlicher Weise nicht absolut voraussetzungslos wie jede andere Disziplin. Trotzdem lassen sich die Postulate der Kapitalerhaltung und Kapitalzunahme verteidigen; eröffnen sie doch mit ihren ökonomischen Werten den Zugang zu den vitalen und hedonischen Werten sowie dem „Primo vivere, deinde philosophari" zufolge sogar zu den höheren, das heißt logischen, ästhetischen, ethischen und religiösen Werten. So konnte *Christian Eckert*, einer der Wiedererrichter der Universität zu Köln und der Johannes-Gutenberg-Universität Mainz seinem „Rothschilds Taschenbuch für Kaufleute" bis zu dessen letzter 61. Auflage im Jahre 1932 wohl kein besseres Motto als das folgende Zitat des hohen Liedes auf den Unternehmer und dessen Mühen um die Kapitalerhaltung seines Betriebes aus Gustav Frenssens „Hilligenlei" vorausschicken: „Er war ein tüchtiger Kaufmann; er steht noch heute als kühler, vorsichtiger Geschäftsmann in gutem Ruf. Aber bei aller Geschäftstüchtigkeit vergaß er nie den inneren, idealen Sinn des kaufmännischen Berufs. Er sprach mit starker, aber sinniger Bitterkeit über die Kaufleute, die meinen, ihr Lebenszweck wäre, Geld über Geld zu verdienen; und sprach in klugen und köstlichen Worten von dem wahren Königstum des anderen Kaufmanns, der sorgt, daß auf der Erde kein Gut verkommt, sondern daß die Güter der Erde zu allgemeinem Nutzen über den ganzen Erdball hin- und hergesandt und verteilt werden, daß sie an rechter Stelle den Menschen nützen, die Not abhalten und die Lebensfreude erhöhen."

III. Kapitalerhaltungsarten

Bei der monetären Eigenkapitalerhaltung in Höhe des abstrakten Ursprungskapitals ist zwischen der Erhaltung in Geldeinheiten einer effektiven Währung ohne Rücksicht auf deren Tauschwertänderung und der Erhaltung in Geldeinheiten mit gleichem Tauschwert oder kurz: zwischen nominaler und realer Kapitalerhaltung zu unterscheiden.

A. Nominale Kapitalerhaltung

Für die nominale Kapitalerhaltung genügt in dem ständigen Geldwerdungsprozeß des Betriebes vom Geld zur Leistung und von der Leistung zum Geld, daß der Ertrag die für ihn angefallenen Ausgaben deckt. Übersteigt der Ertrag diese Ausgaben, dann modifiziert sich die Formel: Geld—Leistung—Geld zur Formel: Geld—Leistung—Mehrgeld. Dieses Mehr an Geld ist nominaler Gewinn und somit nominale Kapitalzunahme. Den nominalistischen Standpunkt vertreten weitgehend das deutsche Handels-, Gesellschafts- und Steuerrecht. Auch in der Betriebswirtschaftslehre findet heute noch dieser Nominalismus Anhänger. Sie wenden sich gegen die Eliminierung von Geldwertschwankungen. Infolgedessen werden auch Scheinerfolge als unmöglicher Begriff abgetan. Das alles ist die logische Konsequenz der nominalen These: Mark = Mark.

Die extremen Nominalisten lehnen Kritiken an dieser These und betriebswirtschaftliche Versuche der Neutralisierung von Geldwertschwankungen kategorisch ab: „Was mit solchen Gedanken [Ausschaltung von Geldwertschwankungen] gepredigt wird, ist Anarchie im Geldwesen, ist die Wiederauflebung des Faustrechts in anderer Form ..... Es muß so gerechnet werden, als ob es einen ‚Geldwert' gar nicht gäbe — nicht einmal die Frage darf aufgeworfen werden"[11].

Die nominale Geldrechnung ist quasi eine Stück-, also Mengenrechnung. Sie ist vor allem in der progressiven, das heißt Hyperinflation verheerend, weil der Geldschleier die meisten Staatsbürger an der klaren Sicht in die wirtschaftlichen Vorgänge und insbesondere in Kapitalveränderungen hindert. Die Folgen der beiden letzten deutschen progressiven Inflationen waren schlimmer, als die Verwirrungen einer Preisgabe des starren Gewichtssystems gewesen wären. Die der These „Mark = Mark" analoge These wäre dann: „Nominalkilo = Nominalkilo", gleichgültig, ob es jeweils dem Gewicht von eintausend oder hundert oder zehn oder weniger Kubikzentimetern Wasser entspräche. Eine Herabsetzung analog der Geldentwertung der ersten Weltkriegsinflation bis auf ein Billionstel wäre allerdings praktisch unmöglich.

Sofern ein Unternehmer nicht durch den Geldschleier zu schauen vermag, hat er seinen Beruf verfehlt. Wenn aber ein Mündel das zu seinem Vermögen gehörende Geld zwar nicht nominaliter, aber realiter verlor, weil sein Vormund das Mündelgeld „mündelsicher" angelegt hatte, ja sogar „mündelsicher", das heißt so anlegen mußte, daß das Mündel sicher sein Mündelgeld verlor, so ist dieser Verlust im Sinne des Naturrechts auf privates Eigentum ein besonders schweres Unrecht. Nach der weit überwiegenden betriebswirtschaftlichen Anschauung gehört es zu den Aufgaben des Unternehmers, den in der Inflation drohenden Raubbau im Betriebe zu vermeiden.

B. Reale Kapitalerhaltung

Durch die Inflation des ersten Weltkrieges angeregt, erhob die Kölner Schule die Erhaltung des realen Kapitals zum betriebswirtschaftlichen Postulat. Zur Vermeidung der Verwechslung von realem Kapital mit dem Sachkapitalbegriff der Volkswirtschaftslehre sprach man wohl in An-

---

[11] Rieger, Wilhelm: Einführung in die Privatwirtschaftslehre, 2. Auflage, Erlangen 1959, S. 253.

lehnung an den Begriff Reallohn als Konträrbegriff zum Nominallohn von „realer Geldkapitalerhaltung". Der Gewinn ist gemäß dieser Kapitalerhaltung nicht die vom Betriebe erzielte nominale Zunahme des Kapitals, sondern lediglich der Zuwachs des Endkapitals gegenüber dem Anfangskapital der Rechnungsperiode, jeweils ausgedrückt in Geldeinheiten gleichen Tauschwertes. Alle Abweichungen der Nominalerfolge von den Realerfolgen sind Scheinerfolge: Scheingewinne in der Inflation und Scheinverluste in der Deflation.

Leicht beieinander wohnen zwar die Gedanken, aber problematisch bleibt die Feststellung der realen Kapitalerhaltung und des Realerfolges. Selbst bei stabilem Geldwert gibt es keine absolut richtige Erfolgsrechnung. Die traditionelle Erfolgsrechnung des Betriebes mit ihrem Anschaffungswertprinzip und Niederstwertprinzip versagt indes in Zeiten großer Währungsunruhe als Steuerungsmittel des Betriebes völlig. Die von der Kölner Schule während des Währungsverfalls des ersten Weltkrieges zur Neutralisierung von Scheinerfolgen entwickelte Indexmethode vermag die traditionellen Zahlen des betrieblichen Rechnungswesens annähernd und für die damalige Währungszerrüttung ausreichend zu berichtigen. Eine exakte Eliminierung der durch Geldwertschwankungen verursachten Scheinerfolge ist jedoch überhaupt und deshalb auch mit Hilfe der Indexmethode unmöglich. Kein Index, weder der von *Eugen Schmalenbach* bevorzugte frühere Großhandelspreisindex oder der heutige Index der Erzeugerpreise industrieller Produkte oder der Einzelhandelspreisindex noch der Preisindex für die Lebenshaltung oder der Baukostenindex ist ein vollkommener Ausdruck für das Preisniveau. Es gibt nämlich ebensowenig einen einheitlichen überindividuellen Geldwert wie eine absolut stabile Währung[12]; denn die Wirtschaftspolitik muß einen Kompromiß zwischen ihren magischen fünf Postulaten, nämlich Vollbeschäftigung, Preisniveaustabilität im Innern, Gleichgewicht der Zahlungsbilanz, Maximierung des Sozialproduktes und gleichgewichtiges Wachstum des Sozialproduktes finden. Bei nur geringen Geldwertschwankungen berücksichtigen die Unternehmer die Folgen dieser Oszillation überschläglich bei der Analyse ihrer ohne Indexrechnung gezogenen Bilanzen. So begnügten sie sich in ihren Jahresabschlüssen nach der Währungsreform und der Verordnung über Goldbilanzen vom 28. Dezember 1923 mit den nominalen Anschaffungs- und Niederstwerten. Auch heute bei unserer säkularen oder schleichenden Inflation wird nicht zuletzt wohl in Ermangelung eines exakten Maßstabes für das Preisniveau auf die Indexmethode verzichtet. Der Amerikaner *Henry W. Sweeney*, der sich auch um die Anpassung der Nominalwerte an die Änderung des Geldwertes bemüht, meint, die Methode lohne sich nur dann, wenn sich

[12] Vgl. Haberler, Gottfried: Der Sinn der Indexzahlen, Tübingen 1927, S. 103.

das allgemeine Preisniveau während eines Rechnungsjahres mindestens um 5 vom Hundert ändere[13].

Bei einer Erhöhung des Indexes der Erzeugerpreise industrieller Produkte im Jahre 1960 um rund 2,5 vom Hundert muß gemäß diesem Index der Industriebetrieb unter Berücksichtigung der Ertrag- und Substanzsteuern, wenn sie etwa insgesamt 50 vom Hundert des steuerpflichtigen Gewinns betragen, in der steuerrechtlichen Bilanz einen Nominalgewinn von grob gerechnet 5 vom Hundert des Eigenkapitals, soweit es im Laufe des Jahres wenigstens einmal umgeschlagen worden ist und die Schulden gleich den Forderungen und Geldbeständen sind, erzielen und horten, um sein Realkapital zu erhalten. Eigenkapital privater Haushalte in Form von Spareinlagen oder anderen Geldforderungen muß sich bei gleicher steuerlicher Belastung immerhin mit 4 vom Hundert verzinsen, damit der Sparer im Jahre 1960 entsprechend der Erhöhung des Preisindexes für die Lebenshaltung von 2 vom Hundert sein Realguthaben nicht verringert. Der Standpunkt wohlhabender Schweizer, daß man nicht von den Zinsen, sondern höchstens von den Zinseszinsen leben darf, ist somit keineswegs ein Symptom von Snobismus, sondern genügt sogar für die Kapitalerhaltung dann nicht, wenn die Zinsen die Summe der aus ihnen zu zahlenden Steuern und der Entwertung des Kapitals nicht erreichen. Die Kreditkosten, die gewöhnlich als Zins bezeichnet werden, enthalten gleichsam eine Entschädigung für das Inflationsrisiko.

Die Indexmethode stellt ein totales Verfahren der Neutralisierung von Geldwertschwankungen dar. Wenn es auch zur Zeit in Deutschland nicht angewandt zu werden braucht, ist die Indexmethode für einige Länder Südamerikas, vor allem für Brasilien mit seiner progressiven Inflation als Folge der übertriebenen Expansion seiner Wirtschaft durchaus aktuell, wie Aufsätze in amerikanischen Zeitschriften zeigen[14].

Als partiell wirkende Methode kommt für das Sachanlagevermögen das Multiplikator-Verfahren in Frage. Es erfaßt die Abschreibungen, die auf den Anschaffungswerten basierend bei inflationistischen Preissteigerungen zu niedrig sind. So hat Frankreich aus Anlaß des seit 1914 bis zur jüngsten Währungsreform zum 1. Januar 1960 anhaltenden Wertschwundes seines Franc vom Jahre 1945 ab amtliche Coéfficients de réévaluation für jedes Jahr veröffentlicht, die in etwa dem jeweiligen Entwertungsgrad des franc français seit dem Jahre 1914 entsprachen Mit diesen Koeffizienten konnten die Anschaffungswerte der Anlagen und die in-

[13] Vgl. Sweeney, Henry W.: Stabilized Accounting, New York und London 1936, S. 43, nach Hax, Karl: Die Substanzerhaltung der Betriebe, Köln und Opladen 1957, S. 274.

[14] Vgl. z. B. Epps, Max I.: Realistic Accounting Under South American Inflation, in: The Journal of Accountancy, Vol. 111, 1961 No. 1, S. 67 ff.

zwischen vorgenommenen Abschreibungen multipliziert und die Differenzen zwischen den Buchwerten vor und nach der Zuschreibung als steuerbegünstigte Sonderrücklagen passiviert werden. Die jeweilige Jahresabschreibung wurde dann vom neuen Buchwert berechnet[15]. Ähnliche Verfahren gab es im Jahre 1947 in Belgien und nach dem Gesetz Nr. 74 vom 11. Februar 1952 in Italien. Dem steuerrechtlichen Prinzip der Generalisierung zur Vereinfachung der Veranlagung gemäß handelt es sich hier um eine die Belange der betriebsindividuellen Kapitalerhaltung nur schablonenhaft und unvollkommen berücksichtigende Methode, die indes mit den korrigierten Anlagenwerten zu einer besseren Aussagefähigkeit für die betriebliche Kapitalerhaltung führt als die völlig unberichtigte Bilanz.

IV. Vermögenserhaltung

Die Kapitalerhaltung genügt im Modell der stationären Wirtschaft. In der evolutorischen Wirtschaft mit ihrer Änderung der Preise, Löhne, Zinsen, Gewinnaussichten und Risiken sowie mit ihrem technischen Fortschritt und ihren Nachfrageverschiebungen wird die Kapitalerhaltung durch das im Betriebe vorhandene mengenmäßige Vermögen und durch die Erfolgswirksamkeit des Betriebes beeinflußt. Ohne Gütervolumen besitzt das Unternehmen keine Produktionskraft und ohne Produktionskraft keine Ertragskraft. Eine ausreichende Ertragskraft ist aber schon die Voraussetzung für die Vermeidung von Verlusten und somit für die Kapitalerhaltung und erst recht für den positiven Erfolg, also den Gewinn. Die Erfolgswirksamkeit drückt sich im nicht sicher berechenbaren, sondern nur schätzbaren Gesamtwert der Unternehmung aus, der dem Barwert ihrer künftigen Erfolge oder besser ihrer künftigen Nettoeinnahmen entspricht[16].

Zum Postulat der Kapitalerhaltung gesellt sich somit die Forderung, das Vermögen oder die Substanz — früher in der Nationalökonomie auch Sachkapital genannt — und außerdem die Erfolgswirksamkeit des Betriebes zu erhalten. Arten dieser Substanzerhaltung sind die absolute oder reproduktive Vermögenserhaltung, die relative, das heißt die der Gestaltung der Durchschnittsproduktivität in der Gesamtwirtschaft proportionale Vermögenserhaltung, die leistungsäquivalente, das heißt die dem eingetretenen technischen Fortschritt und den Bedarfsverschiebungen entsprechende Vermögenserhaltung sowie die teilweise sogar zum obersten Ziel des Betriebes erhobene qualifizierte Vermögenserhaltung,

---

[15] Zu den Möglichkeiten der Eliminierung von Preisschwankungen im Jahresabschluß in Frankreich vgl. Klinkel, Helmut: Die Bewertung in der französischen Jahresbilanz, in: Betriebswirtschaftliche Beiträge, Wiesbaden 1961, S. 109 ff.

[16] Vgl. Busse von Colbe, Walther: Der Zukunftserfolg, Wiesbaden 1957, S. 39 ff.

die Aufwandsrückstellungen für mögliche künftige Verluste fordert und somit den Gewinn vollständig auflösen kann[17]. All diese Vermögenserhaltungsarten betreffen lediglich das Reinvermögen, das ist das bewertete Gütervolumen abzüglich der Schulden.

Bei der Vermögenserhaltung handelt es sich insofern um monetäre Vorgänge, als die verbrauchten Produktivgüter aus dem erzielten Gelderlös irgendwie ersetzt werden müssen. Mit anderen Worten: der Erlös muß wenigstens so hoch sein, daß das aufgewandte Vermögen wiederbeschafft werden kann. Somit verdrängt in der Bewertung bei allen Preisschwankungen der Wiederbeschaffungspreis, nach *Fritz Schmidt* Tageswert genannt, den Anschaffungspreis. *Schmidt* bewertet in seiner organischen Tageswertbilanz[18] das Anlagevermögen und die Vorräte zum Wiederbeschaffungspreise am Bilanzstichtage und in der Gewinn- und Verlustrechnung den Aufwand in seiner fiktiven Menge am Umsatztage zum Wiederbeschaffungspreise am Umsatztage. Nur der Unterschied zwischen dem Erlös und diesem Aufwand ist Erfolg, der sogenannte Umsatzerfolg. Höchstens dieser Umsatzerfolg darf als Dividende ausgeschüttet werden.

Die starke Beanspruchung des betrieblichen Rechnungswesens durch diese totale Methode der Neutralisierung aller Preisschwankungen wirft die Frage auf, ob die Wirtschaftlichkeit der Rechnungsführung noch gewahrt wird. Außerdem entsteht insbesondere das Problem, inwieweit mit diesem Tageswertverfahren die relative Vermögenserhaltung, das heißt die der Gestaltung der Durchschnittsproduktivität in der Gesamtwirtschaft proportionale Vermögenserhaltung, kontrolliert werden kann. Ferner kann der Unternehmer mit diesem Verfahren bei starkem technischen Fortschritt in Form von Änderungen des Produktionsprogrammes die Vermögenserhaltung nicht prüfen (s. auch S. 273).

Die partiellen Methoden der Ausschaltung von Preisschwankungen stellen lediglich Korrekturen, ausgehend von der Aktivseite der Bilanz, für die Sicherung einzelner Vermögensgruppen dar[19]. Von diesen Ver-

---

[17] Eine Übersicht über diese Arten der Vermögenserhaltung (Substanzerhaltung) gewähren insbesondere:
Schieb, Brigitta: Grundsätzliche Probleme der Kapitalerhaltung, in: Fragen der Kapitalerhaltung und Finanzierung, Heft 3 der Veröffentlichungen zur Betriebswirtschaft, Wolfenbüttel 1949, S. 18 ff.;
Liebl, Josef: Kapitalerhaltung und Bilanzrechnung, Heft 6 der Veröffentlichungen zur Betriebswirtschaft, Wolfenbüttel 1954;
Busse von Colbe, Walther: Substanzerhaltung, in: Handwörterbuch der Betriebswirtschaft, 3. Auflage, Band III, 1960, Sp. 5310 ff.

[18] Schmidt, Fritz: Die organische Tageswertbilanz, Neudruck der 3. Auflage, Wiesbaden 1951.

[19] Einen Überblick über diese Methoden gibt Busse von Colbe Walther: Eliminierung von Preis- und Geldwertschwankungen, in: Handwörterbuch der Betriebswirtschaft, 3. Auflage, Band III, 1960, Sp. 4423 ff.

fahren ist in Deutschland das des Eisernen Bestandes[20] am bekanntesten. Der Eiserne Bestand ist die zur Fortführung des Betriebes mit gleichem Produktionsprogramm und Produktionsverfahren erforderliche Mindestmenge an Vorratsvermögen, also an Roh-, Hilfs- und Betriebsstoffen, Halb- und Fertigerzeugnissen. Diese Mindestmenge wird zu einem so niedrigen unveränderlichen Werte in jeder Bilanz aktiviert, daß er nie von der Summe der Wiederbeschaffungspreise oder Wiederherstellungskosten aller Gegenstände des Eisernen Bestandes unterschritten wird.

Eugen Schmalenbach hat diese kombinierte Mengen- und Wert-Methode schon im Jahre 1919 in seiner dynamischen Bilanzlehre für die Betriebswirtschaftslehre entdeckt[21]. Indes gilt auch hier die Weisheit des Rabbis Ben Akiba: „Alles schon dagewesen"; ist doch in der Tat bereits im babylonischen Talmud von Eisernem Bestand und Eisernem Vieh die Rede. Bei diesem Eisernen Bestand handelt es sich um die von der Frau als Mitgift in die Ehe gebrachten und im Wert geschätzten Güter (dos aestimata); diesen geschätzten Wert erhielt die Frau bei der Scheidung oder beim Tod des Mannes ganz unabhängig von inzwischen eingetretenen Wertschwankungen der Mitgift zurück; der Wert der Mitgift wurde somit ähnlich wie der des bilanziellen Eisernen Bestandes als konstant fingiert. Das Eiserne Vieh war Gegenstand von Pachtverträgen, wurde in Geld geschätzt und mußte im Werte, in Art, Menge und Güte erhalten bleiben; jedes Tier mußte spätestens bei Beendigung der Pachtzeit durch ein Stück mit dem ursprünglichen Werte oder durch einen Geldbetrag in Höhe des geschätzten Wertes ersetzt werden. Derartige Eisernviehkontrakte sind auch im Mittelalter im deutschen Rechtsleben anzutreffen. Davon zeugen die Rechtsdenkmäler wie „immerkue", „immerint", „eisern vieh stirbt nie". Schließlich berücksichtigt das Bürgerliche Gesetzbuch in seinen pachtrechtlichen Bestimmungen das Rechtsinstitut des Eisernen Inventariums bei der Verpachtung eines Grundstückes, also auch desjenigen eines gewerblichen Betriebes.

Die Bindung der Eisernen Vorräte im Betriebe bezieht sich wie beim Einsernen Vieh auf die Gesamtmenge und Gattung, also auf das genus, nicht aber auf das einzelne Stück, die species. Der Eiserne Bestand kann demnach mit einem organischen Körper verglichen werden, dessen Zellen sich fortgesetzt erneuern. Ähnlich wie dieser Körper sich stets regeneriert, so sind auch die verbrauchten und verkauften Vorräte so rechtzeitig zu ergänzen, daß der Eiserne Bestand nicht angegriffen zu werden braucht. Die Eisernen Vorräte sind ferner mit dauernd im Betriebe be-

---

20 Vgl. hierzu Münstermann, Hans: Eiserner Bestand, in: Handwörterbuch der Betriebswirtschaft, 3. Auflage, Band I, 1956, Sp. 1597 ff.

21 Schmalenbach, Eugen: Grundlagen dynamischer Bilanzlehre, in: Zeitschrift für handelswissenschaftliche Forschung, Jahrgang 13 (1919), S. 90 ff.

findlichen Gebrauchsgegenständen zu vergleichen, die sich — wie zum Beispiel unbebaute Grundstücke — nicht abnutzen. Während jedoch diese Anlagen eine Substanzidentität aufweisen, fehlt diese Identität beim Eisernen Bestand. Bei ihm besteht nur eine Gleichheit seines Komplexes, dessen Einzelteile ständig wechseln. Infolgedessen weist die Eiserne Bestands-Rechnung im Gegensatz zur ruhenden Anlagerechnung mit starrem Bestande Umsätze auf.

Trotz der zunächst scheinbar bestechend einfachen Anwendung dieser Methode enthält sie verschiedene Mengen- und Wertprobleme. So können die Mindestmengen an Vorräten konjunkturellen, saisonalen und bei modischen Artikeln vom Modewechsel verursachten Schwankungen unterliegen. Extreme Schwankungen machen sogar eine Rechnung mit Eisernen Beständen unmöglich. Ferner entfällt sie, wenn es sich um nicht vertretbare Sachen handelt. Bei vielartigen Vorräten müßte grundsätzlich der Eiserne Bestand eines jeden Artikels festgestellt werden. Sofern die Sorten einer Artikelart und die Artikelarten einer Artikelgattung zu einem Eisernen Bestand vereinigt und künftig die Sorten- und Artenmengen ausgetauscht werden können, ergibt sich ein Wertproblem; denn eine konstante eiserne Bestandsmenge enthält dann verschiedene Güterarten von im selben Zeitpunkt verschiedenen Anschaffungswerten, wodurch falsche Erfolge errechnet würden.
Schwierigkeiten bereitet außerdem die Bewertung des Mehrbestandes und des Fehlbestandes, der sich trotz aller Vorsicht bei der Festsetzung des Eisernen Bestandes beispielsweise durch höhere Gewalt ergeben kann. Am diskutabelsten scheint beim Mehrbestand seine Aktivierung zu Beschaffungskosten oder zum geringeren Zeitwert und beim Minderbestand nach wie vor die Aktivierung des Eisernen Bestandes und die Passivierung der fehlenden Menge zum Zeitwert als Korrektivum; der Fehlbestand kann nämlich nur zum Zeitwert beschafft werden. Jedenfalls eliminiert der Eiserne Bestand lediglich die Scheinerfolge an seiner Menge, indem der Materialverbrauch automatisch zu Beschaffungskosten des Abrechnungszeitraumes bewertet wird. Soweit diese Kosten von den entsprechenden Wiederbeschaffungskosten am Umsatztage abweichen, werden diese Differenzen als Scheinerfolge nicht neutralisiert.

In gleichem Umfange vermeidet bei Preisschwankungen und konstanten Beständen in Höhe des Eisernen Bestandes die amerikanische Last in-first out-method (Lifo) den Ausweis von Scheinerfolgen. Bei quantitativen oder qualitativen Änderungen der Bestände können durch eine Kombination von Index- und Lifoverfahren, in den Vereinigten Staaten Nordamerikas Dollar-value-method genannt, Scheinerfolge neutralisiert werden. Während indes in den Vereinigten Staaten von Nordamerika diese Verfahren und auch mehr und mehr in Holland[22] Bewertungsmethoden, die dem guten Kaufmannsgebrauch nicht zuwiderlaufen, steuerlich anerkannt werden, verschließt sich das deutsche Steuerrecht dem Eisernen Bestand und den amerikanischen Verfahren und begnügt sich mit Steuerstundungen in Gestalt von Preissteigerungsrücklagen bei starken Preiserhöhungen.

Ähnlich wie das deutsche Steuerrecht lehnt auch das deutsche Handels- und Gesellschaftsrecht den Gewinnbegriff ab, soweit er auf dem Überschuß des Ertrages über die zu Wiederbeschaffungskosten bewerteten Aufwendungen basiert. Dagegen ziehen Unternehmer diesen Gewinnbegriff vor und legen ihn so lange der Gewinnausschüttung zugrunde, wie die Wiederbeschaffungskosten steigen. Sinken indes die Beschaffungs- und Verkaufspeise, dann werden gemäß dieser Gewinnkonzeption Umsatzgewinne ausgewiesen, wenn die Erlöse unter den Anschaffungs- aber über den Wiederbeschaffungskosten liegen. Die Verbindlichkeiten, die zu ihrem Nominalwert zu verzinsen und zu tilgen sind, übersteigen indes im Betriebe die Geldbestände und Forderungen oft beträchtlich. Ferner rechnen die Betriebseigner im Falle ihres Ausscheidens wenigstens mit der Rückzahlung ihrer nominellen Kapitaleinlagen. Schließlich lassen sich infolge angespannter Liquidität bei sinkenden Preisen Umsatzgewinne nur schwer auszahlen. Aus diesen Gründen schlagen *J. L. Meij*[23] und *Karl Hax*[24] vor, die Vermögens- und Kapitalerhaltung so zu verbinden, daß bei steigenden Beschaffungspreisen grundsätzlich die Gewinnkonzeption der Vermögenserhaltung und bei Preissenkungen die Gewinnkonzeption der nominalen Kapitalerhaltung gilt. Entsprechend diesem Prinzip des doppelten Minimums wird allenfalls jeweils der niedrigere Gewinn ausgeschüttet. Die Inkonsequenz dieser Lösung rechtfertigt *Karl Hax*[25] mit den disparitätischen Verfahren, denen zufolge seit jeher in der Unternehmungsrechnung Aufwendungen nach dem Verursachungsprinzip, Erträge hingegen nach dem Realisationsgrundsatz erfaßt werden sowie für Vorräte das Niederstwertprinzip gilt.

---

[22] Zu den Bestrebungen der steuerrechtlichen Anerkennung der Vermögenserhaltung vgl. Fiscaalrechtelijke Toepassing der Theorie van de Vervangingswaarde und Rapport van de Commissie ter Bestudering van de Mogelijkheden van Toepassing van Substantialistische Winstopvattingen op het Fiscale Terrein, in Geschriften van de Verenigung voor Belastingwetenschap, Nr. 97, 98 u. 103, 1958 und 1960.

[23] Vgl. Meij, J. L.: Leerbock der Bedrijfseconomie, Deel I, 1954, S. 24—48 und 248—270.

[24] Vgl. Hax, Karl: Die Substanzerhaltung der Betriebe, Köln und Opladen 1957, S. 26.

[25] Vgl. ebenda, S. 37.

V. Erfolgskapitalerhaltung

Die Kontrolle der Kapital- und Vermögenserhaltung mit ihrem Vergleich der Aufwendungen und Erträge oder des Eigenkapitals zu Beginn und Ende einer abgelaufenen Periode beruht auf der Betrachtung eines vergangenen Zeitraumes. Der Unternehmer erstrebt aber nicht nur die Erhaltung von Kapital und Vermögen, sondern will — bei Wahrung der Zahlungsfähigkeit des Betriebes — darüber hinaus Gewinne erzielen. Dabei ist sein Blick in die Zukunft gerichtet. So wird er seine Betriebspolitik darauf einstellen, in Zukunft Gewinn, wenn nicht in maximaler, so doch in einer von ihm als befriedigend angesehenen Höhe zu erwirtschaften, mindestens aber die bisherige Gewinnhöhe nicht zu unterschreiten. Inwieweit es ihm gelungen ist, die Erfolgswirksamkeit des Betriebes zu erhalten oder zu erhöhen, läßt sich durch die periodische Ermittlung des Zukunftserfolgswertes in Gestalt des Barwertes der künftigen Erfolge oder Nettoeinnahmen kontrollieren. Wenn dieser Wert als „Erfolgskapital"[26] bezeichnet wird, so muß man sich sich bewußt sein, daß hier Kapital nicht den Sinn von Geld für Investitionszwecke hat, sondern — wie in der Investitionstheorie der Ausdruck Kapitalwert — einen Fonds geschätzter künftiger Gewinne repräsentiert. Bei Verkauf des Betriebes zum Zukunftserfolgswert fließt dieser Fonds dem bisherigen Betriebseigner auf einmal zu. Er drückt aber viel besser den wirtschaftlichen Wert eines ertragbringenden Güterkomplexes aus als der ursprüngliche Kapitalbetrag oder der Wiederbeschaffungswert des investierten Vermögens. Deshalb ist auch „der Ertragswert ... der einzige und endgültige Wert der Unternehmung"[27]. Freilich wird die Höhe des Erfolgskapitals viel stärker von subjektiven Erwägungen zum Beispiel über Nachfrageverschiebungen, über den technischen Fortschritt und über andere Unsicherheiten der Zukunft beeinflußt als das buchmäßig ermittelte Kapital. Außerdem ist der Kapitalisierungszinsfuß eine wichtige Determinante für das Erfolgskapital. Als Maßstab für die Gewinnausschüttung eignet sich jedoch eine Zunahme des Erfolgskapitals nur beschränkt; eher kann es als Maß für den vermuteten Erfolg der langfristigen unternehmerischen Dispositionen gelten.

Ein Zusammenhang zwischen der Erhaltung des Erfolgskapitals und des Geldkapitals läßt sich aber doch herstellen: Sofern kalkulatorische Zinsen für das Eigenkapital als Aufwand betrachtet werden, ist bei der Geldkapitalerhaltung zugleich ein Erfolgskapital in Höhe des Barwertes dieser Zinsen bewahrt worden. Das nominelle Eigenkapital eines Unternehmens

---

[26] Busse von Colbe, Walther: Substanzerhaltung, in: Handwörterbuch der Betriebswirtschaft, 3. Auflage, Band III, 1960, Sp. 5314.

[27] Mellerowicz, Konrad: Der Wert der Unternehmung als Ganzes, Essen 1952, S. 19.

betrage beispielsweise 1 000 000,— DM. Die kalkulatorischen Zinsen in Höhe von 80 000,— DM ergeben dann zu 8 vom Hundert kapitalisiert ein Erfolgskapital von $80\,000,\text{— DM} \cdot \frac{100}{8} = 1\,000\,000,\text{— DM}$. Ohne die Berücksichtigung dieser Zinsen sind die Geldkapitalerhaltung und Vermögenserhaltung nur formale Prinzipien der Erfolgsermittlung, aber keine unternehmerischen Zielfunktionen.

VI. Gefährdung der Kapitalerhaltung durch den technischen Fortschritt

In der Regel horten die Unternehmungen, soweit es die Höhe der Erlöse gestattet, wenigstens so viele Gewinne, daß sie ihre Anlagen dem technischen Fortschritt anpassen können. Die Geschäftsberichte und Veröffentlichungen von Unternehmern[28] werben vielfach um Verständnis für eine derartige Betriebspolitik. Ohne eine solche Selbstfinanzierung könne die Ertragskraft des Unternehmens nicht erhalten werden. Allerdings wird oft weit mehr thesauriert, als zur Erhaltung der Kapazität nötig ist. In diesem Zusammenhang ist die Forderung nach Berücksichtigung sogenannter „Zukunftskosten" erhoben worden. Wegen des dauernden technischen Fortschritts könnten die Abschreibungen allein den Bestand eines Unternehmens nicht sichern. Der Gewinnbegriff sei deshalb zu revidieren; denn Investitionen, die lediglich die Wettbewerbskraft des Betriebes erhalten sollen, seien als Zukunftskosten anzusetzen. Erst das, was dann übrigbleibe, sei tatsächlicher Gewinn[29].

Was unter den Zukunftskosten aber genau zu verstehen ist, wird weder von ihren Befürwortern noch ihren Gegnern[30] definiert. Was könnte aber mit ihnen gemeint sein? Offensichtlich sind alle Unternehmen bestrebt, ihre Kapazität wenigstens zu erhalten, wenn nicht zu vergrößern. Erhaltung der Kapazität unter Anpassung an den technischen Fortschritt sehen private Unternehmen vielfach als Voraussetzung dafür an, ihre Wettbewerbs- und Erfolgswirksamkeit zu bewahren. Diese Prämisse trifft zumindest insoweit zu, als mit abnehmender Betriebsgröße die Stückkosten steigen. Für öffentliche Betriebe wie zum Beispiel für die Deutsche Bundespost und die Deutsche Bundesbahn ist das Postulat der Kapazitäts-

---

[28] Vgl. z. B. Käppeli, Robert: Self-Financing and Technical Progress, Sonderdruck der CIBA Ltd., Basel 1960, S. 14 ff.

[29] Vgl. z. B. Groß, Herbert: „Gewinn" ist heute etwas anderes, in: Handelsblatt Nr. 205 vom 24. Oktober 1960, S. 2, sowie: Die Finanzierung des Wachstums, in: Handelsblatt Nr. 242 vom 16./17. Dezember 1960, S. 13.

[30] Beispielsweise Rasch, Harold: Abwälzung der Zukunftskosten — Ein Zaubertrank, in: Frankfurter Allgemeine, Nr. 267 vom 14. November 1960, S. 13.

erneuerung „nach dem jeweiligen Stande der Technik" sogar gesetzlich verankert[31].

Nicht jeder technische Fortschritt führt zu einem Bedarf an Mitteln für Reinvestitionen, der — stabile Preise vorausgesetzt — die Gegenwerte der Abschreibungen vom Anschaffungswerte der zu ersetzenden Anlage überschreitet. Führt freilich der technische Fortschritt zu einem größeren Kapitalkoeffizienten, das heißt zu erhöhtem Kapitaleinsatz je Leistungseinheit, dann reicht das monetäre Äquivalent der Anschaffungswertabschreibungen nicht aus, die Kapazität zu erhalten.

Bekennt man sich zur Erhaltung der Kapazität, sofern sie rentabel genutzt werden kann, als einem Ziel betriebswirtschaftlichen Handelns, das nicht nur in Kostenüberlegungen, sondern auch in der unternehmerischen Grundeinstellung zur Erhaltung und Vermehrung ökonomischer Werte begründet ist, so liegt es nahe, von Verlusten zu sprechen, wenn das Ziel nicht erreicht ist. Das hieße den Kostenbegriff an diesem Ziel ausrichten. Die Kosten im nominalen und substantiellen Sinne müßten um jene Beträge ergänzt werden, die zur Erhaltung der Kapazität bei technischem Fortschritt nötig sind. Die von *Fritz Schmidt* befürworteten Abschreibungen vom Tageswert in Höhe des kalkulatorischen Restwertes ermöglichen bei arbeits- und materialsparendem technischen Fortschritt nicht die Erhaltung der Kapazität, denn der kalkulatorische Restwert ergibt sich bei stabilen Preisen für die Anlagen aus dem Anschaffungswert der alten Anlagen abzüglich der kapitalisierten Betriebskostenersparnis der neuen Anlagen für die Restlaufzeit der alten Anlagen

Man könnte dann Kosten — abgesehen von Abgaben — als denjenigen zu Wiederbeschaffungspreisen bewerteten Güterverzehr zum Zwecke der Leistungserstellung bezeichnen, dessen Ersatz für die Erhaltung des Betriebes von gleicher Kapazität erforderlich ist. Die Abschreibungen würden nicht mehr unter dem Gesichtspunkt der Verteilung von Anschaffungs- oder Wiederbeschaffungs-Ausgaben für Anlagen auf die Perioden ihrer Nutzung, sondern nur als Finanzierungsmittel für Ersatzinvestitionen von Anlagen gleicher Kapazität betrachtet. Soweit aus diesem Grunde die Abschreibungen über den Anschaffungswert der Anlagen hinausgehen, müßte bei ihrer Bilanzierung zu historischen Werten ein Passivposten für Kapazitätserhaltung gebildet werden.

Die Verzerrung der Bilanz durch stille Rücklagen spricht gegen einen anderen Weg, auf dem die Kapazitätserhaltung angestrebt werden könnte, nämlich die Bildung eines Festwertes für das Anlagevermögen, der so lange unverändert bliebe, wie die Kapazität konstant ist. Ähnlich wie

---

[31] § 4 Absatz 1 Bundesbahngesetz vom 13. Dezember 1951 in der Fassung vom 20. August 1960 und § 2 Gesetz über die Verwaltung der Deutschen Bundespost vom 24. Juli 1953 in der Fassung vom 25. Dezember 1957.

die zum Beispiel bei Werkzeugen üblichen aber auch bei den Gleisanlagen, Lokomotiven und Waggons von Eisenbahnbetrieben vorkommenden Festwerte würden alle Ersatzanlagen im Jahre der Beschaffung in voller Höhe als Aufwand gebucht. Ein solches Verfahren, das den Verfechtern der Zukunftskosten bei den oben zitierten Ausführungen vorgeschwebt haben mag, ist jedoch nur bei jährlich etwa gleichmäßiger Ersatzbeschaffung sinnvoll; andernfalls hängt der Erfolg von der zeitlichen Verteilung der Ersatzinvestitionen ab.

Solange die Produkte qualitativ gleich bleiben, bereitet die Bemessung der Abschreibungen zur Kapazitätserhaltung keine Schwierigkeiten. Problematisch wird die Bemessung jedoch dann, wenn infolge der zweiten Variante des technischen Fortschrittes sich die Qualität der Produkte stark ändert oder sogar unter Aufgabe der bisherigen Erzeugung völlig andere Produkte hergestellt werden. Ein Kriterium für die Kapazitätserhaltung ist dann kaum noch zu finden. Wie soll die Erhaltung von der Expansion oder Schrumpfung abgegrenzt werden?

In Wirtschaftszweigen mit starkem Fortschritt in der Produktionstechnik und raschem Wandel der Produkte wie etwa in manchen Zweigen der chemischen, elektrotechnischen und feinmechanischen Industrie weisen die Ausgaben für Forschung und Entwicklung absolut und relativ zum Umsatz einen erheblichen Umfang auf. Nicht selten erreichen oder überschreiten sie sogar die jährlichen Investitionen von Sachanlagen. Diese Beträge müssen die Betriebe aufwenden, um ihre Produktionsverfahren auf dem neuesten technischen Stand zu halten, vor allem aber, um ihre Produkte stets derart weiterzuentwickeln, daß sie genügend Absatz finden. Nur so können diese Unternehmen den Evolutionen der Technik und der Nachfrage folgen und ihre Erfolgskraft erhalten. Ein Nachlassen in den Forschungs- und Entwicklungsanstrengungen hätte dann auf lange Sicht abnehmende Umsätze, sinkende Gewinne und schließlich den Untergang des Betriebes zur Folge. Mit anderen Worten: Forschungs- und Entwicklungsausgaben dienen der Kapitalerhaltung. Freilich bezwecken Forschungs- und Entwicklungsausgaben mitunter auch die Expansion des Betriebes vor allem dann, wenn neue Erzeugnisse entwickelt werden, die neben die bisherigen treten. Gerade in expandierenden Unternehmen der Wachstumsindustrien sind die gesamten Forschungs- und Entwicklungsausgaben besonders hoch und steigen gewöhnlich wenigstens proportional zum Umsatz.

Ihrem Ziel nach könnte man die Forschungs- und Entwicklungsausgaben in kapazitätserhaltende und kapazitätserweiternde einteilen, wenn auch die Zurechnung zu den Gruppen schwierig ist. Ohne Rücksicht auf diese Unterschiede ist es in der Praxis üblich und wird von Vertretern der Betriebswirtschaftslehre empfohlen, sämtliche Forschungs- und Entwicklungsausgaben — soweit sie nicht zu materiellen Sachanlagen führen — als Aufwand des Ausgabejahres zu behandeln[32]. In Wirklichkeit stellen die Ausgaben für Forschung und Entwicklung Investitionen — wenn auch immaterieller Art — dar, die erst in späteren Perioden zu Erträgen führen, nämlich dann, wenn die im Unternehmen entwickelten Erzeugnisse verkauft oder die selbst entwickelten Verfahren angewendet werden. Das gilt sowohl für die kapazitätserhaltenden und erst recht für die kapazitätsvermehrenden Forschungs- und Entwicklungsausgaben.

Diese Ausgaben müßten demnach für eine periodengerechte Erfolgsermittlung aktiviert und in der Zeit ihrer Nutzung abgeschrieben werden. Die Unsicherheit über den Erfolg der Entwicklungsanstrengungen wird als Grund für die Nichtaktivierung dieser immateriellen Investitionen angeführt. Diese Unsicherheit ist freilich keine Besonderheit der Forschungs- und Entwicklungsausgaben. Sie gilt auch für manche materiellen Sachanlagen, besonders für solche neuartiger Konstruktion und zur Herstellung neuer Produkte. Anstatt daraus zu folgern, auch diese Ausgaben nicht zu aktivieren, sollten die Forschungs- und Entwicklungsausgaben im Interesse verantwortungsbewußter Rechnungslegung so weit wie möglich aktiviert werden. Allerdings ist es meist schwierig, diese Ausgaben für die Ermittlung ihrer Abschreibungen exakt einzelnen Produktarten oder -gruppen zuzurechnen. Für die zur Entwicklung neuer Erzeugnisse getätigten Ausgaben ist das jedoch in vielen Fällen durchaus möglich. Wenn auch nicht exakt gerechnet werden kann, so ist eine ungenaue Zurechnung doch besser als ein a priori bewußt falscher Ansatz.

Soweit die Forschungs- und Entwicklungsausgaben von Jahr zu Jahr realiter konstant sind, wirkt sich ähnlich wie bei der Festwertrechnung der Fehler der Nichtaktivierung nicht aus, wenn die Abschreibungen dieselbe Höhe wie die Ausgaben je Periode erreichen. Es entfällt dann in Zeiten mit Preissteigerungen auch die Notwendigkeit, diese Abschreibungen aufzuwerten. Da aber die Forschungs- und Entwicklungsausgaben gerade bei expandierenden Unternehmen wichtig sind und bei ihnen auch entsprechend wachsen, führt das Festwertverfahren bei diesem immateriellen „Entwicklungsvermögen" häufig zu beträchtlichen stillen Rücklagen. Bei der herrschenden Übung, Forschungs- und Entwicklungsausgaben nicht zu aktivieren, wäre stets darauf zu achten, ob die Entwicklungsausgaben hoch genug sind, die Erfolgswirksamkeit des Unternehmens zu erhalten. Sollten sie zu niedrig sein, dann müßten ein jedes Mal Rückstellungen für unterlassene Entwicklungen gemacht werden. Ähnliche Überlegungen gelten für die rechnungstechnische

[32] Vgl. Mellerowicz, Konrad: Forschungs- und Entwicklungstätigkeit als betriebswirtschaftliches Problem, Freiburg im Breisgau 1958, S. 258 ff.

Behandlung der Ausgaben für Werbung und für Ausbildung von Mitarbeitern. In der Praxis gleicht die Unterlassung der Aktivierung all dieser künftig noch ertragswirksamen Forschungs-, Entwicklungs-, Werbungs- und Ausbildungsausgaben den Verzicht auf Rückstellung für die Kapazitätserhaltung allerdings wenigstens zum Teil aus.

VII. Schluß

Diese Erörterung betriebswirtschaftlicher Probleme der Kapitalerhaltung hat gezeigt, daß trotz der vielen in der Betriebswirtschaftslehre zur Vermeidung von Scheinerfolgen und zum Nachweis der realen Kapitalerhaltung, der Vermögenserhaltung sowie der Erfolgskapitalerhaltung entwickelten Verfahren des betrieblichen Rechnungswesens noch nicht alle Fragen gelöst sind. So meint *Karl Käfer:* „Die Ausbildung praktischer Buchhaltungs- und Kostenrechnungsmethoden, die auf diese und andere Schwankungen rasch und richtig reagieren und so eine weniger trügerische Basis für die Unternehmerentscheidungen schaffen, bleibt trotz aller wertvollen Ansätze eine Aufgabe der Zukunft."[33] Das gilt insbesondere für die Probleme des die Vermögenserhaltung und vor allem die Kapitalerhaltung gefährdenden technischen Fortschrittes.

---

[33] Käfer, Karl: Zukunftsaufgaben des betriebswirtschaftlichen Rechnungswesens, in: Mitteilungen aus dem Handelswissenschaftlichen Seminar der Universität Zürich, Heft 113, Zürich 1961, S. 43;
vgl. auch Bellinger, Bernhard: Offene Fragen der betrieblichen Substanzerhaltung, in: Gegenwartsfragen der Unternehmung, Wiesbaden 1961, S. 13 ff.

Kritische Betrachtungen zu Konzernabschlüssen in den USA und in der Bundesrepublik

von

Wirtschaftsprüfer Dr. h c. *Herbert Rätsch*, Düsseldorf

Man wird davon ausgehen können, daß die Idee, Konzernabschlüsse aufzustellen und zu publizieren, eng mit dem stürmischen Wachstum der Wirtschaft auf allen Gebieten in den letzten Jahrzehnten verbunden ist. Waren es gegen Ende des 19. Jahrhunderts kleinere und mittlere Betriebe, die den Aufbau der Volkswirtschaft bestimmten, so änderten sich die Verhältnisse schnell mit dem steigenden Kapitalbedarf, der Wandelung der Gesellschaftsformen und der Größenordnung der Unternehmen. Dieser Entwicklungsprozeß führte häufig zu Zusammenschlüssen, bei denen zwar die rechtliche Selbständigkeit der zu wirtschaftlichen Zwecken unter einheitliche Leitung gestellten Einzelunternehmen gewahrt blieb, die aber doch vom volkswirtschaftlichen Standpunkt aus gesehen unerwünschte Gestaltungen annahmen. Es ergab sich damit die Notwendigkeit, in sinnvoller Zusammenfassung die Rechnungslegung dieser nunmehr Konzerne genannten Unternehmensgruppen in ihrer Gesamtheit der Öffentlichkeit zu unterbreiten.

Historische Entwicklung

Das Aktiengesetz vom 30. Januar 1937, dessen Neufassung in der nächsten Legislaturperiode bevorsteht, enthält — neben der Definition des Konzerns und der von Konzernunternehmen in § 15 — lediglich in § 134 unter Ziffer 2 eine Vorschrift, nach welcher der Justizminister im Einvernehmen mit dem Wirtschaftsminister ermächtigt wird, „für Konzernunternehmen Vorschriften über die Aufstellung eines gemeinschaftlichen Jahresabschlusses zu erlassen". Von dieser Ermächtigung ist nie Gebrauch gemacht worden; dieser Umstand ist wohl weniger darauf zurückzuführen, daß sich für eine Erweiterung der Rechnungslegung und der Unterrichtung der Öffentlichkeit kein Bedürfnis zeigte, als vielmehr darauf, daß der Ausbruch des Krieges und die ersten Nachkriegsjahre die gesetzgeberische Tätigkeit auf aktien- und handelsrechtlichem Gebiet lahmlegten, um nicht zu sagen als untergeordnet erscheinen ließen. Außerdem wird die Auffassung vertreten, die Ermächtigung sei als über den Rahmen des Grundgesetzes hinausgehend gemäß Artikel 129 GG erloschen.

Der Regierungsentwurf eines Aktiengesetzes sieht nunmehr in den §§ 317 ff. die Aufstellung von Konzernabschlüssen vor, macht sie also nicht länger abhängig von der Ermächtigung zum Erlaß einer Rechtsverordnung durch den Fachminister, sondern verankert sie im Gesetz selbst.

Auch wenn wir erst jetzt vor einer gesetzlichen Regelung der Rechnungslegung im Konzern stehen, so bedeutet dieses natürlich nicht, daß Konzernabschlüsse, die Technik ihrer Aufstellung und besonders die betriebswirtschaftlichen Erkenntnisse aus ihnen bisher bei uns unbekannt gewesen und wissenschaftlich nicht erforscht worden seien, auch wenn sich eine einheitliche oder doch zumindest herrschende Meinung über dieses komplexe Gebiet kaum gebildet haben dürfte. Im Regierungsentwurf sind daher auch nur Rahmenvorschriften gegeben, die, soweit sie sich auf konsolidierungstechnische Vorgänge beziehen und damit eigentlich selbstverständlich sind, sogar hätten in Fortfall kommen können.

Es kann wohl nicht geleugnet werden, daß die Rechnungslegung im Konzern weitgehend von der anglo-amerikanischen Praxis beeinflußt worden ist, obwohl — und das ist interessant festzustellen — im Zeitpunkt der ersten Beeinflussung — ich denke da an die zwanziger Jahre, als erhebliches amerikanisches Kapital in Deutschland investiert wurde — weder in Großbritannien noch in den USA rechtliche Vorschriften oder anerkannte Grundsätze für die Aufstellung von Konzernabschlüssen bestanden. Man hatte sie praktiziert, und der Gesetzgeber gab der Praxis erst später die rechtliche Untermauerung. So erscheint erstmals im Companies Act von 1948 die diesbezügliche Rechtsvorschrift für Großbritannien, und in den USA waren es die beiden Wertpapiergesetze von 1933 und 1934 (Securities Act of 1933, Securities Exchange Act of 1934), die bestimmten, unter welchen Voraussetzungen konsolidierte Abschlüsse der Öffentlichkeit vorzulegen sind.

Das Vorliegen von gesetzlichen Vorschriften über Konzernabschlüsse in Ländern mit einer Wirtschaftsstruktur, die der der Bundesrepublik vergleichbar ist, erleichterte es naturgemäß den deutschen Stellen, gesetzgeberische Maßnahmen zu ergreifen, die, ausgereift, wissenschaftlich fundiert und praktisch erprobt, bereits in Großbritannien und in den USA zu den Erfolgen geführt haben, die jetzt auch bei uns angestrebt werden.

Es kann nicht die Aufgabe eines Aufsatzes im Rahmen einer Festschrift sein, ein abgerundetes Bild von den vielfältigen Möglichkeiten zu geben, einen „richtigen" Konzernabschluß aufzustellen. Ob die englische oder die amerikanische Praxis in Einzelfragen vorzuziehen ist, sei ebenfalls dahingestellt; im Grundsätzlichen sind die Unterschiede zwischen beiden gering geworden, und ich möchte mich daher bewußt darauf beschränken, gewisse Prinzipien aufzuzeigen, die sich in den USA bis heute entwickelt haben, und auch die Gründe anzugeben, warum letztlich so und nicht anders verfahren wird.

Das amerikanische Beispiel

Über die rechtlichen Grundlagen, die für die Aufstellung von Konzernabschlüssen in den USA maßgebend sind, ist in den letzten Monaten in der deutschen Fachliteratur so eingehend berichtet worden, daß ich hier von Wiederholungen absehen kann und diese Dinge als bekannt voraussetzen darf.

Unbekannt scheint dagegen in Deutschland eine Tatsache zu sein, die sehr wesentlich für das Verständnis der Publizitätsvorschriften in den USA ist. In Fachkreisen und in Kreisen, die auf Hauptversammlungen manchmal harte Worte über mangelnde Publizitätsfreudigkeit der Organe deutscher Aktiengesellschaften finden, wird häufig davon ausgegangen, daß die Vorschriften der Securities and Exchange Commission (SEC) in Washington nun das seien, was auch in Deutschland als Mindestforderung an die Rechnungslegung zu stellen sei. Die Vorstellung geht dahin, daß man nur einen deutschen Geschäftsbericht zu nehmen brauche, ihn der SEC vorlege und damit Genüge getan sei für die Genehmigung zur Einführung von Aktien an einer amerikanischen Börse. Solange das Niveau der SEC-Vorschriften nicht erreicht sei, so meint man, sei bei uns alles unzulänglich.

Nun, so unzulänglich ist es nicht; denn wenn eine amerikanische Aktiengesellschaft einfach mit dem ihren Aktionären in der Hauptversammlung vorgelegten Jahresabschluß zur SEC gehen würde, so hätte sie den gleichen negativen Erfolg wie eine deutsche Aktiengesellschaft. Es gibt, und das ist entscheidend, in den USA einen Abschluß, der der Hauptversammlung vorgelegt wird, und einen zweiten, der der SEC einzureichen ist, sofern emittierte Wertpapiere an den Börsen gehandelt werden sollen. Die von der SEC geforderten zusätzlichen Angaben sind in dem Abschluß und Geschäftsbericht, der den Aktionären vorgelegt wird, nicht enthalten, obwohl jeder Aktionär die Möglichkeit hat, sich Einsicht in die der SEC eingereichten Unterlagen zu verschaffen. Das, was der SEC vorgelegt wird, sind in Wirklichkeit Abschlußunterlagen, die es dieser Stelle ermöglichen, die Sorgfaltspflicht und die Richtigkeit der Rechnungslegung der Organe des Unternehmens zu prüfen.

Den Mittelpunkt der Berichterstattung sowohl an Aktionäre wie auch an die SEC bildet der konsolidierte Abschluß von Unternehmenszusammenschlüssen auf einheitlicher Grundlage. Wenn kürzlich in einem deutschen Fachaufsatz davon die Rede war, daß den Geschäftsberichten in Amerika „üblicherweise" konsolidierte Abschlüsse beigefügt werden, so mag diese Bemerkung zu irrigen Vorstellungen führen. Es ist der konsolidierte Abschluß, der den Bestätigungsvermerk des Abschlußprüfers trägt, er ist das Zahlenwerk, das im Geschäftsbericht und in Fußnoten ergänzend erläutert wird. Daneben finden sich zuweilen noch Abschlüsse der Obergesellschaft, kaum jedoch Abschlüsse der in die Konsolidierung einbezogenen Untergesellschaften.

Ist heute also der konsolidierte Abschluß, der Konzernabschluß, in den USA das Zahlenwerk, dem sich das Hauptaugenmerk der Öffentlichkeit zuwendet, so ist es von Interesse, die Grundsätze zu kennen, nach denen dieses Zahlenwerk aufgestellt wird. Auch bei den folgenden Erläuterungen setze ich die Kenntnis bestimmter elementarer Vorgänge, die zu einem Konzernabschluß führen, voraus, so daß ich mich hier auf das Wesentliche und das in den letzten Jahren von Wissenschaft und Praxis Neuerarbeitete beschränken kann.

Konsolidierungsgrundsätze

Wie auf den meisten Fachgebieten, so gehen auch hier die Meinungen, wie man konsolidieren und was man konsolidieren soll, auseinander, obwohl die unterschiedlichen Auffassungen, wenn man sie analysiert, Neben- und keine Hauptfragen betreffen. Fragen der Konsolidierungstechnik möchte ich kurz am Schluß meiner Ausführungen behandeln und in den Mittelpunkt meiner Betrachtungen gewisse Grundsätze für die Aufstellung eines Konzernabschlusses stellen. Im einzelnen behandle ich:

1. Den Kreis der Unternehmen, die in die Konsolidierung einbezogen werden sollen,
2. den Stichtag,
3. das Erfordernis eines einheitlichen Kontenplanes,
4. Konzernzwischengewinne.

Zu 1. Der Kreis der Unternehmen, die in die Konsolidierung einbezogen werden sollen

Die Rechtsvorschriften in den USA und in Großbritannien sowie der Regierungsentwurf zu einem Aktiengesetz sehen — mit einigen Ausnahmen — vor, daß „Mehrheitsbeteiligungen", also Unternehmen, deren Anteile zu mehr als 50% einer Obergesellschaft gehören, in einen Konzernabschluß einzubeziehen sind. Diese starre Regelung hat in den USA in den letzten Jahren Erleichterungen erfahren, und man kann sagen, daß Mehrheitsbeteiligungen unter 75% kaum noch konsolidiert werden.

Das scheint mir eine vernünftige Regelung zu sein, besonders im Hinblick auf die Tatsache, daß Konzernabschlüsse in den USA nur dann Grundlage für die Einkommensbesteuerung sein können, wenn die Konzernuntergesellschaften sich zumindest mit 80% im Eigentum der Konzernobergesellschaft befinden. Entschließt man sich zu diesem Verfahren, so unterliegt der Konzerngewinn zwar einer um 2% höheren Körperschaftsteuer, man vermeidet aber lästige und zeitraubende Auseinandersetzungen mit der Finanzverwaltung an vielen Einzelstellen über vielleicht gleiche Probleme, so daß man letzten Endes doch Geld spart. Allein die SEC erhält auf Grund ihrer Vorschriften Sonderunterlagen für alle Mehrheitsbeteiligungen, die nicht in den Konzernabschluß einbezogen sind.

Diese Flexibilität halte ich für außerordentlich wichtig, und zwar besonders im Hinblick auf den Umfang, den der Schuldposten „Anteile der Minderheitsaktionäre" annehmen könnte, wenn man alle Beteiligungen über 50% in den Konzernabschluß einbeziehen würde. Es wäre ja der theoretische Fall denkbar, daß eine Holdinggesellschaft ausschließlich Beteiligungen von 51% besitzt. Die Folge wäre bei Aufstellung eines Konzernabschlusses, daß die Schuld an die Minderheitsaktionäre fast die Hälfte der konsolidierten Bilanzsumme ausmachen würde. Der Erkenntniswert eines solchen Konzernabschlusses gegenüber den Einzelabschlüssen oder einem kombinierten, d. h. addierten Abschluß der Einzelunternehmen wäre sehr geschmälert, und das Gegenteil von dem erreicht, was man erreichen wollte.

Hat sich die USA-Praxis unter richtiger Auslegung flexibel gehaltener Rahmenvorschriften dahingehend entwickelt, nur Mehrheitsbeteiligungen mit hohem Prozentsatz zu einem Konzernabschluß zusammenzufassen, so gehen hinsichtlich der Einbeziehung branchenfremder Unternehmen die Meinungen noch auseinander. Vielleicht kann man sagen, daß die Neigung zunimmt, die im Alleineigentum oder Mehrheitseigentum einer Obergesellschaft stehenden branchenfremden Unternehmen in die Konsolidierung einzubeziehen. Ich halte das für richtig; denn ob es ein Wohnungsunternehmen ist, das einem Montan- oder Chemiekonzern gehört, oder eine Bank, die im Eigentum eines Backpulverunternehmens steht, ist für die Beurteilung, ob man konsolidieren soll oder nicht, von untergeordneter Bedeutung gegenüber der Tatsache, daß es sich auch hier um Betriebsabteilungen handelt, die, juristisch genauso selbständig wie die anderen Beteiligungsgesellschaften, auch zum Erfolg, zum betriebswirtschaftlichen Ergebnis des Konzerns beigetragen haben wie die anderen Konzernteile. Wohnungsbau und Banken, um bei diesem Beispiel zu bleiben, sind heute ebensowenig „branchenfremd" in einem gleichgültig welchem Geschäftszweig angehörenden Unternehmen, wie eine Reparaturwerkstätte oder eine Schreinerei. Sie gehören ganz einfach mit zum „Wirtschaften".

Für die Einstellung des deutschen Gesetzgebers wäre es sehr zu begrüßen, wenn dieser Entwicklung Rechnung getragen würde: Flexibilität bei der Zuordnung zu einem Konzernabschluß auf Grund des Prozentsatzes, dagegen Einengung des Begriffes „branchenfremd".

Ein Wort sei hier noch hinzugefügt für die im Alleineigentum stehenden Untergesellschaften einer Holding. Ich habe schon ausgeführt, daß man in den USA davon absieht, den Geschäftsberichten Abschlüsse von Tochtergesellschaften beizufügen, und zwar gleichgültig, ob ihre Anteile ganz oder nur zum Teil bei der Obergesellschaft liegen. Man ist nur am Abschluß der Obergesellschaft interessiert. Nicht so in Deutschland, wo Abschlüsse von Untergesellschaften, sofern sie in der Form der Aktiengesellschaft betrieben werden, veröffentlicht werden müssen, gleichgültig, ob sich ihr Kapital voll oder nur zum Teil im Eigentum einer anderen Gesellschaft befindet.

Der Regierungsentwurf sieht nun in § 308 vor, daß die Hauptversammlung einer Aktiengesellschaft die Eingliederung der Gesellschaft in eine andere Aktiengesellschaft mit dem Sitz im Inland (Hauptgesellschaft) beschließen kann, wenn sich alle Aktien der Gesellschaft in der Hand der zukünftigen Hauptgesellschaft befinden. Eine so eingegliederte 100%ige Untergesellschaft braucht dann gemäß § 313 des Regierungsentwurfs weder den Jahresabschluß und den Geschäftsbericht zum Handelsregister einzureichen noch den Jahresabschluß bekanntzumachen, wenn die eingegliederte Gesellschaft in einen auf den Stichtag ihres Jahresabschlusses von der Hauptgesellschaft aufgestellten Konzernabschluß oder Teilkonzernabschluß einbezogen ist.

Vorläufig gilt jedoch uneingeschränkt § 132 des AktGes. in der neuen Fassung der Kleinen Aktienrechtsreform vom 23. Dezember 1959, wonach auch 100%ige Untergesellschaften ihren Jahresabschluß zu veröffentlichen haben. Hierbei wirkt störend, daß die erweiterte Publizität für die Gewinn- und Verlustrechnung, falls der Regierungsentwurf in der vorliegenden Fassung zum Gesetz erhoben wird, nur vorübergehender Natur sein würde. Es besteht also die Gefahr, daß solche 100%igen Untergesellschaften für die Übergangszeit umwandeln, d. h. sich aus der Rechtsform der AG in die Rechtsform der GmbH oder in die einer anderen nicht publizitätspflichtigen Gesellschaft flüchten, um während der Übergangszeit der Öffentlichkeit nicht mehr zeigen zu müssen, als sie bis zum Inkrafttreten der Kleinen Aktienrechtsreform zu zeigen verpflichtet waren und auch später nach dem Inkrafttreten der Großen Aktienrechtsreform zu zeigen haben werden.

Daß eine Welle von Umwandlungen aus der Rechtsform der AG in die Rechtsform der GmbH wegen der damit verbundenen Begleitumstände aus volkswirtschaftlichen Gründen unerwünscht ist, braucht nicht erst gesagt zu werden. Andererseits kann man es diesen 100%igen Untergesellschaften nicht verdenken, wenn sie die Flucht aus dem Scheinwerferlicht der erhöhten Publizität in das Dunkel der Publizitätsfreiheit antreten angesichts der Tatsache, daß diese erhöhte Publizität doch nur vorübergehend ist und gegenüber Konkurrenzunternehmen, die in der Rechtsform der GmbH bestehen, schädigende Folgen haben kann.

Zu 2. **Der Stichtag**

Die SEC läßt die Konsolidierung von Abschlüssen zu, deren Stichtage bis zu 93 Tagen auseinander liegen, eine Bestimmung, von der heute kaum noch Gebrauch gemacht wird. Sie geht auf die Zeit schlechter oder langsamer Nachrichtenübermittlung zurück und ist nicht mehr aktuell. Der Regierungsentwurf sieht eine ähnliche Vorschrift auch gar nicht vor, sondern verlangt Aufstellung eines konsolidierten Abschlusses zum gleichen Stichtag, wahlweise dem der Obergesellschaft oder dem einer Untergesellschaft, wenn abweichende Stichtage vorliegen. Das kann die Aufstellung von Zwischenabschlüssen bedeuten, und zwar stichtagsgerecht abgegrenzt.

Mir scheint diese Regelung die einzig sinnvolle zu sein, und es wäre nun Sache der Konzerne, sich zu überlegen, ob man sich bei Vorliegen unterschiedlicher Stichtage der Mühe der Aufstellung eines Zwischenabschlusses unterziehen will, oder ob man zu einem einheitlichen Stichtag für alle Konzernunternehmen übergehen soll. Ich meine, das letztere wäre die sinnvollere Lösung, besonders, wenn man sich vor Augen hält, daß unterschiedliche Stichtage lediglich historisch, steuerlich oder saisonal bedingt sind.

Haben die Stichtage einen historischen Hintergrund, weil eben beim Erwerb eines Unternehmens dieses Unternehmen zu einem anderen Stichtag bilanzierte als das erwerbende Unternehmen, so besteht überhaupt kein plausibler Grund, die Angleichung der Stichtage nicht vorzunehmen. Geschäftspolitische Rücksichten z. B. auf Lieferanten und Abnehmer können hierbei kaum eine Rolle spielen.

Haben steuerliche Gesichtspunkte zur Legung unterschiedlicher Stichtage geführt, so ist selbstverständlich zu untersuchen, ob die Gründe noch stichhaltig fortbestehen oder ob man einen kleinen Steuervorteil, vielleicht auch einen nachhaltigen Steuervorteil zugunsten einer Vereinfachung in der Rechnungslegung aufgeben soll. Besonders bei Vorliegen von Organschaftsverhältnissen kann es von Vorteil sein, wenn Untergesellschaften ihren Gewinn mit der Obergesellschaft zu einem anderen, nämlich später liegenden Stichtag abrechnen, so daß die Organschaftsabrechnung bei der Obergesellschaft erst im nächsten Geschäftsjahr zur Versteuerung gelangt. Hier sollte man sehr genau Vor- und Nachteile gegeneinander abwägen; eine Regel für eine einheitliche Auffassung läßt sich in diesem Punkt meines Erachtens nicht aufstellen.

Saisonale Gründe spielen heute nicht mehr die Rolle wie früher. Man muß hier, glaube ich, zwei Tatbestände unterscheiden. Zunächst kann die Wahl des Stichtags auf einen Zeitpunkt gelegt worden sein, an dem die Warenbestände besonders niedrig waren, Fehlerquellen durch unrichtige Bewertung also kleiner gehalten werden konnten. Bei der Entwicklung, die die Rechnungslegung genommen hat, kann man heute sagen, daß dieser Tatbestand nicht mehr ausschlaggebend sein dürfte. Ob große oder kleine Bestände, sie sind bei ausgebauter Kostenrechnung — und die kann man bei Großunternehmen, über die hier ja gesprochen wird, unterstellen — richtig im Mengengerüst und in der Bewertung zu ermitteln. Auch der zweite Tatbestand, dem früher Rechnung zu tragen war, nämlich Berücksichtigung von Witterungsverhältnissen, hat heute nicht mehr die Bedeutung, die ihm früher einmal zukam. Immer weniger Bestände lagern im Freien, selbst in der Montanindustrie sind heute die meisten Vorräte in Hallen gelagert und damit zu jeder Jahreszeit aufnahmefähig.

Wenn ich also einen einheitlichen Stichtag befürworte, so deshalb, weil in der Mehrzahl der Fälle die Begründung für die ursprüngliche Abweichung in den Stichtagen von Ober- und Untergesellschaften heute in Fortfall gekommen ist, wobei ich die klare Einschränkung mache, daß steuerlichen Gesichtspunkten, die sich zum Nachteil des Unternehmens auswirken können, stets Rechnung zu tragen wäre.

Zu 3. **Das Erfordernis eines einheitlichen Kontenplanes**

Es ist nicht von ungefähr, daß amerikanische Großunternehmen, die im internationalen Geschäft tätig sind und Tochtergesellschaften in den verschiedensten Ländern unterhalten, diesem Punkt ihre ganz besondere Aufmerksamkeit widmen. Es handelt sich bei der Erteilung einheitlicher Richtlinien nicht etwa um gelegentliche Rundschreiben, sondern um sehr detailliertes Material, das für den ganzen Konzern eine einheitliche Verbuchung aller denkbaren Geschäftsvorgänge vorsieht und laufend ergänzt wird. Der Umfang eines solchen „Kontenrahmens" mit Ausführungsbestimmungen erreicht oft den einer Bibel. Auch wenn die Organe der Tochtergesellschaften diese voluminösen Verbuchungsanordnungen manchmal als zeitverschwendende Lektüre ansehen, sie sind in Wirklichkeit das Gegenteil.

Natürlich treffen nicht immer alle Anweisungen auf jede Untergesellschaft zu, doch gewähren sie in ihrer Gesamtheit bei ihrer Befolgung — und die Befolgung wird vorausgesetzt und auch durch interne Kontrollorgane laufend überwacht — der Obergesellschaft so viele Vorteile und Erleichterungen sowohl bei der Aufstellung des Konzernabschlusses als auch bei sinnvoller Erarbeitung von innerbetrieblichen Vergleichszahlen, daß kleine Nachteile bei einer Untergesellschaft demgegenüber nicht ins Gewicht fallen.

Die Erstellung eines Konzernabschlusses setzt nun einmal voraus, daß Gleiches nur mit Gleichem zusammengefügt werden kann. Hat man es dagegen mit Ungleichartigem zu tun, so ergeben sich bei den Konsolidierungsarbeiten bei der Obergesellschaft zwangsläufig Schwierigkeiten, die zu zeitraubenden Nachfragen führen können und den Ablauf der Arbeiten hemmen. Sind Gliederung und Bewertung bei allen Untergesellschaften jedoch gleichmäßig durchgeführt, so ist zumindest der Beginn der Konsolidierung eine mechanische Arbeit, die selbstverständlich durch nicht zu vermeidende Konsolidierungsbuchungen, die zwangsläufig immer anfallen, noch zu ergänzen ist. Es muß zur Erreichung des Zieles, kurzfristige Erstellung von Konzernabschlüssen, auch bei den deutschen Konzernen angestrebt werden, daß mehr noch als bisher im Konzern einheitlich gebucht und auch bewertet wird.

Es wäre begrüßenswert, wenn die Finanzverwaltung hier die Bestrebungen der deutschen Industrie unterstützen würde, und zwar in dem Sinne, daß mit ihr abgestimmte Richtlinien für den Konzern verbindlich sind. Ich denke hier weniger an zu vereinbarende Abschreibungssätze bei Sachanlagen — obwohl auch diese konzerneinheitlich festzulegen und daher zweckmäßigerweise mit der Steuerbehörde vorher abzustimmen wären — als vielmehr an die Bewertung der Vorräte.

Es würde für alle Beteiligten, der Industrie ebenso wie der Betriebsprüfung, von Vorteil sein, wenn man zu dem schon vor dem 2. Weltkrieg geübten Verfahren von Festwerten in bestimmten Zweigen der Grundstoffindustrien zurückkehren würde. Vorräte schlagen sich ja nun einmal um, zwar mit unterschiedlicher Häufigkeit in den einzelnen Industriezweigen, aber doch so häufig, daß Festwerte bestenfalls einen Zinsgewinn mäßiger Größenordnung für die betroffenen Industrien bedeuten, sonst aber zu bedeutender Arbeitsersparnis führen würden. Hat man Festwerte konzerneinheitlich nach der Niederstwertregel unter Berücksichtigung aller Risiken festgelegt, so spiegelt die Konzernbilanz die Tatbestände der Vorratshaltung viel richtiger wider, als wenn unterschiedliche Bewertungsverfahren gleicher Erzeugungsgruppen bei verschiedenen Konzerngliedern zur Anwendung kämen.

Es ist sicherlich nicht verfrüht, den Gedanken, vornehmlich den Konzernabschluß der Besteuerung zu unterwerfen, auszusprechen. Bei Vorliegen von Organschaftsverhältnissen der Konzernglieder mit der Obergesellschaft ist — wenn man von der Besteuerung des „eigenen Einkommens" der Untergesellschaften absieht — ohnehin diesem Gedanken bereits weitgehend Rechnung getragen worden.

Zu 4. **Konzernzwischengewinne**

Konzernzwischengewinne entstehen im wesentlichen beim Sachanlage- und Vorratsvermögen. Das neue deutsche Aktiengesetz sieht die Eliminierung nicht realisierter Gewinne beim Vorratsvermögen vor, glaubt aber, von einer Rückrechnung derartiger Gewinne beim Sachanlagevermögen Abstand nehmen zu können. Das ist unlogisch und schon deshalb eine bedauerliche Entscheidung, weil sie mit „praktischen Schwierigkeiten" begründet wird.

Nehmen wir einmal an, ein vertikal durchgegliederter Montankonzern, zu dem Erz- und Kohlengruben, Hochöfen und Stahlwerke, weiterverarbeitende Betriebe und Handelsunternehmen gehören, erstellt im Rahmen seiner Möglichkeiten die verschiedensten Anlagen, die nur an Konzernunternehmen geliefert werden. Dann entstehen bei marktgerechter Preisbildung Gewinne, die vom Konzernstandpunkt aus gesehen keine sind. Ich halte es für wenig wahrscheinlich, daß unser Rechnungswesen heute so schlecht ist, daß man den Unterschied zwischen den Selbstkosten von in eigener Regie erstellten Anlagegütern und den in Rechnung gestellten Verkaufspreisen nicht ermitteln könnte. Ich bin sogar der Meinung, daß es im allgemeinen leichter sein dürfte, diesen Unterschiedsbetrag bei den Anlagen festzustellen als bei den Vorräten. Die Begründung im Regierungsentwurf scheint mir daher nicht sehr fundiert zu sein. Vielleicht übersieht man auch die praktischen Konsequenzen und die Größenordnung. Gerade im Bereich der Montanindustrie sind es beachtliche Summen, die innerhalb eines Konzerns in selbsterstellten Anlagen investiert werden.

Nach der amerikanischen Auffassung sind Konzernzwischengewinne sowohl beim Anlage- wie auch beim Vorratsvermögen bei Aufstellung eines Konzernabschlusses auszuschalten. Unterschiedliche Meinungen herrschen allerdings noch über die Behandlung dieser Zwischengewinne, wenn Minderheitsanteile an der verkaufenden Untergesellschaft bestehen. Ich vertrete die Auffassung, daß Minderheitsaktionären immer marktgerechte Preise zustehen, sie haben ein Anrecht auf ihren Gewinnanteil und demzufolge wäre bei Aufstellung eines Konzernabschlusses die Aussonderung von Konzernzwischengewinnen um die auf die Minderheitsaktionäre entfallenden Beträge zu kürzen. Diese Kürzung wäre ergebnisberichtigend für den Konzernabschluß.

Ich möchte gerade an dieser Stelle nochmals dafür eintreten, Festwerte zur Bilanzierung von Gegenständen des Vorratsvermögens zu verwenden, die, steuerlich abgestimmt, der Niederstwertregel entsprechen und von vornherein die Aktivierung nicht realisierter Konzernzwischengewinne ausschalten.

Technik der Konsolidierung

Es seien im Rahmen dieses Aufsatzes nur einige wesentliche Probleme dieses Gebietes behandelt.

Daß Forderungen und Verbindlichkeiten zwischen Konzerngesellschaften sich decken müssen und auszusaldieren sind, ist eine Selbstverständlichkeit. Das Beteiligungskonto der Obergesellschaft braucht sich aber nicht immer mit dem Reinvermögen einer zu konsolidierenden Gesellschaft zu decken, es können hier Mehr- oder Minderbeträge auftreten. Während nun die amerikanische Praxis bei Auftreten derartiger Differenzbeträge dem Zeitpunkt der Begründung des Konzernverhältnisses große Bedeutung beimißt, geht der Regierungsentwurf auf eine unterschiedliche Behandlung dieser Posten entsprechend ihrer Entstehung nicht ein. Hier ist noch ein weites Gebiet für Praxis und Rechtsprechung.

Auf jeden Fall sollte man bei dem Verfahren der Bewertung einer Beteiligung zu Anschaffungskosten bleiben. Stimmten im Zeitpunkt der Begründung eines Konzernverhältnisses Anschaffungskosten nicht mit dem buchmäßigen Reinvermögen überein, so war der Unterschiedsbetrag positiver oder negativer Goodwill und ist als solcher in der Konzernbilanz fortzuführen. Tritt z. B. ein positiver Goodwill in Erscheinung, so kann man diesen Mehrbetrag durchaus auf Wirtschaftsgüter übertragen, die in der Bilanz der Untergesellschaft zu gering zum Ansatz gekommen waren, seien es Gegenstände des Anlage- oder auch des Umlaufvermögens, d. h. stille Reserven, die bei Erwerb einer Gesellschaft bezahlt wurden, werden in der Konzernbilanz sichtbar den betreffenden Vermögensteilen zugeschrieben.

Eine besondere Behandlung verdienen Forderungen und Schulden verschiedener Glieder eines Konzerns gegenüber Dritten. Schuldet die Konzerngesellschaft A einer Firma X einen beliebigen Betrag, während andererseits die Konzerngesellschaft B eine Forderung an die gleiche Firma X hat, so sind — bei gleicher Fristigkeit — Forderung und Schuld in der Konzernbilanz aufrechenbar. Gerade hier zeigt es sich, daß man die juristische Selbständigkeit der Konzernteile außer acht zu lassen hat, um zu richtigen Ergebnissen in der Konzernbilanz zu kommen. Wie erwähnt, ist gleiche Fristigkeit Voraussetzung für die Saldierung; man kann nicht ein kurzfristiges Bankguthaben gegen eine langfristige Schuld bei der gleichen Bank aufrechnen.

Haftungsverhältnisse, die in der Bilanz der Obergesellschaft erscheinen, kommen im Konzernabschluß dann in Fortfall, wenn sie für Schulden von Untergesellschaften bestanden, weil die Schulden selbst in der konsolidierten Bilanz gezeigt werden.

Es hat mich gewundert, daß große deutsche Konzerne, deren Teile unterschiedliche Bilanzstichtage haben, im konsolidierten Abschluß den gleichen Reingewinn auswiesen wie im Abschluß der Obergesellschaft. Das wäre theoretisch nur dann möglich, wenn die Untergesellschaft in der Zeit von ihrem Abschlußtag bis zum Abschlußtag der Obergesellschaft ohne Ergebnis geblieben wäre. Da das aber nicht anzunehmen ist, bleibt nur die Schlußfolgerung übrig, daß ein in diesem Zeitraum entstandener Gewinn z. B. den Rückstellungen zugeführt wurde, ein möglicher Verlust von den Rücklagen gekürzt wurde. Beides hat mit Konsolidierungstechnik nichts zu tun. Wenn man einen Zwischenabschluß konsolidiert, so ist dieser Abschluß wie jeder andere Abschluß abzugrenzen, d.h. es sind alle erkennbaren Risiken zu berücksichtigen, insbesondere also auch Steuerschulden. Ob der Zeitraum der Rechnungslegung, in den der Zwischenabschluß fällt, später zu Verlusten führt, die im Zeitpunkt der Aufstellung nicht erkennbar waren, spielt dabei keine Rolle, jedenfalls muß man einen bestehenden Überschuß als Gewinn zeigen und kann ihn nicht einfach einem beliebigen Schuldposten zuordnen. Dies zeigt wiederum, wie wichtig gleiche Stichtage für den Konzernabschluß sind.

Schlußbemerkung

Zweck dieser Abhandlung sollte es sein, Differenzen aufzuzeigen, die heute noch in der Auffassung bestehen, wie man Konzernabschlüsse aufzustellen hat. Sind in den anglo-amerikanischen Ländern, besonders in den USA, Meinungsverschiedenheiten weitgehend ausgeräumt, und zwar auf Grund jahrzehntelanger praktischer Arbeit und wissenschaftlicher Erkenntnis, so stehen wir in Deutschland erst am Anfang derartiger Auseinandersetzungen.

Es ist nicht zu verkennen, daß die Richtlinien der SEC z. T. Pate beim Regierungsentwurf eines neuen deutschen Aktiengesetzes gestanden haben. Das ist ein begrüßenswerter Vorgang. Wir sollten in der Bundesrepublik nicht erst dort anfangen, wo andere auch angefangen haben, sondern den Stand internationaler Erkenntnis — auf unsere Verhältnisse abgewandelt — übernehmen und hierauf aufbauend die Diskussion fortsetzen und der weiteren Entwicklung der wirtschaftlichen Verhältnisse Rechnung tragen. Es ist, meine ich, im Zeitalter fortschreitender wirtschaftlicher Integration erforderlich, auch in der Darstellung und Vermittlung von Zahlen um ihres allgemeinen Verständnisses willen eine einheitliche Sprache zu sprechen.

Veränderungen der Bedeutung und bei der Erfüllung von Handelsfunktionen auf Grund neuerer Entwicklungen in der Absatzwirtschaft sowie in der Produktions- und Transporttechnik

von

Privatdozent Dr. *Horst Schwarz*, Berlin

I. Begriff und Erscheinungsformen der Handelsfunktionen sowie Ursachen ihrer Veränderung

a) *Zum Begriff der Handelsfunktionen*

Der Begriff der Handelsfunktion wird in der wirtschaftswissenschaftlichen Literatur seit Jahrzehnten von zahlreichen Autoren verwendet. Um die *Entwicklung* dieser Funktionenlehre haben sich vor allem Schär, Oberparleiter, Lisowsky, Seyffert, Schäfer und Buddeberg verdient gemacht.

Von diesen und weiteren Autoren werden bzw. wurden jedoch unterschiedliche Funktionsbegriffe gebraucht. Man kann allerdings die verschiedenen Auffassungen zu zwei Gruppen von Ansichten zusammenfassen: Eine Gruppe von Autoren verwendet den Begriff der Handelsfunktion — und damit den des Handels — im streng funktionellen Sinne. Es geht dann um bestimmte Tätigkeiten, die Handel darstellen, ohne Rücksicht darauf, ob sie von Handelsbetrieben (d. h. nur handeltreibenden Betrieben) oder von anderen Betrieben (die *auch*, d. h. nebenbei, eine Handelstätigkeit ausüben) ausgeführt werden. Dieser Funktionsbegriff bedingt deshalb eine stärker abstrahierende Betrachtungsweise als die später zu erwähnende Gruppe von Funktionsbegriffen. Als wichtigster Vertreter der ersten Gruppe ist K. Oberparleiter anzusehen. Ihm folgt insoweit praktisch die ganze „Wiener Schule", die überdies die Funktionslehre auch für Betriebe anderer Wirtschaftszweige entwickelt hat[1].

Oberparleiter versteht unter Warenhandel „interpersonalen Wirtschaftsverkehr mit Ge- und Verbrauchsgütern ..., wirtschaftlich-recht-

[1] Vgl. die Beiträge in der Festschrift zum 70. Geburtstag von K. Oberparleiter: Funktionen- und Leistungsdenken in der Betriebswirtschaft (herausgegeben von W. Bouffier), Wien 1956.

liche Konsumnäherung mit dem Endzweck der Bedarfsbefriedigung"[2]. Aus dieser Auffassung resultiert bereits zum Teil das Auswahlprinzip, das dem Funktionssystem Oberparleiters zugrunde liegt. Handelsfunktionen sind nach Oberparleiter Leistungen in Gestalt der Überbrückung von Diskrepanzen zwischen Produktion und Konsum.

Die andere Gruppe von Autoren, als deren wichtigste Vertreter Seyffert und Buddeberg gelten können, berücksichtigen dagegen auch die *institutionelle* Seite der Sache. Dementsprechend tragen deren Funktionssysteme einen wesentlich institutionellen Charakter. Es wird von diesen beiden Autoren nicht so sehr auf die Funktionen des Handels als auf die des Handels*betriebes,* auf die „Handlung" abgestellt.

Beide Arten von Betrachtungsweisen haben bereits ihre Fruchtbarkeit bei zahlreichen Forschungsarbeiten bewiesen[3]. Auch für die in diesem Rahmen zu untersuchende Frage, inwiefern und inwieweit Handelsfunktionen durch gewisse Entwicklungen wirtschaftlicher oder technischer Art Veränderungen erfahren haben, können beide Betrachtungsweisen fruchtbar sein. Es spricht jedoch eine Vermutung dafür, daß in *dieser* Hinsicht die Übernahme der institutionellen Betrachtungsweise leichter aufschlußreiche Ergebnisse ermöglichen wird. Eine solche Vermutung ergibt sich aus folgender Überlegung: *Wesenszüge* des Handels in dem weiteren Sinne von Oberparleiter und anderer Vertreter dieser Gruppe dürften sich weniger schnell und weniger deutlich als die bestimmter Handelsinstitutionen ändern. Dies gilt schon deswegen, weil *Verlagerungen* von Aufgaben oder Tätigkeiten von einem Wirtschaftszweig zu einem anderen naturgemäß häufiger auftreten als das Entfallen von Aufgaben oder eine Reduzierung ihrer Bedeutung (insgesamt). Es ist deshalb sicherlich auch kein Zufall, das Mellerowicz, der sich ja im Rahmen seiner Forschungen auf dem Gebiet des Absatzes vornehmlich Untersuchungen über den Markenartikel, über Handelsspannen und über die Bedeutung neuer Betriebsformen im Handel gewidmet hat, dem institutionellen Gesichtspunkt große Bedeutung beimißt. Eine Bevorzugung der institutionellen Betrachtungsweise bietet sich für die Untersuchung von Funktions*verlagerungen* geradezu an. Es geht ja insoweit nicht oder nicht nur um die Änderungen von Aufgaben oder Tätigkeiten, sondern auch oder nur um deren Verlagerung von der einen Institution (z. B. vom Handelsbetrieb) auf eine andere (z. B. auf den Industriebetrieb). Dies

---

[2] K. Oberparleiter, Funktionen und Risiken des Warenhandels, 2. Auflage, Wien 1955, S. 1.

[3] Sehr problematisch erscheint dagegen der Versuch, die verschiedenen Ansichten von Vertretern beider Gruppen von Autoren in einem Funktionssystem zu vereinigen, wie dies H. Marré (vgl. Funktionen und Leistungen des Handelsbetriebes, Köln und Opladen 1960) versucht hat.

wird später, insbesondere bei der Untersuchung der Rolle des Markenartikels, noch deutlicher werden. Deshalb soll im folgenden die institutionelle Betrachtungsweise übernommen werden.

b) *Erscheinungsformen der Handelsfunktionen*

Entsprechend den unterschiedlichen Auffassungen im einzelnen, vor allem aber auf Grund des genannten grundsätzlichen Unterschiedes (streng funktionell oder stark institutionell) werden von den weiter vorn genannten Autoren unterschiedliche Handelsfunktionen genannt. Da wir uns aus Zweckmäßigkeitsgründen in *diesem* Rahmen der institutionellen Betrachtungsweise bedienen wollen, sollen bei der folgenden Untersuchung die von Buddeberg genannten Erscheinungsformen zugrunde gelegt werden[4]. Er unterscheidet folgende Handelsfunktionen[5]:

1. Kontaktfunktion
2. Informationsfunktion
3. Beratungsfunktion
4. Warenumgruppierungsfunktion
5. Mengenumgruppierungsfunktion
6. Raumausgleichsfunktion
7. Zeitausgleichsfunktion
8. Veredelungsfunktion.

Einige dieser Funktionen können z. T. relativ summarisch behandelt werden, sei es, weil sie *offensichtlich* nicht wesentlich von bestimmten Veränderungen in der wirtschaftlichen und technischen Entwicklung betroffen sind, sei es, daß das Fehlen einer Beeinflussung *schnell feststellbar* ist.

c) *Ursachen für die Änderung der Bedeutung oder der Verlagerung einzelner Handelsfunktionen*

Änderungen der Handelsfunktionen treten vor allem in zweierlei Erscheinungsformen auf, die jedoch im folgenden jeweils zusammen behandelt werden sollen: Einmal können einzelne Funktionen absolut und/oder relativ an Bedeutung verlieren oder gewinnen. Zum anderen kann die Bedeutung (insgesamt) gleich groß bleiben, aber eine Verlagerung z. B. aus der Sphäre des Handels in die anderer Wirtschaftszweige (insbesondere in die der Industrie) erfolgen, so daß derartige Aufgaben oder Tätigkeiten nach längerer Zeit gar nicht mehr als *Handels*funktionen betrachtet werden.

---

[4] Der Begriff der Veredelungsfunktion wird aber weiter gefaßt werden, als es Buddeberg getan hat.

[5] H. Buddeberg, Betriebslehre des Binnenhandels, Wiesbaden 1959, S. 21—40.

Welches sind nun die Ursachen solcher Bedeutungsänderungen? Es gibt deren zweifellos viele. Fast alle aber haben ihre Ursache *letzten* Endes im technischen Fortschritt. Der technische Fortschritt kann jedoch einmal direkt Änderungen bewirken, und er kann sie, zum anderen, indirekt — auf dem Umweg über Wandlungen der Wirtschaft in anderer Hinsicht — herbeiführen. Da es am leichtesten ist, von den *sofort erkennbaren* Ursachen auszugehen, wollen wir jeweils auf das unmittelbar Wirkende abstellen. Demnach werden mittelbare Wirkungen des technischen Fortschritts (Wirkungen über wirtschaftliche Änderungen anderer Art) hier als wirtschaftliche Ursachen betrachtet, während als technische nur solche bezeichnet werden, bei denen die Technik *unmittelbar* den Bedeutungswandel herbeiführt.

Wenn man in diesem Sinne zunächst an die wirtschaftlichen Änderungen denkt, so geht es vor allem um zwei Entwicklungen, die die Handelsfunktionen beeinflußt haben:

1. die zunehmende Bedeutung des Markenartikels und
2. das Aufkommen neuer oder das Vordringen bisher weniger bedeutsamer Betriebsformen des Handels.

Diesen beiden Komplexen des Absatzbereiches soll im folgenden zuerst nachgegangen werden. Sie können in gewissem Umfange zugleich stellvertretend für andere aktuelle Absatzprobleme (z. B. heterogene Konkurrenz schlechthin, Sortimentspolitik der Betriebe, Problematik der Höhe der Handelsspannen) stehen.

Technische Entwicklungen, in dem weiter vorn definierten engeren Sinne, haben vor allem in zweierlei Gestalt Handelsfunktionen beeinflußt: Einmal durch Fortschritte in der Produktionstechnik und zum anderen durch Änderungen in der Transporttechnik.

II. Beeinflussung der Handelsfunktionen durch neuere Entwicklungen im Absatzbereich

a) *Allgemeines*

Die zunehmende Schwierigkeit für den Verbraucher, insbesondere für den Letztverbraucher, technische Qualität und wirtschaftliche Eignung gewisser Güter selbst in genügendem Maße beurteilen zu können, hat u. a. den Weg für das starke Vordringen der Markenartikel frei gemacht. Umgekehrt hat das Bestreben der Industriebetriebe, vertriebspolitischen (insbesondere auch preispolitischen) Spielraum zu erlangen, zu dem Bestreben geführt, sich eigene Elementarmärkte zu schaffen, d. h. die eigenen Produkte möglichst stark von denen der Konkurrenz abzuheben. Wenn es auf dem Gebiet der Einzelfertigung schon immer für den Nachfrager schwer war, die Preis*würdigkeit* alternativer Angebote zu beurteilen, so haben diese Situation Hersteller, die in Massen-, Serien- oder Sortenfertigung fabrizieren, bis zu einem gewissen Grade — in Gestalt von Markenartikeln — *bewußt* herbeigeführt. Die sozusagen „natürliche" Entwicklung, daß mit der Zunahme der Vielfalt der Produkte infolge weiterer Fortschritte der (naturwissenschaftlichen) Technik jedenfalls der Letztverbraucher immer weniger Qualität und Preiswürdigkeit zu beurteilen vermag, wurde durch eine bewußte Betriebspolitik (Vertriebspolitik) der Anbieter beschleunigt und verstärkt. Der Markenartikel aber erfordert eine andere Vertriebspolitik als der anonyme Artikel. Inwiefern hierdurch die Handelsfunktionen beeinflußt werden, ist gleich anschließend zu zeigen. Dies ist ein wichtiges Beispiel dafür, wie durch wirtschaftliche Entwicklungen (und zwar durch Entwicklungen, die zwar nicht allein, aber doch in erster Linie in der Absatzsphäre entstanden sind) Handelsfunktionen — oder mindest deren Ausübung — beeinflußt wurden.

Der zweite, danach zu behandelnde Fall wirtschaftlicher Entwicklungen, die die Handelsfunktionen beeinflussen, ist in dem Vordringen neuer oder bisher weniger bedeutsamer Betriebsformen des Handels zu sehen. Auch hier liegt das unmittelbar auslösende Moment in der Absatzsphäre, aber nicht in deren industriellem Teil, sondern im Bereich des Handels selbst. Es soll nicht verkannt werden, daß z. T. Wechselwirkungen zwischen dem Vordringen des Markenartikels (insbesondere des preisgebundenen) und dem Vordringen neuer Betriebsformen im Handel bestehen. Aber auch unabhängig davon sind neue Formen entstanden oder haben sich bekannte Formen stärker ausgebreitet.

b) *Beeinflussung der Handelsfunktion durch die zunehmende Bedeutung des Markenartikels*

Es kann als bekannt vorausgesetzt werden, inwiefern der Markenartikelhersteller eine von dem Hersteller anonymer Ware abweichende Strategie betreibt[6]. Hier geht es nur darum, zu untersuchen, wie die von Buddeberg herausgestellten Handelsfunktionen davon beeinflußt wurden.

Zunächst soll die *Kontaktfunktion* betrachtet werden. Buddeberg sieht das Wesen dieser Funktion darin, daß der Handelsbetrieb durch ihre Erfüllung getrennte Marktpartner (z. B. Industrie und Letztverbraucher) zusammenbringt und damit der Verbesserung der Markttransparenz

---

[6] Vgl. hierzu z. B. K. Mellerowicz, Markenartikel — die ökonomischen Gesetze ihrer Preisbildung und Preisbindung, München/Berlin 1955; K. Mellerowicz, Der Markenartikel als Vertriebsform und als Mittel zur Steigerung der Produktivität im Vertriebe, Freiburg i. Br. 1959; H. W. Fiuczynski, Die Produkt- und Preispolitik der Markenartikelhersteller, Feiburg i. Br. 1960; A. Kruse, Die Produktdifferenzierung in Theorie und Praxis, Freiburg i. Br. 1960.

dient[7]. Ein sehr wichtiges Mittel hierzu ist die Werbung. Nun ist für den Markenartikel kennzeichnend, daß mindestens der Schwerpunkt der Werbung eindeutig beim Hersteller liegt. Faßt man die Kontaktfunktion in dem oben genannten Sinne auf, so leuchtet ein, daß sie im Falle des Absatzes von Markenartikeln mindestens zum Teil dem Handelsbetrieb entzogen und auf den Industriebetrieb *verlagert* wird.
Eine andere Frage ist es dagegen, ob die Funktion (als solche) an Bedeutung gewonnen oder verloren hat. In dieser Hinsicht ergibt sich folgendes Bild: Für Markenartikel wird (insgesamt) regelmäßig mehr geworben als für andere Artikel, wenn der Umfang der Werbung auch vielfach überschätzt wird[8]. Es wäre aber auch unrichtig, anzunehmen, daß im Falle des Absatzes von Markenartikeln die Kontaktfunktion *ganz* auf den Industriebetrieb verlagert wurde. Dies gilt nicht einmal voll für den hier herausgestellten Teilaspekt, nämlich für die Werbetätigkeit. Der Markenartikel verkaufende Einzelhändler wirbt zwar, wie in der Literatur ausgeführt wurde, nun nicht so sehr für die Ware als für sein Geschäft, aber er wirbt damit zweifelsfrei *auch* für die Ware selbst. Entscheidend ist aber, daß die Kontaktfunktion nicht nur durch Werbetätigkeit erfüllt wird, sondern auch durch die eigentliche Verkaufstätigkeit, also durch den Komplex, der mit Gnann[9] als „persönliche Verkaufskunst" deutlich von der Werbetätigkeit zu trennen ist. Die Bedeutung der Verkaufskunst mag bei zahlreichen Markenartikeln (als Folge der Herstellerwerbung) etwas an Bedeutung verloren haben, *soweit* sie aber noch benötigt wird (und dies ist ja der Regelfall!), wird sie ungeschmälert durch Handelsbetriebe geleistet. In dieser Hinsicht (Bedeutung der persönlichen Verkaufskunst) ist also keine Verlagerung, wohl aber oft eine Schmälerung *insgesamt* festzustellen.

Zusammenfassend kann man also sagen, daß die Kontaktfunktion insgesamt im Bereich des Markenartikelabsatzes an Bedeutung gewonnen oder im Ergebnis nicht an Bedeutung verloren hat, daß aber der Anteil des Handels daran zurückgegangen ist. Das ergibt sich daraus, daß die Werbung hier — oft auf Kosten der persönlichen Verkaufskunst — an Bedeutung gewonnen hat, die Werbung aber zum weitaus größten Teil vom Hersteller vorgenommen wird. Dies gilt freilich nur für den Regelfall des Markenartikelabsatzes. Als Regelfall ist insbesondere das Absetzen des größten Teiles eines Markenartikels im eigenen Wirtschaftsraum anzusehen. Wenn dagegen Markenartikel in einen anderen Wirt-

---

[7] Vgl. H. Buddeberg, a. a. O., S. 25.

[8] Vgl. z. B. K. Mellerowicz, Markenartikel — Die ökonomischen Gesetze ..., a. a. O., S. 19.

[9] Vgl. G. Gnann, Die Problematik des persönlichen Verkaufens — im besonderen im Umgang mit dem Letztkäufer, Berlin 1958, S. 22 ff.

schaftsraum vertrieben (z. B. aus dem Bereich der EFTA in den der EWG exportiert) werden, so dürfte es oft zweckmäßig sein, die Werbetätigkeit mehr oder weniger ganz dem Händler zu überlassen. Es kann dann strittig sein, ob es sich insoweit um die *Rück*verlagerung einer Funktion oder aber darum handelt, daß eine ursprünglich dem Handel obliegende Aufgabe gar nicht erst vom Industriebetrieb übernommen wurde. Die Klärung dieser Frage mag von zollrechtlicher Bedeutung sein[10], in unserem Zusammenhang ist allein entscheidend, daß in solchen Fällen die Kontaktfunktion u. U. in vollem Umfange, d. h. ähnlich wie bei anonymer Ware, dem Händler obliegt.

Nicht genauso, aber doch ähnlich sind die Veränderungen, die sich in bezug auf die *Informationsfunktion* vollzogen haben, soweit der Markenartikel vorgedrungen ist. Diese Funktion bezieht sich auf die Übertragung der Warenkenntnis und des Marktwissens überhaupt auf Kunden und Lieferanten. Durch das Abpacken von verschiedenen Waren sowie durch der Ware beiliegende Gebrauchsanweisungen ist teilweise eine Verlagerung der entsprechenden Aufgaben vom Händler zum Industriebetrieb eingetreten, soweit es um die Information der Kunden des Handelsbetriebes geht. Der Umstand, daß sich Markenartikelhersteller im allgemeinen mehr der Möglichkeiten der Marktforschung bedienen als vergleichbare Hersteller anonymer Ware, hat die Bedeutung dieser Funktion überdies auch in bezug auf die Rolle des Handels als Informationsquelle der Industrie *etwas* geschmälert. Der Unterschied gegenüber den Veränderungen in bezug auf die Kontaktfunktion ist jedoch doppelter Art: Einmal erfolgt die Verlagerung dieser Funktion nicht in so weitgehendem Maße wie die Werbetätigkeit. Die Verlagerung ist deshalb — soweit es um die Information der Letztverbraucher als Kunden des Handels geht — weniger vollständig, weil die Möglichkeiten hierzu bei den verschiedenen Arten von Waren außerordentlich unterschiedlich sind. Bei relativ komplizierten technischen Geräten etwa, überhaupt mehr bei den Gebrauchs- als bei Verbrauchsgütern, ist es oft weder zweckmäßig noch auch nur möglich, dem Kunden alles durch schriftliche Betriebsanleitungen (Erklärungen, Zeichnungen und dgl.) zu verdeutlichen. Mindestens bei einer großen Anzahl von Abnehmern muß eine persönliche Erläuterung und praktische Demonstration hinzukommen — Aufgaben, die zwar grundsätzlich auch von Angestellten des Industriebetriebes (bzw. von Vertretern im Dienste des Herstellers) erledigt werden können, die man aber zweckmäßigerweise weitgehend dem Handel überläßt, sofern überhaupt der Vertrieb über den Handel gewählt wird, was ja bei Markenartikeln Regelfall ist. Der andere Unterschied

[10] Vgl. z. B. R. Schlotterbeck, Zollwert und Alleinvertreter, in: Außenwirtschaftsdienst des Betriebsberaters, Nr. 5/1959, S. 93.

gegenüber den Veränderungen bei der Kontaktfunktion besteht darin, daß kaum von einer Erhöhung der Bedeutung der Funktion insgesamt gesprochen werden kann. Während bei der Kontaktfunktion vielfach eine Zunahme der Bedeutung (in Gestalt verstärkter Werbung) zu konstatieren war, ist dies hier nicht der Fall. Jedenfalls resultiert eine Zunahme der Bedeutung der Information (soweit sie zu finden ist) aus der Herstellung neuer, vielfach komplizierterer Geräte für den Letztverbraucher, also *direkt* aus *technischen* Entwicklungen. Wir können demnach feststellen, daß die zunehmende Verbreitung des Markenartikels keine wesentliche Erhöhung oder Verringerung der Bedeutung der Informationsfunktion (insgesamt) gebracht hat, wohl aber zum Teil eine Verlagerung der Aufgabenerfüllung festzustellen ist. Dabei ist zu betonen, daß die Verlagerung nicht so weitgehend und nicht so generell erfolgt ist und daß in dieser Hinsicht beträchtliche Unterschiede bei den verschiedenen Warenarten zu bemerken sind, d. h. mehr Unterschiede als bei der Kontaktfunktion.

In bezug auf die *Beratungsfunktion,* bei der es um die Unterstützung bei der Wahl des für die Bedürfnisbefriedigung des Verbrauchers geeigneten Gutes geht, ist folgendes festzustellen: Die Bedeutung der Beratung des Letztverbrauchers durch den Handel ist als Folge des Markenartikelvertriebs weitgehend zurückgegangen. Die Marken selbst garantieren bis zu einem gewissen Grade effektive Wirkungen oder eingebildete Eigenschaften und Möglichkeiten, die sich — insbesondere auf Grund der Herstellerwerbung — vielfach im Bewußtsein des Letztverbrauchers niedergeschlagen haben. Das Vertrauensverhältnis zwischen Händler und Letztverbraucher hat deshalb bei Markenartikeln nicht die Bedeutung wie bei anonymen Waren. Damit soll allerdings nicht bestritten werden, daß der Handel in gewissem Umfange Beeinflussungsmöglichkeiten besitzt. Von ins Gewicht fallender Bedeutung sind diese jedoch nur bei schwächeren Marken sowie bei erst einzuführenden Artikeln. Auf die Einführung hat der Handel im übrigen bereits wieder weniger Einfluß, wenn es sich um neue Marken bekannter Markenartikelhersteller handelt. Daraus ergibt sich, daß die Händler im allgemeinen gezwungen sind, bekannte Markenartikel in ihrem Sortiment zu führen. Wir neigen zu der Ansicht Etmers, daß „der Händler auf dem Umweg über die vom Hersteller beeinflußten Käufer einer Druck- und Zugwirkung ausgesetzt wird, die ihn ohne Rücksicht auf sein Wollen zwingt, den betreffenden Markenartikel zu führen, sofern er nicht durch Ablehnung der Befriedigung dieser Nachfrage das Risiko einer Absatzminderung übernehmen will[11]." Nur ein *kollektives* Vorgehen der Händ-

---

[11] Vgl. H. Chr. Etmer, Die besonderen Risiken der Markenartikelindustrie, München 1958, S. 181.

ler könnte unter Umständen den „starken" Marken (für die etwa zu geringe Handelsspannen gewährt werden) Abbruch tun. Daraus ergibt sich besonders deutlich, wie sehr die Beratungsfunktion bei zahlreichen Warenarten an Bedeutung verloren hat, soweit es um Markenartikel geht. Sie wurde insoweit zu einem merklichen Teil vom Handels- auf den Industriebetrieb verlagert.

Der Hersteller bezieht die *Beratung* neben der Argumentation weitgehend in seine *Werbung* ein. Zum Teil ist aber auch die Beratungsfunktion von untergeordneter Bedeutung, und sie entfällt ganz, wenn erst die *Marke* als solche im Bewußtsein der Verbraucher mit bestimmten Produkteigenschaften assoziiert worden ist. Der Verbraucher weiß dann nicht nur, was er kaufen *kann* (als Ergebnis einer durch Werbung geschaffenen Markttransparenz), sondern auch, was er kaufen *will,* weil er durch die Herstellerwerbung *beraten,* d. h. in seiner Einstellung zu einem *bestimmten* Angebot *positiv vorbereitet* ist, *vor* (oder *trotz*) der grundsätzlich möglichen Bemühungen des Handels[11a].

In bezug auf die *Warenumgruppierungsfunktion* ergibt sich etwa folgendes Bild: Grundsätzlich ist hier keine Veränderung durch den Markenartikel festzustellen. Dies soll bedeuten, daß eine Beeinflussung nicht zwangsläufig und nicht generell besteht. In zahlreichen Einzelfällen sind jedoch durchaus Veränderungen bemerkbar. Es sollen in diesem Zusammenhang nur zwei Gesichtspunkte erwähnt werden: Einmal die Tendenz zur Vergrößerung des Sortiments durch das Aufkommen immer neuer Marken. Wenn vielfach — und offenbar mit einem gewissen Recht — behauptet wird, daß der Übergang zur heterogenen Konkurrenz (insbesondere in Gestalt der Markenbildung) beim Hersteller zu einer Begrenzung oder Verringerung des Programms und damit häufig zu Rationalisierungen führt, so ist es beim Händler tendenziell umgekehrt[11b]. Wenn Waren jetzt, mindestens äußerlich, nicht mehr gleich sind, so ist der Handel unter sonst gleichen Umständen gezwungen, größere Sortimente zu unterhalten. Umgekehrt haben die daraus für den Handel resultierenden Nachteile (höhere Kapitalbindung und geringerer Kapitalumschlag) zum Entstehen neuer Betriebsformen beigetragen, die bewußt eine Beschränkung der Sortimente anstreben. Daß solche Sortimentsbeschränkungen vielfach nicht oder nicht nur durch eine Reduzierung der Sortimentsbreite, sondern auch durch eine Verringerung der Sortimentsdichte[12] erzielt wurde,

---

[11a] Vgl. hierzu K. Mellerowicz, Der Markenartikel als Vertriebsform ....., a. a. O., S. 109 f.

[11b] Vgl. hierzu z. B. K. Mellerowicz, Der Markenartikel als Vertriebsform ....., a. a. O., S. 113.

[12] Zu diesem Begriff vgl. E. H. Mahler, Die Arbeit am Sortiment — eine Grundlage der Handelsproduktivität, in: Produktivitätssteigerung im Handel, Bern 1960, S. 44.

steht auf einem anderen Blatt. Hierauf ist erst später — unter II c — einzugehen.

Was die *Mengenumgruppierungsfunktion* anbelangt, so sind keine Veränderungen auf Grund der zunehmenden Bedeutung des Markenartikels zu erkennen. Wenn Buddeberg[13] allgemein für verschiedene Konsumwaren keine Änderung und für gewisse andere Erzeugnisse eine zunehmende Bedeutung feststellt, so macht hiervon der Markenartikel keine Ausnahme. Dies ergibt sich daraus, daß die Mengenumgruppierungsfunktion in reiner Form nur von Handelsbetrieben ausgeübt werden kann[14]. Damit ist eine Verlagerung weitgehend ausgeschlossen. Es wäre also höchstens eine generelle Reduzierung oder Erhöhung der Bedeutung dieses Aufgabenkreises im Falle des Markenartikelabsatzes denkbar. Daß diese theoretische Möglichkeit, jedenfalls soweit es um die Reduzierung geht, keine größere praktische Bedeutung haben kann, ergibt sich allein daraus, daß einerseits die Produktion die Tendenz zu immer größeren Stückzahlen aufweist, während andererseits beim Verbraucher naturgemäß kein *gleichzeitig auftretender* höherer Mengenbedarf anzunehmen ist. Dies wäre vielmehr nur in Entwicklungsländern denkbar, etwa dergestalt, daß der Verbrauch von gewissen Lebensmitteln absolut steigt. Daß selbst in diesem Falle keine *ins Gewicht fallende* Verringerung der Bedeutung der Mengenumgruppierungsfunktion zu verzeichnen ist, ist evident. In entwickelten Ländern dagegen kann höchstens ein *häufigerer* Ersatz von Gebrauchsgütern akut werden. Hierfür ein praktisches Beispiel: Wenn infolge gestiegenen Einkommens ein bestimmter Verbraucher, der sich bisher alle zwei Jahre ein Paar Schuhe kaufte, jetzt alle Jahre ein Paar Schuhe kaufen kann, so wird er kaum alle zwei Jahre zwei Paar Schuhe gleichzeitig erwerben. Dieses einfache Beispiel kann vielleicht am besten zeigen, daß sich bei dieser Handelsfunktion eine Verringerung oder Erhöhung der Bedeutung *von der Verbraucherseite* aus kaum zu ergeben vermag. Wohl aber kann tendenziell eine *steigende* Bedeutung der Mengenumgruppierungsfunktion bei verschiedenen Gütern *von der Herstellerseite aus* festgestellt werden, und zwar vor allem auf Grund der steigenden Produktionszahlen in der Industrie. Auch der Übergang von der Einzelfertigung (z. B. des Handwerks) zur Großserienfertigung oder Sortenfertigung der Industrie mag von der Produktionsseite aus die Bedeutung der Mengenumgruppierungsfunktion vergrößern. Ob jedoch die in Frage stehenden Güter als Markenartikel oder als anonyme Waren verkauft werden, hat insoweit unmittelbar keine Bedeutung. Indirekt kann diese Frage dagegen insofern wichtig sein, als die Ausbreitung der Markenartikel den Bereich der Massen- und

---

[13] Vgl. H. Buddeberg, a. a. O., S. 31.

[14] ebenda.

Großserienfabrikation vielfach vergrößert. Es ist jedoch schwer zu entscheiden, was hier Ursache und was Wirkung ist.

In bezug auf die *Raumausgleichsfunktion* dürften kaum Veränderungen auf Grund der Ausbreitung des Markenartikels zu verzeichnen sein. Selbstverständlich hat die neuere Entwicklung der Technik auch hier Wandlungen gebracht. Diese Änderungen resultieren jedoch nicht aus dem Markenwesen, sondern unmittelbar aus technischen Fortschritten. Sie betreffen deshalb mehr oder weniger gleichmäßig Markenartikel und anonyme Waren, so daß auf derartige Entwicklungen erst später — unter III — einzugehen ist.

Um zu untersuchen, ob derartige Veränderungen in bezug auf die *Zeitausgleichsfunktion* zu verzeichnen sind, muß zunächst konkret gesagt werden, daß wir hier darunter im wesentlichen die *Lagerhaltungsaufgabe* des Handels verstehen. Man könnte nun im Hinblick auf vorangegangene Ausführungen über die „Zug- und Druckwirkung" der Markenartikelwerbung der Auffassung sein, daß der Markenartikel die Lagerhaltungsaufgabe des Handels bedeutend *verstärkt* hat. Dies mindestens gegenüber anonymen Waren, deren Lagerhaltung weitaus mehr vom Willen des Handels abhängig ist. Die Verstärkung der Lagerhaltungsaufgabe des Handels in bezug auf Markenartikel wird jedoch *durch Wirkungen ausgeglichen,* die im Wesen des Markenartikels als Vertriebsform liegen. Insbesondere ist hier wiederum an seine intensive, für den Verbraucher bestimmte Werbung zu denken. Sie ist ein entscheidender Faktor zur *Verkürzung* der *Lagerdauer,* d. h. zur *Steigerung der Umschlaggeschwindigkeit* von Markenartikeln[14a]. Dabei kommt es jedoch *nicht* auf die Erhöhung des mengenmäßigen Verbrauchs *einzelner* Dauerverbraucher an, sondern auf die ständige Gewinnung *neuer* Verbraucher. Diese ist aber bei Markenartikeln im allgemeinen eher gegeben als bei anonymen Waren. Daraus resultiert tendenziell sogar eine — relative und absolute — *Verminderung* der Zeitausgleichsfunktion des Handels.

Bei der *Veredelungsfunktion* ist, soweit es um Herstellermarken geht, z. T. eine weitgehende Verlagerung der dadurch bedingten Aufgaben auf die Industrie festzustellen. Allerdings trifft dies nur auf gewisse Erzeugnisse zu. Auch werden die Schulbeispiele, die für die Veredelungsfunktion im allgemeinen genannt werden (Kaffeerösten, Nachreifenlassen von Südfrüchten und dgl.) davon größtenteils nicht berührt. Die entsprechenden Artikel werden entweder gar nicht als Markenartikel von Erzeugern geführt oder, soweit dies ausnahmsweise doch der Fall ist, entfällt z. T. diese Aufgabe nur scheinbar. Sie wird zusammen mit anderen Veredelungsaufga-

---

[14a] Vgl. hierzu aber auch K. Mellerowicz, Die Handelsspanne bei freien, gebundenen und empfohlenen Preisen, Freiburg i. Br. 1961, S. 37 ff.

ben im weiteren Sinne (z. B. Abpacken) auf vorgelagerten Stufen des gesamtwirtschaftlichen Prozesses erfüllt.

Veränderungen sind am meisten bei den Aufgaben festzustellen, die nur zur Veredelungsfunktion *im weiteren Sinne* gehören. Vor allem ist hier an das Verpacken der Waren zu denken. Warenpackungen haben u. U. verschiedene Aufgaben zu erfüllen. So dienen sie *z. B.* gerade bei Markenartikeln auch wesentlich Werbezwecken, sind Werbeträger. Sie gehören u. U. in den Bereich mehrerer Handelsfunktionen (z. B. auch — in Gestalt der Schutzpackung — in den Bereich der Raumausgleichsfunktion). Sehr häufig hat die Verpackung aber auch Aufgaben zu erfüllen, die m. E. dem Komplex der Veredelungsfunktion zuzurechnen sind, wie besonders anschaulich Ausführungen und Beispiele von Schäfer zeigen[15]. Bei Markenartikeln wird diese Teilfunktion der Veredelungsfunktion regelmäßig vom Hersteller erfüllt. Vielfach geht dabei die Verlagerung nicht bloß bis in den Vertriebsbereich, sondern sogar bis in den Produktionsbereich des Herstellers. Der mögliche Einsatz moderner maschineller Verpackungseinrichtungen erzwingt es manchmal oder legt es zumindest nahe, diese Aufgaben im unmittelbaren Anschluß an den eigentlichen Produktionsprozeß zu erledigen. Allerdings zeigt gerade diese Feststellung, daß nicht nur die zunehmende Verbreitung der Markenartikel, sondern die Technik unmittelbar Einfluß ausgeübt hat. Schließlich muß in bezug auf den Markenartikel als Ursache der Verlagerung der Verpackungsaufgabe folgendes einschränkend erwähnt werden: „Es haben sich neue Absatzmethoden entwickelt, die zwar ohne den Markenartikel, nicht aber ohne fertig verpackte Ware denkbar sind. Für ihr Funktionieren ist die Packung unbedingte Voraussetzung. Dazu gehören alle Formen der Selbstbedienung und ihre vielfältigen Abwandlungen. Ebenso gehören die neuen Systeme des Großhandels hierher, insbesondere im Bereich der Lebensmittel, ob es sich um freiwillige Zusammenschlüsse, Ketten u. ä. handeln mag"[16]. Immerhin besteht doch ein starker Zusammenhang zwischen Markenartikel und dem Verpacken der Ware vor ihrer Darbietung. Nicht zuletzt dadurch ist es zu einer Ausbreitung von Handelsmarken gekommen[17]. Über die Verlagerung der Teilfunktion „Verpacken" ist im übrigen in der Literatur bereits soviel geschrieben worden[18], daß sich hierüber weitere Ausführungen erübrigen.

---

[15] Vgl. E. Schäfer, Die Aufgabe der Absatzwirtschaft, 2. Aufl., Köln und Opladen 1950, S. 154 ff.

[16] G. Bergler, Gestaltwandel des Markenartikels, in: Beiträge zur Absatz- und Verbrauchsforschung, Nürnberg 1957, S. 37.

[17] Vgl. hierzu O. Angehrn, Handelsmarken- und Markenartikelindustrie, Freiburg i. Br. 1960, S. 31.

[18] Vgl. z. B. K. Mellerowicz, Der Markenartikel als Vertriebsform ..., a. a. O., S. 74 ff.

Es soll deshalb nur noch die Frage untersucht werden, ob in bezug auf die Veredelungsfunktion neben der erwähnten Verlagerung auch noch eine Reduzierung oder Erhöhung der Bedeutung *insgesamt* eingetreten ist. In dieser Hinsicht kann man sagen, daß wohl nur selten eine Verringerung, sehr häufig dagegen eine Erhöhung der Bedeutung zu finden ist, allerdings — wie schon angedeutet — nicht im Bereich des Handels, sondern in dem der Industrie. Es sei hier nochmals die zunehmende Bedeutung der Verpackung erwähnt, die bei Markenartikeln nur noch selten allein die Aufgabe des Schutzes der Ware bis zu ihrem Eintreffen beim Verbraucher hat, und die auch keineswegs *nur* der Werbung dient, also neben Raumausgleichs- und Kontaktfunktion die Veredelungsfunktion betrifft.

Wenn demnach die verstärkte Verbreitung des Markenartikels zu einer steigenden Bedeutung der Veredelungsfunktion insgesamt beigetragen haben dürfte, so sollte jedoch dieser Zug der Zeit auch nicht überschätzt werden, die meisten *Gebrauchs*güter (z. B. Autos, Kühlschränke und dgl.) werden ja davon überhaupt nicht berührt.

c) Beeinflussung der Handelsfunktionen durch das Vordringen neuer oder bisher weniger bedeutsamer Betriebsformen des Handels

Wenn man vom Verkauf durch Automaten absieht, dürften in bezug auf *Kontakt-, Informations- und Beratungsfunktion* durch die meisten neuen Betriebsformen des Handels regelmäßig keine entscheidenden Änderungen eingetreten sein.

Eine erste Ausnahme von dieser Regel finden wir allerdings beim *Diskonthaus* mindestens in bezug auf die Beratungsfunktion. Die Beratung wird in diesem Falle bewußt auf ein Minimum reduziert, weil u. a. nur auf diese Weise die für das Diskonthaus typische, sehr aktive Preispolitik (im Sinne einer Unterbietung der Preise der Fachgeschäfte) möglich ist.

In gewissem Umfange stellt auch der *Selbstbedienungsladen* (ohne Rücksicht darauf, von wem dieser betrieben wird) eine Ausnahme von der eingangs genannten Regel dar. Es darf allerdings nicht übersehen werden, daß die Beratungsfunktion im Falle der Selbstbedienung nicht so weitgehend entfällt, wie dies zunächst scheinen könnte. Vielfach wird hier die Beratung seitens eines Verkäufers durch besonders übersichtliche Anordnung, schriftliche Erläuterungen in den Auslagen usw. ersetzt. Informations- und Beratungsfunktion sind dann kaum noch auseinander zu halten. Die sich bereits abzeichnende Ausdehnung der Selbstbedienung auf Bereiche außerhalb des Lebensmittelsektors (z. T. Bekleidung) ist in stärkerem Maße nur vorstellbar, wenn derartige Surrogate (Ersatz für die entfallende individuelle Beratung durch einen Verkäufer) geboten werden[19]. *Insoweit* fallen dann allerdings auch Kosten nicht weg, sondern werden durch andere Kosten substituiert: Höhere Raumkosten und höhere Kosten für Beschriftungen usw. treten an die Stelle von Gehältern und Provisionen für Verkäufer. Im Regelfall wird freilich eine merkliche *Reduzierung* der Kosten möglich sein. Wäre dies nicht der Fall, so hätte die Methode der Selbstbedienung — jedenfalls im Lebensmittelbereich — nicht schon zu einer Zeit an Bedeutung gewinnen können, in der der zur Zeit spürbare Personalmangel noch nicht bestand. Vor allem wäre kaum die Initiative von den USA ausgegangen, die ja bekanntlich des öfteren mit einem Arbeitslosenproblem zu kämpfen hatten und derzeit wiederum mehrere Millionen Arbeitslose aufweisen. Daß allerdings der hohe Gehaltsstandard in den USA und ebenso die Verknappung des Personals in den Ländern des deutschen Sprachgebietes eine stark *stimulierende* Wirkung gehabt haben, soll und kann nicht bestritten werden.

Das, was für die beiden Betriebsformen des Handels (Diskonthäuser und Selbstbedienungsläden) in bezug auf die Beratungsfunktion gesagt wurde, dürfte mit starken Einschränkungen auch für die Kontaktfunktion gelten. Die Werbung wird allerdings davon kaum berührt, jedenfalls im Falle der Selbstbedienung. Bei Diskonthäusern mag dies noch eher der Fall sein. Im wesentlichen zeigt sich die Reduzierung der Bedeutung der Informationsfunktion wiederum im Bereich der persönlichen Verkaufskunst, die in dem einen Fall etwas an Bedeutung verliert (Diskonthaus), in dem anderen ganz entfällt (Selbstbedienungsladen). Aber auch insoweit darf die *Bedeutung* der Wandlungen nicht überschätzt werden. Vielfach handelt es sich *zum Teil* nicht um einen Wegfall von Leistungen (und Kosten), sondern nur um die Substitution einer Art von Leistung durch eine andere Art der Leistung (z. B. Ersatz persönlicher Verkaufskunst durch erhöhte Werbung oder geschickte Anordnung und/oder Beschriftung). Allerdings können durch derartige oder andere Umschichtungen u. U. auch in bezug auf die Kontaktfunktion in beträchtlichem Maße Kosten gespart werden. Dies wird z. B. im Falle des Systems freiwilliger Ketten deutlich. „Das Kettensystem ... hat durch die Existenz vieler gleichartiger Läden eine gute, keine besonderen Kosten verursachende Werbung im Gefolge"[20].

Bedeutsamer dürfte jedoch der Einfluß neuerer Betriebsformen des Handels in bezug auf die *Warenumgruppierungsfunktion* sein. Es wurde ja schon — im Zusammenhang mit der Würdigung der Rolle des Markenartikels — auf die Tendenz der Vergrößerung der Sortimente im Handel

---

[19] Vgl. hierzu auch O. R. Schnutenhaus, Absatzpolitik und Unternehmungsführung, Freiburg i. Br. 1961, insbesondere S. 606—611.

[20] K. Ch. Behrens, Die Senkung der Handelsspannen, Köln und Opladen 1949, S. 48.

und auch auf die Gegenwirkungen hingewiesen, die z. B. von den zu freiwilligen Ketten gehörenden Unternehmungen ausgehen. Es wird sicherlich nicht zu viel behauptet, wenn man sagt, daß einige neuere Betriebsformen des Handels eine Verringerung der Sortimentsbreite oder -tiefe erreichen wollen. Zum Teil heben sich also Tendenzen, die in Richtung auf eine Erhöhung der Bedeutung der Warenumgruppierungsfunktion wirken, und solche, die das Gegenteil bewirken, gegeneinander auf. Daneben sind Veränderungen folgender Art bemerkbar: Gewisse Aufgaben, die bisher in stärkerem Maße dem Einzelhandel oblagen, werden zum Teil durch den Großhandel wahrgenommen oder aber von Vertriebsorganisationen der Hersteller erledigt. Im ersteren Falle tritt keine Schmälerung der in Frage stehenden Handelsfunktion ein, weil es sich nur um eine Verschiebung innerhalb des Handelsbereiches handelt. Im zweiten Falle dagegen liegt insoweit eine Verlagerung vom Handel zur Industrie vor. Auch hier ist, wenn auch in schwächerem Maße, stellenweise sogar eine Verlagerung bis in den Produktionsbereich der Industrie feststellbar. Die Tendenz einer zunehmenden Breite und Dichte der Vertriebsprogramme in der Industrie (mindestens außerhalb des Markensektors) kann als bekannt vorausgesetzt werden. Die Produktion hat sich vielfach hierauf dadurch einzustellen gewußt, daß sie zum Baukasten-System überging, soweit die Art der Fertigung dies irgendwie gestattete[21].

Die *Mengenumgruppierungsfunktion* kann durch einige neuere Betriebsformen des Handels u. U. besser als durch traditionelle erfüllt werden, und zwar insbesondere nach der Herstellerseite hin, was sich aber auch günstig auf die Verbraucherseite auswirken dürfte. Es soll in diesem Zusammenhang nur die Konzentration von Aufträgen, überhaupt auf die bessere Einkaufspolitik von zu freiwilligen Ketten gehörenden Einzelhandelsbetrieben sowie auf deren allgemeine Unterrichtung durch den Großhändler der Kette hingewiesen werden. Alle diese Änderungen betreffen keinesfalls nur die Warenumgruppierungs-, sondern auch die Mengenumgruppierungsfunktion. Sie werden zum Teil durch Funktionsverlagerungen innerhalb des Handelsbereiches ermöglicht.

Die *Raumausgleichsfunktion* dürfte durch das Aufkommen neuer oder die verstärkte Verbreitung gewisser bekannter Betriebsformen des Handels nicht oder nur unwesentlich beeinflußt worden sein.

Bei der *Zeitausgleichsfunktion,* also im wesentlichen bei der Lagerhaltungsaufgabe des Handels, kann sich das Aufkommen neuer Betriebs-

---

[21] Vgl. hierzu z. B. H. Schwarz, Auswirkungen des technischen Fortschritts in der Fertigung auf die Kalkulation, in: Zeitschrift für wirtschaftliche Fertigung, Jahrgang 1959, Heft 1, S. 1 ff. sowie Divergenzen und Wechselwirkungen zwischen der Sortimentspolitik des Einzelhandels und dem technischen Fortschritt in der industriellen Produktion, in: Betriebswirtschaftliche Forschung und Praxis, Jahrgang 1961, Heft 4, S. 214 f.

formen wie folgt auswirken: Ein Kennzeichen der meisten neueren Betriebsformen des Handels ist das verstärkte Bestreben nach Beschleunigung der Umschlagsgeschwindigkeit. Der Kampf um die Höhe der prozentualen Handelsspannen tritt hier etwas hinter den Bemühungen um Erhöhung der Umschlagshäufigkeit zurück[22]. Dadurch wird die Lagerhaltung relativ reduziert. Man kann hierin — je nach dem Standpunkt — eine Verringerung der Bedeutung der Zeitausgleichsfunktion sehen oder nicht. Für die Annahme einer Verringerung der Bedeutung spricht der Faktor, daß — unter sonst gleichen Umständen — die Lagerhaltung kleiner geworden ist. Reduzierte Lagerhaltung bedeutet aber bekanntlich verminderte Kapitalbindung und damit zugleich eine geringere Leistung. Gegen die Annahme einer Verringerung einer Bedeutung dieser Handelsfunktion spricht dagegen die Überlegung, daß es sich hierbei gar nicht um eine Schmälerung dieser Funktion, sondern um eine für alle Beteiligten (für den Handel selbst sowie für die Partner Industrie und Letztverbraucher) *bessere Erfüllung* dieser Funktion handelt.

Unabhängig davon ist noch die Frage zu klären, ob in dem oben beleuchteten Faktum ggf. eine Verringerung der Bedeutung der Zeitausgleichsfunktion *generell* gesehen werden kann oder ob nur eine Verlagerung zu verzeichnen ist. Häufig wird es nur um eine Verlagerung gehen. Die Industrie muß entweder größere Läger halten, um den häufigeren, d. h. kurzfristigen, Bestellungen schnell genug nachkommen zu können. In diesem Fall ist es offensichtlich, daß nur eine Verlagerung der Lagerhaltungsaufgabe vom Handel auf die Industrie vorliegt. Vielfach wird es allerdings — infolge der Konzentration der Bestellungen z. B. von zu freiwilligen Ketten gehörenden Betrieben — möglich sein, daß im Industriebereich entweder die Erhöhung der Lagerbestände niedriger gehalten (als die Verringerung der Bestände im Handel) oder in Einzelfällen vielleicht sogar ganz vermieden werden kann. In diesen Fällen (weniger große Erhöhung bei der Industrie oder sogar Vermeidung der Erhöhung der industriellen Fertiglagerbestände) wäre ein Rückgang der Bedeutung — oder auch eine bessere Erfüllung — dieser Funktion *insgesamt* zu konstatieren. Dies wird insbesondere dann zutreffen, wenn es sich um Waren handelt, die eine relativ gleichmäßige Nachfrage oder aber einen eindeutigen Saisonrhythmus aufweisen. Dann kann unter Umständen das Produktionsprogramm der betroffenen Industriebetriebe so stark nach den Absatzgegebenheiten ausgerichtet werden, daß nur relativ geringe Fertiglagerbestände in der Industrie erforderlich sind. Freilich ist dies nicht bei allen im gleichen Rhythmus nachgefragten Erzeugnissen möglich oder auch nur sinnvoll. Handelt es sich etwa um Erzeugnisse, bei denen

---

[22] Vgl. hierzu z. B. K. Mellerowicz, Die Handelsspannen bei freien, gebundenen und empfohlenen Preisen, a. a. O., S. 37 ff.

die — rhythmisch schwankenden — Absatzmengen und -zeitpunkte ziemlich gut vorausgeschätzt werden können, so ist es für die Industriebetriebe in vielen Fällen wirtschaftlicher, nach dem Nivellierungsprinzip zu produzieren, dessen Realisierung aber gerade relativ hohe Fertiglagerbestände (bei der Industrie) bedingt. Allerdings *kann* dem Nivellierungsprinzip nur gefolgt werden, wenn weitere Voraussetzungen erfüllt sind, von denen hier nur beispielhaft genannt werden sollen: Keine oder nur geringe Beeinflussung durch modische Veränderungen und geringe Gefahr der Verderblichkeit. Nach alledem wird man sagen können, daß bei der Zeitausgleichsfunktion infolge des Aufkommens neuer Betriebsformen im Handel häufig teilweise eine Verlagerung dieser Funktion auf die Industrie, seltener dagegen eine stärkere Reduzierung dieser Funktion insgesamt zu verzeichnen ist.

In bezug auf die *Veredelungsfunktion* dürften regelmäßig keine Veränderungen durch das Aufkommen neuer Betriebsformen im Handel zu bemerken sein, wenn man von dem — bereits unter II b ausführlich behandelten — Komplex der „Verpackung" absieht, der insbesondere (aber nicht nur) für die Ausbreitung der Selbstbedienungsläden und für den Automatenverkauf wichtig ist.

III. Beeinflussung der Handelsfunktionen durch wirtschaftlich relevante Fortschritte der Technik

a) Vorbemerkungen

Während in den bisher genannten Fällen wirtschaftliche Gesichtspunkte die Ursache für Wandlungen der Handelsfunktionen bildeten, wobei es dahingestellt blieb, ob bzw. wie weit letztere wiederum erst Folge technischer Entwicklungen waren, geht es nun um eine *direkte* Beeinflussung der Handelsfunktionen durch Entwicklungen der Technik. Technische Entwicklungen haben vornehmlich in zwei Bereichen eine unmittelbare wirtschaftliche Bedeutung: einmal im Bereich der Produktion (wobei zu beachten ist, daß die Veredelungsfunktion des Handels als Produktion angesehen werden muß) und im Bereich des Transportwesens (wobei zu beachten ist, daß es hier zwar vorzüglich um den zwischenbetrieblichen Verkehr, daneben aber auch um den innerbetrieblichen Verkehr geht).

b) Beeinflussung der Handelsfunktionen durch Fortschritte in der Produktionstechnik

Daß Kontakt-, Informations- und Beratungsfunktion durch Veränderungen in der Produktionstechnik nicht wesentlich direkt beeinflußt werden können, ist so offensichtlich, daß sich hierüber Ausführungen erübrigen.

Es braucht lediglich auf frühere Ausführungen hingewiesen zu werden, daß verschiedene neuere Artikel in erhöhtem Maße erklärungsbedürftig sind, also die Bedeutung der Informationsfunktion vergrößern (vgl. II, b). In bezug auf die anderen fünf Handelsfunktionen Buddebergs ist jedoch eine etwas genauere Prüfung erforderlich.

Die *Warenumgruppierungsfunktion,* d. h. die Sortimentsbildung, wird durch die Produktionstechnik in zweierlei Hinsicht beeinflußt:

1. Dadurch, daß die Technik den Ausstoß größerer Mengen mindestens fördert und vielfach geradezu erzwingt. Große Stückzahlen werfen aber auch Sortimentsprobleme sowohl im industriellen als auch im Handelsbereich auf.
2. Durch die Möglichkeit — infolge Verbesserung der Apparatur — in *manchen* Fällen Wünschen der Verbraucher nach Berücksichtigung individueller Gesichtspunkte ohne *allzu* große Kostennachteile (und damit Preiserhöhungen) nachkommen zu können.

Zu 1.:

Die Produktion großer Mengen eines bestimmten Artikels kann Absatzschwierigkeiten hervorrufen, wenn nicht gleichzeitig Bemühungen um eine Reduzierung der Artikelvielfalt einsetzen. Hier liegt eines der schwierigsten Probleme der modernen Wirtschaft hochentwickelter Staaten überhaupt. Einerseits legen Kostengesichtspunkte eine Typenbeschränkung und eine Politik der Typenkonstanz[23] nahe (große Serien z. B. sind häufig absatzmäßig nur möglich, wenn nicht zuviel Typen erzeugt werden), andererseits sind große Mengen vielfach nur unter der Voraussetzung absetzbar, daß die Verbraucher zu einem vorzeitigen Ersatz in Gebrauch befindlicher Artikel veranlaßt werden[23a]. Letzteres ist aber im allgemeinen nur möglich, wenn häufig neue (d. h. wirklich oder scheinbar verbesserte) Güter auf den Markt gebracht und/oder individuellen Wünschen weitgehend Rechnung getragen wird. Die Richtigkeit der aufgestellten Behauptung kann man leicht durch folgende Überlegung beweisen: Wenn noch keine unbedingte Notwendigkeit besteht, ein Gut zu ersetzen (weil es technisch noch durchaus zufriedenstellend arbeitet), so wird der Eigentümer sich oft nur dann zu einem vorzeitigen Auswechseln, d. h. zu einer Neuanschaffung, entschließen können, wenn entweder seine speziellen Wünsche durch neue Artikel oder das Streben nach „neuen Tapeten" befriedigt werden. Findet ein solcher Verbraucher keinen Artikel, der ihm zusagt und findet er keinen Händler bzw. Her-

---

[23] Vgl. hierzu C. Sandig, Die Führung des Betriebes, Stuttgart 1953, S. 173 f. und E. Sundhoff, Absatzorganisation, Wiesbaden 1958, S. 21 ff.

[23a] Es wird hier von den naheliegenden und wichtigen Bestrebungen zur Schaffung neuer Märkte einmal bewußt abgesehen, weil diese Möglichkeiten nicht unbegrenzt sind.

steller, der bereit ist, ihm zu einem ihm „angemessen" erscheinenden (d. h. sehr geringen) Mehrpreis die Sonderwünsche zu erfüllen, so wird er manchmal die Anschaffung ganz unterlassen oder aufschieben[24]. Es besteht ja kein Zwang zur Anschaffung. Außerdem kann er die Hoffnung haben, daß im nächsten Jahr auf den Markt kommende neue Modelle seine Wünsche befriedigen werden.

Zu 2.:

Die sich aus den unter 1. genannten Faktoren ergebenden Schwierigkeiten, die daraus resultierenden größeren Diskrepanzen zwischen Produktions- und Marktnotwendigkeiten, werden allerdings durch eine Gegentendenz, die ebenfalls aus dem Produktionsbereich kommt, abgeschwächt oder gar aufgehoben. Es wird in immer mehr Fällen möglich, unterschiedliche Erzeugnisse in einem Zug, d. h. etwa gleichzeitig auf derselben Apparatur, herzustellen. Dieses Problem ist bereits in der Literatur unter dem Schlagwort „heterogene Serie" diskutiert worden. In die gleiche Richtung zielen auch Maßnahmen, die nicht unmittelbar durch die Produktionstechnik bedingt sind und deshalb bereits weiter vorn (vgl. II, c) erwähnt wurden. Es ist hier insbesondere an das Bestreben der Industrie zu denken, entweder durch Übergang zum Baukastensystem oder aber durch Abstellen auf produktionstechnisch keine Schwierigkeiten bereitenden Äußerlichkeiten, Typenvielfalt und häufigen Typenwechsel ohne allzu große kostenmäßige Nachteile zu bewirken. Die Möglichkeiten zur Realisierung einer solchen Politik hängen aber entscheidend vom Stand der Produktionstechnik ab, so daß diese als mittelbare Ursache anzusehen ist, was hier immerhin betont werden soll.

Durch die nicht oder nur notdürftig überbrückten Diskrepanzen zwischen Produktionsgegebenheiten und Verbraucherwünschen hat die Warenumgruppierungsfunktion insgesamt nicht an Bedeutung verloren. Sie wird wahrscheinlich stellenweise sogar noch an Bedeutung gewinnen. Denkt man an eine in den USA schon deutlich erkennbare Entwicklung, nämlich an die weitgehende Spezialisierung der Industriebetriebe und damit an das Bemühen, Produktions- und Marktnotwendigkeiten in gleicher Weise zu berücksichtigen, so wird deutlich, daß eine solche Harmonisierung nur durch eine verstärkte Leistung des Handels bewirkt werden kann. Dabei geht aber gerade um die Warenumgruppierungsfunktion. Es darf also wohl angenommen werden, daß diese Handelsfunktion auf Grund von Entwicklungen der Produktionstechnik mindestens auf längere Sicht noch an Bedeutung gewinnen wird. Die zusätzlichen Aufgaben mögen dann zum merklichen Teil der Industrie obliegen, zum Teil werden sie aber auch durch den Handel erledigt werden müssen.

---

[24] Vgl. hierzu E. Sundhoff, a. a. O., S. 23.

Die *Mengenumgruppierungsfunktion* hat durch Entwicklungen der Produktionstechnik stellenweise generell an Bedeutung gewonnen. Diese Tendenz dürfte in Zukunft nicht schwächer werden. Die Begründung für diese Behauptung wurde bereits weiter vorn bei der Untersuchung des Einflusses des Markenartikels gegeben. Es sei deshalb auf den Abschnitt II b verwiesen.

Die *Raumausgleichsfunktion* kann durch die Produktionstechnik direkt nicht beeinflußt werden. Indirekt kann sich jedoch folgende Beeinflussung ergeben: die vielleicht einmal auch in Europa eintretende stärkere Spezialisierung in der Industrie auf Grund von Fortschritten der Produktionstechnik dürfte der Raumausgleichsfunktion eine zunehmende Bedeutung bringen. Ob sich die Auswirkungen jedoch voraussichtlich mehr im Handels- oder im Industriebereich oder aber im Bereich der Verkehrsbetriebe abspielen werden, ist nicht mit genügender Sicherheit abzuschätzen. Es spricht jedoch eine Vermutung dafür, daß der Handelsbereich davon mindestens berührt werden wird.

Die *Zeitausgleichsfunktion* wird durch Fortschritte in der Produktionstechnik stellenweise an Bedeutung gewinnen. Es kann hier auf frühere Ausführungen im Zusammenhang mit der Darstellung der Tendenzen im Produktionsbereich hingewiesen werden. Als Stichwort sei nur genannt: Zunehmende Ausbreitung des Nivellierungsprinzips[25], soweit es die Eigenart der betreffenden Ware gestattet[26], wobei allerdings die Frage offen bleibt, inwieweit die Lagerhaltung dadurch beim Handels- und inwieweit sie im Vertriebsbereich der Industriebetriebe an Gewicht gewinnen wird.

Die *Veredelungsfunktion* im engeren Sinne (z. B. Kaffeerösten und dgl.) ist von der Produktionstechnik nur in relativ geringem Maße berührt worden. Die weitere Ausbreitung moderner Konservierungsverfahren kann allerdings eine gewisse Verlagerung von Aufgaben des Handels auf die Industrie bringen. Wesentlich stärker dürfte die Veredelungsfunktion im weiteren Sinne (Mischen, Verpacken usw.) durch die technischen Fortschritte der industriellen Fertigung beeinflußt werden. Es kann hier wiederum auf unter II b in anderem Zusammenhang gemachte Ausführungen verwiesen werden. Insbesondere ist an die erwähnte Tendenz einer immer weitergehenden Verlagerung der Verpackungsaufgabe in den industriellen Bereich zu erinnern. Diese Tendenz zeichnet sich nämlich keineswegs nur bei den weiter vorn behandelten Marken-

---

[25] Hemmend dürfte sich hier allerdings die auch für die Zukunft zu erwartende weitere Ausdehnung des von Modeeinflüssen berührten Warenkreises auswirken.

[26] Vgl. hierzu H. Schwarz, Grundfragen der Abstimmung von Materialbeschaffung, Fertigung und Vertrieb — als Probleme der laufenden Betriebspolitik in Industriebetrieben, Freiburg i. Br. 1959, S. 64 f.

artikeln sowie bei neueren Betriebsformen des Handels ab. Markenartikel und bestimmte neue Betriebsformen im Handel fördern, wie dargelegt wurde, lediglich die Anwendung der Möglichkeiten, die die Produktionstechnik (in dem weiteren, auch die Verpackungstechnik einschließenden Sinne) in steigendem Maße bietet.

c) *Beeinflussung der Handelsfunktionen durch Verbesserung der Transporttechnik*

Es geht hier ganz überwiegend um die Beeinflussung, die auf die Raum- sowie auf die Zeitausgleichsfunktion ausgeübt werden kann. Einige der übrigen Handelsfunktionen können von der jeweils möglichen Transporttechnik auch beeinflußt werden, doch sind diese Entwicklungen von untergeordneter Bedeutung. Es geht dabei im wesentlichen um innerbetriebliche Transportaufgaben (insbesondere Transport innerhalb der Handelsbetriebe), auf die hier nicht eingegangen werden soll.

Die Raumausgleichsfunktion wird seit langem nur noch in relativ geringem Umfange durch den Handel selbst erfüllt. Die Aufgabe der Raumüberwindung ist weitgehend selbständigen Verkehrsbetrieben übertragen worden. Man kann das Entstehen der Verkehrsbetriebe geradezu als einen Ausgliederungsvorgang betrachten: Dem Handel wurde die Aufgabe der physischen Verteilung (die des Transports) zum merklichen Teil genommen. Es blieb ihm hauptsächlich die der kommerziellen Verteilung[27]. Allerdings hatte und hat der Handel vielfach über fremde Frachtführer zu disponieren.

Neuere Entwicklungen im Transportwesen haben nun eine gewisse Rückverlagerung der Raumausgleichsfunktion auf die Handelsbetriebe gebracht. Hier ist besonders an das Aufkommen und die immer mehr zunehmende Verbreitung des Kraftwagens zu denken. Allerdings erfolgte und erfolgt dadurch nur zum Teil eine Rückverlagerung von Aufgaben auf den Handel. Anderenteils sind hier Raumausgleichsfunktionen, also Aufgaben der physischen Verteilung, von Industriebetrieben (mit-) übernommen worden.

Bei der Tätigkeit der Verkehrsbetriebe sowie in den vorher erwähnten Fällen der Rückverlagerung geht es allerdings lediglich um die Überbrückung des Raumes zwischen Industrie und Handel[28], während in bezug auf die Überbrückung des Raumes zwischen Einzelhandel und Letztverbraucher eindeutig entweder eine Rückgliederung an den Handel oder aber das Hinzukommen einer völlig neuen Aufgabe vorliegt[28]. Diesem zuletzt genannten Gesichtspunkt muß aber vielleicht gerade die größere

---

[27] Vgl. zu diesen Begriffen und Problemen z. B. K. Mellerowicz, Allgemeine Betriebswirtschaftslehre, 10. Aufl., Berlin 1959, Band III, S. 118 f.

[28] Von dem Fall der Versandgeschäfte wird dabei abgesehen.

Bedeutung beigemessen werden. Es ist hier z. B. an die Zustellung von Waren an den Letztverbraucher zu denken. Bei Warenhäusern ist dies seit langem gang und gäbe. Dieser Service wurde ferner schon immer von kleineren Lebensmittel-Einzelhandelsgeschäften geboten. Die moderne Transporttechnik, insbesondere der Kraftwagen, hat jedoch auch größeren Einzelhandelsgeschäften, die diese Dienste früher nur schwer leisten konnten, entsprechende Möglichkeiten geboten. War es früher vielfach nur möglich, in der Nähe wohnende Kunden durch Lehrlinge per Fuß oder per Fahrrad zu beliefern, so können heute z. B. auch größere Lebensmittel-Einzelhandelsgeschäfte, etwa zu einem Filialsystem gehörende Geschäfte, durch den Einsatz von Kraftwagen Waren weiter entfernt wohnenden Kunden zustellen. Als neue Entwicklung ist in diesem Zusammenhang die Ausbreitung des sog. Telefonkaufes (Zustellung in die Wohnung des Letztverbrauchers auf Grund telefonischer Bestellung) zu nennen. Der Letztverbraucher muß hier das Geschäft überhaupt nicht mehr aufsuchen. Er wird also nicht nur von der Last des Transports der gekauften Ware, sondern auch von dem Gang zum Geschäft befreit. Dies ist ein interessantes Beispiel dafür, wie durch die Kombination von jetzt mehr verbreiteten Güter- und Nachrichtentransportmitteln dem Handel zusätzliche Möglichkeiten zur Wahrnehmung der Raumüberbrückungsfunktion erwachsen sind.

Die Entwicklung der Transporttechnik hat aber auch die *Zeitausgleichsfunktion* beeinflußt. Die Möglichkeit, Ware relativ schnell und manchmal auch relativ billig von einem Ort zum anderen zu schaffen, erlaubt vielfach eine Reduzierung der Lagerhaltung. Es ist bekannt, daß große amerikanische Handelsunternehmen auf Grund des Einsatzes elektronischer Datenverarbeitungsmaschinen und auf Grund der dadurch möglichen schnellen Bestandsermittlung ihre Lagerhaltung stark einschränken konnten. Das Verdienst an diesen kostensparenden Entwicklungen kann aber nur zum Teil der Tätigkeit der Datenverarbeitungsmaschinen zugerechnet werden. Die schnelle Bestandsermittlung würde nichts nützen, wenn nicht die Transporttechnik eine schnelle und kostenmäßig tragbare Beförderung von einigen wenigen Zentrallägern zu Außenlägern oder direkt zum Kunden ermöglichte.

IV. Zusammenfassung und Ergebnis

Die Untersuchung hat gezeigt, daß durch neuere Entwicklungen in der Absatzwirtschaft sowie in der Produktions- und Transporttechnik Handelsfunktionen im Sinne des Funktionsbegriffes von Oberparleiter nur in geringem Maße an Bedeutung verloren oder gewonnen haben oder in Zukunft voraussichtlich an Bedeutung verlieren oder gewinnen werden. Dieses Ergebnis ist nicht erstaunlich. Die Bedeutung der — relativ abstrakt betrachteten — Handelsfunktionen für die Versorgung der Menschen mit Gütern und anderen Leistungen ist so bedeutsam und war dies schon immer, daß auch Entwicklungen der Technik hieran — direkt oder indirekt — nichts Wesentliches zu ändern vermögen.

Dagegen konnten in zahlreichen Fällen Verlagerungen in bezug auf die *Wahrnehmung* der Handelsfunktionen festgestellt werden. Betrachtet man also vorzüglich die *Institution* „Handel", so sind merkliche Veränderungen zu konstatieren.

Es ergibt sich dann, wenn man die gesamte Absatzkette betrachtet, die vom Produktionsbereich der Industrie (oder der Landwirtschaft) bis zum Letztverbraucher reicht, folgendes Bild: Teilweise liegen Verlagerungen von einer Handelsstufe zu einer anderen, teils Verlagerungen von Handelsstufen auf die Industrie und schließlich auch die Ausgliederung von Funktionen aus Handelsbetrieben und ihre Übertragung auf Verkehrsbetriebe vor. Nicht zu übersehen ist auch, daß stellenweise eine Rückverlagerung von Funktionen auf Handelsbetriebe (oder aber ein Übergang auf den Vertriebsbereich von Industriebetrieben) erfolgt ist, was hauptsächlich auf die Entwicklung des Kraftwagens, daneben aber auch auf die Ausbreitung von Nachrichtentransportmitteln (Telefon) zurückgeführt werden muß.

Ebensowenig wie die nur geringfügige Schmälerung oder Ausweitung der abstrakten Handelsfunktionen erstaunlich ist, vermag die vielfach zu findende Funktions*verlagerung* — von einer Institution zu einer anderen — zu überraschen. Selbstverständlich müssen neue Entwicklungen in Wirtschaft und Technik auch des öfteren neue Formen der Arbeitsteilung zwischen den verschiedenen Wirtschaftszweigen und zwischen Betrieben desselben Wirtschaftszweiges mit sich bringen. Hier liegt die eigentliche Dynamik, die die Entwicklung der Technik teils direkt (Produktionstechnik, Transporttechnik) und teils indirekt (zunächst Beeinflussung anderer Sektoren der Absatzwirtschaft durch technische Fortschritte) hervorruft. Das untersuchte Gebiet stellt somit ein interessantes Beispiel dafür dar, wie wenig sich *wirtschaftlich* in mancher Hinsicht (nämlich im Substantiellen) durch Entwicklungen im Bereich der Technik ändert. Zugleich wird aber hier deutlich, wie häufig und wie relativ schnell sich Veränderungen in der Aufgabenverteilung und in der Art der Durchführung bestimmter Aufgaben ergeben.

Dieses Ergebnis auf einem Spezialgebiet darf sicherlich nicht ohne weiteres verallgemeinert werden. Es legt allerdings die *Vermutung* nahe, daß es auch auf zahlreichen weiteren Gebieten der Wirtschaft nicht anders ist.

Das Rechnungswesen als Führungsinstrument: Voraussetzungen und Möglichkeiten

von

Prof. Dr. *H. Ulrich,* St. Gallen

1. Vom Wesen der Unternehmensführung

Wenn wir uns im folgenden mit der Verwendung des Rechnungswesens als Führungsinstrument in der Unternehmung beschäftigen, so möchte ich doch diesen Ausführungen einige kurze Betrachtungen zur Unternehmungsführung überhaupt voranstellen.

Eine Unternehmung führen heißt, für sie Entscheide treffen und dafür sorgen, daß diese verwirklicht werden, bedeutet: Ziele setzen und Maßnahmen zur Zielverwirklichung in Gang setzen, bedeutet aber auch: immer wieder erreichte Ergebnisse feststellen und werten, bisherige Ziele und Maßnahmen vorurteilsfrei prüfen und neue Ziele und neue Maßnahmen festlegen. Die Unternehmung ist ein aus vielen Menschen bestehendes, kompliziertes Gebilde, das in eine komplexe und wechselnde Umwelt hineingestellt ist und in dem sich dauernd in arbeitsteiliger Zusammenarbeit die verschiedenartigsten Prozesse so rationell als möglich abspielen sollen. Und dieses vielfältige und schwierig zu steuernde Gebilde muß nach außen ständig als einheitliches Wirtschaftssubjekt, gewissermaßen wie ein einzelner, handlungsfähiger Mensch, mit einem bewußten zielgerichteten Willen auftreten können. Unternehmungsführung bedeutet, diesem Gebilde einen einheitlichen Willen geben, ein zielgerichtetes Handeln aller Unternehmungsangehörigen ermöglichen und sichern. Ohne bewußte Führung bliebe die Unternehmung ein ungeordneter und sinnloser Haufe von Anlagen, Betriebseinrichtungen und Menschen; erst die Führung macht diesen Komplex zum handlungsfähigen Wirtschaftssubjekt.

Die Einheit der Unternehmungsführung ist zweifellos dann am besten gewahrt, wenn nur eine führende Persönlichkeit da ist, die allein und ausschließlich entscheidet, prüft und wertet. Die Erfahrung lehrt uns jedoch, daß — abgesehen vom ganz kleinen Betrieb — kein einzelner Mensch mehr in der Lage ist, das Unternehmungsgeschehen vollständig allein zu überblicken und zu beherrschen, allein alle notwendigen Entscheide richtig zu treffen. Auch dort, wo ein Einzelner allein an der Spitze der Unternehmung steht, ist er doch auf die Mitwirkung seiner höheren Angestellten bei der Unternehmungsführung unbedingt angewiesen. Die

Unternehmungsführung spielt sich daher in der heutigen Unternehmung nicht in der Brust und im Kopf *eines* Unternehmers allein ab, sondern sie ist zu einem Prozeß arbeitsteiliger Zusammenarbeit unter vielen geworden. Dabei ist es für die Zukunft der Unternehmung geradezu von entscheidender Bedeutung, daß in ihr nicht nur die ausführenden Arbeitsprozesse in der Fabrik oder im Büro rationell gestaltet sind, sondern daß auch dieser Leitungsprozeß in den oberen Stufen der Unternehmungshierarchie zweckmäßig organisiert ist.

Wenn wir von Unternehmungsführung sprechen, so denken wir also nicht lediglich an den einen, einsamen Mann an der Spitze, sondern an das ganze Kader der Unternehmung, welches — jeder leitende Angestellte an seinem Platz — zu entscheiden, zu kontrollieren und zu werten hat.

Wenn man von Führung spricht, denkt man mit Recht an Menschenführung. Unternehmungsführung bedeutet ja zu einem wesentlichen Teil, andern Mitarbeitern der Unternehmung Ziele vorgeben, Richtlinien zu ihrer Erreichung oder konkrete Anweisungen erteilen, und alles hängt davon ab, daß es dem Chef gelingt, „die andern", d. h. seine Mitarbeiter, zu einem zweckmäßigen, im Interesse der Unternehmung liegenden Verhalten zu veranlassen. Zweifellos spielt also die Kunst der Menschenführung, und damit das psychologisch und soziologisch richtige Verhalten des Vorgesetzten, für das Unternehmungsschicksal eine entscheidende Rolle. Man darf aber darüber nicht vergessen, daß sich Arbeitspsychologie und Betriebssoziologie, so wichtig sie auch sind, immer nur mit dem „Wie führen" befassen, während es doch ganz wesentlich auch darauf ankommt, *wohin* diese Menschen geführt werden. In der Beantwortung der Frage „Wohin?" nun ist der Unternehmer nicht frei, da ja seine Unternehmung das vorgegebene Ziel hat, wirtschaftliche Güter für andere zu erzeugen oder zu verteilen, und sich hineingestellt sieht in eine rationale Wirtschaftsordnung, in der der wirtschaftliche Mißerfolg mit dem Konkurs bestraft und der wirtschaftliche Erfolg mit Gewinn und mit Ausdehnungsmöglichkeit belohnt wird.

Unternehmungsführung bedeutet deshalb — im Zeitalter der Human Relations muß man das gelegentlich festhalten — nicht nur, Menschen in anständiger Weise zu führen, sondern auch, einen nützlichen Platz in der Gesamtwirtschaft einzunehmen und auszufüllen, indem zur Bedarfsdeckung erwünschte Güter in geeigneter Qualität und zu möglichst niedrigen Kosten hergestellt und verkauft werden. Ebenso entscheidend für die Unternehmung wie die Qualität der Menschenführung ist daher auch die Qualität der Führung in bezug auf alles Wirtschaftliche, sowohl in bezug auf die Setzung wirtschaftlich zweckmäßiger Ziele wie auch auf das Treffen wirtschaftlich erfolgversprechender Maßnahmen zu ihrer Erreichung.

2. Unternehmensführung mit Hilfe von Rechnungsergebnissen

Die Unternehmung ist hineingestellt in eine Wirtschaftsordnung, welche von den Nationalökonomen als „Geldtauschwirtschaft" bezeichnet wird; eine Wirtschaftsordnung also, in welcher alle Tauschvorgänge zwischen den Wirtschaftssubjekten in Geld gemessen, gewertet und bezahlt werden. Die Unternehmung kann in dieser Ordnung nur existieren, wenn es ihr auf die Dauer gelingt, wertmäßig nicht mehr Verluste zu erleiden, als sie Gewinn erzielt, so daß sich ihr Vermögen zumindest nicht unaufhörlich vermindert. Will sie dieses Ziel erreichen, so muß sie selbst also immer wieder die wertmäßigen Auswirkungen aller Vorgänge, an denen sie beteiligt ist, auf sich selbst ermitteln. Die Wertung all dieser Vorgänge erfolgt nur dort gewissermaßen von selbst, auf dem Markt, wo die Unternehmung Leistungen von außen bezieht oder Leistungen nach außen abgibt; die zahlreichen internen Vorgänge aber sind dieser automatischen Bewertung entzogen. Die Unternehmung braucht deshalb ein Rechnungswesen, welches auch diese internen Vorgänge erfaßt und bewertet, weil gerade hier, sozusagen im Innern der Unternehmung, in den Werkstätten und Büros, Entscheidendes geschieht in bezug auf den schließlichen Erfolg oder Mißerfolg der Unternehmung als Ganzes. So kann man denn das Rechnungswesen als dasjenige Instrument bezeichnen, das versucht, das ganze Unternehmungsgeschehen wertmäßig zu erfassen und immer wieder für einzelne Teilprozesse wie auch für die Unternehmung als Ganzes den wertmäßigen Erfolg oder Mißerfolg zu ermitteln.

Hier läßt sich nun meines Erachtens ohne weiteres die Verbindung zwischen dem Rechnungswesen und den Aufgaben der Unternehmungsführung herstellen. Eine Unternehmung richtig führen, bedeutet eben, sie wirtschaftlich erfolgreich führen, und weil der Erfolg oder Mißerfolg schließlich in Geldwerten, in Franken und Rappen, ausgedrückt wird, bedeutet dies, alle Vorgänge in der Unternehmung zu steuern, daß ein wertmäßiger Erfolg dabei entsteht. Das Rechnungswesen ist somit nicht nur das Werkzeug, das schließlich den Erfolg oder Mißerfolg der Unternehmungsführung angibt, sondern auch das Instrument, das ihr erlaubt, laufend den Erfolg oder Mißerfolg von Entscheidungen und Maßnahmen zu ermitteln.

Man kann eine Unternehmung nicht führen, ohne immer wieder die Vorgänge zu werten. Entscheiden bedeutet ja immer ein Wählen zwischen verschiedenen Möglichkeiten des Verhaltens, und dem eigentlichen Entschluß geht daher ein Werten der verschiedenen Möglichkeiten voraus. Das erreichte Ziel kann man zwar oft in Mengen ausdrücken, aber ob das Erreichte schlecht, genügend oder gut ist, kann man doch wiederum nur durch ein wertmäßiges Feststellen und Vergleichen beurteilen. Das Rechnungswesen ist nicht nur das geeignetste Instrument zur Ermittlung und

Bereitstellung dieser wertmäßigen Daten, sondern es erhält seinen Sinn überhaupt erst durch diesen Dienst, den es leisten soll.

Man kann, wie die Erfahrung zeigt, eine Unternehmung unter Umständen auch mit einem Minimum an Zahlen gut führen, aber, so muß man wohl hinzufügen, man kann es immer weniger gut. Es gab früher viele und gibt heute noch einige Unternehmungsleiter, welche Jahreszahlen über den erzielten Gesamterfolg oder -mißerfolg und über den Stand an Vermögen und Schulden mit einigem Interesse zur Kenntnis nehmen, im übrigen aber ihre Entscheide treffen, ohne dabei Rechnungsergebnisse zu benützen oder auch nur daran zu denken, daß sie ihnen beim Entscheiden nützlich sein könnten. Im Gegenteil betrachten sie Zahlen eher als lästig und eines wirklichen Führers unwürdig. Solche Persönlichkeiten können außerordentliche Erfolge erzielen, aber vielleicht ist doch sehr viel Glück dabei im Spiel, und öfters sieht man, daß gerade sie auf leitende Mitarbeiter angewiesen sind, die ihrerseits nun vielmehr kühle Rechner sind und so das notwendige Gegengewicht zum intuitiven und phantasiebegabten obersten Chef darstellen.

Auch wenn wir es also akzeptieren, daß gewisse Unternehmerpersönlichkeiten dank persönlicher Begabung und langjähriger Erfahrung einen Führungsstil entwickeln, der auf andern Komponenten beruht als auf Rechnungsergebnissen, so sehen wir doch deutlich, daß dieser Stil in der modernen Unternehmung von heute und morgen immer weniger erfolgversprechend wird. Die Umwelt der Unternehmung wird immer differenzierter, die Arbeitsteilung unter den eigenen Mitarbeitern immer größer, die technische Ausrüstung des Betriebes immer vielfältiger komplizierter und kostspieliger; die Umsätze steigen zwar, aber gleichzeitig werden die prozentualen Gewinnmargen immer kleiner, so daß relativ kleine Fehler die Unternehmung bereits in die Verlustzone führen können. Technischer Fortschritt, Mode und Wandel der Verbrauchergewohnheiten wickeln sich immer rascher ab, während gleichzeitig die Kostenstruktur des Betriebes immer fixer wird und Investitionsbeschlüsse das Unternehmungsgeschehen für eine lange Zeitspanne vorausbestimmen. Diesen erhöhten Risiken auf allen Teilgebieten der Unternehmungstätigkeit, welche nur durch die andauernde Hochkonjunktur vor den Augen der außenstehenden Zuschauer verborgen bleiben, entspricht ein anderer Führungsstil, der viel stärker auf dem zahlenmäßigen Rechnen und Werten beruht. Wer genau kalkuliert, hat die größere Erfolgschance und das kleinere Verlustrisiko — so könnte man etwa die Einsicht zusammenfassen, welche diesem Stil zugrunde liegt.

3. Voraussetzungen für die Verwendung des Rechnungswesens als Führungsinstrument

Wir kommen damit zu einer ersten Voraussetzung, die gegeben sein muß, wenn das Rechnungswesen als Führungsinstrument dienen soll: die Unternehmungsleitung muß gewillt sein, überhaupt Rechnungsergebnisse als Grundlage ihrer Tätigkeit zu akzeptieren und zu verwenden. Dieser Wille fehlt öfters als man glaubt bei führenden Persönlichkeiten. Es hat nun offensichtlich wenig Sinn, ein gutes Rechnungswesen aufzubauen, das immerhin laufend ziemlich Geld kostet, wenn überhaupt der Wille fehlt, mit den Ergebnissen dieser kostspieligen Tätigkeit etwas anzufangen. Die Unternehmungsleitung muß sich darüber klar sein, daß dem Rechnungswesen kein Wert an sich innewohnt; es hat genau so viel Wert, als ihm die Unternehmungsleitung als Hilfsmittel bei ihrer Tätigkeit beimißt. Es gibt auch heute noch Unternehmungen, in denen die oberste Leitung eine recht zwiespältige Haltung einnimmt: sie läßt es zu oder fördert es sogar, daß ein modern ausgebautes Rechnungswesen entsteht, das mit viel Anstrengung und Kosten Belege erstellt, Zahlen erfaßt, sammelt, verbucht und ausweist, aber sie ist keineswegs gewillt, mit den Ergebnissen dieses fleißigen Tuns etwas anzufangen. Wichtigste Voraussetzungen für die Nützlichkeit des Rechnungswesens überhaupt ist deshalb die Einsicht, daß das Rechnungswesen zwar in der Buchhaltungsabteilung von bestimmten Personen durchgeführt werden kann, daß diese Arbeit aber nur dann einen Sinn hat, wenn ihre Ergebnisse zu den leitenden Stellen gelangen und von diesen praktisch verwendet werden. Wer diesen Satz nicht akzeptiert, kann seiner Unternehmung viel Kosten sparen, wenn er sein Rechnungswesen auf eine einfache Ausgaben-Einnahmen-Rechnung reduziert, so daß lediglich den gesetzlichen Erfordernissen Genüge getan ist.

Die leitenden Unternehmungsangehörigen müssen aber nicht nur gewillt sein, Rechnungsergebnisse bei ihrer Tätigkeit zu verwenden, sie müssen dazu auch fähig sein. Die Chefs der Linie sind in der Regel nicht ausgebildete Buchhalter und verstehen oft von den Geheimnissen der doppelten Buchhaltung und weiterer Rechnungen recht wenig. Meines Erachtens sind diese Kenntnisse der Rechnungstechnik auch nicht notwendig; man kann sich auch eines Flugzeuges als Transportmittel bedienen, ohne daß man es selbst herstellen könnte. Fähig sein bedeutet in diesem Zusammenhang lediglich, daß der Chef Ergebnisse des Rechnungswesens richtig lesen und interpretieren kann, um die Daten als Elemente in seine Überlegungen zur Lösung eines bestimmten Problems einfügen zu können. Dazu braucht er einige Kenntnisse darüber, wie diese Rechnungsergebnisse überhaupt zustandekommen und was die verschiedenen

Bezeichnungen bedeuten; jeder durchschnittlich begabte Chef kann sich diese Kenntnisse in wenigen Stunden aneignen.

Viel schwieriger ist es für einen Chef, herauszufinden, welche Rechnungsergebnisse er im einzelnen bei der Erfüllung seiner Aufgaben überhaupt verwenden könnte. Die Mitarbeiter des Rechnungswesens, die Finanz- und Betriebsbuchhalter und Kalkulatoren, können das nicht von sich aus wissen; sie verfügen über eine Unmenge von Daten, die sie nicht einfach wahllos in ihrer Gesamtheit jedem Chef zur Verfügung stellen können, ohne die ganze Unternehmung mit Papier und Zahlen einzudecken. Jeder Chef sollte also genau für seinen eigenen Posten und seinen eigenen Bedarf ermitteln, welche Daten er braucht, und diese Wunschliste dem Rechnungswesen übergeben. Wir kommen auf diese wichtigen Fragen noch zurück.

Erste Voraussetzung für eine erfolgreiche Verwendung des Rechnungswesens in einer Unternehmung ist es also, daß die Unternehmungsführung selbst, die Linienchefs aller Stufen, gewillt und fähig sind, bei ihren planenden, entscheidenden und kontrollierenden Tätigkeiten Rechnungsergebnisse zu verwenden. Erst wenn diese Voraussetzung gegeben ist, hat es einen Sinn, an das eigene Rechnungswesen hohe Anforderungen zu stellen.

Weitere Voraussetzungen liegen nunmehr im Rechnungswesen selbst. Das Rechnungswesen muß so aufgebaut sein, daß es in der Lage ist, die von den Leitungsinstanzen gewünschten Daten richtig, d. h. mit hinreichender Genauigkeit, und rechtzeitig zu produzieren. Dies ist nur möglich, wenn das Rechnungswesen mehr ist als eine herkömmliche Buchhaltung, der mit der Zeit noch einige unorganische Geschwüre angewachsen sind, nämlich ein System von aufeinander abgestimmten Rechnungen nach einer einheitlichen Gesamtkonzeption. Diese Gesamtkonzeption beruht zwar sehr stark auf den heutigen allgemeinen Erkenntnissen des modernen Rechnungswesens, muß aber immer individuell den besonderen Bedürfnissen des einzelnen Betriebes angepaßt sein. Beispielsweise kommt natürlich der Einzelkalkulation in einem Betrieb, der Suppen oder Waschmittel in Massenproduktion herstellt, keineswegs dieselbe Bedeutung zu wie in einer Maschinenfabrik mit Einzelfertigung.

Eine weitere Voraussetzung besteht darin, daß das Rechnungswesen in der Lage sein muß, sein immenses Rohmaterial so zu verarbeiten, daß es für bestimmte Leitungszwecke unmittelbar verwendbar wird. Diese Aufgabe ist äußerst schwierig, insbesondere auch aus dem schon erwähnten Grunde, daß viele Chefs selbst nicht recht wissen, welche Zahlen sie eigentlich in welcher Form haben möchten. Sie ist aber auch deshalb schwierig, weil der Wert, der einem Vorgang zugemessen wird, oft abhängt vom Zweck, den man mit der Bewertung verfolgt. Namentlich technisch ausgebildete Chefs haben oft Mühe zu verstehen, daß gewisse Werte nicht einfach an und für sich da sind und objektiv wahr sind, sondern von Fall zu Fall vom Rechnungswesen erst geschaffen werden müssen. Sowohl den Chefs wie auch den Spezialisten des Rechnungswesens sind diese unfruchtbaren Diskussionen bekannt, wenn der Chef lediglich ein paar konkrete Zahlen haben möchte und der Mann vom Rechnungswesen mit vielen Wenn und Aber mehrere Varianten davon unterbreitet. Beide stehen einander ziemlich verständnislos gegenüber, der Rechnungsspezialist, weil er nicht versteht, mit welchem Problem der Chef ringt, und dieser, weil er diese Unbestimmtheit nicht begreift, wonach zweimal zwei je nachdem dreieinhalb bis viereinhalb ergeben sollen. So möchte der Chef klipp und klar wissen, wie die Abschreibungen zu berechnen sind, der Rechnungspezialist aber weiß, daß jede Rechnungsmethode Vor- und Nachteile hat und daß es darum geht, diejenige anzuwenden, die dem betreffenden Rechnungszweck am besten entspricht.

Diese Voraussetzungen bedeuten gleichzeitig solche personeller Art: Das Rechnungswesen muß über sachkundige und modern ausgebildete Mitarbeiter verfügen. Die modernen Rechnungstechniken müssen voll beherrscht werden, und zwar die heute allgemein anerkannten und nicht diejenigen des Jahres 1925. Um es etwas kraß zu sagen: Ein heute 50-jähriger Buchhalter ist, wenn er sich seit seiner Schulzeit nicht intensiv weitergebildet hat, heute vielleicht noch als Debitorenbuchhalter, keineswegs mehr aber als Chef des Rechnungswesens brauchbar. Die Unternehmungsleitung muß sich also bewußt sein, daß es auf diesem Gebiet genau gleich ist wie in den technischen Bereichen: ohne systematische, à jour gehaltene Ausbildung in den neuzeitlichen Techniken und Verfahrensweisen können diese Aufgaben nicht sachgemäß gelöst werden.

Das Beherrschen neuzeitlicher Rechnungstechniken genügt wohl für die unteren Mitarbeiter im Rechnungswesen, nicht aber für den Chef des ganzen Arbeitsbereiches. Er muß, wie jeder andere Vorgesetzte auch, Fähigkeiten und Eigenschaften eines Leiters haben. In unserem speziellen Fall bedeutet dies neben der Menschenführung vor allem, daß er in der Lage ist, die Bedürfnisse der Linieninstanzen zu erkennen und die Rechnungsergebnisse so weit zu verarbeiten, daß sie für diese zu aussagefähigen Entscheidungsgrundlagen werden. Gleichzeitig muß er erhebliches Format besitzen, um seine Rechnungsabteilung als Dienststelle für alle anderen Abteilungen und für die oberste Unternehmungsführung aufzufassen und entsprechend lenken zu können.

Ein sachlich mangelhaftes Rechnungswesen kann man jederzeit verbessern, nötigenfalls unter Beizug von Beratern. Alle Rechnungstechnik, die man kaufen kann, mit allen Rechnungsmaschinen nützt aber erfahrungsgemäß sehr wenig, wenn der Abteilung Rechnungswesen nicht eine

Persönlichkeit vorsteht, die die Verbindung zwischen den abstrakten Zahlen, wie sie die eigene Abteilung produziert, und den konkreten Vorgängen, wie sie sich in den anderen Unternehmungsbereichen abspielen, herzustellen versteht.

Entsprechend der Persönlichkeit dieses modernen Chefs des Rechnungswesens muß auch die Eingliederung in die Gesamtorganisation der Unternehmung erfolgen. Aus vielerlei Gründen ist das Rechnungswesen als selbständige, der obersten Unternehmungsführung direkt unterstellte Abteilung die einzig richtige Lösung; meines Erachtens können lediglich wichtige personelle Gründe eine vorübergehende Abweichung von diesem Prinzip rechtfertigen. Eine Begründung liegt darin, daß das Rechnungswesen von den übrigen Aufgabenbereichen unabhängig sein muß, wenn es gegenüber der obersten Unternehmungsführung seine Aufgabe als Kontrollinstrument erfüllen soll. Das Rechnungswesen darf im üblichen und notwendigen Streit der Meinungen zwischen Techniker und Kaufmann, Konstrukteur und Betriebsleiter, Verkäufer und Betriebsleiter usw. nie Partei sein, sondern muß unabhängig davon Zahlen ermitteln und abgeben, die eine objektive Beurteilung erlauben.

Ein weiterer, wichtiger Grund liegt darin, daß der Chef des Rechnungswesens im Rahmen der Unternehmungsführung eine wichtige Funktion ausüben soll; im Angelsächsischen bezeichnet man sie als diejenige des „Controllers". Dies soll nicht etwa bedeuten, daß er gegenüber allen anderen Unternehmungsangehörigen als Kontrollstelle mit eigenen Kompetenzen auftritt; er ist nur gewissenmaßen das zahlenmäßige Gewissen der Unternehmung, das unaufhörlich bestrebt ist, den anderen mit zweckmäßig ausgewählten, aussagefähigen Daten zu dienen. Im Rahmen der Unternehmungsführung kommt dieser Funktion eine außerordentlich große Bedeutung zu, ist es doch in Direktionsberatungen häufig, daß über Meinungen, Vor- und Nachteile verschiedener Maßnahmen usw. diskutiert wird, ohne daß man in der Lage ist, an Hand konkreter Zahlen zu urteilen. Dem Chef des Rechnungswesens kommt die Aufgabe zu, alle diskutierten Fragen vom wertmäßigen Standpunkt aus anzusehen, die Kosten-Ertragsrelationen der diskutierten Maßnahmen so genau und objektiv als möglich zu schätzen, bei Investitionsfragen den Finanzbedarf und die Finanzierungsmöglichkeit zu erläutern, bei angestrebten Umsatzvermehrungen auf die Kostenseite und bei Kosteneinsparungen auf allfällige Umsatzeinbußen aufmerksam zu machen usw. Daß eine fähige Persönlichkeit diese Funktion ausübt, ist zwar für die übrigen Beteiligten oftmals lästig, unterbricht sie doch den schönsten Gedankenflug mit nüchternen Zahlen und führt oft dazu, daß Lieblingskinder von Konstrukteuren, Betriebsleitern oder Verkäufern sich als unrealistische Wunschträume herausstellen, aber sie ist andererseits unbedingt notwendig, um die Unternehmung auf relativ sicheren Pfaden zu führen und vor unkontrollierbaren Abenteuern zu bewahren.

Wir stellen also zusammenfassend fest, daß Voraussetzungen sowohl von seiten der maßgebenden Linieninstanzen wie auch von seiten des Rechnungswesens vorhanden sein müssen, wenn es gelingen soll, das Rechnungswesen voll als Führungsinstrument auszuwerten. Letzten Endes sind es persönliche Anforderungen, die auf beiden Seiten erfüllt werden müssen: Von seiten der Linieninstanzen der Wille und die Fähigkeit, sich bei der Lösung ihrer Leitungsaufgaben der Rechnungsergebnisse zu bedienen, wie auch der Wille, für das Rechnungswesen erstklassige Mitarbeiter einzustellen und seinem Chef eine entsprechende, hohe Bedeutung in der Unternehmungshierarchie einzuräumen und ihn bei den Beratungen der obersten Leitung mitwirken zu lassen; von seiten des Rechnungswesens die Einsicht, daß das Rechnungswesen seinen Zweck erst bei den Linieninstanzen erfüllt, und der Wille und die Fähigkeit, als Dienststelle für alle übrigen Abteilungen aussagefähige Zahlen bereitzustellen und bei der sachgemäßen Interpretation mitzuwirken.

4. Möglichkeiten der Auswertung des Rechnungswesens durch die Linieninstanzen

Wenden wir uns nun den Möglichkeiten zu, das Rechnungswesen in allen Stufen der Unternehmungsführung auszuwerten. Es geht dabei im wesentlichen um die schon erwähnte Frage, welche Rechnungsergebnisse die einzelnen Leitungsinstanzen zur Lösung ihrer Aufgabe verwenden können. Die Antwort auf unsere Frage hängt also ab von der genauen Aufgabenstellung jedes einzelnen Chefs, und von dort her müßten wir zurückgehen auf das Rechnungswesen und feststellen, welche zahlenmäßigen Unterlagen das Rechnungswesen liefern kann. Es ist also so, daß man eigentlich nur für den konkreten Einzelfall, den einzelnen Chefposten in einer ganz bestimmten Unternehmung, diese Frage beantworten kann. Wir wollen aber versuchen, einige generelle Richtlinien herauszuarbeiten.

Jeder Chef hat die Aufgabe, den ihm unterstellten Bereich unter Kontrolle zu halten und so wirtschaftlich als möglich zu führen. Er benötigt also in erster Linie Zahlen, welche ihm die Erfüllung dieser Kontroll- und Lenkungsfunktion ermöglichen. Kontrollieren bedeutet, sich vergewissern, daß die gesetzten Ziele auf die vorgesehene Art und Weise angestrebt und schließlich erreicht werden. Zahlenmäßig gesehen geht es darum, den Aufwand oder die Kosten laufend zu ermitteln und zu beurteilen und periodisch einen Vergleich zwischen Aufwand und Ertrag durchzuführen. Als erstes ist also zu fordern, daß jeder Chef über die in seinem Verantwortungsbereich entstandenen Kosten laufend und detailliert Auskunft erhält; es nützt nicht viel, wenn in der Abteilung Rechnungswesen ein schöner Betriebsabrechnungsbogen erstellt und dann dort oder in der Schublade des obersten Chefs als geheime Staatssache versorgt wird. Grundsätzlich soll jeder Chef die Zahlen der Betriebsabrechnung insoweit erhalten, als er sie durch seine Entscheide und Maßnahmen beeinflussen kann, denn insoweit muß er sie ja auch gegenüber oberen Stellen verantworten. Je tiefer unten der Chef steht, um so detaillierter müssen die Kostenzahlen sein; je höher er steht, um so mehr sollen sie so zusammengefaßt werden, daß die wesentlichen Ziffern und Veränderungen deutlich hervortreten, während Kleinigkeiten gar nicht mehr sichtbar sind. So ist es meines Erachtens richtig, wenn der Meister die in der abgelaufenen Periode in den ihm unterstellten Kostenstellen entstandenen Kosten im einzelnen zu sehen bekommt; für einen Fabrikdirektor in einer großen industriellen Unternehmung dagegen ist es nur eine unnötige Belastung, wenn er einen Betriebsabrechnungsbogen mit Tausenden von Detailzahlen studiert. Es ist ja nicht seine Aufgabe, etwa der Frage nachzuspüren, warum in der Kostenstelle X der Putzfädenverbrauch um 25 Franken gestiegen ist; dagegen ist es für ihn wichtig, daß er die Bewegung der Gesamtkosten pro Kostenstelle und diejenige der sich daraus ergebenden Kalkulationssätze unter Kontrolle hält.

Kostenzahlen, so nützlich und notwendig sie für den Chef sind, stellen doch grundsätzlich nur die eine Seite des Betriebsgeschehens, nämlich die Aufwandseite, dar. Diesem Aufwand muß ja auf der Ertragsseite eine Leistung gegenüberstehen, und entscheidend für die Qualität der Leistung ist erst das Verhältnis zwischen Aufwand und Ertrag. Hier steht das Rechnungswesen nun vor der Schwierigkeit, daß für die einzelnen Teilbereiche der Unternehmung keine Ertragszahlen ermittelt werden können, weil der Ertrag eben erst auf dem Markt, beim Verkauf, entsteht. Man hat schon zahllose Möglichkeiten versucht, um den Kosten einzelner Bereiche, wie der Fabrikationsabteilungen, des Einkaufs, der Verwaltung, auch Ertragszahlen gegenüberstellen zu können, doch muten diese Versuche meistens recht künstlich an und haben meines Erachtens nur einen sehr beschränkten Wert. Tatsache bleibt also, daß für zahlreiche Chefbereiche zwar die Kosten ermittelt werden können, nicht aber Ertragswerte, die man ihnen gegenüberstellen kann. Es fehlt so der Maßstab des Ertrages, an dem man die aufgelaufenen Kosten messen könnte, und man muß deshalb versuchen, sich einen andern solchen Maßstab zu schaffen. Dies geschieht in der Regel durch das Aufstellen von Plan- oder Sollzahlen, an denen man die entstandenen Ist-Kosten mißt. Es ist eine große Aufgabe des Rechnungswesens, solche Budget- oder Planzahlen richtig aufzustellen, damit nicht der Maßstab falsch ist, an dem man schließlich die Geschehnisse beurteilt.

Sobald wir im Rechnungswesen nicht nur Vergangenheitszahlen ermitteln, sondern zukünftige eintretende Ereignisse in Form von Planzahlen vorausberechnen, wird es zur Aufgabe des Chefs, für seinen Verantwortungsbereich die entstandenen Kosten mit den Plan- oder Budgetkosten zu vergleichen und den Abweichungen nachzugehen. Damit wird seine Aufgabe sehr viel konkreter und zielgerichteter. Alle Kosten, welche sich im Rahmen der budgetierten Zahlen bewegen, interessieren ihn dann nicht mehr; er kann sich von vornherein auf die Budgetabweichungen konzentrieren. Auch hier gilt wiederum, daß sich der untere Chef ruhig auch mit kleinen Budgetabweichungen herumschlagen soll, während sich der höhere Chef auf die großen, ins Gewicht fallenden Kostenüberschreitungen konzentriert.

Mit der Budgetierung wird aber nicht nur ein Maßstab für die Beurteilung der Ist-Kosten durch die Chefs geschaffen, sondern es kommt ein ganz anderer Führungsstil in die Unternehmung. Die Budgets selbst können ja niemals allein vom Mann des Rechnungswesens aufgestellt werden; richtigerweise müssen dabei die Chefs aller Stufen sehr intensiv mitwirken. Damit wird nun für den Chef das Rechnungswesen nicht mehr zum bloßen nachträglichen Kontrollinstrument, sondern auch zum Instrument des rechtzeitigen Planens. Damit er für seinen Bereich ein Budget aufstellen kann, muß er sich überlegen, was in der betreffenden zukünftigen Periode geschehen wird und geschehen soll. Dieses zahlenmäßige Vorausdenken, wie es vom Budget gefordert wird, führt deshalb zu einem Vorausplanen von Maßnahmen und damit zu einem bewußten Gestalten der Zukunft durch die Unternehmungsführung. Wenn die Budgettechnik richtig gehandhabt wird, so kann man damit erreichen, daß auch kleine Chefs der unteren Rangstufe zu vorausplanenden kleinen Unternehmern werden, die im Rahmen eines von ihnen aufgestellten und von oben genehmigten Budgets ohne weitere Weisungen aus eigener Initiative handeln. Wer ein Budget selbst aufgestellt und sich damit verpflichtet hat, ist naturgemäß viel mehr auch an den effektiven Ergebnissen interessiert, als einer, dem man irgendwelche Ziele von oben her vorgeschrieben hat; er wird sich daher auch für die Budgetkontrolle am Schluß der Periode, den erwähnten Vergleich der effektiven Ist-Zahlen mit seinem Budget, interessieren.

Durch ein umfassendes Budgetsystem wird aber auch, wie man in der Praxis immer wieder feststellen kann, die ganze Unternehmungsführung viel einfacher. Zahllose Einzelanweisungen, mit denen sich sonst höhere Stellen herumschlagen müssen, kann man dann nämlich durch den einfachen Satz ersetzen: „Im Rahmen eines genehmigten Budgets ist jeder befugt, die ihm notwendig scheinenden Maßnahmen zu treffen", also beispielsweise Material einzukaufen, Arbeiter einzustellen, Maschinen anzuschaffen, Zahlungen anzuweisen usw. Nur für Maßnahmen, welche im Budget nicht vorgesehen sind, und für Ausgaben, welche eine Budgetüberschreitung bedeuten, muß die Genehmigung einer höheren Instanz eingeholt werden. Dies ist das bekannte „Exception Principale" in vollendeter Anwendung: Alles, was im Budget steht, gilt als Normalfall, welcher von jedem Mitarbeiter für seinen Budgetbereich selbst erledigt werden kann; alles, was nicht darin steht, gilt als Ausnahmefall, für den der Entscheid einer höheren Stelle eingeholt werden muß.

Wer einmal gesehen hat, wie in einzelnen Firmen dieses Budgetwesen funktioniert und mit welcher Gelassenheit höhere Chefs ihren Untergebenen Entscheide überlassen, solange diese sich im budgetierten Rahmen bewegen, zweifelt nicht mehr daran, daß das Rechnungswesen wirklich zu einem Führungsinstrument ausgebaut werden kann. Freilich braucht es mehrere Jahre eines intensiven Zusammenwirkens zwischen dem Rechnungswesen und den Linienchefs aller Stufen, um eine vollständige und gute Budgetierung aufzubauen; aber diese Arbeit lohnt sich meines Erachtens um ein Vielfaches. Viele Unternehmungen begnügen sich mit Budgets auf einzelnen Teilbereichen und gelangen so nie in den Genuß der wesentlichen Vorteile, die erst bei einem vollständigen, geschlossenen Budgetsystem mit laufender Budgetkontrolle erreichbar sind.

Wir wollen somit festhalten, daß jeder Chef für seinen Zuständigkeitsbereich nicht nur die Kostenzahlen der vergangenen Periode erhalten sollte, sondern gleichzeitig auch die seinerzeitigen Budget- oder Plankosten und die sich im Vergleich ergebenden Abweichungen, daß er ferner bei der Aufstellung der Budgetzahlen für seinen Bereich maßgebend mitwirken soll, und daß er im Rahmen genehmigter Budgetpläne selbständig handeln und entscheiden können soll. Darüber hinaus hat nun der Vorgesetzte, namentlich der höhere Chef, noch zahlreiche Entscheide zu treffen, welche nicht im Rahmen der laufenden Budgetkontrolle bereits erfaßt sind. Hier ist vor allem an Investitionsentscheidungen zu denken, Entscheide über Änderungen der Organisation und der Arbeitsmethoden. Das Rechnungswesen muß in der Lage sein, für solche Wahlhandlungen Wirtschaftlichkeitsberechnungen aufzustellen, welche dem Chef einen möglichst richtigen Entscheid erlauben. Auch wenn man weiß, daß zahllose nicht rechenbare Faktoren eine Rolle spielen können, so ist es doch klar, daß die Wirtschaftlichkeitsrechnung für den Chef als Entscheidungsgrundlage unentbehrlich ist.

In diese Fragen der Auswertung des Rechnungswesens für die Zwecke der Unternehmungsführung spielt immer das Problem der *Geheimhaltung* wichtiger Daten hinein. Es wäre töricht, dieses Problem als nichtexistent zu erklären und alle Rechnungsergebnisse als jedermann zugänglich zu erklären. Soll man einem Meister Kalkulationsergebnisse für die Produkte, die er ja rationell herstellen soll, vorlegen? Soll man den Abteilungsleitern die Gesamtergebnisse der Unternehmung im Sinne der Erfolgsrechnung bekanntgeben? Soll der Fabrikationsleiter auch über die Gewinnspannen bei den verschiedenen Produkten oder Produktgruppen im Bilde sein? Diese Fragen müssen auf jeden Fall beantwortet sein, man kann sie nicht umgehen. Ich glaube nicht, daß man darauf eine allgemeingültige Antwort geben kann. Im allgemeinen kann man vielleicht sagen, daß die vielverbreitete Angst, Rechnungsergebnisse könnten über die Mitarbeiter auch der Konkurrenz bekannt werden, insofern übertrieben ist, als die Konkurrenz erfahrungsgemäß mit den meisten Daten nicht viel Böses anfangen könnte. Die mit an der Spitze der Branche marschierende Unternehmung weiß in der Regel, daß es der Konkurrenz wenig nützt, wenn sie auch gelegentlich Zahlen aus unserem Betrieb erfährt, da es weniger auf diese als darauf ankommt, wie man sie erzielt hat. Die schlechter stehende Unternehmung braucht umgekehrt kaum zu fürchten, daß ihre Konkurrenz auf Grund solcher Zahlen zum Nachmachen angespornt würde. Auch wenn einmal ein solcher Betriebsunfall passieren würde, wäre dies also kaum jemals eine Katastrophe.

Viel wesentlicher erscheint mir die Frage, ob nicht eigene Mitarbeiter zu falschen Schlüssen und Fehlhandlungen verleitet werden können, wenn sie für sie ungeeignete Zahlen wahllos bekommen und dann falsch interpretieren. So kann ein unterer Leiter aus der hohen Gewinnspanne für ein Produkt leicht den Eindruck bekommen, daß es nicht so sehr darauf ankomme, ob er nun etwas mehr oder weniger Material verbrauche oder Arbeitszeit aufwende bei der Herstellung; es fehlt ihm der Überblick über sämtliche Produkte und der Einblick in die Zusammensetzung von Gesamtaufwand und -ertrag. Oder der Abteilungsleiter schließt aus solchen Zahlen, daß andere Abteilungen offenbar unbeanstandet sehr viel Kosten aufwenden können, während man bei ihm auf Einzelheiten herumkniet, weil er zwar von seiner Abteilung weiß, warum all diese Kosten notwendig sind, von anderen Abteilungen dagegen nur eine rudimentäre Ahnung hat. So kann es sein, daß eine zu weitgehende Verteilung von Rechnungsergebnissen nur die Mißverständnisse vermehrt und die Rivalitäten zwischen den Abteilungen unnötig vergrößert.

Auf der anderen Seite kann man sagen, daß jeder gute Mitarbeiter ein natürliches Interesse nicht nur daran hat, was in seinem eigenen Bereich geschieht, sondern auch an den wesentlichen Vorgängen in anderen Abteilungen. Vielerorts speist man auch die mittleren und höheren Chefs über diese sie nicht unmittelbar berührenden Vorgänge mit einigen Gemeinplätzen ab, die mehr Meinungen als Tatsachen sind. Zahlen des Rechnungswesens haben den Vorteil, daß sie konkrete Tatsachen sind und eine feste Information, an die man sich halten kann.

Man darf also meines Erachtens die Auswertung des Rechnungswesens auch vom Standpunkt des *Informationswesens* ansehen und Rechnungsergebnisse in wohlabgewogener Weise auch zur Information der Mitarbeiter verwenden über Dinge, die sie nicht unbedingt zu wissen beauchen bei ihrer täglichen Arbeit, deren Kenntnis aber geeignet ist, ihr Verständnis des Unternehmungsgeschehens zu erhöhen und ihr Interesse dafür zu wecken.

5. Schlußfolgerungen

Man kann ohne große Mühe *feststellen,* was uns das eigene Rechnungswesen kostet, aber man kann das, was es uns nützt, kaum in Franken und Rappen ausdrücken. Wir sind davon ausgegangen, daß der Nutzen des Rechnungswesens nur in den Diensten bestehen kann, die es den Linienchefs aller Stufen leistet, indem es ihnen Zahlen als Planungs- und Kontrollmittel und als Entscheidungsgrundlage liefert. Wir haben die Voraussetzungen abzuklären versucht, welche gegeben sein müssen, damit dieser Nutzen möglichst groß ist. Grundlegende Voraussetzung ist natürlich, daß das Rechnungswesen nach einer modernen Konzeption aufgebaut und auf die Besonderheiten der eigenen Unternehmung exakt zugeschnitten ist; das bedeutet auch, daß es nicht nur in der Lage sein muß, Vergangenheitszahlen zu liefern, sondern auch zahlenmäßige Zukunftsschätzungen in Form von Planzahlen und Budgets. Wir haben weiter festgestellt, daß das Rechnungswesen seiner Bedeutung entsprechend als selbständige Abteilung in die Gesamtorganisation einzugliedern ist. Vor allem aber haben wir festgestellt, daß die notwendigen Voraussetzungen personeller und geistiger Art sind: im Rechnungswesen muß fähigen und modern ausgebildeten Mitarbeitern ein hochqualifizierter Chef vorstehen, der einsieht, daß das Rechnungswesen keinen Sinn in sich selber trägt und der unermüdlich versucht, allen anderen Stellen in der Unternehmung immer bessere Dienste zu leisten durch Abgabe von Rechnungsergebnissen, Daten und Statistiken, die auf ihre Aufgaben und Bedürfnisse zugeschnitten sind. Andererseits müssen die Chefs aller Stufen, namentlich aber auch die Geschäftsleitung, gewillt sein, diese Zahlen und Rechnungsergebnisse tatsächlich als Grundlage ihres Entscheidens und Handelns zu verwenden.

Von dieser Basis aus haben wir versucht, einige Möglichkeiten darzustellen, um das Rechnungswesen wirklich als Führungsinstrument auszuwerten. Wir haben festgestellt, daß jedem Chef unbedingt diejenigen Zahlen zu übergeben sind, für welche er die Verantwortung zu tragen hat; in den unteren Bereichen sind dies fast ausschließlich Zahlen über die entstandenen Kosten, in den höheren Bereichen teilweise auch Ertragszahlen. Wir haben aber auch gesehen, daß die Abgabe einiger Daten darüber hinaus dem Informationsbedürfnis gerade der guten und interessierten Mitarbeiter Rechnung tragen und ihr Verständnis für die Vorgänge in den übrigen Abteilungen verbessern kann. Vor allem aber haben wir festgehalten, daß das Rechnungswesen vom Kontroll- zum Planungsmittel ausgebaut werden muß, was bedeutet, daß die Linienstellen vom Rechnungswesen nicht erst Resultate erhalten, sondern von Anfang an bei der Aufstellung der Budgetzahlen intensiv und maßgeblich mitwirken.

Im Anhang sind einige Punkte zusammengestellt, die als Richtlinien für den Ausbau des Rechnungswesens zum Instrument der Unternehmungsführung dienen können. Besonders wesentlich scheint mir die in Punkt fünf angedeutete Untersuchung der Bedürfnisse aller Chefs nach Rechnungsergebnissen zu sein; denn die Ursache einer schlechten Auswertung scheint mir häufig darin zu liegen, daß weder der Leiter des Rechnungswesens noch der einzelne Linienchef selbst genau wissen, was für Zahlen der Linienchef wirklich braucht. Diese Abklärung kann nur durch ein intensives Zusammenwirken des Leiters des Rechnungswesens mit allen Linieninstanzen erfolgen, und diese Besprechungen sind gleichzeitig ein Mittel, um das gegenseitige Verständnis zu fördern.

Das Rechnungswesen soll keine Zwangsjacke sein, in die der einzelne Chef hineingestellt wird, so daß er nur noch mit den Augen angstvoll nach roten Zahlen schielen darf. Es soll aber auch kein Zahlenfriedhof sein, in dem die ermittelten Daten kurz nach ihrer Geburt schon wieder begraben werden, um dann nach zehn Jahren — nach Ablauf der gesetzlichen Aufbewahrungsfrist — wieder ausgegraben und dann endgültig kremiert zu werden.

Das Rechnungswesen ist aber auch kein tauglicher Ersatz für mangelnde Vorgesetzteneigenschaften. Man kann eine Unternehmung oder eine Abteilung nicht nur mit Zahlen führen, aber man kann sie heute auch nicht mehr ohne Zahlen führen.

Die sinnvolle Interpretation und Verwendung der Rechnungsergebnisse machen erst das Rechnungswesen überhaupt sinnvoll. Es ist Aufgabe sowohl der Mitarbeiter des Rechnungswesens wie auch aller Linieninstanzen, gemeinsam an diesem Ausbau des Rechnungswesens zum Instrument der Unternehmungsführung zu arbeiten.

Anhang

Richtlinien

für die Auswertung des Rechnungswesens als Instrument der Unternehmungsführung

1. Die eigentliche Auswertung des Rechnungswesens kann nicht durch das Rechnungswesen selbst, sondern nur durch die Leitungsinstanzen erfolgen.

2. Aufgabe der Abteilung Rechnungswesen ist es, die Rechnungen fachtechnisch richtig und rationell durchzuführen und die Rechnungsergebnisse, den Bedürfnissen der verschiedenen Leitungsstellen entsprechend, aufzuarbeiten, zusammenzustellen und zu kommentieren.
3. Die Abteilung Rechnungswesen ist daher eine Dienststelle für alle Linieninstanzen, welche nicht selbst Entscheide zu treffen, sondern Rechnungsergebnisse als Entscheidungsgrundlage anderer Stellen zur Verfügung zu stellen hat.
4. Damit das Rechnungswesen diese Aufgabe richtig erfüllen kann, ist es als selbständige Abteilung unabhängig von den Linieninstanzen in die Gesamtorganisation einzugliedern. Der Chef des Rechnungswesens soll regelmäßig den höchsten Linieninstanzen gleichgeordnet und direkt der obersten Geschäftsleitung unterstellt sein.
5. Als Grundlage einer zweckmäßigen Auswertung der Rechnungsergebnisse ist eine systematische Abklärung der Bedürfnisse aller Linieninstanzen notwendig.
6. Jedem Chef sind grundsätzlich diejenigen Rechnungsergebnisse zugänglich zu machen, welche ihm eine laufende Kontrolle seines Verantwortlichkeitsbereiches ermöglichen. Je höher oben ein Chef steht, um so mehr sollen sich die ihm übergebenen Zahlen auf Gesamtgrößen und Kennziffern beschränken; je weiter unten er steht, um so stärker ist eine Detaillierung vorzunehmen.
7. Das Rechnungswesen ist von der Nachrechnung auf die Vorausplanung auszudehnen (Budgetierung), wobei die Linieninstanzen für ihren Verantwortlichkeitsbereich bei der Aufstellung der Planzahlen maßgeblich mitwirken. Die Kontrolle der effektiven Ergebnisse ist an Hand der Planzahlen vorzunehmen und soll sich weitgehend auf die Budgetabweichungen beschränken.
8. Die Budgetierung ist voll als Führungsinstrument auszunutzen, indem den Vorgesetzten aller Stufen im Rahmen der genehmigten Budgets weitgehende Dispositionsfreiheit eingeräumt wird.
9. Das Rechnungswesen muß bereit sein, den Linienstellen auf Anforderung hin zusätzliche Berechnungen und Interpretationen abzugeben. Die Linieninstanzen sollen die Dienste des Rechnungswesens beanspruchen, statt daß sie selbst laienhafte Berechnungen aufstellen.
10. Die Geschäftsleitung hat Richtlinien über geheimzuhaltende Rechnungsergebnisse festzulegen, deren Umfang möglichst zu beschränken ist.
11. Das Rechnungswesen kann auch als Instrument des Informationswesens der Mitarbeiter über allgemein interessierende Vorgänge ausgewertet werden.

12. Das Rechnungswesen muß seine Ergebnisse den Linieninstanzen rasch und auf Grund eines festgelegten Zeitplanes zur Verfügung stellen. Nötigenfalls sind rechtzeitige Schätzungen verspäteten genauen Ermittlungen vorzuziehen. Für sämtliche Linieninstanzen sind Rappenbeträge belanglos; für höhere Leitungsstellen genügen Angaben über die Größenordnung. Eine übertriebene Genauigkeit erschwert die Auswertung; runde Zahlen sind leichter lesbar und prägen sich dem Gedächtnis besser ein.

Bibliographie

Bücher, Schriften und Aufsätze von Professor Dr. Konrad Mellerowicz

Bearbeitet von Dipl.-Kfm. J. Weiskam, Berlin

I. Bücher

Neubildungen im gewerblichen Arbeitsgenossenschaftswesen Deutschlands in der Nachkriegszeit, insbesondere die Bauarbeiterproduktivgenossenschaften, Hamburg 1923. (Diss.)

Grundlagen betriebswirtschaftlicher Wertungslehre, Berlin 1926.

Allgemeine Betriebswirtschaftslehre, Berlin 1929, 10. Aufl. 4 Doppelbände, Berlin 1958/1959, Bd. 1 und 2, 11. Aufl. Berlin 1961 (Sammlung Göschen).

Kosten und Kostenrechnung, Bd. 1 und 2, Berlin und Leipzig 1933/1936; 3. Aufl. Bd. I: Theorie der Kosten, Bd. II, 1: Allgemeine Fragen der Kostenrechnung und Betriebsabrechnung, Bd. II, 2: Kalkulation und Auswertung der Kostenrechnung und Betriebsabrechnung, Berlin 1957/1958.

Neuere Methoden der Buchhaltung, Berlin 1934.

Die öffentlichen Banken in der deutschen Bankwirtschaft, Berlin 1934.

Die Zukunft des Straßenverkehrs (im Auftrage des Reichsverbandes der Automobilindustrie), Berlin 1936.

Grundfragen und Technik der Betriebsabrechnung, Berlin 1949 (zusammen mit H. Funke u. a.), 2. Aufl. Freiburg 1954 (zusammen mit H. Funke und G. Abromeit).

Neue Handwerksbuchführung, Bremen-Horn o. J. und Leipzig 1950 (zusammen mit F. Volkmann); Formulare für die neue Handwerksbuchführung Berlin o. J. (zusammen mit F. Volkmann).

Kapitalverkehr, Wiesbaden 1950.

Der Zahlungsverkehr in Deutschland, Wiesbaden 1952.

Wert und Wertung im Betrieb, Essen 1952.

Der Wert der Unternehmung als Ganzes, Essen 1952.

Bestimmungsfaktoren der Kreditfähigkeit, Berlin 1954 (zusammen mit H. Jonas).

Markenartikel — die ökonomischen Gesetze ihrer Preisbildung und Preisbindung, Berlin und München 1955.

Abschreibungen in Erfolgs- und Kostenrechnung, Heidelberg 1957.

Betriebswirtschaftslehre der Industrie, Freiburg i. Br. 1957, 3. Aufl. 1958.

Forschungs- und Entwicklungstätigkeit als betriebswirtschaftliches Problem, Freiburg 1958.

Der Markenartikel als Vertriebsform und als Mittel zur Steigerung der Produktivität im Vertriebe, Freiburg 1960.

Die Handelsspanne bei freien, gebundenen und empfohlenen Preisen, Freiburg i. Br. 1961.

Planung und Plankostenrechnung, Bd. 1: Betriebliche Planung, Freiburg i. Br. 1961.

II. Beiträge zu Sammelwerken

Handwörterbuch des Kaufmanns, Hamburg/Berlin 1927:
Der Wert.
Handwörterbuch für Betriebswirtschaft, Stuttgart 1928:
Abrechnung,
Abrechnungsbetrieb,
Depositenbanken,
Finanzbanken,
Girozentralen,
Golddiskontbanken,
Kommunalbanken,
Landesbanken,
Landschaften,
Rentenbank und Rentenbankkreditanstalt,
Reichsbank,
Sparkassen.
Wirtschaftsjahrbuch für Industrie und Handel, Leipzig 1928:
Die Banken und der Kapitalmarkt.
Wirtschaftsjahrbuch für Kaufleute, Berlin 1928:
Wert und Wertung in der Betriebswirtschaft.
Handbuch des Einzelhandels, Stuttgart 1932:
Warenverwaltung der Einzelhandelsbetriebe.
Handels-Hochschule, Wiesbaden o. J.:
Der Kapitalverkehr.
Handwörterbuch des Bankverkehrs, Berlin 1933:
Emissionsgeschäft und Emissionstechnik.
Die deutsche Bankwirtschaft, Berlin 1935—1938:
Liquidität,
Die betrieblichen Einrichtungen der Reichsbank.
Neues betriebswirtschaftliches Quellenbuch, Leipzig 1938:
Preise und Kosten.
Ansprachen und Vorträge, gehalten anläßlich der Eröffnung des Instituts für Versicherungswissenschaft, Berlin 1939:
Versicherung und Betriebswirtschaftslehre.
Die Bank, Wiesbaden o. J.:
Liquidität.
Plankostenrechnung und Betriebsvergleich, Berlin 1939:
Die Plankostenrechnung als Hilfsmittel der Rationalisierung.
Festschrift für E. Walb, Leipzig 1940:
Zur Frage der Preisbildung in der gelenkten Wirtschaft.
Festschrift für W. Kalveram, Berlin/Wien 1942:
Die Selbstfinanzierung in der Industrie.
Die Bank, Wiesbaden 1950:
Der innerdeutsche Zahlungsverkehr.
Festgabe für Georg Jahn, Berlin 1955:
Wirtschaft und Technik — ihre Aufgabe in der heutigen Zeit.
Handwörterbuch der Betriebswirtschaft, 3. Aufl., Stuttgart 1956 ff.:
Beschäftigung,
Beschäftigungspolitik,
Betriebliches Gleichgewicht,
Kosten und Kostenbegriffe,

Leitner, Friedrich,
Leistung,
Kalkulatorischer Ausgleich,
Kapazitätsproblem.
Hütte, Band II, Berlin 1957:
Kostenrechnung.
Enzyklopädisches Lexikon für das Geld-, Bank- und Börsenwesen, Frankfurt 1957.
Abschreibungen,
Die goldene Bilanzregel,
Emissionsgeschäft.
Staatslexikon, Freiburg 1957:
Betriebswirtschaftslehre,
Börsen,
Großhandel.
Dr. Gabler's Wirtschaftslexikon, 3. Aufl., Wiesbaden 1959:
Bewertungslehre.
Probleme der Betriebsführung, Berlin 1959:
Betriebspolitik — die Kernaufgabe der Betriebsführung.
Protokoll der 1. Bundes-Handwerks-Konferenz der Industriegewerkschaft Metall für die Bundesrepublik Deutschland, Frankfurt a. Main o.J.:
Das Handwerk in der industriellen Gesellschaft.
Festschrift für Fritz Henzel, Gegenwartsfragen der Unternehmung, Wiesbaden 1961:
Marktmäßige Gestaltung der Produktionsprogramme.

III. Aufsätze in Zeitschriften

Der Ertragswert, Bankwiss. 1926.
Das Lesen ausländischer Kurszettel, Bankwiss. 1926.
H. Schacht zu seinem 50. Geburtstag, Bankwiss. 1926.
De beweeggredenen voor de jongste discontoverhooging in Duitschland, Econ. stat. Ber. 1927.
Zur Frage der höheren genossenschaftlichen Kreditorganisation, Bankwiss. 1927.
Kurzfristige Auslandskredite und Währung, Bankwiss. 1927.
Landschaften und Landschaftsbetrieb, Bankwiss. 1927.
Die dritte Tagung des genossenschaftlichen Giroverbandes der Dresdener Bank, Bankwiss. 1927.
Zur Frage der Feststellung der Goldpunkte, Bankwiss. 1927.
Zum Goldproblem, Bankwiss. 1927.
Die Stabilisierung der Mark, Bankwiss. 1927.
Strukturwandlungen im internationalen Kapitalmarkt, Bankwiss. 1927.
Der Reisekreditbriefdienst der Genossenschaftsabteilungen der Dresdener Bank Berlin und Frankfurt/Main, Bankwiss. 1927.
Zur Frage der volkswirtschaftlichen Liquidität der deutschen Banken, Bankwiss. 1927.
Zur Frage der Verbesserung der Börsenstatistik, Bankwiss. 1927.
Neues zur Goldfrage, Bankwiss. 1927.
„Die Kreditwirtschaft“, eine Buchbesprechung, Bankwiss. 1927.
Die Stellung der Reichsbank im deutschen Geldmarkt, Bankwiss. 1927.
Zur Verlängerung der Geltungsdauer des Gesetzes über Depot- und Depositengeschäfte, Bankwiss. 1927.

Zur jüngsten Diskonterhöhung der Reichsbank, Bankwiss. 1927.
Der internationale Giroverkehr, Bankwiss. 1927.
Konjunkturbeobachtung, Bankbeamtenzeitung 1927.
Open-market-operations, Bankwiss. 1928.
Absatzschwankungen und ihr Einfluß auf die Betriebspolitik, Zeitschr. f. Betriebsw. 1928.
Begriff und Gliederung der Betriebswirtschaftslehre, Zeitschr. d. Verb. dt. Diplom-Kaufleute 1928.
Nochmals zur Frage der volkswirtschaftlichen Liquidität der deutschen Banken, Bankwiss. 1928.
Das amerikanische Bankakzept, Bankwiss. 1928.
Die vierte Tagung des genossenschaftlichen Giroverbandes der Dresdener Bank, Bankwiss. 1928.
Zur Frage der Vereinheitlichung des deutschen Giroverkehrs, Bankwiss. 1928.
Der fünfte Giroverbandstag der Desdener Bank, Bankwiss. 1929.
Das Kostenproblem im öffentlich-rechtlichen Bankwesen, Veröff. d. Verb. österr. Kreditanstalten 1929.
Die Bank für den internationalen Zahlungsausgleich, Bankwiss. 1929.
Notenbanken, Bankwiss. 1930.
Bankenaufsicht in Deutschland, Econ. stat. Ber. 1931.
Wirtschaftskontrolle und Bankenaufsicht, Bankwiss. 1931.
Bankenkrise und Bankenorganisation, Bankwiss. 1931.
De gespecialiseerde banken in Duitschland, Econ. stat. Ber. 1932.
De reorganisation van de Duitsche grootbanken, Econ. stat. Ber. 1932.
Börsenreform, Bankwiss. 1932.
Die Banken in der Wirtschaftskrise, Bankwiss. 1932.
Betriebliche Krisenursachen, Bankwiss. 1932.
Grundlagen rationaler Verkehrsorganisation, Wirtschaftsheft Nr. 8 d. Frankf. Zeitung 1933.
Zusammenarbeit der Verkehrsmittel, Frankf. Zeitung v. 15. 2. 1933.
Zur Finanzierung des Einzelhandels, Der Prakt. Betriebswirt 1933.
Deutsche Bankenquêten, Die Sparkasse 1933.
Das Schweizerische Bankensystem im Jahre 1931, Bankwiss. 1933.
Bankenreform und das „Vordringen" der öffentlichen Banken, Wirtschaft u. Arbeit 1933.
Die deutschen Großbanken im Jahre 1932, Wirtschaft u. Arbeit 1933.
Die Überkapazität in der neuzeitlichen Wirtschaft, Wirtschaft u. Arbeit 1933.
Begriff und Kalkulation verbundener Kosten, Der Prakt. Betriebswirt 1933.
Zur betriebswirtschaftlichen Verkehrslehre, Der Prakt. Betriebswirt 1933.
Liquidität und Banken, Die Sparkasse 1934.
Kollektive Kreditkontrolle, Der dt. Ökonomist 1934.
Schmalenbach und die Betriebswirtschaftslehre, Minerva 1934.
Neue Wirtschaftsführung und Betriebswirtschaftslehre, Minerva 1934.
Gegenwärtiger Stand der deutschen Kraftverkehrswirtschaft im Deutschen Reich und deren Bedeutung für den Straßenverkehr, Die Straße 1934.
Erfahrungen mit Kettenläden in den USA, Der dt. Ökonomist 1934.
Die Liquidität der Banken, die Sparkasse 1934.
Problemes actuels des transports en Allemagne, Rev. écon. int. 1934.
Grundlagen und Grundsätze neuzeitlicher Buchhaltungsorganisation, Der Prakt. Betriebswirt 1934.
Monopole oder geregelte Konkurrenz im Verkehrswesen, Technik u. Wirtschaft 1934.

Geregelter Wettbewerb im Verkehr Rundschau techn. Arbeit 1934.
Die Regelung des Bankgeschäfts in Deutschland durch das Kreditgesetz vom 5. 12. 1934, Betriebsw. Blätter 1935.
Wirtschaftsführung und Finanzwesen der Deutschen Reichsbahn Finanzarchiv NF. 1935.
Neue Wirtschaftsführung und betriebswirtschaftliche Planung, Der Prakt. Betriebswirt 1935.
Der Stand des gewerblichen Güterfernverkehrs, Die Straße 1935.
Neuordnung des Güterfernverkehrs mit Kraftfahrzeugen in Deutschland, Betriebsw. Blätter 1935.
Siedlung und Kraftverkehr, Die Reichsplanung 1935.
Zweck und Formen des Rechnungswesens, Der Dt. Unternehmer 1935.
Geordnete Wirtschaft und Güterverkehr mit Kraftfahrzeugen, Technik und Wirtschaft 1936.
Betriebsfunktion und Organisation, Der Prakt. Betriebswirt 1934.
Betriebswirtschaftliche Probleme des Güterkraftverkehrs, Der Prakt. Betriebswirt 1936.
Zur Reform des Reichskraftwagentarifs, Betriebsw. Blätter 1937.
Umsatz und Kosten des Einzelhandels im Konjunkturverlauf, Betriebsw. Blätter 1937.
Das neue Deutsche Aktienrecht, Betriebsw. Blätter 1937.
Autobahnen, Betriebsw. Blätter 1937.
Stellungnahme zu den Nordsiekschen Erwiederungen, Der Prakt. Betriebswirt 1937.
Betriebswirtschaftliche Probleme des Güterkraftverkehrs, Wirtschaft u. Verkehr 1939.
Zur Frage des Rechnungswesens in der Seifenindustrie, Zeitschr. f. Fette u. Seifen 1939.
Öffentliche Betriebe, Wesen, Betätigungsgebiete und -formen, Zeitschr. f. Handelswiss. Forsch. 1942.
Aufgaben und Bildungsgesetze des Einheitskontenrahmens der Industrie, Der Wirtschaftsprüfer 1949.
Betriebswirtschaftslehre und politische Ökonomie, Die Dt. Finanzwirtschaft 1949.
Kostennormung, Betriebsw. Forsch. u. Praxis 1949.
Einheitliche Wirtschaftswissenschaft?, Betriebsw. Forsch. u. Praxis 1950.
Wirtschaftsordnung und Betriebsordnung, Zeitschr. f. Betriebsw. 1950.
Die Stellung der Betriebswirtschaftslehre im Rahmen der Wirtschaftswissenschaften, Zeitschr. f. Betriebsw. 1951.
Entwicklung einer wissenschaftlichen Betriebspolitik, Der Betrieb 1951.
Eine neue Richtung in der Betriebswirtschaftslehre?, Zeitschr. f. Betriebsw. 1952.
Der „mittlere Weg", Zeitschr. f. Betriebsw. 1952 (gem. mit Schwarz, Horst).
Der Betrieb als Organismus und als Organ, Betriebsw. Forsch. u. Praxis 1952.
Betriebswirtschaftslehre am Scheidewege, Zeitschr. f. Betriebsw. 1953.
Kostenkurven und Ertragsgesetz, Zeitschr. f. Betriebsw. 1953.
Idealtypische und realtypische Betrachtungsweise in der Betriebswirtschaftslehre, Zeitschr. f. Betriebsw. 1953.
Probleme bei der Bestimmung des Unternehmungswertes, Der Wirtschaftstreuhänder, 1955.
Zur Frage der Bewertung von Unternehmungen als Ganzes, Eine Stellungnahme zu Viels Ansichten über die Unternehmungsbewertung, Die Wirtschaftsprüfung 1955.

Der Absatz — Eine Betrachtung zum zweiten Band des Werkes von Gutenberg „Grundlagen der Betriebswirtschaftslehre", Zeitschr. f. Betriebsw. 1955.
Die Problematik der Handelsspannen, Der Markenartikel 1955.
Technik und Marketing, Der Markenartikel 1956.
Die Ausbildung des Führungsnachwuchses, Der Betrieb 1956.
Die Idee der Betriebswirtschaftslehre und ihre Entwicklung durch die Handelshochschule Berlin, Zeitschr. f. Betriebsw. 1956.
Bilanz-, Gewinn- und Dividendenpolitik, Wirtschaftlichkeit, I. Teil 1956.
Markenartikel als Rationalisierungsfaktor, Der Markenartikel 1956.
Der Markenartikel als Forschungsgegenstand, Zeitschr. f. Betriebsw. 1957.
Industrielle Führungskunst, Der Markenartikel 1957.
Die vermeintliche Revolution im Handel, Deutsche Zeitung und Wirtschaftszeitung vom 14. 12. 1957 und vom 18. 1. 1958.
Handelsspanne und Diskonthäuser, Zeitschr. f. Betriebsw. 1958.
Die Problematik der Industriefinanzierung, Zeitschrift für das gesamte Kreditwesen 1958.
Zur Bindung der Wiederverkaufspreise. Eine Stellungnahme zu einer Untersuchung von Gammelgaard, Der Markenartikel 1959.
Preis-, Kosten- und Produktgestaltung als Mittel der Absatzpolitik, Der Markenartikel 1959.
Handelsspannen und Diskonthäuser, Zeitschr. f. Betriebsw. 1958.
Die neuesten Entwicklungstendenzen der Kostenrechnung und ihre praktische Bedeutung, Mitteilungen der Industrie- und Handelskammer, Dortmund, Januar 1959.
Markenartikel und Preisbindung, Edeka-Rundschau, Heft 40/41 vom 2./9. Oktober 1959.
Die Bewertung von Unternehmungen als Ganzes, Sonderausgabe der Zeitschrift für das gesamte Kreditwesen, Oktober/November 1959.
Preisbindung und Handelsspanne, Der Markenartikel, 1960.
Heranbildung und Förderung betriebswirtschaftlicher Führungskräfte, Betriebswirtschaftliche Umschau, 1960.
Typenbeschränkung und Spezialisierung unter produktionstechnischen und vertriebspolitischen Gesichtspunkten, Zeitschrift für wirtschaftliche Fertigung 1961.
Die Handelsspanne bei freier Preisbildung, Der Markenartikel 1961.
Betriebliche Marktprobleme als Auswirkung der europäischen Integration, Der Markenartikel 1961.
Verbuchung und Bilanzierung von bereits im Entstehungszeitpunkt zweifelhaften Forderungen, dargestellt an Exportgeschäften mit unsicheren politischen oder Währungsverhältnissen, Die Wirtschaftsprüfung 1961.
Spannenbildung bei vertraglich gebundenen und empfohlenen Wiederverkaufspreisen, Der Markenartikel 1961.
Kein Zwang zur Bildung von Pensionsrückstellungen, Frankf. Allg. Ztg. vom 2. 10. 1961.
Preispolitik bei Markenartikeln, Zeitschr. f. Betriebsw. 1961.

Besprechung des Werkes „Kosten und Kostenrechnung" in der Moskauer Fachzeitschrift „Nowie Knigi", 9/1959

Mellerowicz, K.: Kosten und Kostenrechnung, 3. veränd. Aufl. Berlin, Walter de Gruyter & Co. 1957—1958

Übersetzt von Dipl.-Ing. D. Hahn, Berlin

Dr. Konrad Mellerowicz — Professor der Technischen Universität in Berlin-Charlottenburg — ist ein bedeutender deutscher Spezialist auf dem Gebiet der Betriebswirtschaft. Er ist Autor eines Lehrbuches über Betriebswirtschaftslehre, daß in großer Zahl in acht Auflagen der bekannten Reihe „Sammlung Göschen" erschienen ist.

Als eine besondere Eigentümlichkeit der deutschen Behandlung der Probleme der Betriebswirtschaft im Gegensatz zu der in der amerikanischen Literatur erscheint die vorwiegend kaufmännisch-rechnerische Einstellung in ihrer Bearbeitung. Während in den USA der Ausgangspunkt für die sog. „wissenschaftliche Betriebsführung" das „System Taylor's" war, das an sich die Gesamtheit der betrieblichen Ingenieur-Verfahren für die größtmögliche Verstärkung der Ausbeutung von Arbeitern auf der Grundlage der heute führenden Technik darstellt, verbreitete sich in Deutschland die Lehre von der Einzelunternehmung. Diese Lehre wurde in handelswissenschaftlichen Lehranstalten im Interesse der Vorbereitung eines qualifizierten Führungspersonals für kapitalistische Unternehmungen entwickelt. Die Behandlung der betriebswirtschaftlichen Fragen begann auf dem Gebiet der Buchhaltung, der Selbstkostenrechnung und des Zahlungsverkehrs und erfaßte erst danach allmählich auch unmittelbar den Produktionsprozeß.

Später verbreitete sich in der kapitalistischen Industrie Deutschlands eine umfassende Bewegung für eine technische Rationalisierung des Betriebes nach amerikanischem Vorbild. Ebenso wurden auch das System Taylor's und andere „Errungenschaften" der amerikanischen „wissenschaftlichen Betriebsführung" übernommen, die in den Komplex „der Lehre von der Einzelunternehmung" eingefügt wurden. Aber die deutschen Autoren setzen nach wie vor besonders sorgfältig die Ausarbeitung ihrer traditionellen Betriebswirtschaftslehre fort.

Als eine der letzten ernsthaften Arbeiten auf diesem Gebiet erscheint das in den Jahren 1957 bis 1958 herausgegebene Werk von Professor Mellerowicz über Kalkulation und Betriebsabrechnung.

Dieses Buch ist die umfassendste, vollständigste und gründlichste Untersuchung auf vorliegendem Gebiet, die in ihrer Systematik und ihrer methodischen Gliederung und ihrer Tiefe sämtliche bisherigen monographischen Arbeiten dieser Art — nicht nur in der deutschen, sondern überhaupt in der ausländischen Fachliteratur — übertrifft.

Allerdings ist die Arbeit von Professor Mellerowicz in theoretischer Hinsicht außerordentlich schwach, da sie auf der bürgerlichen Nationalökonomie basiert. Dem Autor ist die einzig wissenschaftliche Wirtschaftstheorie des Marxismus-Leninismus völlig fremd. Er steht auf dem apologetischen, anti-wissenschaftlichen Standpunkt der Ewigkeit und Unveränderlichkeit der kapitalistischen Produktionsverhältnisse. Konrad Mellerowicz widmet aber den grundsätzlichen Problemen der Wirtschaftstheorie in der weiten und genauen Bedeutung dieses Terminus überhaupt wenig Aufmerksamkeit. Mit dem großen Wort „Theorie" bezeichnet er den Inhalt des ersten Bandes, der ganz und gar mit der Klassifikation und der Untersuchung der verschiedenartigen Kosten eines Betriebes, mit der Klärung der Faktoren, durch die deren Höhe bestimmt wird, sowie der Bestimmung ihrer Beziehungen zueinander und zur Kapazität des Betriebes ausgefüllt ist.

Folglich handelt es sich bei diesem Autor nicht um die Abhandlung der theoretischen Probleme der Kosten, der öffentlichen Produktions- und Zirkulationskosten sowie der Selbstkosten, sondern lediglich um die prinzipiellen Thesen und die Grundbegriffe der Kostenrechnung vom Standpunkt des einzelnen Betriebes. Eine so beschränkte und praktische Auffassung der Theorie zeugt von der Eingeengtheit des wirtschaftswissenschaftlichen Gesichtskreises des Autors. Andererseits jedoch gewinnt das Buch eindeutig dadurch, daß die Konzeption des Autors die Grundfehler der bürgerlichen Nationalökonomie fast gar nicht widerspiegelt.

Im ersten Band des Buches, überschrieben: „Die Theorie der Kosten", ist der Klärung des Wesens der Kosten und der Klassifikation ihrer Bestandteile viel Aufmerksamkeit gewidmet. So werden im ersten Kapitel die Kosten definiert als die Gesamtheit des Verbrauchs im Betrieb, der durch seine eigentliche, operativ wirtschaftliche Tätigkeit bedingt ist. Der Autor trennt sehr richig die Aufwendungen, die Kosten darstellen, von anderen Aufwendungen des Betriebes, die keine Beziehung zu seiner eigentlichen wirtschaftlichen Tätigkeit haben und die deshalb nicht mit in die Kosten seiner Produktions- oder Dienstleistungen eingeschlossen werden dürfen. In dem gleichen Kapitel versucht Professor Mellerowicz die Begriffe der Kosten des Einzelbetriebes und die durchschnittlichen Kosten der gesamten Volkswirtschaft eines Landes zu formulieren und einander gegenüberzustellen.

Besonders hier jedoch läßt sich das schwache theoretische Gerüst des Autors erkennen. Als Hauptaufwendungen, die die volkswirtschaftlichen Kosten bilden, erscheinen nach Meinung von Professor Mellerowicz die „Schädigung der menschlichen Gesundheit" und der „Raubbau an natürlichen Bodenschätzen". Dabei wird als Hauptursache der volkswirtschaftlichen Kosten angeblich die Konkurrenzbeschränkung angesehen, die sich aus den obengenannten Gründen erklärt. Der Sinn dieser seltsamen Behauptungen läuft darauf hinaus, daß außer den unmittelbaren Aufwendungen, die durch den Produktionsprozeß des Betriebes bedingt sind, die Kosten in jedem Falle die Aufwendungen enthalten für Arbeitsschutz, Sicherheitsvorkehrungen und andere Leistungen an die Arbeitnehmer wie auch zusätzliche Ausgaben für die Anreicherung armer Erze, für die Ausbeutung der Bodenschätze in ungünstigen Lagen und ähnliches. Es ist ganz offensichtlich, daß die tatsächlichen Aufwendungen, die die vollen volkswirtschaftlichen Kosten ausmachen, überhaupt nicht mit jenen zusätzlichen Aufwendungen identisch sind, die von Professor Mellerowicz aufgeführt werden, und daß die von ihm genannten Aufwendungen nur mit sehr großer Mühe zu den gesamtstaatlichen Kosten gerechnet werden können, da sie eigentlich unmittelbar im Unternehmen entstehen und durch die konkreten Bedingungen seiner Tätigkeit verursacht sind. Man muß daran erinnern, daß nach den Untersuchungen einiger amerikanischer Wirtschaftler die Ausgaben für die Sicherungsvorkehrungen und den Arbeitsschutz sich in der Regel vollauf bezahlt machen durch Verminderung der sachlichen Schäden, der Unglücksfälle und der durch Industriearbeit bedingten psychischen Schäden u. ä.

Ein wirklicher Vorzug des ersten Bandes der hier besprochenen Arbeit ist die erschöpfende und sehr sorgfältige Klassifikation der Aufwendungen, die Kosten bilden. Diese Aufwendungen werden vor allem nach der Gleichartigkeit ihres wirtschaftlichen Inhalts ebenso eingeteilt, wie es in unserer Praxis bei der Ausarbeitung eines Kostenanschlages eines Betriebes üblich ist. Ferner werden sie aufgeteilt nach den Stadien des wirtschaftlichen Kreislaufes: Beschaffung, Produktion, Absatz, Verwaltung und Leitung des Betriebes. Die Produktions- und Absatzkosten werden dann weiterhin unterteilt, jeweils verschieden bei Industrie-, Transport- und Handelsbetrieben. Im Zusammenhang hiermit beschreibt der Autor ausführlich die Betriebstypen und ihre Struktur und gibt eine klare Systematik derselben. Bei der Betriebstypologie unterscheidet er einerseits das Gebiet des Handels und der Industrie, das Industrie-, Transport-, Großhandels- und verschiedenartige Dienstleistungsbetriebe umfaßt, und andererseits das Gebiet der Finanzierung, zu dem die Banken und die Versicherungsbetriebe gehören. Darauf wird in dem Werk der Zusammenhang zwischen Produktionsleistung (oder Umschlag), Erlös, Kosten und Rentabilität des Betriebes betrachtet.

Das fünfte Kapitel ist einer ausführlichen Analyse der Abhängigkeit der Kosten vom Kapazitätsausnutzungsgrad des Betriebes gewidmet. Hier sind eingehend die methodischen Hauptthesen zur Bestimmung der Produktionskapazität des Unternehmens dargelegt. Ferner werden die Fragen der Ausnutzung der Anlagen und ihrer Über- und Unterbelastung untersucht, und es wird eine deutliche Vorstellung von Verfahren und Bedeutung der statistischen Berechnungen der Kapazitätsausnutzung der Anlagen vermittelt.

Danach hat der Autor erschöpfend die durch die Produktionsschwankungen hervorgerufenen Kostenveränderungen verfolgt und einen ernsthaften Versuch gemacht, das Maß des Einflusses dieser Schwankungen auf die Höhe der verschiedenen Kostenarten und der Gesamtkosten festzustellen. Hier werden im einzelnen die Zweckmäßigkeit und die Bedingungen der Anwendung von mathematischen Methoden der Analyse aufgezeigt.

Im sechsten Kapitel ist besonders ausführlich die Bedeutung der sog. fixen Kosten für die Lösung der optimalen Betriebsgröße, der optimalen Auftragsgröße usw. aufgezeigt.

Im Kapitel sieben sind in ziemlich allgemeiner Form die Grundsätze der Normung der Kosten formuliert. Sodann werden die Wechselbeziehung und der Zusammenhang zwischen Kosten und Preisen dargelegt. Das ist einer der schwächsten Teile des Werkes, da sich der Autor in Preisfragen auf den Standpunkt der sog. Grenznutzentheorie stellt und Kosten und Preis gegenüberstellt.

Der zweite Band trägt die allgemeine Überschrift „Verfahren". Er besteht aus zwei selbständigen Halbbänden. Der erste Halbband ist überschrieben „Allgemeine Fragen der Kosten und Betriebsabrechnung" und der zweite „Kalkulation und Auswertung der Kostenrechnung und Betriebsabrechnung".

Im ersten Kapitel des zweiten Bandes sind die Hauptthesen über die Kostenrechnung dargelegt. Ferner ist kurz eine Charakteristik der historischen Entwicklung dieses Zweiges des Rechnungswesens gegeben und der Zusammenhang der Kalkulation mit dem System der Geschäftsbuchhaltung und der Betriebsabrechnung aufgezeigt.

Das zweite Kapitel betrachtet die Kostenrechnung in ihren einzelnen Formen, d. h. nach Kostenarten-, Kostenstellen- und Kostenträgerrechnung. Hier sind auch folgende Fragen untersucht: Amortisationsberechnungen, Probleme der laufenden Erfassung und genauen Bestimmung der Aufwendungen, die Methoden der Bewertung und Verrechnung innerbetrieblicher Leistungen, die Grundsätze des Aufbaues der geschlossenen Kostenrechnung und ihre termingerechte Aufstellung.

Der ganze Text der beiden Kapitel des ersten Halbbandes des zweiten Bandes ist durch ausgefüllte Musterformulare und Tabellen reichlich illustriert. Außerdem werden zahlreiche typische Beispiele aus dem Rechnungswesen verschiedener Betriebstypen gegeben.

Der zweite Halbband ist den praktischen Verfahren der Kostenberechnung nach Angaben des Rechnungswesens und auch der Auswertung dieser Angaben für die Kalkulationsanalyse gewidmet. Zunächst sind die verschiedenen Kalkulationsformen, ihre Eigenarten je nach Bestimmung, Inhalt und Aufstellungsverfahren gezeigt. Dabei sind die spezifischen Kalkulationsmethoden, die den verschiedenen Industriezweigen und Unternehmenstypen eigen sind, eingehend untersucht. Besondere Aufmerksamkeit ist den Spezialkalkulationen und auch der Frage über die Genauigkeit und Zuverlässigkeit von Kalkulationsangaben gewidmet. Darauf sind kurz die Hauptformen der Abrechnungsangaben sowohl der Aufwands- als auch der Kostenrechnung dargelegt.

In einem besonderen Kapitel werden die Methoden und Prinzipien der Bewertung der zukünftigen Aufwendungen beleuchtet, die bei der Ausarbeitung der Kostenanschläge auf Grund von Rechnungsangaben von vorhergehenden Perioden angewendet werden.

Die beiden letzten Kapitel geben eine knappe, aber systematische und klare Übersicht über die Kostenplanung und den Aufbau der Plan- und Normalkalkulation sowie über die Analyse der Angaben des Rechnungswesens über die Aufwendungen und Kosten.

Ungeachtet der aufgezeigten Mängel ist das Buch von Professor Mellerowicz im ganzen von bedeutendem Interesse für weite Kreise sowjetischer Wirtschaftler und Fachleute des Rechnungswesens und seine Herausgabe in russischer Sprache (mit einigen Kürzungen) könnte von wesentlichem Nutzen sein.

Ju. O. Ljubowitsch

FSC
www.fsc.org
MIX
Papier | Fördert
gute Waldnutzung
FSC® C083411

Kolibri 360 GmbH
Ferdinand-Jühlke-Straße 7
99095 Erfurt, Deutschland
produktsicherheit@kolibri360.de